世界税收发展研究报告

(2016)

中国国际税收研究会

中国税务出版社

图书在版编目（CIP）数据

世界税收发展研究报告．2016/中国国际税收研究会编．
--北京：中国税务出版社，2016.11
ISBN 978－7－5678－0457－9

Ⅰ．①世…　Ⅱ．①中…　Ⅲ．①税收管理－研究报告－
世界－2016　Ⅳ．①F811.4

中国版本图书馆 CIP 数据核字（2016）第 270104 号

书　　名：**世界税收发展研究报告（2016）**
作　　者：中国国际税收研究会
特约编辑：王　岩
责任编辑：刘淑民　孙晓萍
责任校对：于　玲
技术设计：刘冬珂
出版发行：中国税务出版社
北京市丰台区广安路 9 号国投财富广场 1 号楼 11 层
邮政编码：100055
http：//www. taxation. cn
E-mail：swcb@ taxation. cn
发行中心电话：（010）83362083/86/89
传真：（010）83362046/47/48/49
经　　销：各地新华书店
印　　刷：北京嘉恒彩色印刷有限公司
规　　格：787 毫米×1092 毫米　1/16
印　　张：24.25
字　　数：405000 字
版　　次：2016 年 11 月第 1 版　2016 年 11 月第 1 次印刷
书　　号：ISBN 978－7－5678－0457－9
定　　价：50.00 元

前言

2015年世界经济增速仍然迟缓，全球复苏之路崎岖艰辛，世界经济继续受到一系列不确定性因素的影响，数据显示，2015年世界经济增长率比2014年下降0.3个百分点。发达国家的增长率略有增长，而新兴市场与发展中国家的增长率下降了0.6个百分点。但是，2015年的全球外国直接投资（FDI）流量呈现强劲反弹，与世界经济与国际贸易的“双低迷”形成较大反差。2015年全球FDI逆势增长36%，约为1.7万亿美元，为金融危机以来最高水平，显现出投资者对世界经济复苏的投资信心。与此同时，中国经济“新常态”持续推进，在经济结构调整中的中国国内生产总值增长为6.9%，低于2014年0.4个百分点。2015年中国提出供给侧结构性改革，继续推行营改增，实施了较大幅度的减税，税收国际合作也取得了新的丰硕成果。

在中国国际税收研究会领导的大力支持下，经过本课题组同志的共同努力，《世界税收发展研究报告（2016）》课题顺利完成。《世界税收发展研究报告》是中国国际税收研究会的品牌性研究报告，现已连续研编8年，填补了国内国际税收领域年度研究报告的研究空白。本课题研究始终都得到了国家税务总局领导的高度重视，也得到了广大国际税收领域的专家、学者和实际工作者的认可和欢迎。

《世界税收发展研究报告（2016）》坚持并继承了前七份年度报告的及时性、准确性、针对性、比较性的特点，对2015年以来世界各国税收发展新形势、新变化、新特点进行了跟踪分析研究，并在上年度发展研究报告的基础上有所改进。主要做法如下：一是积极拓展信息资料收集渠道，使本年度发展报告各部分的信息量既广又新，更加全面反映2015年度世界税收发展状况。二是加大评析力度，本报告汇集研究与资料为一体，在充分占有信息资料的基础上，深入进行评析研究，力求评的要新、要准，析的要高、要深，从中提炼出世界税收发展中带有普遍性、规律性、倾向性和特点性的情况。三是本年度发展研究报告运用经济税收观点，采取经济与税收联系的方法、历史与现实比较的方法，力求开阔视野，加强动态研究。

《世界税收发展研究报告（2016）》的主要内容截至2015年底，具体报告内容包括：报告概要、世界税制改革发展研究、世界税收征收管理发展研究、国际税收协调与合作发展研究以及附录。附录部分重点介绍了2015年度世界税收十件大事及点评、签署《多边税收征管互助公约》的情况表、签署MCAA的基本情况表、二十国集团领导人安塔利亚峰会公报、第十届税收征管论坛大会公报（中文版）、第十五次中日韩财长和央行行长会议联合声明、中国签署的税收条约［中国签订的多边税收条约、中国签订的避免双重征税协定一览表、中国签署的税收情报交换协定一览表、内地与港澳签订的避免双重征税安排一览表、大陆与台湾签订的避免双重征税协议、国际运输收入税收处理情况一览表（空运）、国际运输收入税收处理情况一览表（海运）］、227个国家和地区公司所得税和增值税税率表（2015/2016年度）、外文缩略语等内容。

为了编研好《世界税收发展研究报告（2016）》，中国国际税收研究会整合多方研究力量，组成相对稳定的编研组织，即编写组、评审组和组织组。从报告开题到终审各阶段，编研人员分工协作，群策群力，经过充分讨论共同完成。中国国际税收研究会指定国家税务总局科研所原副所长、中国国际税收研究会副秘书长靳东升担任课题组长，上海立信会计金融学院赵迎春教授、广西壮族自治区国家税务局科研所霍军研究员和国家税务总局办公厅秦川同志任副组长。研究报告具体分工如下：靳东升同志承担了前言和报告概要；罗秦教授（上海立信会计金融学院）承担了第一部分“世界税制改革发展研究”的统稿和其中的“年度评析”“货物劳务税类”的编写；张京萍副教授（中央财经大学）

承担了第一部分“世界税制改革发展研究”中的“所得税类”的编写；何自强博士（上海立信会计金融学院）承担了第一部分“世界税制改革发展研究”中的“财产税类”和“资源环境税类”的编写；中央财经大学财政税务学院研究生张翠、上海立信会计金融学院税务研究生李驭朝，本科生卜敏、黄芸琳承担了第一部分各国税制资料的收集整理工作。霍军研究员承担了第二部分“世界税收征管发展研究”的统稿和其中的“年度评析”“税收征收基础管理”“税收专项管理”的编写；何杨副教授（中央财经大学）承担了第二部分“世界税收征管发展研究”中的“税收征收战略管理”的编写；中央财经大学财政税务学院研究生林子琨参与了资料的收集整理工作；广西财经学院陆华老师、国家税务总局税收科研人才库李林林硕士、广西大学研究生黄丛承担了第二部分中的“税收征收基础管理”和“税收专项管理”英文资料的翻译和整理工作；武汉大学刘昶博士承担了附录二“世界各个国家和地区财政年度列表”的收集整理工作。秦川同志承担了第三部分“国际税收协调与合作发展研究”的统稿和其中的“年度评析”及“国际税收协调”的编写并参与了附录的收集整理工作；毕马威会计公司李茜博士承担了“国际税收合作”的编写；毕马威会计公司傅凝州博士承担了“国际税收会议”的编写。龚辉文同志（国家税务总局科研所研究员）提供了227个国家和地区公司所得税和增值税税率表（2015/2016年度）。靳东升和薛春晔同志对全书进行了总纂。中国社会科学院研究生赵前聚和葛冰为课题组收集了英文资料的原文及检索。赵兴玉副秘书长、靳东升副秘书长和孙玉刚同志（中国国际税收研究会学术研究委员）负责了报告的审核。

郝昭成顾问自始至终关心课题研究的进展，具体指导课题研究方向，并提出了许多创新性的意见。《世界税收发展研究报告（2016）》编写中，评审组对报告进行了两次评审。评审组由王力会长担任组长，成员有伊兵、赵兴玉、魏仲瑜、彭宁、薛路生，李子清、孙玉刚等同志。同时，中国国际税收研究会法规文献部负责报告的具体组织工作。郭天学和薛春晔同志在日常组织协调和协助资料收集中做了大量的工作。此外，中国税务出版社刘淑民编审为报告出版也付出了辛勤劳动。

国家税务总局国际司、科研所、中国税务杂志社、中国税务出版社，广西国家税务局、山西省国家税务局、山西省税务干部学校等单位对《世界税收发展研究报告（2016）》编研工作给予了大力支持，在此表示衷心感谢！

《世界税收发展研究报告（2016）》内容丰富、资料翔实，是颇具参考价值的年度性研究报告，在此期盼为广大理论研究工作者、税务干部、税务中介机构人员和纳税人服务，为税收工作服务。

由于研究水平有限，资料收集尚存局限，书中难免有疏漏之处，敬请读者指正。

中国国际税收研究会
《世界税收发展研究报告》课题组
2016年9月

报告概要

2015年世界经济增长低于普遍预期，发达经济体增速继续回升，但回升势头减缓，新兴经济体与发展中经济体增速加速下滑，全球经济增长率比2014年有所下降。2014年经济全球增长3.4%，2015年仅为3.1%，2015年世界经济增长率比2014年下降0.3个百分点。其中，发达经济体经济增速为2.0%，比2014年上升0.2个百分点；新兴经济体与发展中经济体经济增速为4.0%，比2014年下降0.6个百分点。2015年全球外国直接投资(FDI) 逆势增长36%，约为1.7万亿美元，为金融危机以来最高水平。发达经济体当前主要依靠扩张性的货币政策刺激需求增长和经济复苏。然而，需求管理政策并非总是有效的，长时期扩张性的货币政策也已经产生了比较严重的新问题。美联储加息继续为全球经济带来不确定性，债务积累过快对增长和金融稳定造成威胁。税收国际合作在《解决税基侵蚀与利润转移报告》（Base Erosion and Profit Shifting，BEPS）及制定的相应行动计划基础上，得到越来越多国家的认同。该项行动计划开始实施，标志着国际税收由“务虚”向“务实”方向的转变。

2015年的中国经济经历了进一步的考验，尽管面临多种困难和挑战，全年国内生产总值仍然达到676708亿元，比上年增长6.9%，增长速度比2014年下降了0.4个百分点，继续在世界主要经济体中名列前茅。第三产业增加值比重为50.5%，首次突破50%，结构调整初见成效。受世界经济不景气和国内经济调整的影响，全年货物进出口总额245741亿元，比上年下降7.0%。全年吸收外商直接投资（不含银行、证券、保险）新设立企业26575家，比上年增长11.8%。实际使用外商直接投资金额7814亿元（折合1263亿美元），增长6.4%。其中，“一带一路”沿线国家吸收外商直接投资新设立企业2164家，增长18.3%，实际使用外商直接投资金额达到526亿元（折合85亿美元），增长25.3%，几乎同全球FBI的增长同步。应该说，2015年中国经济的“新常态”特征更加明显，2015年中国在坚持适度扩大总需求的同时，坚决进行供给侧结构性改革，全面推行“营改增”，实施了较大幅度的结构性减税。同时，进一步深度参与税收国际合作，深化国际税收关系取得了新的显著成果。

一、世界税制改革发展研究

世界经济的持续不景气，促使世界各国更加注重运用国家政策手段干预和影响经济增长，税收政策工具的作用更加备受关注。重塑国际税收规则、增加税收收入、发挥税收作用和坚持促进可持续发展成为2015年世界税制改革发展的重要特征。

■ BEPS行动计划推动深化税制改革

从时间上来看，BEPS行动计划在短短两年多的时间内进展良好。2015年G20领导人峰会正式批准了所有15项行动计划的成果报告，标志着近百年来最大规模的一次国际税收规则重塑取得了重大进步。到2015年底为止，该项目共计有61个国家共同参与，体现了国际社会的共识。BEPS行动计划不但要重塑国际税收规则，而且正在并将继续推动有关国家相应修改其国内税法，在全球范围内营造更加公平的税收环境。值得一提的是，虽然BEPS的主要目标是对公司利润征税规则的改进，但是这些应对措施一旦广泛采取，对间接税、个人所得税等也将产生重大影响，推动全方位的税制改革。与此同时，中国高度重视BEPS成果在国内层面的转化，取得了丰硕的成果。

■ 增加税收收入仍然是第一要务

世界经济的低迷和税收竞争的严峻，促使世界各国仍然坚持以降低所得税税率的普遍减税的做法刺激经济。另外，发行公债也是量化宽松政策的重要手段。这些政策的运用都会导致政府的债台高筑，迫使政府寻找新的“财源”。因此，千方百计、想方设法增加税收收入仍然是各国政府的第一要务，而增加收入的重担则主要落到了增值税和消费税的身上。2015年，有些国家提高了增值税的税率，有些国家提高了消费税的税率，也有的国家增加了税目或酝酿开征新的税种。此外，增税的税种还涉及房产税、遗产与赠与税及金融交易税。

■ 多方运用税收工具仍然是主流

2015年，许多国家采取了降低公司所得税税率，直接减轻企业税收负担，运用供给侧减税等手段促进经济增长。同时，运用降低个人所得税税率、增加税前扣除等方式来减轻个人税收负担，扩大需求。另外，为了促进技术创新，税收激励力度有所加强。为了增加就业，采取形式多样的税收优惠政策，扶持中小企业发展。为了保护环境，竭力通过各种税收手段来促进资源节约、环境保护，推动绿色经济的增长。税收政策目标明确，税收工具多种形式成为主要潮流。

■ 支持可持续发展继续受到关注

资源的稀缺和环境的恶化是世界经济面临的重大挑战，近年来，很多国家都高度重视资源环境问题，突出绿色增长，各国税制的绿化程度也在不断加强。不仅注意改造现有的主要税种，有利于节约资源和环境保护，而且直接征收资源税与环境税，提高资源税税率，促进资源的节约和综合利用；征收环境保护税，对污染排放征收，贯彻“谁污染谁付费，谁排放谁补偿”的原则。2015年，有的国家开征或酝酿新的环境税，有的国家提高环境税税率，提高环保征税的力度，运用税收工具支持可持续发展。

二、世界税收征收管理发展研究

2015年，各国通过完善税收体系和制度设计，加强对税基侵蚀和利润转移的监管，严厉打击国际逃避税行为，堵塞税收漏洞。纳税服务向纵深拓展，税收征管加强打击欺诈，税务稽查和处罚促进纳税遵从，税收救济以诉讼为主，继续加强非居民和大企业的税收管理，保护纳税人权益。

■ 税收征管重点是打击逃避税和税收欺诈

2015 年，经济合作与发展组织（OECD）发布了 BEPS 相关措施的最终结果，正式拉开了国际税收征管体系改革的序幕，各国纷纷加入到新的反避税的联合行动中。大部分国家的行动焦点集中在严格控制转让定价行为，支持税收信息自动交换。2015 年，全球税收征收管理呈现堵塞税收征管漏洞与打击税收欺诈并重趋向。为封堵税收征管漏洞，防范税收征管风险，各国重视完善税收征管制度，特别是完善税收遵从措施。同时，各国还严格税收优惠政策实施管理，强化打击税收欺诈的力度。

■ 继续加强非居民和大企业的税收管理

为了增加税收收入，持续加强非居民和大企业的税收管理。2015 年全球非居民税收管理呈现“严税基”的趋向。拓展了非居民“严税基”的税种管理范围，由严格所得税税基管理向严格增值税税基管理延伸。防范居民纳税人通过与非居民纳税人的关联交易避税，严格非居民金融资产跨境转移的税收监管。2015 年全球大企业税收管理呈现严征管、重审计和强监督的趋向。重视对企业集团关联交易和纳税不遵从的税务审计，改革税务审计方法，加强和改进现行大企业税务审计活动的有效性。

■ 纳税服务和纳税人权益保护共同向纵深发展

2015 年，全球纳税服务管理呈现服务领域向纵深拓展的趋势。各国不断拓展电子报税服务空间，不断创新纳税申报服务项目。具体做法是开拓电子纳税服务新业务，公布各种纳税指南，纳税申报提醒常态化，实现纳税人纳税便利化的目标。2015 年，全球纳税人权益保护呈现出由纳税遵从管理向尊重纳税人的政策参与权和重视纳税人信息保护权转变的趋势，纳税人权益保护的内容进一步向纵深发展。

■ 税务稽查和处罚的目的更加明确

2015 年，全球税收稽查管理呈现强化纳税遵从管理趋向。各国进一步加大打击税收违法行为的力度，重点打击逃税和避税行为，主要目的就是为了提高纳税人的税法遵从度和提高税收征收率。2015年，全球税收处罚管理呈现强化处罚力度的趋向。加大税收处罚的力度，震慑税收违法犯罪纳税人，为了尽可能挽回流失境外的税收，多数国家实施了海外税收披露计划。加大税收处罚的力度同样是为了提高纳税人的税法遵从度和提高税收征收率。

■ 税收法律救济以税务行政诉讼为主

2015年，全球税收法律救济呈现税务行政诉讼为主、税务行政复议为辅的趋向。税收法律救济分为税务行政复议和税务行政诉讼两种形式，税务行政复议以税务机关为主进行裁决，税务行政诉讼以法院为主进行裁决。相比较而言，法院裁决更有可能体现客观和公正。纳税人更多地寻求税务行政诉讼解决税务争端问题，说明纳税人法律意识、维权意识和民主思想进一步提高和强化，也代表了当今社会的进步和发展。

三、世界税收协调与合作发展研究

在世界税收协调与合作发展中，也许2015年可以作为一个重要的转折年，自此开始，国际税收协调与合作由计划转变为行动，主流社会开始联手建立国际税收新秩序。

■ 国际税收治理达成共识

BEPS项目全部15项行动计划最终成果已在2015年10月审议通过。这些成果标志着2013年G20峰会所确立的国际税收改革取得显著成就。《多边税收征管互助公约》已有72个国家签署，其中57个国家交存了批准书。《金融账户涉税信息自动交换标准》已有94个税收管辖区承诺将于2017年9月或2018年9月开始实施。第11届联合国税收事项国际合作专家委员会经过会议讨论，计划对技术服务费税务处理采用新的章节，并在《关于发达国家与发展中国家间避免双重征税的协定范本》列入。同时，制定了新的关于发达国家与发展中国家进行双边税收协定谈判的实用手册。2015年12月16日，世界贸易组织（WTO）包括中国在内的53个成员国共同签署协议，将取消201项资讯科技产品的进口关税，这是19年来WTO首次达成的大规模降关税协议。上述种种迹象表明，多方位的国际税收治理达成共识。

■ 国际税收面临更加复杂的挑战

传统的国际税收关系面临国家与国家的矛盾、各个国家与跨国公司的矛盾、各个国家与个人的矛盾，以及传统税制与现实经济活动的矛盾，这些矛盾集中表现在国与国之间的税收分配关系。BEPS 时代的来临，涌现出一系列新的矛盾和问题。例如，新经济形态引起税收管辖权争夺，BEPS 受害国与 BEPS 受益国的博弈，国际社会的声讨与跨国公司的抵制的矛盾，以及国际税收舞台上各国税收话语权争夺的白热化，等等。种种情况表明，国际税收面临更复杂的挑战。

■ 税收协调与合作取得新进展

在世界经济不景气的背景下，BEPS 问题成为国际税收协调与合作的主要问题。《多边税收征管互助公约》有序推进和《金融账户涉税信息自动交换标准》签约范围迅速扩大，这些都代表着国际税收解决 BEPS 问题取得的重要成果。经济全球化带来的国际税收协调与合作促使大国之间“合纵连横”，迫使瑞士银行不得不打开税收数据交流的大门。其他避税港，如开曼群岛、特克斯和凯科斯群岛，以及加勒比海其他英属领土等，都纷纷宣布对外分享银行账户信息。提高税收透明度已经成为全球化的必然要求。欧盟委员会要求自 2015 年 1 月 1 日起包括电子书、音乐下载和应用下载等数字产品的增值税必须在产品消费地缴纳。2015 年 6 月，欧盟委员会再次就统一欧盟范围内的公司税税率提出建议。2015 年 11 月 22 日中国与东盟 10 个成员国签署协议，升级双方自由贸易协定等等，许多成果说明了税收协调与合作取得了新进展。

■ 各国积极争取国际税收深度合作

2015 年的世界税收面临创新与发展、协调与对抗、竞争与合作的新局面，在新的历史机遇面前，创新才能取得发展，税收协调化解税收对抗，相互合作优于有害竞争。在建立国际税收新秩序的过程中，各个国际组织和各个国家不甘落后，争先恐后努力占取先机，纷纷提出各种应对措施，积极争取参与和引领国际税收新规则的制定，促进国际税收出现新局面。国际组织关系发生重大变化，正在由单边主义、自我为中心转变为具有包容性和拓展性的新型国际税收关系。

■ 中国在国际税收领域贡献突出

中国抓住国际税收规则重塑的黄金机遇期，在BEPS行动计划制定过程中，主动参与。BEPS行动遵循的总指导原则确定为利润应在经济活动发生地和价值创造地征税，这个指导原则是在中国强力建议下确定的。在BEPS行动计划实施中积极加大国际反避税力度，积极落实BEPS行动计划。同时，中国作为负责任的大国，主动担当，帮助发展中国家和低收入国家提高税收征管能力。

中国政府倡导“走出去”和“引进来”，深化国际经济合作。为了贯彻“走出去”战略，推动“一带一路”建设，税收积极服务于国民经济发展和“一带一路”建设，2015年“一带一路”沿线又增加4个国家签订了税收协定。税务总局出台《关于落实“一带一路”发展战略要求　做好税收服务与管理工作的通知》，围绕税收协定、纳税服务等方面，落实十项具体措施，助推国家对外开放战略。2015年，中国还深化了与荷兰、蒙古、埃塞俄比亚以及金砖国家的税务合作。特别是，2016年5月，中国承办了第10届税收征管论坛（FTA）大会，标志着中国的国际税收地位进一步提升。

目 录

1. 世界税制改革发展研究

1.

世界税制改革发展研究

1.1 年度评析——BEPS 推动税制改革助力经济增长

2015 年的世界税制改革与发展大致可概括为两幅图景：一是各国税制改革自身的演变与发展，主要受世界经济影响及国内经济发展需求而产生；二是 BEPS 的重要影响，因为 2015 年 11 月 18 日 G20 领导人峰会正式批准了 BEPS 行动的所有 15 项成果报告①，标志着近百年来最大规模的一次国际税收规则重塑在 2015 年取得重大进步。这一场声势浩大、进展迅猛的世界性反避税合作浪潮，无疑已在直接推动并深刻左右着各国税制的变革。因此，2015 年的世界税制改革与发展由于烙上了 BEPS 行动的鲜明痕迹而更显多姿多彩。本部分的年度评析重在从世界经济的背景来阐述世界税制改革的原因、动力及方向，1.2 节重点分析 BEPS 项目对世界税制改革的重要影响，1.3 节至 1.7 节则依次总结所得税类、货物劳务税类、财产税类、资源环境税类及其他税类的改革动态。

时光荏苒，距离 2008 年国际金融危机爆发已有 7 年之久，世界经济却仍未完全走出危机的各种阴影。受有效需求普遍不足、大宗商品价格大

---

① 2014 年 9 月 BEPS 项目首批 7 项成果报告发布并由 G20 领导人背书后，最终产出成果形成了一个全面的 BEPS 成果包。该成果包含有 BEPS 项目所有 15 项行动计划成果，并取代 2014 年 9 月发布的成果，那些成果当时虽已达成共识，但仍以草稿形式出现，其与其他行动计划之间相互产生的影响可以在终稿中得到体现。

幅下滑、全球贸易持续低迷、金融市场频繁震荡等不利因素叠加影响，2015 年世界经济增速低于预期。[①] 分析 2015 年的世界税制改革必然离不开经济大环境。在此首先从世界经济、贸易与投资三方面做一些简要分析，试图探寻 2015 年各国税制改革及发展背后的原因、推力及阻力。

2015 年世界经济增长率比 2014 年下降了 0.3 个百分点，发达国家的增长率略有增长，其中，欧元区表现突出。而新兴市场与发展中国家的增长率下降了 0.6 个百分点，其中，俄罗斯与巴西较为突出（见表 1－1）。

表 1－1　　2014—2017 年世界经济增长趋势表　　单位：%

	2014 年	2015 年	2016 年	2017 年
世界经济	3.4	3.1	3.2	3.5
发达国家	1.8	1.9	1.9	2.0
美国	2.4	2.4	2.4	2.5
欧元区	0.9	1.6	1.5	1.6
英国	2.9	2.2	1.9	2.2
日本	0.0	0.5	0.5	−0.1
新兴市场和发展中国家	4.6	4.0	4.1	4.6
俄罗斯	0.6	−3.7	−1.8	0.8
中国	7.3	6.9	6.5	6.2
印度	7.3	7.3	7.5	7.5
巴西	0.1	−3.8	−3.8	0.0
南非	1.5	1.3	0.6	1.2

资料来源：IMF《世界经济展望》2016 年 4 月。
注：2016 年和 2017 年为预测值。

2015 年，发达国家的进口、出口都比 2014 年有所增长。而发展中国家与新兴经济体的进口、出口都明显下滑。可见，发达国家总体温和复苏，但基础并不牢固；有效需求不足，复苏步伐放慢。发展中国家则延续了 2014 年以来的结构调整艰难，下行压力持续加大。因此，2015 年世界经济在整体上仍处于危机后修复调整、筑底企稳阶段，内生动力欠缺，增长基础薄弱（见表 1－2）。

① 中国对外贸易形势报告（2016 年春季）. 中国商务部网站.

表 1-2　　2013—2016 年世界贸易增长趋势表　　单位：%

	2014 年	2015 年	2016 年	2017 年
世界货物贸易量	2.8	2.8	2.8	3.6
出口：发达国家	2.4	2.6	2.9	3.8
发展中国家和新兴经济体	3.9	3.3	3.6	4.1
进口：发达国家	3.5	4.5	3.3	4.1
发展中国家和新兴经济体	2.1	0.2	1.8	3.1

资料来源：WTO《贸易快讯》，2016 年 4 月。
注：2015 年和 2016 年为预测值。

相比 2014 年全球直接投资的总量明显下降①，2015 年的全球 FDI 流量呈现强劲反弹，与世界经济与国际贸易的“双低迷”形成较大反差。2015 年全球 FDI 逆势增长 36%，约为 1.7 万亿美元，为金融危机以来最高水平。在跨国并购的驱动下，流入发达国家的直接投资飙升 90% 至 9360 亿美元；流入发展中国家的直接投资增长 5%，达到 7410 亿美元的历史最高水平②。但联合国贸易和发展会议（UNCTAD）认为 2015 年全球 FDI 虽增势强劲，却没能有效促进经济增长。

世界税制发展除了受到经济环境的直接影响外，还与税制自身的发展规律、演变路径及重大国际税收改革（比如 BEPS 项目，将放在 1.2 节专门阐述）紧密相关。回顾 2008 年金融危机七年来的世界税制改革与发展之路，有几条主线或共同点或许可以多加关注：第一，减税助力增长；第二，增税促进平衡；第三，调控更加多元；第四，税制不断绿化。第五，税制渐趋协同。比较各国税制的改革与发展，不难发现，在上述五方面的很多做法或措施都是相同或接近的，各国税制间的相互影响、制约也日益明显。税收全球化俨然已不可阻挡。

2015 年的世界税制改革与发展基本延续了上述五种特征，但还增加了一个新特征：改革渐趋平稳。如果说危机爆发后的前几年，各国的税收制度改革及政策调整具有一定的探索性、激进性、频繁化、短促化，那么近两年来，特别是到了 2015 年，各国的税收举措已显成熟稳重，鲜有短

① 全球外国直接投资（FDI）在 2014 年为 1.23 万亿美元，比 2013 年下降了 16%（参见《世界税收发展研究报告（2015）》）。

② 数据来源：《全球投资趋势报告》（Global Investment Trends Monitor），联合国贸易和发展会议（United Nations Conference on Trade and Development，UNCTAD）2016 年 1 月 20 日。

期性的大幅调整，基本都是在既有轨道上稳妥推进。根据毕马威公司（KPMG）的调查研究，由于各国都要保护本国经济，躲避国际和本国市场波动的冲击，2015 年全球范围内的各种税率都维持相对稳定。如果按照过去 10 到 15 年的标准，2015 年的税率变动幅度是非常小的。全球增值税与商品和服务税的全球平均税率为 15.79%，几乎没有变化。2015 年全球个人所得税的平均税率为 31.53%，上升了 0.41%。全球对雇主征收的社会保险税税率的平均值为 16.88%，比 2014 年上升了 0.66%，对雇员征收的平均税率为10%，上升了 0.52%。[①] 下面将分述2015 年 BEPS 影响下的世界税制改革概况。

第一，BEPS 推动世界税制改革

谈论 2015 年的世界税收改革动态，BEPS 是一个绕不开的重要话题。BEPS 项目是二十国集团（G20）领导人在 2013 年圣彼得堡峰会委托经济合作与发展组织（OECD）启动实施的国际税收改革项目，旨在修改国际税收规则、遏制跨国企业规避全球纳税义务、侵蚀各国税基的行为。主要包括三个方面的内容：一是保持跨境交易相关国内法规的协调一致；二是突出强调实质经营活动并提高税收透明度；三是提高税收确定性。从时间来看，该项目是在短短两年多的时间内极速前进。2013 年 6 月 OECD 才发布 BEPS 行动计划，9 月获 G20 领导人背书。2014 年 9 月 BEPS 项目的首批 7 项产出成果就出炉了，包括解释性声明和 7 个项目成果。2015 年 11 月 18 日 G20 领导人峰会则正式批准了所有 15 项成果报告[②]，标志着近百年来最大规模的一次国际税收规则重塑取得重大进步。

从 2014 年到 2015 年，G20 力推的 BEPS 行动计划已从国际税收规则与国内税法两个层面改变了现行跨境交易税收规则，对各国税收利益分配，世界税收秩序乃至世界经济发展产生深远影响。因为 BEPS 项目由 34 个 OECD 成员国、8 个非 OECD 的 G20 成员国和 19 个其他发展中国家共计 61 个国家共同参与。

① 数据来源：KPMG global tax survey 2015。

② 2014 年 9 月 BEPS 项目首批 7 项成果报告发布并由 G20 领导人背书后，最终产出成果形成了一个全面的 BEPS 成果包。该成果包含有 BEPS 项目所有 15 项行动计划成果，并取代 2014 年 9 月发布的成果，那些成果当时虽已达成共识，但仍以草稿形式出现，其与其他行动计划之间相互产生的影响可以在终稿中得到体现。

从国内税法的角度看，BEPS 行动计划正在并将继续推动相关国家修改其国内税法，包括重建与现代商业模式相适应的公司（企业）所得税税制，完善间接税制度安排，压缩各国税制与征管差异带给跨国公司的避税空间，在全球范围内营造更加公平的税收环境。值得一提的是，虽然 BEPS 的主要目标是对公司利润征税，但这些应对措施一旦广泛采取，必然对间接税、个人所得税等也将产生重大影响。

第二，促增长助就业所得税减税多管齐下

一是公司所得税税率总体仍有降低，但降势进一步趋缓。降低公司所得税税率，能直接减轻企业税收负担，促进企业发展与经济增长。在 2015 年世界经济仍处于低迷增长的背景下，所得税减税依然是第一选择。但与金融危机爆发后的前几年公司所得税税率有明显下降相比，近两年来这种趋势明显减缓。与 2014 年相比，2015 年世界范围内的公司所得税的税率变化更趋平缓。根据 KPMG 的统计，全球公司所得税的平均税率在 2014 年为 23.64%，2015 年为 23.68%[①]。但分区域来看，亦有不少国家降低了税率。当然，也有少部分国家基于其他因素考虑而选择增加税率。（见表 1－3、表 1－4）。[②]

表 1－3　2014—2015 年部分国家的提高公司所得税税率表　单位：%

	2014 年	2015 年
阿尔及利亚	19	23
智利	20	22.5
德国	29.58	29.65
印度	33.99	34.61
泽西岛	0	20
约旦	14	20

数据来源：KPMG global tax survey 2015。

① 数据来源：2015 KPMG Global Tax Rate Survey.

② 参考：北京国际税收研究会．2006—2015 年全球主要税种的变化趋势［J］．国际税收参考，2016（1）．

表 1-4　　2014—2015 年部分国家的降低公司所得税税率表　　单位：%

	2014 年	2015 年
安哥拉	35	30
库拉索	27.5	25
丹麦	24.5	23.5
多米尼加	28	27
爱沙尼亚	21	20
危地马拉	28	25
日本	35.64	33.06
巴基斯坦	34	33
葡萄牙	23	21
西班牙	30	28
英国	21	20

数据来源：KPMG global tax survey 2015。

二是促进技术创新，税收激励力度加强。与 2014 年类似，2015 年世界各国的公司所得税税收优惠政策依旧导向明确而集中，主要倾向于促进研发创新和科技进步等领域。在促进科技创新方面，各国对研发费用实行不同程度的扣除优惠，体现相关的激励作用。通过税收激励来促进科技创新、提高企业竞争力已成为全球趋势。

三是扶持中小企业发展，税收优惠形式多样。中小企业发展对一国创造 GDP、解决就业、调整经济结构、贡献税收收入等方面能发挥重要作用，所以近年各国政府都出台了许多针对中小企业的税收优惠措施，2015 年的措施中除了低税率，还有费用的加计扣除及发生亏损时的税收抵免等。中小企业在各国得到了更多重视与税收支持，这也已成为一种全球趋势。

四是降低个税负担，高收入阶层除外。2015 年许多国家采取了降低个税税率、增加税前扣除等方式来减轻个人税收负担，同时有一些促进投资、增进就业的具体个税措施。但富人仍是征税的重要对象，体现了个人所得税更加注重公平导向。

第三，增收入强调控，货物劳务税复合功能突显

2015 年世界经济仍处于低迷增长期，为了刺激经济复苏，政府的减税措施仍基本延续了金融危机以来的路径，主要依赖所得税，特别是公司所得税来实现。而政府的税收收入又必须有保证，因此弥补所得税减收的重任依然赋予了货物劳务税。

增值税具有中性，收入有保障，对经济效率的扭曲作用小于所得税，而消费税还能发挥调节消费，保护环境等作用。所以许多国家都选择了在增值税、消费税等间接税上寻求增收。截至2015年，已有170多个国家开征了增值税。可以说增值税已经席卷全球。一方面，新开征增值税，或提高增值税税率，或扩大增税范围；另一方面，为满足政府的各种调节需要，一些消费品的消费税税负继续提高，比如烟酒类、资源类、环保类。欧盟国家的税率提高主要是对一些环境保护采取了措施。比如对含硫和含铅汽油征收比较重的税，还建立了燃油消费税税率的逐步调增机制。虽然这些增税措施具体在不同地区、不同国家有不同的表现，但总体趋势是与所得税相左，税负有所提升。这种动态在发达经济体表现更为明显。

2015年，匈牙利的间接税平均税率是全球最高的，达到27%，芬兰为24%，法国为20%，比利时为21%，希腊为23%。这些税率较高的国家基本都是在欧洲。其中，卢森堡的间接税税率从2014年的15%提高至2015年的17%。[①]

第四，征新税提税率，资源环境税推动绿色增长

如果要给2015年的世界税制发展动态画一幅图，那么一种突出的颜色无疑应该是绿色。金融危机以来世界各国都愈加重视经济结构调整、可持续发展，竭力通过各种税收手段来促进资源节约、环境保护，推动经济的绿色增长。根据国际经验，在推广绿色理念、最大限度地实现可持续发展的多种政策手段（征税、规制与财政补贴）中，征收环境税是最简便的方式。广义的绿色税收包括资源税与环境税，近年在很多国家都得到高度重视，突出绿色增长，各国税制的绿化程度也在不断加强。这在2015年表现得比较充分。

第五，增税减税并行，财产行为税呈现多元调控

相比其他大税种，财产税、行为税主要是一些作为地方税的小税种，

---

① KPMG global tax survey 2015.

种类较多，在不同国家有着不同的功能定位，因此呈现差异化的发展态势。但不外乎两种情况：一是增税，财产行为税被作为增加政府收入的来源之一。增税手段主要有提高税率、扩大征税范围等。二是减税，财产行为税被作为政府调控经济的手段之一。减税手段主要是降低税率、增加税收优惠等。从2015年来看，世界范围内的财产税、行为税基本是常态发展，并无突出或重要的变化，涉及的主要税种是房产税、遗产与赠与税及金融交易税，都算不上热点。

第六，深化结构性减税，中国税制改革稳妥推进

在全球经济低迷，各国政府努力刺激需求的背景下，2015年3月李克强总理在第十二届全国人民代表大会所作《政府工作报告》中提出2015年税收工作的主要任务包括：继续实行结构性减税和普遍性降费，进一步减轻企业特别是小微企业负担。推动财税体制改革取得新进展。力争全面完成营改增①，调整完善消费税政策，扩大资源税从价计征范围。推出个人税收递延型商业养老保险。完善出口退税负担机制，自2015年起增量部分由中央财政全额负担。做好环保税立法工作。

回顾2015年的中国税制改革与发展，是继续坚定地走在稳妥推进税制改革的路上，主要体现在营改增、消费税、资源税及环境保护税三方面。2015年10月党的十八届五中全会将“绿色发展”列为中国五大发展理念之一。酝酿十年的环境保护税立法终于进入程序，其开征无疑将是推动中国绿色发展的重要税收举措。推行营改增是贯彻国家制定的供给侧结构性改革最大的结构性减税，自2012年开始营改增以来，累计减税6000多亿元。

除上述税制改革措施外，还继续加大了结构性减税力度，为切实减轻企业及个人税负、促进经济转型升级等发挥了重要作用（见表1－5）。据统计，2015年税务部门全面落实各项税收优惠政策，全年支持“双创”减免税3000亿元，其中，实施小微企业和个体工商户起征点政策及小型微利企业所得税减半征收政策减免税近1000亿元。②。

① 全面完成营改增最终没有在2015年实现，而是延迟到2016年5月1日。

② 数据来源：国家税务总局网站。

表 1－5　　中国的主要结构性减税措施表（2015 年）

序号	主　题	内　容
1	不断扩大小型微利企业所得税减半征收政策适用范围	自 2015 年 1 月 1 日至 2017 年 12 月 31 日，将该政策适用范围扩大到年应纳税所得额不超过 20 万元的小型微利企业；在此基础上，自 2015 年 10 月 1 日至 2017 年 12 月 31 日，进一步扩大到年应纳税所得额不超过 30 万元的小型微利企业
2	小微企业免“两税”政策扩围	将月销售额 2 万元至 3 万元的小微企业、个体工商户和其他个人免征增值税、营业税的优惠政策执行期限，由 2015 年底延长至 2017 年底
3	提高部分劳动密集型、高附加值产品等出口退税率	自 2015 年 1 月 1 日起，调整高附加值产品、玉米加工产品、纺织品服装、含硼钢产品的出口退税率
4	将境外旅客购物离境退税政策推广到全国	2015 年 1 月 6 日，财政部发布公告，决定在全国符合条件的地区实施离境退税政策
5	降低铁矿石资源税征收比例	自 2015 年 5 月 1 日起，将铁矿石资源税由减按规定税额标准的 80% 征收调整为减按规定税额标准的 40% 征收
6	扩大固定资产加速折旧优惠范围	对轻工、纺织、机械、汽车等四个领域重点行业的企业 2015 年 1 月 1 日后新购进的固定资产，可由企业选择缩短折旧年限或采取加速折旧的方法
7	调整个人转让住房营业税政策	自 2015 年 3 月 31 日起，个人将购买不足 2 年的住房对外销售的，全额征收营业税；个人将购买 2 年以上（含 2 年）的非普通住房对外销售的，按照其销售收入减去购买房屋的价款后的差额征收营业税；个人将购买 2 年以上（含 2 年）的普通住房对外销售的，免征营业税
8	小排量乘用车购置税减半征收	自 2015 年 10 月 1 日起至 2016 年 12 月 31 日止，对购置 1.6 升及以下排量乘用车减按 5% 的税率征收车辆购置税

资料来源：根据财政部、国家税务总局网站资料整理。

1.2 BEPS 影响世界税制改革

BEPS 行动计划的实行是一件划时代的大事，深刻影响世界税制改革和各国税制改革，对 2015 年世界税制改革的影响主要体现在以下三方面：

1.2.1 体现 BEPS 要求，各国修订税法

如果说 2014 年各国的税制修订措施主要还处于探索阶段，以前 7 项计划为主，那么 2015 年各国税制改革中与 BEPS 相关的内容更多，范围更宽，税制修订的相互影响也更大。特别是 2015 年底 15 项成果报告的全面

落地，更利于直接推动各国国际税收制度的改革，共同应对国际逃避税，构建公平高效的国际税收新秩序。比如：爱尔兰政府宣布从2015年1月1日起，被称作“双重爱尔兰”的条款将不再对新公司开放，而现有享受该条款的公司也将于2020年前被逐步取消这一权利。这意味着包括苹果、谷歌和微软等科技巨头在内的众多跨国公司税负将大幅度提高。该措施对应于行动计划2《消除混合错配安排的影响》。日本的《2015年税制改革方案》中有一项立法建议，旨在对外国供应商向日本客户提供的数字化服务征收消费税，并规定“境外供应商在日本国内发生的B2C交易，须按照OECD相关建议进行税务登记”。日本还宣布考虑废止“参与免税”（participation exemption）制度，不再对来源于境外子公司已税前扣除的股息免税，并将此举作为国内2015年税制改革的一部分。2015年欧盟颁布了《母子公司指令》（Parent Subsidiary Directive）修正案，也废止“参与免税”制度，规定对母公司取得的子公司已税前扣除的股息不给予免税待遇。英国宣布在跨国公司的报告制度中将正式启用分国别报告模板，此举措被纳入了该国的2015年财政法案。

1.2.2 反避税利益交织，单边行动突起

BEPS行动计划的初衷是形成全球一致的打击跨国避税行动，但事实上，各国基于不同的利益考虑，参与该行动计划的愿景、积极性与具体措施等都存在较大差异。所谓“全球一致”不过是G20一厢情愿的美好目标。最典型的是，英国于2015年4月1日单独开征“转移利润税”（profits diversion tax）。根据英国《2015财政法》的规定，如果跨国公司被依法认定存在将在英国从事经济活动产生的利润转移至国外的，应对其人为转移的利润征收转移利润税，税率为25%。该税率高于20%的公司所得税税率。该税被认为是英国当局针对谷歌等世界知名跨国公司通过转移利润的方式避税的单边应对措施，引起跨国公司和社会的广泛关注，媒体俗称其为“谷歌税”。

这是BEPS行动计划实施以来最大规模的单边反避税行动，引起国际社会的强烈反响。一是因为英国明确表示转移利润税不属于税收协定覆盖范畴，没有谈判余地；二是英国的这种单独行动，不仅加大了国际合作的复杂性，且或将开创令人担忧的先例，因为单边行动可能带来税源争夺，进而伤及国际商业环境。比如，澳大利亚随后在2015年5月宣布也计划开征类似的转移利润税。

1.2.3 中国高度重视 BEPS，成果丰硕①

近两年来，中国国家税务总局出台了一般反避税管理办法、非居民企业间接转让财产管理办法等 4 个强化反避税管理的规章和规范性文件，并在 2015 年中国与智利新签署的避免双重征税协定中加入了反协定滥用条款。还在 2015 年全面修订《特别纳税调整实施办法》，这将是中国全面借鉴 BEPS 最新研究成果，并结合中国实际制定的反避税操作指南。再比如，2015 年 3 月，在总结归纳前期成果，并借鉴 BEPS 行动计划成果的基础上，发布了《关于企业向境外关联方支付费用有关企业所得税问题的公告》。《公告》首次在立法层面提出支付关联劳务费用的受益性原则，以及支付有关无形资产的关联特许权使用费时，应当考虑关联各方对无形资产的贡献程度和各自应享有的经济利益，为税务机关开展向境外关联方支付费用的反避税调查提供了法律依据。截至 2015 年底，税务机关向境外关联方支付费用专项调查已立案 139 件，结案 80 件，补税金额达 30 多亿元。

综上所述，各国响应 BEPS 项目而开展的税制修订改革，重点是消除双重不征税。不仅是通过税制及税收政策调整，使征税行为与经济活动和价值创造保持一致，从而增加税收收入，更是为了在国际共识的基础上，创建应对 BEPS 问题的一整套国际税收规则，为纳税人增加确定性和可预见性，并实现保护税基的目的。

如何推进 BEPS 各项成果在全球范围内的实施是未来几年的主要任务。根据 OECD 第 90 次财政事务委员会会议讨论结果，各方一致同意尽快构建后 BEPS 时代包容性工作架构，吸纳更多发展中国家参与并为其提供能力建设帮助，扩大 BEPS 成果落实的范围并使其发挥更大作用。从 2016 年开始的这些后续工作，有望在目前成果基础上进一步形成和补充新的国际税收规则体系。因此，2015 年可看作是一个承上启下的年份。许多国家应 BEPS 要求而在 2015 年进行的税制改革（已经落地的、还在计划中的）将在 2016 年及以后产生相应的后续效应。这些税改成果或许在不久的将来可以构建起更加公平合理的国际税收制度新架构。同时，未

---

① 除特别说明外，本书中的中国所指是中华人民共和国国家税收管辖权范围，即，仅指大陆（内地）地区，不包括港、澳、台地区。如果出现港、澳、台地区，专门写明中国香港、中国澳门和中国台湾。

来5到10年也很可能目睹由BEPS直接推动的各国税制的一些重大变革。与前几年世界税制的温和变动相比而言，这一场由G20快速力推的国际税收规则重塑引领并波及国内税制变革的全球税收革命无论对政府还是跨国、国内纳税人，都将产生一系列的重要影响。世界有望在2020年以前基本形成新的国际税收体系。

1.3 所得税类

1.3.1 动态概述

2015年世界经济增长普遍低于预期，全球就业态势总体改善，但表现各异。发达经济体通胀率下降，新兴市场与发展中经济体通胀率总体保持稳定，全球贸易额负增长，使得全球经济复苏步伐放缓，贸易保护和货币竞争的风险加大。① 在此背景下，世界各国所得税制改革体现了促进经济增长、增加就业等方面的政策需求。2015年世界所得税制改革动态概述如下：

■ BEPS行动计划逐步落地，公司所得税税率降势趋缓

（1）加快落实BEPS行动计划，主动开展国际税收制度改革

在OECD/G20 BEPS 15项行动计划的指导下，各国为保护本国税基，有效行使税收管辖权，重新检查其国际税收制度，并根据BEPS行动计划的指引对公司所得税制进行不同程度的改革。采取的措施具体包括，引入常设机构的定义，修改转让定价规则和受控外国公司法规等。例如，俄罗斯财政部发布受控外国公司规则，以建立俄罗斯反国际避税制度框架；日本2015年税收改革大纲在受控外国公司法规总体框架不变的情形下，扩大了适用于积极经营所得免税的企业范围，根据BEPS第三项行动计划（制定有效受控外国公司规则），将受控外国公司法规朝着更加注重实质的方向改革。与此同时，对非关联交易的认定也更为严格，英国财政部提出修改专利盒制度的最优方法，以与BEPS第五项行动计划（考虑透明度和实质性因素，有效打击有害税收实践）的最低标准相一致。

为保护本国税源，一些国家加强了对非居民纳税人的征税，如一些国

① http：//theory. people. com. cn/n1/2016/0118/c40531－28063317. html.

家加强了对非居民来源于本国的诸如股息、利息、特许权使用费等消极收入的征税。但也有国家出于不同的政策意图，保留了对非居民纳税人的预提税减免政策，如保加利亚对符合条件的欧盟附属实体之间的利息和特许权使用费的预提税免予征收，以使本国税收立法与欧盟的法律要求相一致；还有一些发展中国家为了吸引外国投资对非居民纳税人提供税收优惠政策，如乌兹别克斯坦对非居民公司参与石油和天然气开采的合资企业，从开采之日起 7 年内免征公司所得税。

（2）公司所得税税率降低的趋势渐缓

2015 年，尽管仍然有一些国家选择了降低公司所得税税率，但总体来看，税率的降势趋缓。在 OECD 的 34 个成员国中，与 2014 年相比，2015 年有 7 个国家税率有所变动，其中有 6 个国家降低了税率，它们分别是丹麦、爱沙尼亚、日本、葡萄牙、西班牙、英国；另外，智利将公司所得税率提高了 1.5%（见表 1-6 和表 1-7）。

表 1-6　　2011—2015 年 OECD 成员国公司所得税税率表　　单位：%

国家	2011 年	2012 年	2013 年	2014 年	2015 年
澳大利亚	30	30	30	30	30
奥地利	25	25	25	25	25
比利时	34	34	34	33	33
加拿大	16.5	15	15	15	15
智利	20	20	20	21	22.5
捷克共和国	19	19	19	19	19
丹麦	25	25	25	24.5	23.5
爱沙尼亚	21	21	21	21	20
芬兰	26	24.5	24.5	20	20
法国	34.4	34.4	34.4	34.43	34.43
德国	15.8	15.8	15.8	15.83	15.83
希腊	20	20	26	26	26
匈牙利	19	19	19	19	19
冰岛	20	20	20	20	20
爱尔兰	12.5	12.5	12.5	12.5	12.5
以色列	24	25	25	26.5	26.5
意大利	27.5	27.5	27.5	27.5	27.5

续表

国家	2011 年	2012 年	2013 年	2014 年	2015 年
日本	30	30	28.1	28.05	23.9
韩国	22	22	22	22	22
卢森堡	22.1	22.1	22.5	22.47	22.47
墨西哥	30	30	30	30	30
荷兰	25	25	25	25	25
新西兰	28	28	28	28	28
挪威	28	28	28	27	27
波兰	19	19	19	19	19
葡萄牙	27	30	30	30	28
斯洛伐克共和国	19	19	23	22	22
斯洛维尼亚	20	18	17	17	17
西班牙	30	30	30	30	28
瑞典	26.3	26.3	22	22	22
瑞士	8.5	8.5	8.5	8.5	8.5
土耳其	20	20	20	20	20
英国	26	24	23	21	20
美国	35	35	35	35	35

资料来源：http：//www.oecd.org/tax/tax-policy/tax-database.htm.

说明：表中显示的是中央政府公司所得税税率（比例税率或边际税率）。

表 1－7　　2014—2015 年 OECD 成员国公司所得税税率变化表

国家	2014 年（%）	2015 年（%）	2015 年比 2014 年降低（－）或提高（＋）的百分点
智利	21	22.5	＋1.5
丹麦	24.5	23.5	－1
爱沙尼亚	21	20	－1
日本	28.05	23.9	－4.15
葡萄牙	30	28	－2
西班牙	30	28	－2
英国	21	20	－1

资料来源：根据本节中的表 1－1 资料整理。

除此之外，日本、西班牙、意大利等国还提出了未来几年进一步降低税率的计划。

在非 OECD 成员国中，公司所得税税率下降的国家不多，如巴基斯坦公司所得税税率从 33% 降到 32%，印度公司所得税税率将在未来 4 个财政年度从 30% 降低至 25%。以上国家降低公司所得税税率主要是为了刺激国内经济的复苏，释放企业活力；还有个别国家提高了部分行业和部门的公司所得税税率，主要是出于增加政府收入、优化经济结构、改善资源环境等方面的考虑，如孟加拉国提高烟草行业所得税税率，赞比亚提高采矿企业公司所得税税率等。

（3）对国家亟须发展的产业给予更大的税收激励

2015 年，世界各国的公司所得税税收优惠政策导向明确而集中，主要倾向于促进研发创新和科技进步以及扶持中小企业发展等领域。

在促进科技创新方面，各国对研发费用实行不同程度的扣除优惠，如泰国对于用于科技创新项目的研发支出的税前扣除比例由原来按照实际发生额的 200% 提高到 300%。

在扶持中小企业方面，各国多实行区别于一般企业的优惠所得税率。以 OECD 国家为例，在 34 个成员国中，有 11 个国家实行了针对中小企业的优惠税率，其税率水平显著低于一般公司所得税率水平。表 1-8 是这些国家的中小企业所得税税率，其中，日本的中小企业公司所得税率 2015 年比 2014 年降低了 1.5 个百分点（见表 1-8）。

表 1-8　　2014—2015 年 OECD 成员国中小企业所得税税率及其变化表

国家	2014 年（%）	2015 年（%）
比利时	24.25	24.25
加拿大	11	11
法国	15	15
匈牙利	10	10
日本	16.5	15
韩国	10	10
卢森堡	21.4	21.4
荷兰	20	20
西班牙	25	25
英国	20	
美国	15	15

资料来源：http://www.oecd.org/tax/tax-policy/tax-database.htm.

说明：表中显示的是中央政府中小企业优惠公司所得税税率（比例税率或边际税率）。

各国政府针对中小企业的税收优惠措施除了低税率外，还有研发费用的加计扣除以及发生亏损时的税收抵免等。如英国提出鼓励中小企业的税收激励计划，内容包括，中小企业符合条件的支出允许按照实际发生额的230%进行扣除，对于发生亏损的中小企业还可以选择获得一笔相当于其符合条件支出的14.5%的税收抵免。

■ 个人所得税在鼓励投资和促进就业方面的政策导向突出

（1）鼓励投资和促进就业的政策导向。2015年，一些国家出于鼓励投资和增加就业的政策意图，对本国的个人所得税制进行了调整。例如在鼓励投资方面，日本为了刺激投资，推出个人储蓄账户税收政策，规定针对20岁或20岁以下个人储蓄账户，每年的投资税收豁免额上限为80万日元，同时，目前现有个人储蓄账户的最高投资额，将从现在的100万日元，提高到2016年4月1日后的120万日元；以色列对《对研发公司投资的个人税收优惠法》进行修正，为使这部“天使法”在筹集资本方面发挥更有效的作用，提出如果被投资公司属于研发企业，允许投资人在三年内将其投资额从所得税税基中全部扣除，且投资者在进行投资的第一年就可以将投资额100%从所得税税基中扣除。在促进就业方面，西班牙规定雇主为雇员支付的医疗保险费免征个人所得税的部分从500欧元提高至1500欧元；奥地利规定在居民的经营性收入方面，取消教育津贴并以另外的方式鼓励支持对员工的培训教育，研发津贴将由研发支出的10%提高到12%，取消允许亏损结转以后年度抵扣的3年的时间限制。

（2）降低税率水平，提高扣除标准，减轻居民税负。一些国家在2015年降低了个人所得税税率或提高了扣除标准以减轻劳动者负担。例如，巴基斯坦提出对取得工资薪金收入的个人，当其应税收入额在400000卢比到500000卢比之间时，所适用的税率从5%降低到2%，对取得工资薪金收入以外的个人，当其应税收入额在400000卢比到500000卢比之间时，所适用的税率从10%降低到7%；印度提高个人所得税的税前扣除标准，如健康保险费中个人的税前扣除限额由每年15000印度卢比提高至每年25000印度卢比，特定疾病的扣除中，80岁及以上老年人的税前扣除限额由每年60000印度卢比提高至每年80000印度卢比。

（3）增加对高收入人群的征税，强化税收分配功能。例如，新加坡调整个人所得税税率结构，提高了个人所得税的最高边际税率，其中应税所得在16万新元以上的纳税人的边际税率有所提高，应税所得额32万新元以上的纳税人的最高税率将达到22%；孟加拉国考虑到不断加重的通货膨胀以及不断提高的生活成本，提出降低低收入人群的税收负担，将个人所得税的免征额由220000孟加拉塔卡提高到250000孟加拉塔卡；芬兰对个人资本利得收入的适用税率由33%提高到了34%，高收入者适用的税率等级被提高，最高边际税率的适用门槛降低，由90000欧元降低到72300欧元。

■ 社会保障税（费）促进就业的政策导向依然明显

在宏观经济形势的影响下，2015年各国调整社会保障税的政策意图明显，主要在于降低税负与促进就业。例如，白俄罗斯总统发布235号法令授予七个地区税收优惠，规定从事商品生产或提供服务的法人实体或自然人企业缴纳的社保税税率降低至24%；克罗地亚实行促进年轻人就业的税收优惠政策，对雇用年龄在30岁以下年轻雇员的雇主免征社会保险税；乌克兰为了降低非正规就业水平，将社会保险税税率从41%降为16%。

1.3.2 公司所得税

■ 亚洲

阿　曼　2015年4月26日，阿曼杜古姆经济特区（SEZAD）董事会主席签署2015年236号决议，为经济特区提供税收减免政策。该项决议中包含的优惠政策对于经许可设在经济特区的所有企业全部有效，并指出决议中未明确的情形适用2009年28号皇家法令颁布的所得税法规。该项决议中涉及公司所得税的具体内容包括：

（1）适用该项税收优惠的条件。适用该项税收优惠的企业实体应当符合以下条件：按照杜古姆经济特区（SEZAD）的企业注册法规在经济特区注册成立；根据杜古姆经济特区（SEZAD）颁布的环境投资组织法规中的规定被许可经营指定的业务活动；承诺在不超过特区的地理范围内开展许可活动；"阿曼化"比例符合特区董事会的要求（"阿曼化"是一项政府政策，旨在让受过培训的阿曼人代替移民工人）。可以享受减免税的所得仅限于来源于特区内部活动的收入。金融机构、保险公司以及提供电信通讯服务或道路交通运输服务的公司不得享受减免税条款，但是在特区注册成立且在特区地理范围内从事固定经营活动的除外。

（2）免征期限。按照经济特区董事会主席的要求，负责金融事务的部长决议，符合条件的企业可以在30天内或者在租赁合同或使用权协议的期限内（二者中取其小者）免征所得税，免征期限从免税活动开始且满足所有免税条款规定的条件之日起计算。

（3）征收管理。符合条件的纳税人每个纳税年度都应当将其最终所得进行申报说明，税务部门将对符合所有免税条件的所得免除纳税义务。

巴基斯坦 2015年6月5日，巴基斯坦提出2015/2016年度财政预算。预算提案中的大部分内容将于2015年7月1日起生效实施（另有说明除外）。其中，关于公司所得税的内容如下：

（1）公司所得税税率从33%降到32%。

（2）对在2018年6月30日前设立的运输线路项目的收益和利润10年内免征所得税款。

（3）上市公司可获得的税收抵免率从15%提升至20%。

（4）调整资本利得税率。纳税人持有证券1年以内的，适用税率从12.5%提升到15%；持有证券1~2年的，适用税率从10%提升到12.5%；持有证券2~4年的，适用税率下调至7.5%。

（5）对合规纳税人（即已经按规定进行纳税申报的纳税人）和不合规纳税人（即未进行纳税申报的纳税人）继续实行差别税率制度，并且将该制度进一步拓展延伸。

（7）对不合规的纳税人，在一定调节幅度内，可按照其基于银行票据和其他通过银行转移资金的方式记录的交易金额的0.6%预征所得税。

（8）取消对银行收入中来源于股息和资本利得的部分进行差别征税的规定，对银行的各类收入统一按35%的税率征税。

（9）合规纳税人的股息收入适用税率从10%提升至12.5%，不合规纳税人的股息收入适用税率从15%提升至17.5%。

（10）在可调整范围内，对买卖期货合约交易按照交易额的0.1%预征所得税。

（11）对居民纳税人出租或使用商业、科技或工业等方面的机械设备，征收10%的预提所得税。

（12）从房地产信托投资基金所取得的股息、红利等收入比照共同基金股息、红利等收入的所得税率征收。

韩　国 韩国财政部为配合经济刺激方案，运用税收杠杆鼓励企业减少现金储存，以刺激疲软的经济。为此，财政部公布新的税法修订案，并于2015年9月23日交由国会表决，规定2016年起实收资本超过500亿韩元的公司，若未把净利的六到八成用来投资、加薪或配股，或只将获利的二到四成用来加薪与配股，将必须在未来三年缴纳相当于总现金储备10%的税款。同时，积极配合上述规定的企业将享受税收优惠政策。2016年起加薪幅度高于过去三年平均薪资增幅的中小企业，将可减免相当于加薪支出10%的税额，大企业的这一比例则是5%。达到特定股利发放目标的企业，股利所得税率也将从14%减至9%。

此外，韩国财政部提出海外投资的激励措施，对于韩国海外股票投资基金，超过60%的资金用于投入到国外股市的，则对股票投资收益和外汇汇兑收益所取得的资本利得在10年内免税，该10年免税期从购买股票基金份额之日起开始计算。对于在海外投资数额达到3000万韩元的个人投资者，在一个为期2年的计划内同样享受上述免税优惠，该计划只适用于居民投资者。

马来西亚 2015年8月13日，马来西亚首相纳吉布（Najib Razak）公布税制改革方案，宣布政府将降低各种所得税税率，增加纳税人的可支配收入。其中，中小企业的公司税将在2016年降低1个百分点，合作社的所得税率也将从2015年起下降1~2个百分点。

2015年10月23日马来西亚公布2016年度财政预算报告。其中，与公司所得税相关的主要措施总结如下：

（1）符合条件的资本性支出的60%将得到特殊投资补贴，该政策将延伸至补贴激励政策已经过期的制造业或农业企业。

（2）中小型企业的研发项目每年最多可获得5万林吉特的双重扣除优惠；中小企业可以在其出口增加额的10%~15%之间申请公司所得税的减免。这些优惠措施将在2016年至2018年实施。

（3）在2020年以前投资于子公司进行食品生产项目的企业可以享受到相当于全部投资额的税收减免；在2020年以前开展新食品生产项目的公司可以在10年内100%免征公司所得税；现有的从事食品生产项目并进行项目扩张的企业可以在5年内享受同样的税收优惠。

（4）旅游公司全面免税政策将延长至2018年12月31日。

除另有说明外，上述措施将于2016年1月1日起生效。

孟加拉国 2015年6月4日，孟加拉国财政部长将2015/2016年国家预算草案提交国民议会，其中的税法修订措施包括：对未经授权的外国雇佣者征收惩罚性税收；对公司所得税税率进行改革；以及对利息、股息、红利收入征税的改革等。提案中的大部分方案将于2015年7月1日起生效，其中涉及公司所得税的具体内容如下：

（1）将在孟加拉国从事工作的外国居民纳入征税管辖的范围。对于雇佣未经授权的外国居民的纳税人，将加征50%的税收，或者处以50万孟加拉塔卡的罚款，二者中从高适用；并且取消其免税期以及其他减免税优惠。

（2）公司所得税率将进行大量变动。上市公司所适用的税率将由27.5%下降到25%，上市交易的银行、保险公司及其他金融机构（商业银行除外）所适用的税率由42.5%下降到40%。非上市公司适用的35%的税率以及非上市交易的银行、保险公司和其他金融机构（商业银行除外）适用的42.5%的税率保持不变。商业银行适用的37.5%的税率也保持不变。烟草生产公司适用的税率由40%提高到45%。移动电话生产企业适用的税率不变，上市公司为40%，非上市公司为45%。股息、红利所得的税率仍然为20%。

家禽业的公司所得税税率由零税率改为累进税率。其中应税所得不超过100万孟加拉塔卡的部分按照3%的税率征税，不超过200万孟加拉塔卡的部分按照10%的税率征税，超过200万孟加拉塔卡的部分按照15%的税率征税。家禽饲料、乳制品、桑葚、养蜂、园艺、养鱼业（当前适用3%的比例税率），以及鱼虾、家禽孵化业（当前适用35%的一般所得税率）都适用以上累进税率体系。

（3）纳税人取得的来源于政府列举名单的公司的股息红利所得的免征额由2万孟加拉塔卡提高到2.5万孟加拉塔卡，取得的来源于政府所列名单以外的公司的股息红利所得的免征额仍然保持2万孟加拉塔卡不变。

（4）实行政府债券利息免税的政策（当前征收5%的所得税）。对汽车生产和轮胎生产企业采取一定期限内免税的措施。

（5）对非居民纳税人取得的所得根据资本利得、利息、特许权使用费以及股息、红利所得等分项适用不同的税率征收预提税（目前是一律适用35%的税率）。

日　本　2015年2月17日，日本政府将税法修改计划提交国会，其中涉及公司所得税的内容如下：

（1）法人税税率。从2015年4月1日开始的财政年度将降低法人税税率。中央所得税税率从25.5%降到23.9%（2015财政年度）。中小公司、公益公司和合作社的中央公司所得税税率，对年收入不超过800万日元的从19%降低到15%，并延长2年；地方所得税税率，分别从7.2%降到2015财政年度的6.0%和2016财政年度的4.8%；中央加地方所得税税率将从 34.62% 降到 2015 年财政年度的 32.11% 和 2016 财政年度的 31.33%。政府的目标是在 2016 年将公司所得税税率降到 31.33% 或者更低，以后的年度降到 30% 以下。

（2）亏损结转。对于可以向前结转冲减以后应纳税所得额的亏损额的上限，从 2015 年财政年度到 2016 财政年度，即从 2015 年 4 月 1 日到 2017 年 3 月 31 日，由 80% 降到 65%，且从 2017 年 4 月 1 日起的新财政年度进一步降到 50%。

（3）减少对股息收入的免税。目前对取得股息的公司持有分配股息的公司的股份不低于 25% 的，收到的股息 100% 免税，持股比例低于 25% 的，股息收入 50% 免税。从 2015 年 4 月 1 日起，只对持股比例超过 33% 的公司取得的股息 100% 免税。如果股息收取方持股在 5% 或者以下，则收取的股息只有 20% 的部分给予免税；持股比例在 5% ~33% 之间的，股息收入 50% 免税。另外，对证券投资信托和保险公司有特殊规定。

（4）对将办公场所从东京迁到地方或扩大地方办公机构的公司给予所得税优惠。

在国际税收方面，2014 年日本税收改革大纲规定了境外企业在日设立分支机构的经营所得适用“归属原则”。在这之前适用总所得原则，即规定境外企业在日本设立的分支机构就其来源于日本境内的全部所得缴税，但是如果该所得适用两国之间的协定，则只对归属于该常设机构的所得征税。这意味着在 2014 年以前，日本对非居民境内分支机构存在两种征税方法。2015 年大纲较 2014 年又向前迈进了一大步，进一步解释了各种问题并做出了以下调整：

（1）贷款期限少于 6 个月的利息所得不属于来源于日本的所得；来源于日本境内的所得和与日本财产相关的资本利得在日本母公司和境外常设机构之间转移之前，按照账面价值分配给常设机构合理的关联所得；向外国银行贷款的利息费用按照年度纳税申报表上填报的数量抵扣；为了避免日本对外税收协定中可能出现的双重不征税问题，协定中用于计算境外所得的方法将会特别注明，并按照支付所得时的账面价值计量。

（2）外国股息免除。日本母公司收到来自非居民企业分配的股息，持股比例高于 25% 的一般不征税。为了避免双重不征税，2015 年税改大纲对境外子公司已经得到减免的股息不再给予股息豁免优惠待遇。

（3）受控外国公司法规。根据受控外国公司法规，日本企业控股超过 10% 的位于“指定避税地”的子公司，“应税未分配利润”中按份额应分配给日本企业的部分，应计入日本企业的所得征税。一般来说，日本受控外国公司法规适用于：①日本居民企业或者日本居民个人直接或间接共同持有外国公司50%以上有表决权或者分配股息权利的股份；②日本居民企业或者日本居民个人直接或间接单一持有外国公司10%以上有表决权或者分配股息权利的股份；③外国公司在给定财政年度的所得税实际税负（触发税率）不高于20%。2015年税改大纲的变化在于将触发税率由不高于20%调整为低于20%。在全球公司所得税税率下降的大背景下，这一调整被认为是必然的。2015年大纲在受控外国公司法规总体框架不变的情形下，扩大了适用于积极经营所得免税的企业范围。与此同时，对非关联交易的认定也更为严格。根据OECD/G20 BEPS第三项行动计划，受控外国公司法规会朝着更加注重实质的方向改革以实现该项立法的真正目标。

（4）配合外国股息豁免制度的调整。配合对外国股息征税的调整，依照受控外国子公司所在居民国的法律规定，已经从子公司应税所得扣除的股息，分配给日本母公司的部分，依照受控外国公司法规不能从应税所得中扣除。

泰　国　2015年5月7日，泰国内阁通过了一项转让定价草案，并将其加入到规范关联交易的税收条款中。根据规定，当关联交易不符合独立交易原则时，税务部门可以对纳税人的应纳税所得额进行调整。属于转让定价指南规范范畴的纳税人应当准备转让定价同期资料并于财政年度截止之日起150天内上交财政部门，对其与关联方之间关联关系的实质及管理和资本结构进行说明。转让定价同期资料中还应当包括集团公司内部成本和收入的定价方法。未遵守转让定价同期资料要求的纳税人可能导致高达40万泰铢的罚款。泰国税务专家认为该草案中的规则对于纳税人准备符合独立交易原则的转让定价同期资料的指导并不够详尽，必须出台转让定价指南。泰国曾在2002年出台过转让定价的指导，但只是作为指导性规则，纳税人可以不必遵守。新的转让定价规则有望于2015年底或2016年初上升为法律。

2015年8月11日，泰国内阁通过了新的对用于科技创新项目的研发支出的税收激励措施。对符合条件的研发支出允许按照实际发生额的300%进行税前扣除（之前扣除比例为200%），但实际扣除额不能超过规定的上限。具体规定是，年营业额不超过5000万泰铢的，扣除上限是营业额的60%；年营业额在5000万泰铢至2亿泰铢之间的，扣除上限是营业额的9%；年营业额超过2亿泰铢的，扣除上限是营业额的6%。该项税收激励措施适用于2015年1月1日至2019年12月31日之间发生的研发支出。

2015年9月8日，泰国发布新的小微企业所得税税率及税收激励政策（见表1-9）。

表1-9　泰国小微企业所得税税率表（2015年）

年应税利润（泰铢）	现行税率（%）	新税率（%）
未超过300000的部分	0	0
超过300000未超过3000000的部分	15	10
超过3000000的部分	20	10

新的所得税税率将适用于2015年1月1日起至2016年12月31日止的财政年度。此外，对符合条件的投资于创新型高科技领域的小微企业5年内免征公司所得税。

其他税法修订措施还包括，对于那些对特定领域进行投资的实缴注册资本不低于2000万泰铢的风险投资企业，在10年内免征公司所得税。

乌兹别克斯坦　2015年3月2日，乌兹别克斯坦税务局解释了对接收外国直接投资的居民公司的税收优惠政策。主要内容如下：

（1）对接收外国直接投资的居民公司符合以下条件的，在3~7年内免征公司所得税：①居民公司接收外资不高于30万美元；②非居民公司持有的股份比例不低于33%；③以自由兑换外币或新技术设备形式获得外国投资；④将所实现收入的不低于50%用于再投资；⑤位于塔什干州之外；⑥没有得到乌兹别克斯坦政府对该外国投资的担保。

（2）对非居民公司参与石油和天然气开采的合资企业，从开采之日起七年内免征公司所得税。

新加坡　2015年2月23日，新加坡财政部长向议会提交了2015年财政预算。其中涉及公司所得税的措施包括：

（1）退税。在2016/2017财政年度，所有公司每财年都将享有公司所得税的30%的退税，但每财年退税额不得超过2万新加坡元。考虑到企业因结构性重组所持续面临的成本压力，新加坡政府决定把在2013至2015估税年间实施的30%公司所得税退税，再延长两个估税年（2016和2017

估税年）。但每年的退税额上限从3万新元降至2万新元。

（2）并购津贴。为了鼓励企业通过并购来扩展业务，新加坡政府从2010年4月起实施了兼并收购计划，有效期到2015年3月底，现将延长至2020年3月底。另外，政府也对此计划做出一些调整，将并购津贴率从5%调高至25%，同时将最高并购额降低至2000万新元，以针对较小规模的并购。

（3）双重减税优惠。为了支持将业务扩展至海外的企业，以及为在海外工作的新加坡人创造更多就业机会，政府改进双重减税优惠政策，对企业将本国居民派驻海外所产生的人力资源费用加计100%税前扣除。

（4）国际业务拓展计划。新推出的国际业务拓展计划旨在支持企业开拓海外市场，同时继续将主要经营活动保留在新加坡。对于符合条件的总部业务的增量收入，企业将享受为期5年的10%的优惠税率。

（5）生产及创新优惠奖励。在2013年预算案中新加坡政府推出生产及创新优惠奖励来鼓励企业进行创新和提高生产力。企业在相关方面产生的开支，可以获得政府一元对一元的现金资助，该项资助额上限为1.5万元。该项政策原本将于2015年失效，但最新的预算案将其有效期延长至2018估税年，企业可以继续从生产和创新计划中受益。

（6）对捐款的估税扣除进行调整，扣除比例从当前的250%提高到300%，并将该项政策的到期期限由2015年底延长至2018年底，以鼓励国民多做善事。

印　度　2015年2月28日，印度财政部长向议会提交了2015/2016财政年度预算案。其中涉及公司所得税的措施如下：

（1）在未来4个财政年度将公司所得税税率从30%降低至25%，同时政府会相继出台多项公司所得税减免的税收优惠措施。这些措施将从2016年4月1日开始生效。

（2）新的财政预算法案将1961年所得税法（ITA）中“雇用新的普通工人能享有税额减免”的优惠政策的适用范围扩大到所有商业实体。此外，适用该项政策的最低门槛也从雇用100个工人降低至50个工人。

（3）2015年5月31日到2017年6月30日，所得税法中5%低税率的适用范围将会扩大。原只有以印度卢比计价的债券或政府证券的利息收入适用低税率。

越　南　2015年6月22日，越南财政部发布文件，就公司所得税修正案进行完善，该文件将于2015年8月6日生效，其条款将于2015年纳税年度适用。该文件主要是对服务活动的收入进行确认的说明，具体内容如下：

（1）纳税人提供服务活动取得的收入无论该项服务完工与否，其相应收入均应计入应纳税所得额计算缴纳公司所得税。

（2）越南居民企业来源于境外的投资所得，应当于汇回国内的当年计入应纳税所得额，进行公司所得税的纳税申报。原来的税制下是于境外投资所得形成的当年确认收入。另外，文件强调，由境外投资所形成的利润或亏损在计算缴纳公司所得税时不得抵免境内交易形成的经营利润或亏损所应当缴纳的税款。

（3）取消人寿保险的扣除上限。在可以提供相关证明材料的情况下，纳税人发生的全部人寿保险支出均可以税前扣除，不再设定每人每月100万越南盾的扣除上限。

（4）新加入公司的股东，其实际投资额超过法定资本份额的部分计入资本溢价，并适用以下征税方法：如果资本溢价属于公司资本，则超出的部分不征税；如果资本溢价属于任何现有股东，则该部分资本应当计入股东所得，计算缴纳相应税收。

■ 欧洲

白俄罗斯 2015年2月4日，白俄罗斯税务部发文规范债券交易所得的公司所得税制。税法规定纳税人不得将证券交易所得计入公司所得税的计税基础。关于纳税人的证券交易所得的确定，具体规定是，对于发行期结束按照条款由发行方赎回或重购的证券，由赎回价或重购价与买价之间的差价以及交易中允许扣除的费用确定；对于由一个纳税人转让给另一个纳税人的证券，由售出日证券价格与初始取得价格以及交易费用的差额确定。以上所说证券包括作为白俄罗斯居民纳税人的法人实体于2008年4月1日至2015年1月1日间发行的证券。文件指出在整个证券发行期间，证券交易收入都不得并入公司所得税的应税所得纳税。

保加利亚 保加利亚议会通过了一系列公司所得税法修订案，其变动主要涉及关联企业之间利息和特许权使用费的预提税以及一些税收减免措施，目的是使本国税收立法与欧盟的法律要求相一致。

（1）自2015年1月1日起，对符合条件的欧盟附属实体之间的利息和特许权使用费，免征预提税。

（2）与服务相关的支出的税前扣除。关联企业之间支付的管理费用、咨询费用及其他支持性的服务费用在税前扣除时，税务机关应对该项费用的商业合理性以及接受服务一方从服务中真正获得的利益进行分析，不具有合理性的，不允许进行税前扣除。

（3）税收优惠。降低税收优惠政策的适用标准，使更多的纳税人可以申请税收减免。

波　兰　波兰议会通过新的研发支出税收优惠政策，新的规定将研发活动定义为旨在提升知识水平以及将知识应用于新用途的系统性活动，允许符合条件的纳税人将研发支出直接从其所得税计税基础中扣除。允许直接扣除的研发项目包括：从事研发活动的雇员的报酬及社会保障支出；直接用于研发活动的资源和其他材料的成本；用于研发活动的机器设备的租赁支出（不包括对关联方的租赁支出）；用于研发的固定资产的折旧额以及用于研发的无形资产的摊销额；用于咨询服务、研究服务等的支出以及科学融资法所列出的研究机构从事研发活动所耗费的成本，这些机构包括坐落于波兰境内的本国及国际学术机构和研究中心。财政部列出了四十多家研发中心，为了促进学术机构和商业领域的合作，这个数字将会进一步扩大。符合条件的成本的扣除的具体限制是：从事研发活动的员工薪酬及社会保障缴款支出按照实际发生额的30%从应税所得中扣除，扣除员工薪酬和社会保障支出后，中小企业可以按照其余全部扣除项总额的20%进行扣除，其他企业则按照10%扣除。如果纳税人在给定的纳税年度持续亏损，其研发支出允许结转到以后三个纳税年度进行抵扣。为了鼓励私人资本和风险投资公司将资本投入到研发项目中，在2016年和2017年，对于将75%以上资产投资到研发项目的公司所得税纳税人实行免税政策。该项法规将在总统杜达（Duda）签署后于2016年1月1日起生效。

2015年9月11日，波兰众议院通过了转让定价修订案，并上交给参议院，新的转让定价规则涉及以下内容：

新的规则将对出于转让定价目的的关联企业重新进行界定，持股比例超过25%的法人实体之间将被视为关联方。上一纳税年度营业收入超过200万欧元的纳税人应当提交转让定价同期资料，其关联交易金额的上限应当根据纳税人的营业额来确定：如果纳税人的营业额在200万欧元到2000万欧元之间，那么关联交易的金额应限定在5万欧元以内，其营业额超过200万欧元的，每增加100万欧元，关联交易上限增加5000欧元；如果纳税人的营业额在2000万欧元到1亿欧元之间，那么关联交易的金额应限定在14万欧元以内，其营业额超过2000万欧元的，每增加1000

万欧元，关联交易上限增加45000欧元；如果纳税人的营业额超过1亿欧元，那么关联交易的金额应限定在50万欧元以内。

另外，纳税人向低税或无税地区的关联方支付的金额超过2万欧元的，也应当反映在转让定价同期资料中。关联方营业额超过1000万欧元的，转让定价同期资料中应当包含对关联交易的可比性分析；关联方营业额超过2000万欧元的，纳税人应当提供关联方所属企业集团的组织架构、转让定价政策、商业活动以及无形资产方面的说明性文件。

上述转让定价规则将于2017年1月1日生效。

丹　麦　丹麦政府提出2015/2016年度税收法案，其中涉及公司所得税的内容如下：

（1）根据OECD/G20 BEPS行动计划所建议的标准，对一系列税法进行修改，包括国别报告等；

（2）修改公司所得税法，使之与欧盟法律保持一致，包括常设机构对附属公司的利润转移的双重征税问题，以及外国公司来源于境内的股息红利所得征税的减免问题等；

（3）修改税法以阐明针对消极利息所得的税收处理方法。

2015年2月27日，丹麦财政部发布了负利息税务处理方法指南。由于利率不断下降，很有可能出现银行存款利息是负数的情况。指南用实例进行说明，表明对负利息的处理可以采取从应纳税所得额中扣除的做法，或采取与正利息相冲抵的做法。

俄罗斯　俄罗斯财政部于2015年1月1日和2015年1月30日针对俄罗斯法人实体所做出的股息红利分配适用零税率的情况进行规范。财政部指出，俄罗斯的法人实体进行股利分配时应当执行税务代理机构的职能，根据支付的股利计算公司所得税税基。纳税人持股比例在50%以上且持股期限超过1年的，或收到的股利收入占被投资企业分配股利总额50%以上的，其应税股息红利所得适用零税率，纳税义务发生时间为支付股利的一方作出股利分配决定的当日。

俄罗斯财政部针对公司所得税纳税人可以进行税前扣除的项目进行了说明，主要内容如下：（1）2015年1月23日，财政部发文明确以外币计价的债权的取得或销售的费用扣除问题。税法规定，纳税人取得债权视同取得一项财产权利，应当计算缴纳公司所得税。纳税人再销售购入的债权，可以从收入中扣除取得时支付的价款和费用。纳税人再销售债权应当视同销售金融商品和服务，计算缴纳公司所得税，其中，以外币计价的支出应按照支出发生当日俄罗斯中央银行公布的汇率折算为俄罗斯卢布。同时指出，取得的债权的价值在会计上一经确认，不得根据汇率波动进行调整。（2）2015 年 1 月 26 日，财政部发文就与取得公有土地相关的费用扣除问题进行说明。税法允许公司纳税人扣除购置坐落有建筑物的公有土地的支出，或购置土地用以建造固定资产的支出及相关费用的支出。该项支出应当在不低于 5 年的期间内分期确认，或者是在每年按照不超过上一纳税年度税基的 30% 确认扣除，直到全部扣除完。（3）2015 年 2 月 13 日，俄罗斯财政部发文指出，股东投资其他法人实体发生损失，被投资企业破产的，则投资方的损失在计算缴纳公司所得税时不得扣除。所得税法规定纳税人发生的亏损（包括未收回账款）可以作为与生产和销售无关的费用在税前扣除。根据税法规定，一项债务只有在符合条件的情况下才能确认为坏账，在计算缴纳公司所得税时，在以下情形下坏账可以注销：超过最后还款期仍未收回的账款；债务人失去还款的可能；由于政府部门的行为导致债务无法偿还；由于破产清算导致债务无法偿还。财政部规定，对法人实体或合伙企业的投资不得作为支出项目在税前扣除，被投资公司清算时，计算公司所得税的应税收入时，股东仅就获得的超过投资额部分的所得缴税，并可以从中扣除处置资产相关的费用。

俄罗斯财政部发文规范非居民纳税人的公司所得税问题。（1）外国居民取得的收入。2015 年 2 月 2 日，财政部发文指出税务代理机构应对支付给非居民纳税人的股息红利或利息代扣所得税。同时指出，常设机构设在与俄罗斯有税收协定的国家的非居民纳税人取得来源于俄罗斯的应税所得的，可以申请适用俄罗斯的优惠税制。不具备适用优惠税制条件的非居民纳税人取得来源于俄罗斯所得的应当按照一般所得税法缴纳公司所得税，其中，利息所得适用 20% 的所得税率，股息红利所得适用 15% 的所得税率。（2）关于欧洲债券利息收入。2015 年 2 月 10 日，财政部发文明确外国法人实体向俄罗斯居民法人实体销售欧洲债券取得收入的税务处理问题。税法规定，外国居民来源于俄罗斯的所得应当进行所得税源泉扣缴。来源于俄罗斯的利息所得包括：普通债券获得的利息收入；利润分享债券及可转换债券的利息收入；政府债券利息收入。文件指出俄罗斯法人实体的债务不包括由外国实体根据外国法律发行的债券。因此，外国实体将欧洲债券销售给俄罗斯居民法人实体取得的利息收入，不属于来源于俄罗斯的所得，不缴纳俄罗斯公司所得税。（3）关于外国公司成为俄罗斯居民纳税人的认定。2015 年 2 月 10 日，俄罗斯财政部发文对未在俄罗斯设立分支机构的外国公司成为俄罗斯居民纳税人的情形进行说明。根据税法规定，符合以下条件的实体是俄罗斯的居民纳税人：俄罗斯实体；根据俄罗斯的所得税税收协定被认定为居民纳税人的外国实体；实际管理机构设在俄罗斯境内的外国实体（俄罗斯的税收协定有特殊规定的除外）。

俄罗斯财政部就关于特许权使用费和研发支出的扣除问题进行了明确。

（1）关于研发支出。2015 年 3 月 23 日，俄罗斯财政部发文明确，按照所得税法规定，研发支出指的是与新产品新技术的创新以及生产管理方法的改良相关的支出，具体包括：用于研发活动的固定资产的折旧费用与无形资产的摊销费用（不包括建筑物）；对从事研发活动的雇员的支出（包括工薪、补助及社会保障金）；用于研发活动的材料成本及其他相关非折旧资产的成本，用于研发活动的劳动保护用品等支出以及研发活动所消耗的水电燃料费用；其他直接与研发活动相关的费用不超过税法规定劳动力成本 75% 的部分；纳税人接受第三方提供研发服务的，根据双方签订的研发服务合同计算的成本；支持科学、技术、研究及创新活动的基金支出，不超过销售收入 1.5% 的部分。纳税人取得的排他性知识产权，可以选择作为无形资产进行摊销，也可以选择作为其他与生产和销售有关的支出在不低于 2 年的期限内扣除。该折旧或扣除方法一经选定应反映在纳税人的会计政策中。

（2）关于特许权使用费。2015 年 5 月 7 日，俄罗斯财政部发文明确，纳税人计算缴纳公司所得税时可以从应税收入中扣除与取得收入有关的成本费用，并进一步指出，取得无形资产使用权的支出可以作为“与生产和销售有关的其他期间费用”进行扣除。该特许权使用费必须符合税法规定的条件，同时纳税人应当提交书面合同等资料证明其合法性与合理性。

俄罗斯财政部发布受控外国公司规则，以建立俄罗斯反国际避税制度的框架，其主要内容包括：

（1）备案程序。纳税人应当在规定期限之前将以下情况向主管税务机关备案：在外国公司的持股比例超过 10% 的，应当将持股情况备案；通过建立或实际控制的外国非法人企业所取得的收入情况；以及居民公司控制的受控外国公司情况。履行备案程序的法人及自然人纳税人应就其来源于外国受控公司的所得缴纳所得税。财政部规定法人必须以电子表格的形式提交以上材料，自然人纳税人可以提交纸质材料。

（2）受控外国公司税基的确定。俄罗斯的居民纳税人一旦被认定为外国公司或外国非公司制企业的控制人，即应当就来源于国外的未分配利润缴纳公司所得税。对纳入俄罗斯征税范围的受控外国公司的税前利润进行确认时，如果受控外国公司的财务报表未经合法审计或该公司是与俄罗斯签订税收协定国家的非居民纳税人，则不允许该受控外国公司按照其财务报表确认利润，而应当按照俄罗斯的税法标准进行调整。

立陶宛 2015年1月1日起立陶宛有若干税制改革措施生效。其中，有关公司所得税方面的内容如下：

（1）纳税人转让所持有的位于欧洲经济区域或与立陶宛有税收协定的国家的公司的股份获得的资本利得，应当征收公司所得税；持有比例25%以上、持有期限超过两年的（企业重组的情况下要求三年以上）的股份转让，其全部资本利得免征公司所得税。股份转回发行方的不得适用该优惠条款。

（2）公司计算2014年度公司所得税的应纳所得税额时，允许在当年应纳税所得额中扣除以前年度的亏损，但扣除额不得超过当年应纳税所得额的70%。

（3）公司2014年度进行的投资，包括购置机器设备、软件、建筑物等，其支出额允许在应纳所得税额中进行抵免，但抵免额不得超过应纳所得税额的50%。超过抵免上限而不得抵免的部分允许结转到以后两个纳税年度内继续抵免。其中车辆购置的抵免额不得超过30万欧元。

（4）符合条件的公司在2014年对电影生产行业的捐赠支出，可以在应纳所得税额中直接抵免，但抵免额不得超过应纳所得税额的75%。超出抵免上限的部分允许结转以后两个纳税年度继续抵免。

罗马尼亚 2015年2月2日，罗马尼亚总理向国会下院提交了2015年第一季度政府工作重点计划，在税收方面，罗马尼亚政府计划修改《税收法典》和《财政程序法典》。这两部法典的修正计划于2016年1月1日起生效，目的是为了使税收立法更加清晰，更具有可预知性。其中，涉及公司所得税的措施主要是：

（1）实行公司所得税的单一税率制度。

（2）对再投资利润给予免税待遇。

（3）股息红利所得适用的预提所得税率由16%降至5%。

挪　威 2015年3月2日，挪威财政部发布了对本国受控外国公司的立法解释。按照立法规定，假如一家外国公司直接或间接被挪威纳税人拥有或控制不低于50%的股份，该公司位于“低税负的国家”，则该公司的利润无论是否分配，都要按照比例归属于挪威居民股东。

乌克兰 2015 年 4 月 24 日，乌克兰税务局发文说明，根据 2015 年 1 月 1 日起生效的税法修订案，不再对合伙企业提供任何特别税制。税法规定，合伙企业发生的费用支出和损失的补偿程序和方式，合伙人合伙协议有规定的，从其规定；没有合伙协议或合伙协议未规定的，按照合伙人的出资比例进行分摊。合伙企业取得的收入按照合伙人的出资比例分配，除非合伙协议对收入分配方式另有规定。合伙人从合伙企业中取得的收入包括从合伙企业中分得的来源于境内外的所得，同时应扣除所应分摊的经调整的合伙企业的费用支出。

2015 年 4 月 30 日，乌克兰财政部提出对燃料、能源以及水利部门的公司所得税优惠措施，规定对该类公司免征公司所得税，但免征数额不得超过以下各类支出的总额：纳税人所发生的由于投资于政府支持的供电网络、发电站、天然气管道、供气网络、天然气地下储存设备等的建设、创新项目的支出，以及用于以上项目的贷款利息支出等。供水公司免征公司所得税，免征额不得超过用于政府批准的供水供热设备的建造、更新项目的支出及用于以上项目的贷款利息支出总额。

2015 年 5 月 22 日，乌克兰主席签署法律，重新引入对非居民的利息及其他与乌克兰国家证券相关的收入进行免税的政策。该项税收优惠政策实行了 15 年，但被 2015 年 1 月 1 日生效的税收修订法案废除，商界及外国投资者因此受到消极影响，新法令颁布后又恢复实行。按照税法规定，非居民纳税人取得的以下形式的收入可以免征公司所得税：由代理商发售给境外非居民纳税人的由政府作为发行人或担保人的债券的利息收入或贴现收入；以乌克兰国家政府、克里米亚自治共和国及地方政府为对象的贷款利息收入；由国家政府或地方政府担保的商业贷款利息收入。该项规定将于颁布之日起生效，并将于 2015 年 5 月 27 日起实行。

西班牙 西班牙议会批准了全面税制改革方案，新法律于 2015 年 1 月 1 日起生效。新的税法将公司所得税税率从 30% 降低到 28%，在 2016 年进一步降到 25%。2013 年和 2014 年组建的新公司将适用 15% 的低税率。

在西班牙 2016 年预算报告中，关于公司所得税的主要措施如下：

（1）完善“专利盒”制度。

（2）符合以下条件的企业，2016 年 1 月 1 日之后的纳税年度内不再需要进行纳税申报：①企业年收入不超过 7.5 万欧元；②企业年免税的租金收入不超过 200 欧元；③任何免征所得税的租金收入必须已经征收了预提所得税。

（3）关于赞助费用的扣除。赞助费用（如对列举的活动提供资金赞助）扣除的最大比例增加到5%。

希　腊　希腊政府提出一系列减税措施，以减轻企业负担。希腊总理萨马拉斯（Antonis Samaras）表示，如果希腊能保持预算盈余，将把公司所得税税率从目前的25%降低到15%。政府将宣布详细的税收改革方案，创造就业机会，促进经济增长。

2015年3月21日，政府公报发表了2015年4321号法案关于对转让定价规则的修订案，要求希腊纳税人从以下支出中代扣所得税：对位于税收问题上没有与希腊开展合作的国家或地区以及不征税国家或地区的实体的支付；对不遵循当地转让定价同期资料要求的关联方的支付；对不具备开展与发票有关交易的实体的支付。如果纳税人没有按规定进行扣税，则该纳税人发生的费用不允许进行税前扣除。如果纳税人可以证明所发生的费用是符合独立交易原则的，则有权申请退还从其所得中代扣的税款。

匈牙利　匈牙利议会批准了政府2015年的税收计划，该计划的主要内容包括：中小企业年利润额不超过5000万福林的部分，继续适用10%的税率，超过5000万福林的部分适用19%的税率。匈牙利经济部长表示，政府正在制定对包括小型企业和大型企业都适用的公司所得税的单一税率制度。

为了促进成长型企业的发展，一项递延纳税的优惠政策于2015年6月25日生效，并且对2015纳税年度追溯适用。该项政策的内容是，如果纳税人的税前利润超过上一年度税前利润的5倍及以上，公司所得税的纳税人可以选择对接下来两年的所得递延纳税，但是只有超过上一年度税前利润的部分可以适用递延政策。该项政策适用的前提条件是，纳税人至少连续3年正常纳税而不是优先选择递延纳税，并且没有发生企业重组、合并或分立事项。

意大利　意大利宪法法院做出判决，从2008年起对石油和能源公司征收的额外公司所得税是不合法的，需要马上取消但不具有追溯效应。这种2008年开征的所谓“劫富济贫税”，税率为5.5%，预期的目标是能够从价格不断攀升导致的能源部门的高额利润中获得部分收入。在2010年这一税率增加到了6.5%，从2011年到2013年增加到了更高的10.5%。在2013年以后年度中这种税将对年营业额超过300万欧元且应纳税所得额不低于30万欧元的公司征收。同时这种税也广泛开征于其他活动，包括碳氢化合物的研究和实验、石油提炼和生产赫尔汽油、柴油和润滑油、液化气的销售；电力的生产和销售；电力和天然气的传输和分销；生物能源、太阳能和风能的生产。2015 年 2 月 11 日，即官方文告发布后的当日，实际取消这种对石油和能源公司征收的额外公司所得税。

2015 年 7 月 27 日，意大利总理马泰奥·伦齐（Matteo Renzi）内阁通过了政府 2016 年预算法案，其中包括 270 亿欧元的减税计划。该预算法案涉及公司所得税的措施有：

（1）在 2017 年将公司所得税率由 27.5% 下调至 24%；

（2）在 2015 年 10 月至 2016 年底之间购入的机器设备可以享受到额外的折旧扣除优惠，企业的新增投资允许加计扣除 40%，即按照新增投资额的 140% 进行税前扣除；

（3）促进就业增长的税收激励计划将受到削减。公司雇佣职工的社会保障费用扣除额由 8000 欧元降低至 4000 欧元，且该项优惠政策的期限由三年缩短至两年。

英　国　2015 年 10 月 22 日，英国财政部提出近期修改专利盒制度的方法，即一项 5 年溯往原则适用于选择专利盒时，同 OECD/G20 BEPS 第五项行动计划（考虑透明度和实质性因素，有效打击有害税收实践）的最低标准相一致。英国政府当前对通过专利等知识产权形式取得的所得实行 10% 的优惠税率。专利盒制度对于英国鼓励高新技术企业发展、促进经济增长和投资、创造高价值岗位以及推动创新和发明方面发挥了巨大作用，然而政府同时指出该项制度需要在 OECD 的标准下进行重大改革，要求研发支出必须与适用优惠税率的所得之间相关联。

另外，英国税务部门计划改善对中小企业的税收优惠措施，在 2015 年 10 月 28 日的报告中，提出鼓励中小企业研究开发的税收激励计划，内容包括：中小企业符合条件的支出允许按照实际发生额的 230% 进行扣除，对于发生亏损的中小企业还可以选择获得一笔相当于其符合条件支出 14.5% 的税收抵免。对于资本不超过 200 万英镑、员工不超过 50 人的企业，在首次申请税收激励项目的前三年内可以直接享受税收优惠，而不需进行审查。

英国的公司所得税税率在每一财政年度都是预先设定的，但是公司利润是根据其会计期间的全部会计利润进行评估。由于会计期间和财政年度不相匹配，公司每一财政年度的利润都要根据会计期间进行调整，适用合适的税率。2015 财年主要的公司所得税税率是 20%，该项税率适用于除北海油气田以外所有公司利润形式，北海油气田的利润适用的公司所得税税率为30%。

2015年夏季预算提案中包含一项减税措施，计划到2017年将公司所得税税率降到19%，在2020年降到18%。另外，该项预算案提出对银行的利润加征8%的额外公司所得税，一旦通过的话，将于2016年1月1日开始的会计年度生效。

■ 美洲

巴拿马 2015年5月4日，巴拿马制定新税法，对原来税法相关条款进行修订。其中，有关公司所得税的主要内容如下：

（1）房地产投资公司分配的股息红利的预提所得税税率由5%提高到10%。

（2）优先股股东不再享受免税政策，而对其股息按照10%的税率征税。

（3）非居民获得的来源于巴拿马的享受特别减税条款的股息红利、特许权使用费、利息、专家费及其他类似收入，是否继续享受免税待遇，取决于受益所有人是否获得了作为居民纳税人可以享受的税收减免。受益所有人没有享受居民纳税人的税收减免的可以就来源于巴拿马的股息红利及特许权使用费等收入享受免税待遇，但必须提交独立税务专家就以上未享受税收抵免的事实出具的证明。

（4）对提取矿物的价值加征一道2%~4%的开采使用费。

多米尼加 为了落实2014/2015年降低公司所得税税率和提高免征额的预算提案，多米尼加政府将相关议案提交国会，就公司所得税低税率进行立法。议案中涉及公司所得税的主要内容包括：

（1）将公司所得税税率在两年内从30%削减到25%；将年度免征额从2万比索提高到2.5万比索；年度抵押贷款的免征额，也从1.5万比索提高到2.5万比索。

（2）议案也包括对那些增加工作岗位的公司给予退税的规定，退税额最高可以达到新雇员工薪酬的2%，但最高不得超过每个雇员每月600比索、每年6000比索的标准。

洪都拉斯 2015年9月18日，洪都拉斯政府出台引入转让定价规则的相关文件，对所有关联企业之间的境内及跨境交易进行转让定价调整。新的规定包含在2015年行政法令中，从2014纳税年度开始适用。开展关联交易的纳税人应当按规定在每年4月30日之前向主管税务机关进行上一年度的纳税申报。行政法令中列出了一系列应当包含在转让定价同期文档中的信息，并参考了 OECD 转让定价指南。按照规定应当提交转让定价同期资料的纳税人包括符合以下条件的公司和个人：与关联方发生交易的大中型纳税人；与适用特别税制的公司进行交易的；与避税地的公司或个人发生交易的；其他应当由主管税务机关进行转让定价调整的公司或个人纳税人。

加拿大 加拿大政府宣布对液化石油气行业给予减免税，将对液化石油气行业设立一个新的资本成本补贴项目，将对用于天然气液化行业的设备给予 30% 的补贴，对用于液化天然气行业的建筑给予 10% 的补贴。这种减免税措施适用于 2015 年 2 月 19 日后购置的资本资产，适用期截止到 2025 年。

加拿大总理哈珀（Stephen Harper）表示，政府承诺通过减税对那些具有国际竞争力的行业提供更好的发展空间，通过低税政策促进就业，创造更好的投资环境，以实现经济增长。

美　国 2015 年 2 月 19 日，美国白宫发布了《2015 年总统经济报告》和相关声明。报告中包括了政府在 2016 财政年度预算，详述了重大税制改革提案，其中涉及公司所得税制改革的提案包括：

（1）将公司所得税税率降到 28%，弥补税法漏洞和进行结构性改革；

（2）将对清洁能源和制造业的关键税收优惠措施永久化，并进行扩展和改革；

（3）简化小企业会计制度；允许加大小企业有形资产折旧扣除标准；

（4）在免税收益汇回后，对美国公司的积极外国收益，在其获得该所得时征收最低 19% 的税款，对缴纳外国税款额的 85% 给予抵免。对此前未在美国缴税的累积外国收益，一次性征收 14% 的税款。

（5）报告中还包括了对公司所得税改革的讨论，主要设想包括，取消公司所得税，所得税制采用属地原则，允许对新投资直接扣除，取消对净利息的纳税扣除等。

2015 年 7 月 23 日，参议院通过了《美国就业法案》，法案对那些在将就业岗位带回美国时发生的公司费用给予 20% 的税收抵免，对那些在境外外包就业岗位的相关费用不允许扣除。该法案由民主党议员引入，旨在对那些为规避美国高公司所得税而将其经营活动迁至境外的公司施压。该法案将对那些与重新迁回美国以及增加全日制美国雇员相关的支出，即“符合条件的国内采购费用”，给予税收抵免。其中，取消公司在美国境外设立的经营单位（或者任何附属机构）发生的成本，以及在美国成立新的经营单位发生的成本等均可以进行税收抵免。另一方面，公司发生取消美国境内的经营单位和在境外成立新的经营单位相关的成本费用，该法案不允许直接进行税前扣除，也不允许纳入资本账户进行摊销。

玻利维亚 2015 年 4 月 30 日，玻利维亚税务局出台文件详细说明了与关联方进行商务或财务活动的纳税人的转让定价同期资料要求，该项决议也包括对不遵从转让定价相关义务的纳税人的制裁措施，将于 2015 年 5 月 1 日起生效。

关联交易超过 1500 万玻利维亚币的纳税人适用转让定价规则，应当准备保证书以及转让定价文档。关联交易在 750 万到 1500 万玻利维亚币的纳税人，应当提交保证书以及对关联交易的简易报告。关联交易不超过 750 万玻利维亚币的纳税人应当保有表明遵从独立交易原则的文档资料。转让定价文档应当以西班牙语的书面形式和电子形式同时保存，并由纳税人的法定代表人或所有人签字，且至少应包含以下内容：关联方（居住国、地址、纳税识别号），与关联方之间的关系类型以及执行的关联交易情况；所选用的符合独立交易原则的转让定价方法；在玻利维亚境内外企业集团的组织结构；纳税人所处行业及市场；定价方法及策略；关联交易中各关联方按照合同规定所进行的活动、使用的资产和承担的风险；财务指标，包括利润率、负债比率、利息率以及计算无形资产特许权使用费的方法；可比性分析。

该项决议指出关联交易的价值应当同发生在玻利维亚境内的类似交易具有可比性，因而对于以外币进行的交易，纳税人必须按照玻利维亚中央银行公布的汇率转换成玻利维亚币进行核算。如果该外币在玻利维亚没有进行公开交易，则应当首先根据官方汇率换算成美元，再换算成玻利维亚币。

秘　鲁 2015 年 2 月 3 日秘鲁政府向国会提交对雇佣青年人的公司给予税收优惠的议案。提案主要内容如下：

（1）大中型公司雇用 18 ~ 29 岁的青年人，符合以下条件的，4 年内可以享受 26% 的公司所得税低税率：青年员工工薪不低于公司工薪总额的 30%；每一青年员工的雇用时间不短于 5 年；每一名青年雇员的月薪不低于法定最低月薪标准的 135%；公司每年开展培训。

（2）小企业雇用 18 ~ 29 岁的青年人，符合以下条件的，公司所得税减半征收：每一青年员工的雇用时间不短于 5 年；每一名青年雇员的月薪不低于法定最低月薪标准；青年员工工薪不低于公司工薪总额的30%。

（3）微型企业雇用18～29岁的青年人，符合以下条件的，5年内免征公司所得税：每一青年员工的雇用时间不短于5年；每一名青年雇员的月薪不低于法定最低月薪标准；青年员工工薪不低于公司工薪总额的50%。

2015年2月25日，秘鲁国会批准了增加科学和技术研究项目以及与科学创新项目相关的费用扣除的税收优惠政策。该项政策提高了研发费用扣除的比例，由纳税人自身直接完成或居民研究中心完成的科研创新项目，发生的费用可以按照实际发生额的175%扣除；由非居民研究中心完成的项目，其费用扣除比例为150%。

智　利　2015年5月8日，智利国内税务局针对居民纳税人从受控外国公司取得的消极所得制定征税办法，于2016年1月1日起实施。根据规定，直接或间接控制非居民纳税实体的居民纳税人自受控公司取得的消极所得，应当视同在智利境内取得的收入，计算缴纳公司所得税。符合以下条件之一的智利纳税人，视为实现对外国公司的控制：直接或间接持有50%以上的股本、利润及选举权；有权任命管理层成员；有权修改公司章程。税法规定的消极收入包括：分配的利润；利息所得（不包括设在避税地的银行或金融机构取得的利息收入）；特许权使用费收入；来源于处置商品或权利的资本利得；出租不动产取得的收入（房地产企业的不动产租赁收入除外）。税务部门指出，在境外以股权或其他形式进行投资的智利纳税人，在一个纳税年度内的直接或间接投资额超过100万美元时，应向主管税务机关进行申报。

在转让定价领域，关于无形资产的销售，智利所得税法只关注商标和专利两种形式，而不关注内嵌式的无形资产的销售。智利纳税人发生的无形资产销售或租赁行为取得的所得应当征收公司所得税，在2015年适用的税率为22.5%，而为取得境外无形资产进行支付的纳税人适用35%的预提所得税率。

从2015纳税年度起对有形固定资产的投资实行公司所得税的税收抵免，具体内容如下：在纳税期间取得或建造的固定资产的应提折旧额允许纳税抵免，在年底对其价值进行评估，每年的抵免额不得超过一定的限额，并且该项抵免在固定资产取得或建造完成的当年进行。

下列资产不得进行抵免：固定资产的持有或修理；可以用作房屋的财产；除特定列举出来的以外的车辆；融资租赁租出的固定资产。

■ 其他国家

澳大利亚 2015年2月2日，澳大利亚总理阿博特（Tony Abbott）宣布，政府将在7月1日实行“小企业减税”计划。根据这一计划，小企业将按照28.5%的税率缴纳公司所得税，大型企业的最高税率依然保持在30%。

2015年5月12日澳大利亚财政部长霍奇（Joe Hockey）提交了2015/2016年度预算方案。其中公司所得税主要内容如下：

（1）改革完善离岸银行单一税制（对来源于特定活动的利润按照10%的税率征税）。具体包括对特定活动以外的活动进行规范性界定，以及落实完整性措施。新政策将于2015年7月1日起生效。

（2）对符合条件的研究和开发支出按照优惠税率给予税收抵免，最高不得超过1亿澳元。

（3）小企业的公司所得税税率将削减1.5个百分点，从2015年7月1日起按照28.5%征收。此外，自2015年7月1日起允许小企业直接扣除特定专业费用以及不高于2万澳元的资产加速折旧。

（4）对全球收入在10亿澳元以上的跨国企业集团在2015年7月1日以后的纳税年度发生的避税行为，处以相当于逃避纳税款项100%的罚款。

新西兰 2015年4月10日，新西兰税务局宣布，在接下来的两年中将首要考虑对超过8000万新西兰元的纳税集团进行转让定价检查。这样的集团大约有560个，其中50%的集团为境外所有，超过25%的集团通过受控外国公司参与国际交易。境外所属的年交易额超过3000万新西兰元的批发商也将受到监管。年交易额低于3000万新西兰元的批发商将需要对它们加权平均后低于3%的税前利润率提供解释。

此外，对有如下情况的纳税人，新西兰税务局将保持特殊关注：

（1）由境外所属的集团归集的税收损失；

（2）超过1000万新西兰元的贷款或担保费；

（3）用于支付不可持续的特许权使用费或服务费的费用；与无税国或低税国的关联方发生的实质性交易；

（4）将主要的资产、功能或风险转移出新西兰的供应链重组；

（5）在受控外国公司的披露中被确认的非正常的安排或结果。

安哥拉 2015年6月29日，安哥拉发布总统立法法令，旨在对非居民提供服务征收所得税，该项征税规则在 2 月 20 日由地方预算修订案首先提出。

（1）税率和征税范围。按照规定，非居民纳税人提供技术支持以及管理服务以银行转账形式取得收入的，应就其收入缴纳 10% 的所得税；交通运输、保险、旅游行业的收入以及资本利得、手续费、佣金、商标专利等特许权使用费、工薪收入等不属于以上税收的征收范围。

（2）纳税人。注册地在安哥拉或总部设在安哥拉，以及实际管理机构、常设机构在安哥拉的法人和自然人都可能成为该税的纳税人，而不论其所有制形式是公有还是私有。政府部门、教会组织以及慈善机构的银行转账收入免税。

（3）征管要求。纳税人必须在银行转账完成前，将税款上缴主管税务机关，并将汇款证据留存银行。向非居民汇款的金融组织没有取得汇款收据的，税务机关处之以相当于这笔特别应缴税款 3 倍数额的罚款。

肯尼亚　2014 年 12 月 12 日，肯尼亚税务局决定于 2015 年 1 月 1 日起恢复征收于 1985 年停征的资本利得税。资本利得税适用于 2015 年 1 月 1 日以后发生的包括土地、建筑、有价证券等在内的财产转让，按照资本利得的 5% 课征。2015 年 7 月 29 日，肯尼亚税务局提出对证券交易活动的流转额征收 0.3% 的预提税，以代替对证券交易净所得征收的 5% 的资本利得税，预提税的纳税义务由证券经纪人承担。

摩洛哥　摩洛哥 2016 年预算草案包含若干项税制改革措施。大部分提案将于 2016 年 1 月 1 日起生效。其中关于公司所得税的内容如下：

（1）实行累进的公司所得税税率，累进税率为 10%、20%、30%、31% 四级。在原有税制下，公司所得税实行 30% 单一税率，银行、金融机构、保险公司适用 37% 的公司所得税税率。改革以后，银行、金融机构、保险公司的适用税率不变，仍然为 37% 的比例税率，其他公司适用四级累进税率。

（2）对离岸控股公司取得的股息红利收入征收预提税，符合以下条件的可以免征所得税：控股公司的唯一目的是持有非居民公司的股份；控股公司持有以外汇计价的股本；控股公司的经营活动以外汇进行。

（3）取消原有税制中在企业亏损等情况下按照 0.5% 的税率征收的最低所得税。

（4）为了防止税基侵蚀，设定现金形式的费用支出扣除上限，纳税人所申请的向供应商的现金支出扣除标准为每个供应商每天不得超过 1 万摩洛哥迪拉姆。

南　非　从2015年3月1日起，南非对中小微企业实行一系列税收减免措施，既包括对初始投资的减免，也包括对接受投资的减免。对中小微企业提供资金的企业，其相应的应税所得可以免予征收所得税和资本利得税。中小微企业从投资实体接受的捐赠免予征收赠与税。

赞比亚　2015年10月9日，赞比亚财政部长向议会提交2016年预算草案，草案中提出若干税法修订措施，其中涉及公司所得税的主要内容如下：

（1）为促进金融市场的发展，改变第二市场的低流通率，方案提出重建政府债券利息所得税制。取消对贴现收入的预提税，但维持对债券利息的15%的预提税，这是对非居民公司征收的最后一道税收，而居民企业可以从其应纳所得税中抵免该项税款。

（2）鼓励可持续和替代能源发展的税收措施。将电力生产所用机器设备的资本津贴率由25%提高到50%；使用水能、热能、风能和太阳能发电的企业发生的亏损，允许结转到以后10个纳税年度进行抵扣。

（3）预算草案中将15%的预提税的征收范围扩大到居民公司提供管理和咨询服务所取得的收入。

（4）财产转让所得的适用税率由10%降至5%。

■ 中国

（1）2015年1月15日，财政部、国家税务总局发布《关于金融企业贷款损失准备金企业所得税税前扣除有关政策的通知》（财税〔2015〕9号）。

政策性银行、商业银行、财务公司、城乡信用社和金融租赁公司等金融企业准予税前提取贷款损失准备金的贷款资产范围包括：贷款（含抵押、质押、担保等贷款）；银行卡透支、贴现、信用垫款（含银行承兑汇票垫款、信用证垫款、担保垫款等）、进出口押汇、同业拆出、应收融资租赁款等各项具有贷款特征的风险资产；由金融企业转贷并承担对外还款责任的国外贷款。

金融企业的委托贷款、代理贷款、国债投资、应收股利、上交央行准备金以及金融企业剥离的债权和股权、应收财政贴息、央行款项等不承担风险和损失的资产，不得提取贷款损失准备金在税前扣除。

金融企业发生的符合条件的贷款损失，应先冲减已在税前扣除的贷款损失准备金，不足冲减部分可据实在计算当年应纳税所得额时扣除。

该通知自2014年1月1日起至2018年12月31日止执行。

（2）2015 年 2 月 3 日，为进一步规范和加强非居民企业间接转让中国居民企业股权等财产的企业所得税管理，国家税务总局发布《关于非居民企业间接转让财产企业所得税若干问题的公告》（国家税务总局公告 2015 年第 7 号）。

间接转让中国应税财产，是指非居民企业通过转让直接或间接持有中国应税财产的境外企业股权及其他类似权益，产生与直接转让中国应税财产相同或相近实质结果的交易，包括非居民企业重组引起境外企业股东发生变化的情形。非居民企业通过实施不具有合理商业目的的安排，间接转让中国居民企业股权等财产，规避企业所得税纳税义务的，应重新定性该间接转让交易，确认为直接转让中国居民企业股权等财产，应作为来源于中国境内的所得征税。

（3）2015 年 2 月 9 日，为进一步推动科技创新和产业结构升级，促进信息技术产业发展，财政部、国家税务总局、发展改革委、工业和信息化部发布《关于进一步鼓励集成电路产业发展企业所得税政策的通知》（财税〔2015〕6 号）。

符合条件的集成电路企业，在 2017 年（含 2017 年）前实现获利的，自获利年度起，第一年至第二年免征企业所得税，第三年至第五年按照 25% 的法定税率减半征收企业所得税，并享受至期满为止；2017 年前未实现获利的，自 2017 年起计算优惠期，享受至期满为止。

（4）2015 年 3 月 10 日，为深入实施西部大开发战略，促进西部地区产业结构调整和特色优势产业发展，国家税务总局发布《关于执行〈西部地区鼓励类产业目录〉有关企业所得税问题的公告》（国家税务总局公告 2015 年第 14 号）。

对设在西部地区以《西部地区鼓励类产业目录》中新增鼓励类产业项目为主营业务，且其当年度主营业务收入占企业收入总额 70% 以上的企业，自 2014 年 10 月 1 日起，可减按 15% 的税率缴纳企业所得税。

（5）2015 年 3 月 13 日，为了进一步支持小型微利企业发展，财政部、国家税务总局发布《关于小型微利企业所得税优惠政策的通知》（财税〔2015〕34 号）。

自 2015 年 1 月 1 日至 2017 年 12 月 31 日，对年应纳税所得额低于 20 万元（含 20 万元）的小型微利企业，其所得减按 50% 计入应纳税所得额，按 20% 的税率缴纳企业所得税。

（6）2015 年 3 月 18 日，为进一步规范和加强企业向境外关联方支付费用的转让定价管理，国家税务总局发布《关于企业向境外关联方支付费用有关企业所得税问题的公告》（国家税务总局公告2015年第16号）。

企业向境外关联方支付费用，应当符合独立交易原则，未按照独立交易原则向境外关联方支付的费用，税务机关可以在该业务发生的纳税年度起10年内，实施特别纳税调整。

企业向未履行功能、承担风险，无实质性经营活动的境外关联方支付的费用，在计算企业应纳税所得额时不得扣除。

企业因接受境外关联方提供劳务而支付费用，该劳务应当能够使企业获得直接或者间接经济利益。企业因接受不能为企业带来直接或者间接经济利益的劳务活动而向境外关联方支付的费用，在计算企业应纳税所得额时不得扣除。

企业使用境外关联方提供的无形资产需支付特许权使用费的，应当考虑关联各方对该无形资产价值创造的贡献程度，确定各自应当享有的经济利益。企业向仅拥有无形资产法律所有权而未对其价值创造做出贡献的关联方支付特许权使用费，不符合独立交易原则的，在计算企业应纳税所得额时不得扣除。

企业以融资上市为主要目的，在境外成立控股公司或者融资公司，因融资上市活动所产生的附带利益向境外关联方支付的特许权使用费，在计算企业应纳税所得额时不得扣除。

（7）2015年6月19日，国家税务总局发布《关于境内机构向我国银行的境外分行支付利息扣缴企业所得税有关问题的公告》（国家税务总局公告2015年第47号）。

我国银行的境外分行业务活动中涉及从境内取得的利息收入，即境外分行开展境内业务，并从境内机构取得的利息，为该分行的收入，计入分行的营业利润，与总机构汇总缴纳企业所得税。境内机构向境外分行支付利息时，不代扣代缴企业所得税。境外分行从境内取得的利息如果属于代收性质，据以产生利息的债权属于境外非居民企业，境内机构向境外分行支付利息时，应代扣代缴企业所得税。

（8）2015年9月2日，为进一步发挥小型微利企业在推动经济发展、促进社会就业等方面的积极作用，财政部、国家税务总局发布《关于进一步扩大小型微利企业所得税优惠政策范围的通知》（财税〔2015〕99号）。

自2015年10月1日起至2017年12月31日，对年应纳税所得额在20万元到30万元（含30万元）之间的小型微利企业，其所得减按50%

计入应纳税所得额，按20%的税率缴纳企业所得税。

（9）2015年9月17日，财政部、国家税务总局发布《关于进一步完善固定资产加速折旧企业所得税政策的通知》（财税〔2015〕106号）。

对轻工、纺织、机械、汽车等四个领域重点行业的企业2015年1月1日后新购进的固定资产，可由企业选择缩短折旧年限或采取加速折旧的方法。对上述行业的小型微利企业2015年1月1日后新购进的研发和生产经营共用的仪器、设备，单位价值不超过100万元的，允许一次性计入当期成本费用在计算应纳税所得额时扣除，不再分年度计算折旧；单位价值超过100万元的，可由企业选择缩短折旧年限或采取加速折旧的方法。采取缩短折旧年限的，最低折旧年限不得低于企业所得税法实施条例第六十条规定折旧年限的60%；采取加速折旧方法的，可采取双倍余额递减法或者年数总和法。

（10）2015年11月16日，国家税务总局发布《关于有限合伙制创业投资企业法人合伙人企业所得税有关问题的公告》（国家税务总局公告2015年第81号）。

有限合伙制创业投资企业采取股权投资方式投资于未上市的中小高新技术企业满2年（24个月，下同）的，其法人合伙人可按照对未上市中小高新技术企业投资额的70%抵扣该法人合伙人从该有限合伙制创业投资企业分得的应纳税所得额，当年不足抵扣的，可以在以后纳税年度结转抵扣。公告自2015年10月1日起执行。

（11）2015年11月16日，国家税务总局发布《关于许可使用权技术转让所得企业所得税有关问题的公告》（国家税务总局公告2015年第82号）。

自2015年10月1日起，全国范围内的居民企业转让5年（含，下同）以上非独占许可使用权取得的技术转让所得，纳入享受企业所得税优惠的技术转让所得范围。居民企业的年度技术转让所得不超过500万元的部分，免征企业所得税；超过500万元的部分，减半征收企业所得税。公告自2015年10月1日起施行。

1.3.3 个人所得税

■ 亚洲

巴基斯坦　2015年6月5日，巴基斯坦提出2015/2016年度财政预算。预算提案中的大部分内容将于2015年7月1日起实施（另有说明除外）。其中，有关个人所得税的内容如下：

（1）对取得工资薪金收入的个人，当其应税收入额在40万卢比到50万卢比之间时，所适用的税率从5%降低到2%。

（2）对取得工资薪金收入以外的个人，当其应税收入额在40万卢比到50万卢比之间时，所适用的税率从10%降低到7%。

韩　国　作为对2014年降低退税不满的回应措施，韩国政府和执政的新国家党已经就修改个人所得税基本法达成协议。政府决定在2015年3月末之前，引入一项增加对有子女的家庭和单身者退税额的议案。政府还提出将提高对退休账户缴款和教育开支的税收抵免额。

马来西亚　2015年10月23日，马来西亚公布2016年度财政预算报告。其中，有关个人所得税的主要措施如下：

（1）对于应纳税所得额在60万林吉特至100万林吉特之间的纳税人，税率从25%提高至26%；对于应纳税所得额超过100万林吉特的纳税人，税率从25%提高至28%。

（2）未满18周岁的未成年人扣税额从每人1000林吉特增加至每人2000林吉特；超过18周岁并且接受高等教育的子女的扣税额从每人6000林吉特增加至每人8000林吉特。

（3）纳税人的配偶无收入来源的，配偶扣税额从3000林吉特增加至4000林吉特。

（4）符合一定条件的子女赡养父母，其赡养费用可按每人1500林吉特进行税前扣除。

（5）残疾子女的扣税额从每人5000林吉特增加至每人6000林吉特。残疾子女接受高等教育的加计扣除额从每人6000林吉特增加至每人8000林吉特。

（6）符合条件的高等教育费的税前扣除额从5000林吉特增加至7000林吉特。

除非另有说明，这些措施将于2016年1月1日起生效。

孟加拉国　2015年6月4日，孟加拉国财政部长将2015/2016国家预算草案提交国民议会，其中包含一系列税法修订措施。提案中的大部分方案将于2015年7月1日起生效。涉及个人所得税的具体内容如下：

为了鼓励债券市场的发展，实行政府债券利息免税的政策（当前征收5%的所得税）。纳税人来源于政府列举名单公司的股息红利所得的免征额由2万孟加拉塔卡提高到2.5万孟加拉塔卡，来源于名单以外公司的股息红利所得的免征额仍然保持2万孟加拉塔卡不变。取消对来源于投资股份公司取得的收入的10%的税前扣除。

当前非居民纳税人取得的所得，不论其来源，一律适用30%的税率。为了简化税收征管，特别是简化源泉扣除的程序，方案提出非居民纳税人取得的所得按照工资薪金所得、资本利得、利息和特许权使用费、股息红利所得等分项适用不同的税率进行源泉扣除。

另外，考虑到不断加重的通货膨胀与不断提高的生活成本，将个人所得税的免征额由22万孟加拉塔卡提高到25万孟加拉塔卡。

日　本　2015年2月17日，日本政府将税法修改计划提交国会，其中涉及个人所得税的内容如下：

（1）为了刺激投资，推出个人储蓄账户税收政策。政策规定针对20岁或20岁以下个人储蓄账户，每年的投资税收豁免额上限为80万日元。同时，目前现有个人储蓄账户的最高投资额，将从现在的100万日元，从2016年4月1日起提高到120万日元。

（2）自2015年7月1日起引入离境税。个人的股票、证券或金融衍生品资产价值达到或超过1亿日元的居民自然人，迁出日本（在日本没有住所）的，其金融资产被认定为按照公允价值出售，要对金融资产按公允市场价值在离境时被出售获得的收益或损失征税。如果离境的个人委托税务代理人且提供了担保证明，可以推迟5到10年缴纳此项离境税。离境自然人在离境后5年内返回日本居住并继续持有应税资产的，可以免交离境税。

新加坡　2015年2月23日，新加坡财政部长向议会提交了2015年财政预算。提案中有关个人所得税的措施主要包括：

（1）从2017财政年度起实行新的个人所得税税率结构。新的税率结构提高了个人所得税的最高边际税率，其中应税所得在16万元以上的纳税人的边际税率有所提高，应税所得额32万元以上的纳税人的最高税率将达到22%（见表1-10）。

（2）2015财年所有居民纳税人将获得50%的个人所得税返还，但每位纳税人所获得的税收返还最高不超过1000新加坡元。

（3）因出租新加坡境内的居住性房屋而获得租赁收入的纳税人，在纳税申报进行扣除时，只允许扣除不超过总租赁收入的15%的费用，而不允许按照纳税人申报的实际发生的费用（不包括利息费用）全部据实扣除。这一政策变化不适用于通过在新加坡的合伙人身份以及通过信托资产获得租金收入的个人。

表 1－10　　新加坡个人所得税税率结构表（2017 年）

级次	应税所得（新加坡元）	税率（%）
1	未超过 20000 的部分	0
2	超过 20000 至 30000 的部分	2
3	超过 30000 至 40000 的部分	3.5
4	超过 40000 至 80000 的部分	7
5	超过 80000 至 120000 的部分	11.5
6	超过 120000 至 160000 的部分	15
7	超过 160000 至 200000 的部分	18
8	超过 200000 至 240000 的部分	19
9	超过 240000 至 280000 的部分	19.5
10	超过 280000 至 320000 的部分	20
11	超过 320000 的部分	22

（4）作为非税收居民的调解人在 2015 年 4 月 1 日至 2020 年 3 月 31 日之间在新加坡境内从事调解工作所获得的收入将享受免税。

（5）从 2017 年起，个体经营者的免税上限将提高至 37740 新加坡元。

（6）为了鼓励慈善捐赠，对符合条件的捐赠支出扣除比例从 250% 提高到 300%，并将该项政策的到期期限由 2015 年底延长至 2018 年底。

亚美尼亚　2015 年 1 月 15 日，亚美尼亚政府发布了一项法令，对在边境村庄从事经营活动免税。具体是指，除了出租车服务以外的零售贸易和其他生产经营活动，如果发生在该法令规定的 31 个边境村庄中任何一个，就将获得免税待遇。在这些村庄生产销售货物的所得，免征所得税。该法从 2015 年 1 月 1 日起生效。

以色列　以色列政府向议会提交对《对研发公司投资的个人税收优惠法》进行修正的议案。为使这部于 2010 年颁布的所谓“天使法”在筹集资本方面发挥更有效的作用，政府提出对本国研发企业新增投资的税收优惠措施进行修正。

现行法律规定，如果被投资公司属于研发企业，允许投资人在三年内将其投资额从所得税税基中全部扣除。而修正案特别提议，投资者在进行投资的第一年就可以将投资额 100% 从所得税税基中扣除。

印　度　2015 年 2 月 28 日，印度财政部长向议会提交了 2015/2016 财政年度的预算。其中涉及个人所得税的措施如下：

（1）健康保险费的个人税前扣除限额由每年 1.5 万卢比提高至每年 2.5 万卢比；80 岁以下老年人的该项扣除限额由每年 2 万卢比提高至每年 3 万卢比；80 岁及以上老年人，该项扣除限额由 0 提高至每年 3 万卢比。

（2）特定疾病的扣除中，80 岁及以上的老年人的税前扣除限额由每年 6 万卢比提高至每年 8 万卢比。

（3）残障人士的税前扣除限额分别由每年 5 万印度卢比提高至每年 7.5 万卢比；严重残障人士的扣除限额由每年 10 万卢比提高至每年 12.5 万卢比。

（4）养老基金和新的养老金计划的税前扣除限额由每年 10 万卢比提高至每年 15 万卢比。此外，对新的养老金计划缴款的纳税人可以享有每年 5 万卢比的额外扣除限额；

（5）交通补贴的免征额由每月 800 卢比提高至每月 1600 卢比。

■ 欧洲

奥地利　2015 年 3 月奥地利政府提出税制改革措施，社会民主党和人民党在税制改革的基础方面达成的一致促成了此项税制改革，其中在个人所得税的累进税率需要改革方面达成了高度一致。5 月提出改革草案，6 月政府正式同意了议会提出的法案，大部分税制改革措施将在 2016 年生效。

（1）税率。该项税制改革的核心措施是个人所得税税率层级的改变（见表 1－11）。

表 1－11　　2015—2016 年奥地利个人所得税税率结构表

2015 年		2016 年	
应税收入（欧元）	税率（%）	应税收入（欧元）	税率（%）
未超过 11000 的部分	0	未超过 11000 的部分	0
超过 11000 至 25000 的部分	36.50	超过 11000 至 18000 的部分	25
超过 25000 至 60000 的部分	43.21	超过 18000 至 31000 的部分	35
超过 60000 的部分	50	超过 31000 至 60000 的部分	42
		超过 60000 至 90000 的部分	48
		超过 90000 的部分	50

在 5 年的期限内，收入超过 100 万欧元的适用税率为 55%。

（2）扣除。雇员的税前扣除标准由345欧元提高到400欧元。如果所得税是对个人的消极所得征收，那么社会保障缴款的50%可以得到补偿。原有税制下只有可扣除支出的10%可以得到补偿，且补偿上限为110欧元。税制改革后，退休人士也可以获得不超过110欧元的补偿。儿童的税收津贴扩大为原来的2倍，达到440欧元。为了同社会保障法下的扣除项目相协调，此次改革将对个人所得税的豁免项目进行了修订。

（3）特别支出项目。原有税制下自愿保险费（如医疗保险、人寿保险以及养老保险）在一定的限度内是允许税前扣除的。另外，建造以及翻新装修住所的投资也是作为特别支出项目税前扣除的。税制改革将取消这些扣除项目。如果涉及这些支出项目的合同是在2016年1月1日前签订的，则允许在5年内扣除。另外，特别支出扣除项目中会引进一项公共养老保险计划，在该项目中的自愿养老保险支出允许自该计划实行之日起连续10年内扣除。

（4）不动产折旧。原有税制下有以下几种不同行业和部门的不动产折旧率：商业和农业3%；银行和保险公司2.5%；用于其他商业用途（如律师、医生、作家等）的不动产2%；私人出租的不动产1.5%。2016年，所有用于商业用途的不动产折旧率统一为2.5%，出租用于居住的折旧率为1.5%。居民住房大修理支出可以在15年内折旧扣除。其他个人不动产的小修理支出可以在1年内全部扣除，或在超过15年的年限内扣除（原有税制为10年）。

（5）经营性收入。税制改革后将取消教育津贴，并以另外的方式鼓励支持对员工的培训教育。研发津贴将由研发支出的10%提高到12%。取消允许亏损结转以后年度抵扣的3年的时间限制。

（6）投资损失。税制改革中引入了一项新的利用损失进行扣除的限制，即个人的投资损失只能从投资活动取得的收入中扣除，不允许从来源于投资活动之外的其他活动的收入中扣除。

（7）投资所得。从公司利润分配活动中取得股息、红利收入的，股东为个人的，应当缴纳个人所得税；股东为公司的，免税。

（8）资本利得。资本利得税率将由25%上升到27.5%。

（9）不动产转让。不动产转让收入的适用税率将由25%的单一税率提高至30%。原有税制下会考虑通货膨胀因素，对收入进行折扣，从购入年份起第11年开始，每年按照收入的2%进行扣除。改革后，这种通胀贴现将会取消。

（10）移民津贴。改革对移民到奥地利的科学家和研究人士提供优惠税制，其可以在5年的期限内享受30%的税收津贴，但不允许另外进行支出项目的扣除。但是，移民进入奥地利从事科学研究、艺术、体育领域的人士适用的个人所得税税率不得低于15%。

白俄罗斯 2015年2月20日，白俄罗斯财政部公布了一项命令，宣布提高国家高科技园区内自然人居民的个人所得税税率。为此，园区内的个人所得税纳税人，包括雇员和企业家，其来源于高科技园区内外的所得，均要按照10%的税率缴纳个人所得税，这比此前9%的税率提高了1个百分点。

2015年6月8日，白俄罗斯总统发布235号法令授予七个地区税收优惠，具体规定是，对于在2015年7月1日至2020年12月31日之间与注册地在指定地区且主营业务为商品生产或提供服务的法人或自然人实体签订劳务合同的个人所得税纳税人取得的工资薪金收入，所适用的所得税税率降低为10%。该项税收优惠的有限期限为7年，自相关生产或服务活动开始之日起计算。该项法令将于2015年7月1日起生效。

保加利亚 2015年1月9日，保加利亚财政部公布了税法修正案。其中，有关个人所得税的变动如下：

（1）对年龄不超过18周岁的子女的父母实行新的税收减免；

（2）取消对不超过最低月工资的劳动所得的税收减免。

波　兰 2015年1月16日，波兰议会下院批准了一项由部长理事会提交的法律草案，其中包括修改个人所得税法和对未申报所得征税的有关规定。相对于原有规定，该法律草案的变动主要体现在，纳税人对未申报所得的自愿披露，将使其适用的处罚率由标准的75%降为55%，未申报所得的有效征税期限由5年扩展为10年，即税务机关有权对纳税人未申报所得在10年内进行征税。该草案已经提交给议会上院和总统，一旦得到总统签署，将于2016年1月1日生效。

法　国 法国政府家庭课税工作组的一份研究报告建议，法国的个人所得税税率应具备更强的累进性，并降低低收入家庭的税率，使低收入群体受益；在个人所得税制中引入针对性的激励措施，以鼓励人们参加工作；降低中等收入者的“起征点效应”，防止因为工资的小幅增长导致纳税人的税率档次的攀升。法国总理瓦尔（Manuel Valls）表示，法国政府承诺要简化税制，削减中低收入家庭的税负。

芬　兰 2015年10月16日，芬兰政府提交2016年预算，其中有关个人所得税措施如下：

（1）资本利得的适用税率由 33% 提高到了 34%；

（2）最高边际税率的适用门槛由 9 万欧元降低到 72300 欧元；

（3）对个人征收电视税，以支持国家公共服务广播电视公司的财政需要。电视税的起征点由 7500 欧元提高到 10300 欧元，即电视税将仅仅向应税所得超过 10300 欧元的个人征收。

立陶宛 立陶宛有若干税制改革措施于 2015 年 1 月 1 日起生效，其中，个人所得税方面的内容有：

（1）取消股份转让所得以及股息红利所得的税收优惠措施，对纳税人 2014 年取得的股份转让所得以及股息红利所得，按照 15% 的税率征收个人所得税。来源于有价证券及金融衍生品的资本利得不超过 3000 欧元的部分，不征收个人所得税，即设置了 3000 欧元的免征额。

（2）取消一年以上的贷款利息所得的税收优惠措施，纳税人 2014 年取得的贷款利息所得应按照 15% 的税率缴纳个人所得税。

乌克兰 2015 年 5 月 22 日，乌克兰主席签署法律，重新引入对非居民的利息及其他与乌克兰国家证券相关的收入进行免税的政策。按照税法规定，缴纳个人所得税的非居民纳税人取得的以下形式的收入可以免征个税：由代理商发售给境外非居民纳税人的由政府作为发行人或担保人的债券的利息收入或贴现收入；以乌克兰国家政府、克里米亚自治共和国及地方政府为对象的贷款利息收入；由国家政府或地方政府担保的商业贷款利息收入。该项规定于颁布之日起生效，并于 2015 年 5 月 27 日起实行。

希　腊 希腊政府提出一系列减税措施，以减轻普通民众负担。希腊总理萨马拉斯（Antonis Samaras）表示，如果希腊能保持预算盈余，将把个人所得税从目前的 42% 降低到 32%。政府还计划降低近年开征的“团结税”税率，允许分别多次缴纳税款和退休基金分摊款。为了扶持低收入纳税人，政府将分阶段取消对特别团结税 1.2 万欧元的免税额。希腊的社会团结税是在 2011 年开始征收的，采取的是在个人所得税之外按照 1% 到 4% 的累进税率加征。

西班牙 西班牙 2016 年预算报告中，有关个人所得税的措施包括如下内容：

（1）雇主支付的医疗保险费。雇主为雇员支付的医疗保险费免征个人所得税的部分从 500 欧元提高至 1500 欧元。超过免征额的部分视同福利费。

（2）雇员支付的医疗保险费。在确定净所得时，纳税人支付的其应当负担的医疗保险的部分及其同居配偶和未满25周岁孩子的部分将作为费用扣除，每个人的最大扣除额从500欧元提高至1500欧元。

西班牙议会批准了全面税制改革方案，新的税制改革方案对个人所得税税率结构进行了改革，由7个税率级次缩减到5个税率级次，将低收入纳税人的税负降低了大约五分之一。个人所得税的最低税率在2015年降到24.75%，2016年降到19%。2015年最高边际税率为47%，2016年将降到45%。2015年不超过6万欧元的储蓄收益所得的适用税率将从21%降到20%，2016年降到19%。不超过5万欧元的储蓄收益所得的适用税率在2015年为22%，2016年为21%。超过6万欧元的储蓄收益所得的适用税率，将从2015年的24%降到2016年的23%。这一税率也将适用于资本利得，短期资本利得的高税率将取消。

匈牙利 2015年1月1日起，匈牙利引进首婚津贴，已婚夫妇双方中至少有一方是第一次结婚的家庭可以享受该项津贴，夫妻双方中的其中一方每个月可以税前扣除31250福林。首婚扣除项目可以自结婚之日起24个月内适用，但是在这24个月中夫妻双方必须居住在一起。

匈牙利国民大会批准了政府2016年预算，预算中税收措施的目标是帮助最贫困的纳税人，其中显著的一点就是降低个人所得税税率，从16%降到了15%。政府表示，纳税人可以获得1200亿福林的节税好处。对于有两个子女的家庭，免税津贴将从每月1万福林，增加到1.25万福林，家庭也可以从免税津贴中获得好处。

意大利 意大利劳动和社会保障部联合经济与财政部，在其第17号官方文告中公布了2015年1月14日的部长令。该部长令决定在2015纳税年度，将境外就业的认定报酬纳入社会保险税和个人所得税的征税范围。按照规定认定的报酬数额，依其所在的行业和雇员的职位有所不同。

英　国 英国启动对已婚夫妇实施税收津贴可转让措施，允许已婚居家人士将其免税津贴转让给工作的配偶，这项措施使那些所得低于10600英镑最低免税额的已婚纳税人，可以将自己的个人免税津贴转让给其配偶。该项措施从2015年4月6日开始实行。夫妻可以在线注册相关信息申请获得该项津贴。

英国自由民主党提出税收计划，支持提高对非居民的个人税负，但主张取消上述当年由自由民主党和保守党组建联合政府引入的已婚夫妻的税收津贴。另外，自由民主党正在研究有关利息款项纳税扣除方案。

■ **美洲**

牙买加 从2015年1月1日起，牙买加将本国的个人所得税免征额由507312牙买加元提高到557232牙买加元。所得高于免征额的部分，要按照25%的税率缴纳个人所得税。

秘 鲁 2015年1月1日起，秘鲁居民公司向个人居民股东分配的股息红利收入由公司按照6.8%的税率代扣代缴所得税。根据30296号法律，在2017年和2018年该项税率将上升至8%，2019年将上升至9.3%。

2015年6月24日，秘鲁政府公布一项法律，对纳税人在独立日和圣诞节获得的奖金免税。按照发布的文告，该条法律的目的是促进经济增长。法律规定，在7月和12月私人部门雇员获得的奖金，不需要缴纳9%的国民健康保险税，该奖金也将豁免个人所得税和养老金税。公共部门的雇员和公务员也将获得免税奖金的好处。这条新法从2015年6月25日生效。

委内瑞拉 委内瑞拉国家税务局提醒本国纳税人要申报海外收入，临时居住在海外的本国公民仍需缴纳委内瑞拉的个人所得税。国家税务局局长表示，只有那些在国外生活超过183天，且在别的国家进行了税务登记的公民不需要缴纳委内瑞拉个人所得税。税务局进一步表示，包括地方政府官员在内的政府代表在国外是不豁免委内瑞拉个人所得税的。此外，外国公民应就来源于委内瑞拉的所得在委内瑞拉缴纳个人所得税。

智 利 2015年5月8日，智利国内税务局针对居民纳税人从外国受控公司取得的消极所得制定征税办法，于2016年1月1日起实施。根据规定，直接或间接控制非居民纳税实体的居民纳税人自受控公司取得的消极所得，应当视同在智利境内取得的收入，计算缴纳所得税，属于个人投资者的应当缴纳个人所得税。符合以下条件之一的智利纳税人，视为实现对外国公司的控制：直接或间接持有50%以上的股本、利润及选举权；有权任命管理层成员；有权修改公司章程。税法规定的消极收入包括：分配的利润；利息所得；特许权使用费收入；来源于处置商品或权利的资本利得；出租不动产取得的收入。

对于个人居民而言，在特定的情况下纳税人在境外缴纳的税款可以抵免其境内纳税义务。税务部门指出，在境外以股权或其他形式进行投资的智利纳税人，当在一个纳税年度内的直接或间接投资额超过100万美元时，必须向主管税务机关进行申报。

智利总统米歇尔·巴切莱特（Verónica Michelle Bachelet Jeria）向国会提交了税制改革方案，要求议会尽快批准该议案。议案中将个人所得税的最高税率从40%降为35%。智利将在2015年8月前对该项措施立法。

■ **其他国家**

澳大利亚 2015年5月12日澳大利亚财政部长霍奇（Joe Hockey）提交了2015/2016年度预算方案。其中有关个人所得税的主要内容如下：经营非法人制的小企业纳税人，从2015年7月1日起，其经营所得所适用的税率将降低5个百分点。每一纳税年度的减税额限定为1000澳元。

肯尼亚 肯尼亚税务局决定于2015年1月1日起恢复征收于1985年停征的资本利得税。资本利得税对于2015年1月1日以后发生的包括土地、建筑、有价证券等在内的财产转让行为，按照资本利得的5%课征。纳税人包括居民和非居民个人，只要转让的财产位于肯尼亚境内，即构成资本利得税的纳税人。

南 非 2015年2月20日，南非财政部宣布对储蓄和投资账户实行税收优惠，自2015年3月1日起实行对免税储蓄和投资账户税收优惠的法规。该项政策的目的是鼓励储蓄并降低家庭债务的风险。符合免税条件的储蓄和投资账户包括银行的大部分储蓄账户、定期存款单位信托（共同投资项目）、零售储蓄债券、由保险商发行的特定长期保单、投资连结保险产品等，其中，交易所的交易基金被划分为共同投资项目。这些产品的收益（股息和利息）和增加值（资本利得）不征收所得税和资本利得税。免税储蓄和投资账户的免税投资额，在一个纳税年度内限定为3万兰特，在一个纳税人的一生中限定为50万兰特。免税储蓄和投资账户，只能由受管制的机构，如注册银行、长期保险商、负责共同投资项目的经理人、政府（通过零售储蓄债券项目）、集体银行和合作社银行发行，即只能由所谓的合规发行人发行。发行人授权的使用者（股票经纪事务所）和投资连结保险服务提供商，可以管理免税储蓄和投资账户，即所谓的管理人。该项政策实行的第一年内转让储蓄和投资账户的，不得享受免税待遇，2016年3月1日后的转让行为方可免税。

从2015年3月1日起，个人退休金税制改革正式生效，在新的税制下，雇主以任何形式支付给雇员的退休金将作为雇员的一笔所得征收个人所得税。其应税所得额由复杂的公式计算，养老金计算方式取决于不同的基金形式，以及该项基金是否有风险收益。

■ 中国

（1）2015年3月30日，财政部、国家税务总局发布《关于个人非货币性资产投资有关个人所得税政策的通知》（财税〔2015〕41号）。

将在上海自由贸易试验区试点的个人非货币性资产投资分期缴税政策推广至全国，以进一步鼓励和引导民间个人投资。该分期缴税政策自2015年4月1日起施行。

（2）2015年5月8日，财政部、国家税务总局、保监会发布《关于开展商业健康保险个人所得税政策试点工作的通知》（财税〔2015〕56号）。

对试点地区个人购买符合规定的商业健康保险产品的支出，允许在当年（月）计算应纳税所得额时予以税前扣除，扣除限额为2400元/年（200元/月）。

（3）2015年9月7日，财政部、国家税务总局、证监会发布《关于上市公司股息红利差别化个人所得税政策有关问题的通知》（财税〔2015〕101号）。

个人从公开发行和转让市场取得的上市公司股票，持股期限超过1年的，股息红利所得暂免征收个人所得税。个人从公开发行和转让市场取得的上市公司股票，持股期限在1个月以内的，其股息红利所得全额计入应纳税所得额；持股期限在1个月以上至1年的，暂减按50%计入应纳税所得额。该政策自2015年9月8日起施行。

1.3.4 社会保障税（费）

■ 亚洲

泰　国　2015年泰国第4号社会保障法案对1990年的社会保障法进行了最新修订。雇用一个以上员工的雇主应当对社会保障基金进行缴费，该社会保障基金覆盖全体劳动人员的福利，如工伤、疾病、生育、身体或精神残疾、死亡、子女福利以及退休等。每个月应当计入社会保障缴费基数的最大工资为1.5万泰铢，雇员的缴费比例为全部工资的5%（每个月最高不超过750泰铢），雇主需要为雇员支付另外的5%，并且雇主对其雇员缴费负有代扣代缴义务。另外，政府对每名雇员按其工资的2.75%缴存社会保障基金（政府支付部分的上限为每名雇员每月不超过412泰铢）。

在公积金方面，根据规定雇员和雇主应当按照雇员工资水平的不低于

2%的比例等量缴存公积金，最高比例可以达到15%，一般正常的缴费比例为3%到5%。2015年新的公积金法案对此规定进行修订，允许雇员比雇主支付更高比例的公积金。

■ **欧洲**

白俄罗斯 2015年2月20日，白俄罗斯财政部公布了一项命令，宣布提高国家高科技园区内自然人居民的社会保障税的基数。为此，园区内的雇员和企业家，其社会保障税按照不超过上个月国家统计委员会公布的本国平均工资两倍的雇员毛收入额征收（此前是一倍）。

2015年6月8日，白俄罗斯总统发布235号法令授予七个地区税收优惠，规定从事商品生产或提供服务的法人实体或自然人企业缴纳的社会保障税税率降低至24%，该项税收优惠的期限为7年，自相关生产或服务活动开始之日起计算。该项法令适用于在2015年7月1日至2020年12月31日之间在指定地区注册的法人实体或自然人企业，于2015年7月1日起生效。

法　国 法国政府家庭课税工作组的研究报告建议，削减低工资收入雇员的社会保障税，以增加个人购买力。法国总理瓦尔（Manuel Valls）表示，法国将在2015年降低雇员社会保障税。

克罗地亚 克罗地亚从2015年1月1日开始，实行促进年轻人就业的税收优惠政策。该项优惠主要是按照雇主与雇员签订的永久合同，对雇佣年龄在30岁以下年轻雇员的雇主免征社会保障税。也就是说，如果雇主签署永久合同雇用30岁以下的年轻人，雇主免缴1.5%的健康保险金、1.7%的失业保险金和0.5%的伤残保险金。

瑞　典 瑞典税法规定，对雇员的社会保障缴款由雇主或其他非自雇的合同订立者缴纳，无论是以现金形式还是额外利润形式对员工的补偿都应当征收社会保障税，社会保障税的税基同所得税一致。

对雇员的全部支付少于1000克朗的不计算缴纳社会保障税。来自关联企业的收入，包括股息红利及特定情形下的资本利得，如果关联企业的设立是出于反避税规则的规定性要求，则该收入免征社保税。2015年瑞典社会保障税税率见表1－12。

表 1－12　瑞典社会保障税税率表（2015 年）

项目		税率（%）
1	退休养老金保险	10. 21
2	健康保险	4. 44
3	失业保险及其他劳动保障措施	0. 1
4	最低生活保障金	0. 17
5	生育保险	2. 6
6	意外保险	0. 3
7	一般工薪税	10. 15
总计		28. 97

自 2015 年 8 月 1 日起，出生于 1990 年及以后的个人适用的总社会保障税税率为 23. 69%。出生于 1938 年到 1947 年之间的自雇个人，只需要按照 10. 21% 的税率缴纳失业保险。1937 年以前出生的自雇个人不需要缴纳社会保障税。另外，在瑞典北部的特殊支持地区，自雇个人在计算缴纳（2）到（6）项社会保障税时允许扣除（1）到（6）项社会保障税税基的 10%，最高扣除额不得超过 1. 8 万克朗。

乌克兰　乌克兰总理亚采纽克（Arseniy Yatsenyuk）称为了降低非正规就业水平，政府将把社会保险税税率从 41% 降为 16%。

按照规定，雇主应当按照雇员全部工资的 3. 6% 代扣养老金缴款，养老保险按月缴纳，计税基础为雇员的全部工资，但不超过一定的标准。自雇个人和个体户的社会保障税政策基本一致，需要缴纳 34. 7% 的最低社会保障缴款，其计税依据参考月最低工资标准。

意大利　意大利劳动和社会保障部联合经济与财政部，在其第 17 号官方文告中公布了 2015 年 1 月 14 日的部长令。该法令决定在 2015 纳税年度，将境外就业的认定报酬纳入社会保障税的征税范围。按照规定认定的报酬数额，依其所在的行业和雇员的职位有所不同。

■ 美洲

巴　西　2015 年 2 月 27 日，政府公报发布 2015 年 669 号临时措施文件，使对总收入征收的社会保障税具有可选择性。之所以使社会保障税成为选择性税收而不是强制征收，原因在于对很多企业来说社会保障税的实际效果与征收意图背道而驰。在实践中，社会保障税的税负在不同企业之间差别很大，甚至在同一行业的不同企业之间的差异都很大，这取决于企业的劳动力结构。因而很多企业要求社会保障税成为选择性征收的税种。政府出台这一政策是响应企业的需求。临时性措施规定，每年一月份纳税人可以根据自身情况选择缴纳社会保障税或20%的工薪税。2015年由于政策改革，情况比较特殊，纳税人必须在6月份缴纳上半年的社会保障税之后，再选择下半年缴纳的税种。从2015年6月1日起，社会保障税的税率将提高到原来的两倍多，原来适用1%税率的提高到2.5%，原来适用2%税率的提高到4.5%。上述改革措施将于2015年6月1日起生效。

1.4 货物劳务税类

1.4.1 动态概述

■ **增值税**

2015年顺应世界经济形势发展的需要，全球范围内的增值税整体上呈现出多元化的发展态势，增值税在各国税制中的重要性更加凸显。一方面，各国根据自身经济复苏增长的形势及其他国情，增设或修订本国的增值税制度，多个国家在2015年新开征增值税，中国则继续推进"营改增"试点改革。另一方面，面临新经济形势如数字经济对税收的严峻挑战，各国亦积极应对，比如欧盟决定对跨境电子产品计征的增值税税率采用消费地征税原则。具体动态归纳如下：

(1) 增值税在一些国家引入或推广

鉴于增值税的优良特性，2015年又有不少国家引入或推广增值税，有的国家是新开征增值税，有的国家则是将原有具有增值税性质的税的名称正式改为增值税；比如，巴哈马自2015年1月起对商品和服务征收7.5%的增值税；马来西亚自2015年4月1日起开征货物劳务税（Goods and Services Tax，简称GST），税率为6%；苏里南政府从2015年1月1日起执行全面的增值税制度来取代当前的销售税。据统计，截至2015年，开征增值税的国家已增至192个[①]。

① 数据来源：根据《227个国家和地区公司所得税和增值税税率表（2014/2015年度）》，龚辉文编制，经整理而得。

（2）增值税税率或征税范围新调整

在已开征增值税的国家中，增值税又在不断地修订完善中：既有提高或降低税率的调整，又有提高起征点、扩大征免税范围的调整，大致归纳如下：

①为增加财政收入，一些国家提高了国内增值税标准税率或特定项目适用的增值税税率，或扩大增值税的征税范围。

科索沃自2015年9月起增值税标准税率从16%提高至18%；卢森堡自2015年1月1日起将增值税标准税率提高至17%，中间税率由12%提高为14%，低税率增至为8%；毛里塔尼亚自2015年1月1日起增值税标准税率提高至16%；几内亚比绍自2015年1月1日起增值税标准税率由原来的15%提高至17%。委内瑞拉2014年11月28日公布6152号政府公告公布增值税改革办法：对高档消费品和高档服务适用增值税税率提高至27%。孟加拉国对信用评级业务和财务分析业务将开征15%的增值税；对金银产品的增值税税率将从3%提升到4%。2015年3月31日，荷兰财政部发表声明从2015年7月起房屋重建、房屋装修以及房屋修理原先征收6%的增值税将被废除，开始征收21%的增值税。

②为调整经济结构，一些国家降低增值税税率或扩大免税范围，为鼓励、促进某些行业的发展，一些国家降低某些征税对象的增值税税率。

自2015年7月1日起，俄罗斯在政府反危机计划框架内将国内航空客运增值税税率从现行的18%降至10%；芬兰行政法院提出2015年出版图书增值税税率降至9%；罗马2015年预算法案降低所有旅游套餐的增值税税率，由24%降至9%；西班牙将文化产业的增值税税率从21%下调至10%；希腊的超低税率由6.5%降至6%；爱琴群岛的超低税率则由原来的5%降至4%。超低税率的适用范围：药品、书本、报纸、杂志，戏票。摩洛哥太阳能热水器原来需交14%的增值税，现在只需交10%的增值税。

博茨瓦纳自2015年1月25日起对部分基本食品实行免征12%增值税的政策，意在进一步控制通胀水平，保障居民基本生活。这些基本食品包括：黑面包、蔬菜、水果、大米、玉米糊、牛奶和面包粉。2015年5月20日，吉尔吉斯斯坦议会通过法案，其中规定：进口电力能源免征增值税。2015年1月15日，亚美尼亚政府颁布法令，2015年1月1日强制执行的边境交界处税款将被豁免。这项法令规定所有在边境交界处生产制造的所带来的收入将豁免增值税税款，无论这些产品销往何处。

(3) 多国出台增值税新规以应对数字经济的挑战

数字经济的兴起，给现行税收尤其是国际税收管理带来严重冲击，引起世界各国的重视。OECD 在其发布的 15 项 BEPS 行动报告之一的数字经济报告指出，数字经济的变化已经给国际税收体系带来了系统性的挑战，即现行国际税收框架不能确保纳税地点与经济活动的发生地以及价值创造相匹配。具体到就增值税而言，由于远程服务中对纳税地的确定标准虚拟化，对数字化手段和方法的增值税纳税没有统一协调的考虑，就有可能因为国家的增值税纳税标准不同，给跨国纳税人带来避税空间。该问题在近两年日渐凸显，许多国家已开始积极应对挑战，将思考转化为行动，一些发达国家在 2015 年率先出台相关税收政策。

在欧洲地区，保加利亚 2014 年 12 月 19 日颁布立法修正案：对欧盟境内不征税人群提供通信，广播和电子服务的发生地遵守欧盟 2008/8IEC 法案；欧盟居民纳税人或非欧盟居民纳税人提供通信，广播和电子服务适用微型一站式注册地管理制度；马耳他财政部公布了 2015 年预算，其中涉税措施与 2015 年 1 月 1 日实施电子书售卖征收 5% 低税率；西班牙通信，广播，电子服务行业：自 2015 年 1 月 1 日起，欧盟成员国居民纳税人或非欧盟成员国居民纳税人向欧盟成员国消费者提供通信、广播、电子服务的，要求在消费者所在地申请缴纳增值税。2015 年 4 月 6 日，希腊政府颁布公告，规定纳税人向非居民纳税人提供广播、电信及电子商务服务的增值税纳税申请程序。在亚洲地区，日本决定从 2015 年起，外国购物网站所售的电子产品将和日本本国产品一样，征收 8% 的增值税；孟加拉国 2015 财政年度的预算法案将从 2015 年 7 月 1 日起生效，其中，针对网上货物劳务交易将开征 4% 的增值税。

综上所述，2015 年各国的增值税改革在总体上仍把增加财政收入作为主要目标，说明增值税仍然是各国政府获得财政收入的重要手段，同时在一些特定的行业范围内对于增值税的征税范围和税率有一定程度的调整，并积极完善税收征管系统，提高纳税遵从度，也体现出增值税作为政府宏观调控工具的重要性。最为突出的是，各国积极应对数字经济等新业态的挑战，增值税制更加优化。

■ 消费税

2015 年各国的消费税基本延续了以往政策，呈现出稳中有变的发展态势。多数国家在消费税方面的调整主要是对烟、酒、成品油、汽车等商品采取增税措施或扩大征税范围，进一步增强消费税的调控功能。从2015年的消费税动态来看，对消费税采取增税措施的国家大都是发展中国家，而部分发达国家为鼓励支持特定行业的发展，实施的是减税措施。

（1）提高烟酒类制品的消费税，引导健康消费

通过提高烟酒类、汽车、成品油等的消费税税负，既能引导民众绿色消费、健康消费，又能有效增加政府财政收入，实现“双赢”。故而成为很多国家的选择。2015年有不少发展中国家针对烟酒类，汽车、成品油等制品制定了一系列增税措施，如巴基斯坦对烟的联邦消费税（FED）率从58%增加到63%，对碳酸饮料的联邦消费税率从9%增加到12%。缅甸2015/2016财年计划将卷烟贸易税由现行的100%调为120%，酒类商品等由现行的50%调至60%。泰国烟酒类消费税就将从原来的1.5%税率上升至2%。乌兹别克斯坦自2015年1月1日起提高了国产酒精制品、酒精及啤酒消费税。

（2）扩大消费税的征税范围，突显增加收入

一些国家在2015年根据经济调控的需要，在不同程度上扩展了消费税的增税范围。比如，巴西于1月19日宣布推出一系列税收增长计划：在新措施下化妆品征税对象的范围进一步扩大，化妆品经销商也需支付消费税。而且，经销商可以将制造商或进口商的税额用来抵扣他们的消费税额。这项措施将会通过总统法令实施。肯尼亚在2015年扩大消费税征收范围，新增类别包括啤酒、矿泉水、果汁及软饮料。消费税货物管理系统（EGMS）使用范围也将从超市和连锁酒店类的消费者扩大到生产商、进口商、分销商及零售商。肯尼亚税务局（KRA）称该系统通过有效驱逐市场上的走私品及不合格产品，可为其增加6960万美元的收入。

（3）对特定产品（行业）实施减税，兼顾调控目标

为鼓励某些特定行业发展，刺激消费，部分国家却采取了消费税减免税措施。比如：韩国政府决定从2015年8月27日起下调个别消费税，调低汽车和家电产品等部分产品的消费税。此外，在10月一个月期间，流通业界将在全国范围内继续开展韩国购物季活动。消费刺激政策主要内容包括：2015年8月27日起至年末，汽车的个别消费税从现行5%下调至3.5%。从2016年起废除个别消费税的大型家电产品也将从27日起下调30%的个别消费税。美国加州政府立法委员会正在试图通过新草案从而减少清洁能源汽车消费税，在该草案中，氢动力、纯电动、插电式混合动力和天然气车辆的税率将会从之前的7.5%降到3.06%。根据美国加州税务

委员会最新投票通过的决定，将自 2015 年 7 月 1 日起，将汽油消费税下调 17%，从每加仑 36 美分下调至 30 美分。

■ 关税

2015 年世界范围内的关税发展与 2014 年相比变化不大。各国基于自身经济发展需求，兼顾收入及调控职能，纷纷制定相关关税制度及政策，在促进自由贸易、刺激经济增长的同时也注重运用关税工具实现一定程度的国内经济保护职能。另外，有更多的国家积极签订自由贸易协议，概括为如下几方面：

（1）资源类产品的进出口依然是调控重点

资源类产品一直都是各国关注重点，在关税调控中也不例外。在 2015 年世界经济虽有复苏但仍处于低迷增长的压力下，许多国家在进出口环节针对资源类产品进行重点调控。比如，印尼免除棕榈油原油的出口税，缓解经济下滑，鼓励出口；而白俄罗斯提高石油的出口关税，保护本国石油的输出，此外，中国也开始对煤征收关税，取消之前的免税政策。

（2）进出口关税更加突显调整国内产业结构

越来越多的国家利用关税来实现调整国内产业结构的目标。比如，印度自 2015 年 3 月起上调了移动设备的进口税率，将移动设备的进口税率由原本的 6% 大幅调高至 12.5%，以保护本国移动设备行业；阿根廷总统 12 月 14 日宣布，免除小麦、玉米、肉类、鱼类和区域经济作物的出口预留税，大豆出口预留税下降 5%。

1.4.2 增值税

■ 亚 洲

格鲁吉亚 2015 年 4 月 27 日，格鲁吉亚政府向国会递交法案。法案规定：自 2015 年 7 月 1 日起，对于发生增值税应税行为却没有进行注册登记的纳税人的罚款率降至应纳增值税税额的 5%。

韩 国 从 2015 年 7 月 1 日开始对外国经营者提供的电子服务供给征收 10% 的增值税。这种增值税是对通过信息和通讯技术网络提供的服务，包括游戏文档、视频文档、电子文件和软件等征收的。

吉尔吉斯斯坦 2015 年 5 月 20 日议会通过法案，规定：进口电力能源免征增值税。法案将于颁布后 10 日内实施。

马来西亚 销售税和服务税（Goods and Services Tax，简称 GST）是

一种基于商品或服务的增值而征收的税。马来西亚自2015年4月1日起开征增值税型GST代替销售税和服务税，标准税率为6%。另外，对基本品，如白米、糖、油、盐、公共交通、保健及私人教育等适用零税率。

孟加拉国 2015财政年度的预算法案从2015年7月1日起生效，涉及增值税的内容主要有：（1）免税范围中，对洞穴农场、商品混凝土、垃圾合成、绵纸、冰雕盘子、冰勺以及悬吊管的免税政策被取消；（2）针对网上货物劳务交易将开征4%的增值税；（3）对信用评级业务和财务分析业务将开征15%的增值税；（4）对金银产品的增值税税率将从3%提高到4%。

日　本 原计划从2015年10月起将消费税税率从8%提高至10%，延期至2017年4月。另外，从2015年起，外国购物网站所售的电子产品将和日本本国产品一样，被收取8%的增值税。

乌兹别克斯坦 2015年5月12日，乌兹别克斯坦税务局公告解释非居民企业在乌境外向乌居民企业提供专业技能服务、培训服务不征收增值税。咨询服务、信息处理加工服务由商品和服务免征增值税向乌居民企业提供，且发生在乌境内，则适用反向稽征机制。

亚美尼亚 2015年1月15日，政府颁布一条法令，规定2015年1月1号强制执行的边境交界处税款将被豁免。这项法令规定所有在边境交界处生产制造的所带来的收入将豁免增值税税款，无论这些产品销往何处。

印度尼西亚 印尼将房地产增值税的起征额从原来的1.4亿印尼盾（约合1.1万美元）提高至3亿印尼盾（约合2.3万美元）。

■欧　洲

爱尔兰 爱尔兰的增值税低税率在2015年再次提高至5.2%。该低税率曾在2013年从5.2%将至4.8%，2014年又提高至5%。

白俄罗斯 2014年12月22日公布税法2－1－10/6293号指南：明确建筑行业包括设计的税基。税基：为客户提供建筑服务（包括分包）计税依据为工程总计价值；分包提供特殊项目服务计税依据为分包工程的总价值，分包工程向总包（个人实体或公司）支付的转报价可以作为进项税额抵扣。

另外，从2015年1月1日开始，进口商品增值税的扣除将延期。

比利时 2015年11月23日财政部宣布，从2016年4月1日开始对董事会费用，按21%的标准税率征收增值税。财政部原打算在2015年1

月1日推出这项政策。

保加利亚 2014年12月19日保加利亚颁布立法修正案，其中涉及增值税的内容包括：

（1）对欧盟境内不征税人群提供通信，广播和电子服务的发生地遵守欧盟2008/8IEC法案；

（2）欧盟居民纳税人或非欧盟居民纳税人提供通信，广播和电子服务适用微型一站式注册地管理制度。

波 兰 2014年12月22日公布1860号文，规定自2015年1月1日起实施的增值税退税新规，新规适用欧盟成员国实体和非欧盟国家实体，但是非欧盟国实体享受增值退税的条件是当事国双方遵循互惠原则。退税期限分为两种：（1）一年，最低退税额为50欧；（2）三个月，最低退税额为400欧。申请退税期限为退税发生当年的9月30日之前。欧盟纳税人要向本国申请退税，第三方国家纳税人则向波兰申请退税。税务机关自收到申请一般四个月内（期限可延长）做出是否同意退税的决定，并自公布决定之日起10天内办理退税，若退税推迟，纳税人将获得利息补偿。

另外，自2015年7月1日起，用于商用目的的汽车允许扣除所购买燃油50%的进项税，卡车可以扣除燃料100%的进项税。

丹 麦 2015年6月19日欧盟议会对丹麦执行2015/992/EU号决议，内容如下：欧盟要求丹麦当局允许将注册登记的经营用途的交通工具偶尔用于非经营活动的纳税人有权选择日浮动税率，浮动税率为40丹麦克朗/天。决议将于2017年12月31日废止，除非丹麦提交申请继续使用该决议。

俄罗斯 自2015年7月1日起，俄罗斯将在政府反危机计划框架内将国内航空客运增值税税率从现行的18%降至10%。

另外，法案306－FZ修改了部分增值税规定，并于2015年1月1日生效。具体内容如下：

（1）出售破产债务人的资产、财产不征增税；

（2）适用零税率纳税人，需将抵扣的进项税额转出的规定被废除；

（3）购买或生产航海船舶、内陆河船舶和混合型船舶、飞机及其发动机需要缴纳增值税；

（4）航空货运，在俄罗斯经停且起始点不在俄罗斯境内，需在俄罗斯缴纳增值税。该服务自向俄罗斯政府税务机关提供详细资料起180天内适用零税率。

联邦税务当局2014年12月29日颁布法令NO. MM13－7－3/558，对增值税纳税申报程序做了新的规定：在纳税申报期内提供所有购销发票信息，按季申报纳税的在季度结束的当月25日之前提供所需资料。自2015年第一季度起，税务机关联动监管企业的纳税情况，2015年第一季度申报纳税向税务机关提供详细资料的截止日期为2015年4月25日。

俄罗斯财政部还于2015年公布了若干税法指南，内容如下：

（1）税法指南03－07－08/10597号规定俄罗斯增值税纳税人向非居民纳税人提供工程、设计服务征收18%的增值税；

（2）税法指南03－07－08/14651号解释说明俄罗斯居民纳税人之间买卖交易的标的物位于俄罗斯境外，并在境外适用不征收增值税；

（3）指南03－07－14/14963号规定破产企业出售资产或提供服务有权在收到预付款中扣除增值税后计为收入；第2部分15条规定与2015年1月1日起生效，规定出售破产或无法偿还债务的债务人的资产、财产免征增值税，但不包括债务人提供的服务，债务人提供的服务征收增值税；

（4）2015年4月6日公布的03－07－08/19183号指南规定：非居民纳税人向居民纳税人提供运输服务且运输标的物在国外，不征收增值税；

（5）2015年4月6日公布的03－07－08/19178号指南规定：俄罗斯增值税纳税人向美国合法经济实体提供办公场地的租金收入免征增值税且提供与租赁行为相关的服务免征增值税；

（6）2015年3月18日公布的03－07－08/14454号指南规定：进口消耗材料用于科研项目且在俄罗斯境内没有课税替代品，该材料适用寿命超过一年的，免征进口增值税，纳税人提交免征增值税申请且只能申请一次并交由政府部门批准；

（7）2015年2月19日公布的03－07－08/7777号指南规定：在俄罗斯境内机场或领空为居民纳税人或国外企业提供飞机、航空器的修理维护服务免征增值税；

（8）2015年2月2日公布的03－07－08/3980号指南规定：出售与免税药品、器材匹配的配件，且配件在卫生部门注册登记，免征增值税；

（9）2015年4月6日公布的03－07－08/19156号指南规定：俄方卖家向国外买家出售暂时寄存在国外货栈的商品，增值税适用零税率，且国外货栈位于暂时出口报税区，且出售时间早于出口交易期；

（10）2015年3月20日公布的03－03－06/2//15523号指南规定：银行可以用购买商品服务的进项税（进项税已经向征税机关汇缴）抵扣企业所

得税。

法　国　2015 年 9 月 30 日法国政府提出了 2016 年财政议案（草案），主要内容包括公司所得税、个人所得税和增值税。草案被送交议会，于 2015 年 10 月 12 日进行讨论和修订，还将其他措施列入本草案中。关于增值税的建议如下：自 2016 年 1 月 1 日起，对与其他欧盟成员国供应商进行产自法国商品远程销售的增值税起征点，将由 10 万欧元降低到 3.5 万欧元（条例草案第 3 条）。

芬　兰　2015 年 5 月 8 日公布的税法指南指出，自 2015 年 1 月 1 日起增值税的征税范围将包括报纸杂志的订阅及从奥兰群岛运至芬兰的报纸杂志。

芬兰行政法院提出 2015 年出版图书增值税税率降至 9%。

2015 年 7 月 21 日，芬兰税务总局宣布非营利组织满足下列条件，需要注册登记为增值税纳税人：（1）年营业额超过 8500 欧元；（2）非营利组织发生经营活动，该活动同时是所得税的征收范围。

荷　兰　2015 年 3 月 31 日财政部发表声明：从 2015 年 7 月起房屋重建、房屋装修以及房屋修理原先适用的 6% 的税率改为 21%，而墙面粉刷以及保温材料将继续增收 6% 的增值税。

捷　克　自 2015 年 1 月 1 日起，增值税新增一档低税率 10%，适用于药品，书籍（广告超过书内容 50% 的除外）与婴儿食品。

科索沃　自 2015 年 9 月起，增值税标准税率从 16% 提高至 18%，同时新增一档 8% 的低税率。

立陶宛　2015 年 6 月 30 日，议会采纳对增值税法的修正案，将如下适用 9% 的增值税低税率的时间延长至 2016 年 12 月 31 日：供应居民住房采暖能源（包括了通过热水供应系统提供的采暖）、居民住房的热水或准备热水的冷水、对水加热的热能。该修正案从 2015 年 7 月 1 日生效。

马耳他　财政部公布了 2015 年预算，其中的涉税措施自 2015 年 1 月 1 日起实施，与增值税相关的主要内容包括：

（1）强制注册登记制度涉及所有发生的经营活动，不再受营业额限制；

（2）电子书售卖征收 5% 低税率；

（3）非欧盟游客离开马耳他可以获得增值税退税。

马其顿　自 2015 年 1 月 1 日起，债务执行人执行债务用于支付增值税，执行的动产、不动产需按特殊方法计算增值税，财产转让后的 5 天内支付增值税并向税务机关递交增值税计算方法及有关财产合法的评估资料；自2015年1月31日起提供货品劳务的纳税人要求用装有通用分组无线业务（GPRS）的收银机收银。

卢森堡 2014年12月29日公布773号公告增值税新规，自2015年1月起实施，主要内容如下：

（1）自2015年1月1日，卢森堡增值税标准税率为17%，中间税率为14%，低税率为8%，超低税率保持不变为3%。适用3%的税率：自主处理财产，在2015年预算实施之后，交由第三方处理财产不再享受3%超低税率（交由第三方修理修缮的财产除外）；酒精饮料适用新的标准税率17%；运用高科技提高动物繁殖的农业活动适用3%的税率。

（2）申请增值税退还的纳税人有资格获得经济补偿。

（3）公告规定纳税负有向税务机关报告纳税情况的义务。

（4）若农业活动纳税人骗逃增值税将被处以罚金；限制有不良记录（骗逃税）的纳税人申请适用低税率。

另外，2015年7月14日公布了对增值税的几项修正案，由议会于2015年6月16日批准，自2015年8月1日起生效执行。主要内容有：对艺术品、古董和收藏家的物品实行低税率；延长盈利范围制度；对放置于仓库的供应品豁免增值税。

罗　马 2015年预算法案降低所有旅游套餐的增值税税率，由原来的24%降至9%。

挪　威 2015年欧洲自由贸易联盟（European Free Trade Association，EFTA）批准了挪威对电子新闻服务实行增值税零税率的计划。该措施旨在将电子新闻服务的增值税税收处理与纸质报刊保持一致。新的增值税零税率能使新闻媒体，包括许多挪威本地和地区性报纸以电子方式进行的出版和销售行为免受增值税系统的不利影响。电子新闻对挪威消费者的重要性正在日益增加，该措施将推动以电子形式出版的新闻和时事媒体的消费。该措施同样适用于挪威以外的符合增值税零税率条件的电子新闻服务。经审批，该措施有效期至2022年3月1日。

瑞　典 自2015年1月1日起，瑞典居民纳税人申报缴纳进口增值税，需向税务机关缴纳。非居民纳税人缴纳进口增值税则向海关纳税。

瑞　士 2014年11月12日瑞士联邦委员会通过增值税条例修改方案，自2015年1月1日起实施，具体内容如下：瑞士非居民企业在瑞士销售货物的营业额超过100000瑞士法郎，则有义务向瑞士税务机关缴纳增值税；非居民企业独立在瑞士提供建筑或建筑相关服务，免征增值税。

2015年4月1日执行预付增值税实施细则。实施细则规定包括：

（1）按月和按季缴纳增值税的纳税人都允许提前在纳税期限前预缴增值税。增值税纳税申报期限则是在纳税期限的次月20日之前。

（2）特别增值税税款的缴纳是在纳税期限的次月20日之前。

（3）预缴增值税纳税人需按规定定期申报纳税。

（4）纳税人可以选择缴纳税款的方式，可以预缴税款，也可以在规定的纳税期限内缴纳。

斯洛文尼亚 2014年12月1日政府公报刊登的增值税修正案于2015年1月1日起实施。主要内容包括：

（1）增值税税额超过1000欧元，需要提交发票和进口文件资料，燃料交易则使用较低的门槛即250欧元；

（2）允许二氧化碳排放转让交易适用反向稽征机制将延长至2018年12月31日。

乌克兰 乌克兰税务当局颁布了71－Ⅷ法案，法案中包括增值税实施指南，该指南自2015年1月1日起生效，主要内容如下：

（1）税法法案188号，118.1章中对增值税税基做了如下规定：销售旧货的计税依据不得低于货物最初的收购价；销售生产制造品的计税依据不得低于产品的成本。

（2）税法152章修正案规定：自2015年1月1日至2017年12月31日期间出口谷物和经济作物免征增值税。

（3）税法中新规规定：回收（进口或国内交易）含铁或不含铁的金属材料、废纸、废旧纸箱用于回收再利用的，自2015年1月1日至2017年1月1日免征增值税。但是税法中规定实施免税优惠政策的条件是：2015年1月1日政府需提供免税废旧材料的清单，在清单未公布前，废旧材料的交易适用20%的增值税税率。

（4）税法法案197号，197.1章规定：在乌克兰境内出版的期刊、教材、书本、字典自生产到销售环节免征增值税。

西班牙 2014年11月27日颁布的28/2014号法规与2014年12月19日颁布的皇家法令1073/2014号，公布了2015年西班牙的税改内容。两项法规于2015年1月1日生效，主要内容如下：

（1）通信，广播，电子服务行业：自2015年1月1日起，欧盟成员国居民纳税人或非欧盟成员国居民纳税人向欧盟成员国消费者提供通信，广播，电子服务的，要求在消费者所在地申请缴纳增值税。

（2）转让持续性业务：自2015年1月1日起，转让持续性业务不征税是指整体转让持续性业务不征增值税，分割转让货物或所有权不属于不征税范围。

（3）自2015年4月1日，反向稽征机制的范围扩大，包括银，铂，钯的销售。

（4）自2015年4月1日，销售手机、游戏机、电脑和平板电脑适用反向稽征机制需满足下列条件之一：购买者是经销商；非经销商购买，开具在单一发票上的金额超过10000欧元。

（5）推迟纳税期：自2015年1月1日起，按月缴纳进口货物增值税的纳税人可以推迟纳税期限。申请2015年度推迟纳税，自1月31日开始申请。

（6）供货地规定：产品安装装配成本超过产品整个安装成本的15%，且该过程是构成产品实质性价值，则该安转地作为供货地。此项规定自2015年1月1日起废止。

（7）自2015年1月1日起，出席西班牙赛会和展览的相关入场费、食宿费、交通费申请缴纳的增值税的非欧盟交易者停止享用互惠原则。

（8）自2015年1月1日起，申请执行破产请求的公司未交增值税部分由一个月调至三个月做坏账冲抵（bad-debt relief）。

（9）自2015年1月1日起，向每个客户每年提供的非营利性印刷品或广告收入低于200欧元的不作为增值税征收范围。

（10）自2015年1月1日起，教育活动免税范围扩大：儿童校外托管活动也列入免税范围。

（11）自2015年1月1日起，交易不动产并开发土地的免税优惠消除。

（12）自2015年1月1日起，反向稽征机制下，不动产交易者没有遵守以下规定：其一，向供应商提供其承包、专业方面细致可靠的说明；其二，通知承包人建设工作的基本状况，建筑物的修建情况。将处以增值税税款1%的罚款，罚款金额：最小200欧元，最大10000欧元。

（13）进口货物增值税纳税人逾期（逾期指：推迟纳税期限）为缴纳税款，就未申报进口增值税税款处以10%的罚款。

2015年3月20日，西班牙税务当局公布V1029－015号决议：通过互联网平台买卖虚拟货币（比特币）免征增值税。

另外，西班牙政府将把文化产业的增值税税率从21%下调至10%。

希　腊　2015年7月16日希腊政府颁布了4334/2015号法案，自

2015 年 7 月 20 日实施。其中有关增值税的内容如下：

（1）税率的变化

• 超低税率由 6.5% 降至 6%，爱琴群岛的超低税率则由原来的 5% 降至 4%。超低税率的适用范围：药品、书本、报纸、杂志、戏票。

• 酒店住宿在 2015 年 10 月 1 日前适用超低税率 6%，10 月 1 日后适用 13% 低税率。

• 提高了部分商品服务的增值税税率，由原来的 13% 提高至 23%。其中食品包括糖果、咖啡、茶、药草、食用油（除橄榄油外）、醋，盐和糕点产品；服务包括客运、餐椅、提供酒席服务、电影票、音乐会，体育赛事及其他娱乐活动，文化活动和非免税医疗服务。

• 爱琴群岛的低税率（16%，13%，4%）自 2015 年 10 月 1 日到 2016 年 7 月 1 日逐渐废除。因爱琴群岛地处偏远，在 2016 年 12 月 31 日前仍可适用低税率（16%，13%，4%）。

• 2015 年 7 月 20 日之后开具的发票、票据，无论交易是否发生在 7 月 20 日之前都适用新的税率。

（2）教育服务。2015 年 7 月 16 日颁布的 4334/2015 号法案即日生效。法案规定：自 2015 年 7 月 16 日起，私教中心、外语培训机构、计算机中心提供的教育服务不再享受免税政策，即日起适用增值税 23% 的标准税率。

（3）2015 年 7 月 16 日颁布的 4334/2015 号法案，法案规定：B2B 交易金额超过 3000 欧元和零售交易金额超过 1500 欧元需通过银行系统支付，进而增值税税款将在交易支付后五日内由银行自动扣缴。

■ 美　洲

阿根廷　阿根廷政府公布 1128/2015 号文，规定报纸适用 2.5% 的增值税税率，广告适用 5% 的增值税税率。

巴哈马群岛　巴哈马群岛于 2015 年 1 月 1 日引入增值税，对商品和服务征收 7.5% 的增值税，同时取消旅馆税（对旅游业按照 10% 的税率征税）。新税制规定大企业要在 2015 年 3 月 2 日填报其第一份增值税申报表，按规定需要按月填报的小企业必须在 4 月 30 日前填报。

巴拉圭　2015 年 1 月 5 日巴拉圭税务局当局阐明：处理股权免征增值税，且不需要向税务机关提交报告；若转让人是纳税人需要开具发票，并将转让价格填在免税部分，反之则受让人开具发票。

2015年5月29日巴拉圭税务当局颁布了61号决议，并自2015年6月1日起实施。要求纳税人逐渐使用电子发票系统。增值税纳税人可以开具电子发票。

从2015年1月1日起，出售专门的初级农产品（特别是水果和蔬菜），要按照5%的税率缴纳增值税，这些产品在以前是免税的。按照产品类型的不同，巴拉圭对所有农产品都按照5%或10%的税率征收增值税。

秘　鲁　2015年5月12日秘鲁政府向国会提交了4488/2014法案，建议编辑服务享受增值税优惠政策。增值税优惠政策从2015年10月11日起实施，书本免税；一些特殊花费可以申请增值税退还，其中包括原料、生产资料和图形设计服务。

波多黎各　2015年7月至2016年4月，销售和使用税税率从7%提高至11.5%。自10月1日起，B2B形式提供的专业服务将适用4%的增值税税率。自7月1日起存在的合同，合同中规定服务提供的起始时间为2015年11月1日的服务免征增值税。

墨西哥　从2015年7月1日起对三明治、比萨、汉堡、热狗等快餐制成品征收16%的增值税。

圣基茨和尼维斯　从2015年4月7日起对食品、药物以及丧葬费实行新免征增值税政策。

委内瑞拉　2014年11月28日政府公告6152号公布了增值税改革办法：普通商品增值税维持12%税率不变，对高档消费品和高档服务适用增值税税率提高至27%。

智　利　2015年2月26日613号行政裁定，坐落办公楼区的停车场租金不征收增值税。另外，2015年4月27日公布的1148新规：智利国内投资者进口资本货物（资本货物非智利国内产品；用于国内投资项目并带来红利）免征进口增值税。

■ 非洲

博茨瓦纳　博茨瓦纳自2015年1月25日起对部分基本食品实行免征12%增值税的政策，意在进一步控制通胀水平，保障居民基本生活。这些基本食品包括：黑面包、蔬菜、水果、大米、玉米糊、牛奶和面包粉。

吉布提　2015年财政法案规定，自2015年1月1日起增值税标准税率由7%增至10%。

几内亚比绍 几内亚比绍2015年预算法案自2015年1月1日起实施。其中涉及增值税的主要有：

（1）标准税率由原来的15%提高至17%。

（2）低税率为10%，适用范围如下：谷类；奶制品和保健食品；报纸、期刊；医疗服务；客运服务；文化活动和体育赛事；农产品及服务；餐饮服务；天然气。

（3）特定商品和服务适用20%的税率。

加　纳 2015年4月15日增值税新增一档5%的低税率，适用于不动产。小企业按3%征收率征收，进项不得扣除。提供货物劳务另征2.5%的国民健康保险税。

政府在2015年实施了一系列突出增值税的措施，特别是对基于收费的银行和金融服务，适用最高税率为17.5%的增值税，加纳28家银行从1月起对金融服务费征收17.5%的增值税。除此之外，加纳政府提出，在石油产品价格结构改革的同时，对石油、柴油、液化石油气、天然气和机油，征收17.5%的特别石油税，并将其作为增值税改革方案的一部分。

肯尼亚 2015年6月1日公布了2015/2016年度的预算法案。其中涉及增值税的主要有：

（1）用于电影制作的商品和服务免征增值税；用于工业园基础设施建设的商品和服务免征增值税；用于100英亩以上（包括100）游乐园建设的商品和服务免征增值税。

（2）涉及货物运输的服务增值税适用0%税率；申请退税（适用0%税率应税行为中的进项税无法抵扣，可以申请退还）将在自到期支付税款起12个月内处理。

（3）肯尼亚税务当局完善网上办税系统：统一纳税人税务代码；为纳税人培训网上办税系统；要求缴纳增值税和所得税（PAYE）的纳税人自2015年5月开始，在网上申报纳税。

毛里塔尼亚 2014年12月30日公布了2015年财政法规草案，其中关于增值税的有：

（1）2015年1月1日起增值税标准税率提高至16%；

（2）2015年1月1日起，增值税征收范围扩至大米交易。

摩洛哥 2015年财政法案于2014年12月25日在官方公报6320上公布，自2015年1月1日起实行，有关增值税总结如下：

（1）贷款利息主要针对商住房，原来商住房贷款利息免征增值税，现在征收 10% 的增值税。

（2）艺术品原来也不在增值税征收范围内，现在征收 10% 的增值税。

（3）过路费原来征收 10% 的增值税，现在征收 20% 的增值税。

（4）太阳能热水器原来需交 14% 的增值税，现在只需交 10% 的增值税。

2015 年 5 月 27 日，税务机关出台退还增值税进项余额的 725 号指南。根据该指南，自 2013 年 12 月 31 日累计的进项税允许以高于销项税的税率计征。

莱索托 2015 年 5 月 21 日南非税务当局声明自 2014 年 10 月 29 日南非与莱索托共同防止逃避增值税协议生效。

2015/2016 年度预算案拟对烟酒征收 15% 的标准税率，同时加征 4% 的烟酒附加税。

南 非 2015 年 5 月 29 日，南非财政部颁布个人自愿注册为增值税纳税人的规定。申请个人与增值税企业纳税人有业务往来，应税收入没有超过 50000 兰特，但可以提供合理证明其自注册之日起 12 个月内的总应税收入超过 50000 兰特。合理证明应满足以下条件之一：

（1）应税行为发生两个月或以上，且提供证明在应税行为之前每月平均收入为 4200 兰特；

（2）应税行为发生一个月且该月的应税收入超过 4200 兰特；

（3）有成文的合同约定 12 个月内应税收入超过 50000 兰特；

（4）与投资者达成协议，投资者在企业初期或发展阶段进行投资并且自注册登记之日起 12 个月内获得超过 50000 兰特的收入；

（5）要求投资者在企业初期投资或注入资本品，那么投资者要证明在 12 个月内投资超过 50000 兰特。

2015 年 5 月 29 日，南非财政部颁布自愿注册为增值税纳税人的规定。有关活动范围为：农业、林业、牧业、渔业；矿业；船舶建造，飞机建造；机器设备，机动车辆，火车制造加工；房地产开发；基础设施建设。基础设施价值 100 万兰特，建设期超过 12 个月；慈善机构。

尼日尔 2015 年财政法案草案中涉及增值税的相关条规规定：

（1）客运和货运均征增值税；

（2）销售铀矿、相关矿产及衍生物征收增值税；

（3）尼日尔增值税纳税人涉及国际运输（尼日尔境外）包括陆路，水路，火车运输路段免征增值税。

2014 年 12 月 15 日开始实施 2015 年预算法案。其中的增值税内容如下：

（1）尼政府提高托运进口增值税免税门槛：最低价值为350非洲法郎，新的门槛包括运费和保险。免税申请要向税务机关和海关两个部门申请。

（2）2015年1月1日起，尼日尔增值税注册登记门槛为150000非洲法郎。原先适用140000门槛额的慈善机构、非营利组织同时适用新规门槛。门槛额为自纳税行为发生的当年的营业额。

（3）提供管理房屋协会服务均征25%的增值税。

塞舌尔 2014年12月15日，财政部、商务部公布增值税新规，并自2015年1月1日起实施。具体内容如下：

（1）增值税强制注册登记门槛降至200万塞舌尔卢比；

（2）增值税新增免税范围：岛内的货物运输服务；轮椅和火葬场专用设备；租金；住宅的扩建修缮；货运保险和在渔政部门登记过的手工渔民设备。

2015年5月，财政部公告纳税提供由海运至岛内的货物运输适用0%增值税税率。纳税人适用0%税率需向税务机关申报0%税率应税服务纳税并抵扣进项税。

斯威士兰 与南非的增值税互助协议签署于2013年12月4日，自2015年4月1日起实行。按照该互助协议，在斯威士兰的居民在南非申报增值税只需到南非的任意一个边界哨所办理，政府就会收到来自南非的退款。

突尼斯 2014年12月30日公布了2015年财政法案，其中：民用电力、用于农业灌溉设备、石油产品适用12%的增值税税率。

■ 其他国家

澳大利亚 增值税的范围进一步扩大，将Airbnb（爱本卜）和Uber（优步）服务纳入了货物税体系。另外，澳大利亚国家税务局发布的提示通知将自2015年8月1日起实施，即对在纳税截止日期前进行税务报告的纳税人将给予税务赦免，具体是根据商业活动对不包含货物价格的税额给予10%的减免，或者对不包含货物税的价格给予1/11的税收减免。

冰　岛 自2015年起开始实施新的增值税税率，低税率由7%上调至11%，一般税率则由25.5%小幅下调至24%，消费税和一项特别糖税则被取消。

新西兰 自2015年5月24日起，居民纳税人向非居民纳税人提供法律服务，增值税税率为0%。法律服务必须满足以下条件之一：（1）交易买卖的土地在新西兰境内；（2）租赁、土地使用权、抵押土地在新西兰境内；（3）地役权、委托管理、使用权及其他涉及土地的管理协议，该土地在新西兰境内；（4）纠纷涉及土地，土地所在地为新西兰境内。2015年5月23日BR Pub10/09号法规废止。

■ 中国

2015年中国的增值税改革动态包括两方面：一是为2016年在全国范围内全面推进营改增做铺垫；二是一些涉及不同行业、体现不同调控目标的增值税优惠政策措施。

首先，中国的营改增从2012年走到2015年，已完成交通运输业、部分现代服务业、铁路运输和邮政业，以及电信业的营改增改革。但在2015年再无实质性新举措。究其原因，除了未纳入试点的生活性服务业、建筑业、房地产业、金融业等四大行业都有自身的复杂性之外，也与中央地方财政收入失衡加剧等因素密不可分。因此，2015年关于营改增的一些措施只是为2016年全面完成试点做的准备工作（见表1－13）。

表1－13　　2015年中国营改增大事记表

时间	主要内容
2月6日	财政部明确提出，力争“十二五”期间全面完成营改增的改革目标
3月5日	财政部部长楼继伟在第十二届全国人民代表大会第三次会议上提出了2015年税收工作的要求，包括实行结构性减税和普遍性降费，加强对实体经济的支持。结合税制改革，在清理规范税收等优惠政策的同时，力争全面完成营改增任务，进一步消除重复征税。力争将营改增范围扩大到建筑业、房地产业、金融业和生活服务业等领域，并将新购入不动产、租入不动产的租金纳入进项抵扣，相应简并增值税税率。会议批准了以上报告
5月5日	中共中央、国务院发布《关于构建开放型经济新体制的若干意见》。该文件中提出：结合营改增，对服务出口实行增值税免税或者零税率
5月8日	国务院批转发展改革委报送的《关于2015年深化经济体制改革重点工作的意见》（国发〔2015〕26号）。意见中提出：落实财税改革总体方案，推动财税体制改革取得新进展。力争全面完成营改增，将营改增范围扩大到建筑业、房地产业、金融业和生活服务业等领域
11月8日	国务院发出《关于编制2016年中央预算和地方预算的通知》。《通知》中提出：继续推进营改增试点，将建筑业、房地产业、金融业和生活服务业纳入营改增范围，力争全面完成营改增任务
12月28日	财政部在北京召开全国财政工作会议，财政部部长楼继伟在谈到做好2016年及今后一个时期财政工作的重点时提出了下列税制改革措施：全面推开营改增，将建筑业、房地产业、金融业和生活服务业纳入试点改革范围

其次，增值税优惠政策继续助力小微企业发展。比如“月销售额 2 万元至 3 万元的增值税小规模纳税人，免征增值税；月营业额 2 万元至 3 万元的营业税纳税人，免征营业税”的优惠政策，继续执行至 2017 年 12 月 31 日。[①] 原规定的执行期是自 2014 年 10 月 1 日至 2015 年 12 月 31 日，可参见《财政部　国家税务总局关于进一步支持小微企业增值税和营业税政策的通知》（财税〔2014〕71 号）。

再次，一些增值税计征方法新规出台。比如，关于煤炭采掘企业巷道进项税额抵扣问题。[②] 自 2015 年 11 月 1 日起，煤炭采掘企业购进的下列项目，其进项税额允许从销项税额中抵扣：

（1）巷道附属设备及其相关的应税货物、劳务和服务；

（2）用于除开拓巷道以外的其他巷道建设和掘进，或者用于巷道回填、露天煤矿生态恢复的应税货物、劳务和服务。

2015 年还颁布了一些增值税税收优惠的新规。比如：

（1）《财政部　国家税务总局关于创新药后续免费使用有关增值税政策的通知》（财税〔2015〕4 号）规定：药品生产企业提供给患者后续免费使用的相同创新药，不属于增值税视同销售范围。

（2）《财政部　国家税务总局关于新型墙体材料增值税政策的通知》（财税〔2015〕73 号）规定：对纳税人销售自产的列入本通知所附《享受增值税即征即退政策的新型墙体材料目录》（以下简称《目录》）的新型墙体材料，实行增值税即征即退 50% 的政策。本通知自 2015 年 7 月 1 日起执行。

（3）《财政部　国家税务总局关于风力发电增值税政策的通知》（财税〔2015〕74 号）规定：自 2015 年 7 月 1 日起，对纳税人销售自产的利用风力生产的电力产品，实行增值税即征即退 50% 的政策。

（4）《财政部　国家税务总局关于印发〈资源综合利用产品和劳务增值税优惠目录〉的通知》（财税〔2015〕78 号）规定：纳税人销售自产的资源综合利用产品和提供资源综合利用劳务（以下称销售综合利用产品和劳务），可享受增值税即征即退政策。本通知自 2015 年 7 月 1 日起执行。

---

① 参考：《财政部　国家税务总局关于继续执行小微企业增值税和营业税政策的通知》（财税〔2015〕96 号）。

② 参考：《财政部　国家税务总局关于煤炭采掘企业增值税进项税额抵扣有关事项的通知》（财税〔2015〕117 号）。

（5）《财政部　海关总署　国家税务总局关于对化肥恢复征收增值税政策的通知》（财税〔2015〕90号）规定：自2015年9月1日起，对纳税人销售和进口化肥统一按13%税率征收国内环节和进口环节增值税。钾肥增值税先征后返政策同时停止执行。

另外，增值税出口退（免）税管理新规中扩大了应税服务适用零税率的范围。自2015年12月1日起，境内单位和个人向境外单位提供下列应税服务，适用增值税零税率政策：

（1）广播影视节目（作品）的制作和发行服务；

（2）技术转让服务、软件服务、电路设计及测试服务、信息系统服务、业务流程管理服务，以及合同标的物在境外的合同能源管理服务；

（3）离岸服务外包业务。

1.4.3　消费税

■ 亚洲

巴基斯坦　2015年6月5日，巴基斯坦提出了2015/2016财政年度的预算（纳税年度：2016年）。预算提案将从2015年7月1日起生效（另有说明除外），其中，对烟的联邦消费税税率从58%增加到63%，对碳酸饮料的联邦消费税税率从9%增加到12%。

菲律宾　一个立法专门委员会支持为改进公共健康对含糖饮料征收消费税的议案在2015年11月11日得到了众议院财政收支委员会的批准，提案将对含糖饮料每升征收10比索的消费税。这种税从2017年1月1日起每年增加4%。议案将含糖饮料定义为“包含发热甜味素、加糖或人工、非发热甜味素的非酒精饮料”。含糖饮料可以是液态或固态的混合物、糖浆或要加入水中或其他液体引用的浓缩物。议案不包括下列饮料：100%的天然果汁；100%的天然蔬菜果汁、酸奶和用纯水果和蔬菜汁或浓缩的水果制作的风味酸奶；肉替代饮料（药疗食品）和减肥产品；婴儿配方食品、奶制品，如豆奶或杏仁奶，或像巧克力牛奶这样的风味牛奶。

韩　国　韩国从2015年8月27日起下调个别消费税，调低汽车和家电产品等部分产品的消费税。具体地，自8月27日起至年末，汽车的个别消费税从现行5%下调至3.5%。从2016年起废除个别消费税的大型家电产品也将从27日起下调30%的个别消费税。

缅　甸　缅甸财政部长1月19日在议会上表示，2015—2016财年拟调高烟酒等特殊商品的贸易税，计划将卷烟贸易税由现行的100%调为

120%，酒类商品等由现行的50%调至60%。有关方案已经列入2015年联邦税收法草案，待议会通过后自2015年4月1日起施行。

缅甸联邦议会4月2日通过了2015年税收法，规定：除特殊商品及免征税商品外，对所有国产及进口商品征收5%的贸易税。对16种特殊商品征收贸易税的税率为：卷烟120%、烟叶烟丝及雪茄类产品60%，酒类60%（其中红酒50%），柚木及硬木板材25%，珠宝玉石毛料15%，珠宝玉石成品5%，除厢式皮卡外1.8升以上车辆25%，汽油、柴油及航空用油10%，天然气8%。

乌兹别克斯坦 自2015年1月1日起，乌将提高本国产酒精制品、酒精及啤酒消费税。根据乌总统令，消费税为酒精每10公升成品1.7美元（提高15%），天然红酒2.4美元（提高5%）。其他红酒每10公升3美元（提高10%），白兰地、伏特加和其他烈性酒精制品15.4美元（提高15%），啤酒1.7美元（提高15%）。

印 度 2015年2月28日，财政部长向议会提交了2015/2016财政年度的预算。提议中包含的消费税提议如下：

（1）商品及服务税（GST）法将从2016年4月1日开始实施；

（2）基本消费税的标准从价税率从12%提高至12.5%；

（3）带有皮革鞋面以及每双零售价超过1000印度卢比的鞋类的消费税率由12%降低至6%；

（4）在线中央消费税及服务税税务登记将在2个工作日内完成；

（5）除了工业用以外的乙烯聚合物制成的袋子的消费税税率由12%提高至15%；

（6）包括矿泉水在内的充气饮料的消费税税率由12%提高至18%；

（7）服务税率由12.36%（包括地方税）提高至14%；

（8）税率为2%的印度清洁税对所有的应税服务征税（适用日期等待通知）；

（9）服务税的适用范围已经被应税服务项目中的附加服务扩大了。

■ 美洲

巴 西 1月19日，巴西新任财政部长宣布推出一系列税收增长计划：化妆品征税对象的范围进一步扩大，化妆品经销商也需支付消费税。而且，经销商可以将制造商或进口商的税额用来抵扣他们的消费税额。这项措施将会通过总统法令实施。

美　国　加州政府立法委员会正在试图通过新草案从而减少清洁能源汽车消费税，在该草案中，氢动力、纯电动、插电式混合动力和天然气车辆的税率将会从之前的7.5%降到3.06%。

根据美国加州税务委员会最新投票通过的决定，自2015年7月1日起，将汽油消费税下调17%，从每加仑36美分下调至30美分。

■ 非洲

埃　及　埃及总统发布总统令，同时提高国产和进口香烟的消费税税率，2014年7月，埃及曾将国产进口香烟和酒精饮料的税率提高到200%。2015年法令实施后，国产和外国品牌香烟零售价格每盒售价在10埃及镑及以下的将提高0.5埃及镑的消费税，即每盒香烟的固定消费税将从1.75埃及镑提高到2.25埃及镑；售价在10～15埃及镑的香烟将每盒提高1埃及镑；售价在16埃及镑以上的高档烟将每盒提高1.5埃及镑。

肯尼亚　肯尼亚税务局在2015年扩大消费税征收范围，新增类别包括啤酒、矿泉水、果汁及软饮料。消费税货物管理系统使用范围也将从超市和连锁酒店类的消费者扩大到生产商、进口商、分销商及零售商。肯尼亚税务局称该系统通过有效驱逐市场上的走私品及不合格产品，可为其增加6960万美元的收入。

■ 其他国家

澳大利亚　澳大利亚税务局于2015年颁布了对分享经济的指导意见，并概述了通过乘搭公司（例如Uber）提供出租车旅行服务的司机的纳税义务；在8月1日之前，司机要做好商品与劳务税税务登记，与传统出租车司机一样支付税率为10%的商品与劳务税。

该指导意见规定：提供对等或协同消费的服务，并且以营利为目的的纳税人隶属于征所得税（包括资本利得）和一般消费税的范畴。并明确了一点，个人通过Airbnb公司或者相类似的基于数字的住宅租赁服务网络提供房屋出租的，以及个人直接提供房屋出租的，在收入低于75000澳元（约58600美元）的时候，不需要支付一般消费税。

另外，澳大利亚政府还对通过数字经济运行的公司采取了迅速的征税行动，以确保对这些类似音乐下载、应用下载这样的数字服务征税。同时，一般消费税对小规模企业适用75000澳元（约58600美元）的收入申报门槛。

加　纳　加纳财政部长特科普向议会提交的2015年预算，研究通过了开征特别石油税降低本国预算赤字的方案。政府还将对石油实行从量而不是从价征收消费税。

■ 中国

2015年消费税的制度改革主要表现在以下几方面：

（1）为促进节能环保，自2015年2月1日起对电池、涂料征收消费税①。具体规定如下：（1）将电池、涂料列入消费税征收范围，在生产、委托加工和进口环节征收，适用税率均为4%。（2）对无汞原电池、金属氢化物镍蓄电池（又称“氢镍蓄电池”或“镍氢蓄电池”）、锂原电池、锂离子蓄电池、太阳能电池、燃料电池和全钒液流电池免征消费税。

另外，2015年12月31日前对铅蓄电池缓征消费税；自2016年1月1日起，对铅蓄电池按4%的税率征收消费税。对施工状态下挥发性有机物（Volatile Organic Compounds，VOC）含量低于420克/升（含）的涂料免征消费税。

（2）继续提高成品油消费税的税率②。自2015年1月13日起，将汽油、石脑油、溶剂油和润滑油的消费税单位税额由1.4元/升提高到1.52元/升。将柴油、航空煤油和燃料油的消费税单位税额由1.1元/升提高到1.2元/升。航空煤油继续暂缓征收。

（3）调整卷烟消费税③。自2015年5月10日起，将卷烟批发环节从价税税率由5%提高至11%，并按0.005元/支加征从量税。纳税人兼营卷烟批发和零售业务的，应当分别核算批发和零售环节的销售额、销售数量；未分别核算批发和零售环节销售额、销售数量的，按照全部销售额、销售数量计征批发环节消费税。

（4）明确白酒消费税的计税依据问题④。自2015年6月1日起，纳税人将委托加工收回的白酒销售给销售单位，消费税计税价格低于销售单位对外销售价格（不含增值税）70%以下，应该按照《国家税务总局关于加强白酒消费税征收管理的通知》（国税函〔2009〕380号）规定的核价

① 参考：《财政部　国家税务总局关于对电池　涂料征收消费税的通知》（财税〔2015〕16号）。
② 参考：《财政部　国家税务总局关于继续提高成品油消费税的通知》（财税〔2015〕11号）。
③ 参考：《财政部　国家税务总局关于调整卷烟消费税的通知》（财税〔2015〕60号）。
④ 参考：《国家税务总局关于白酒消费税最低计税价格核定问题的公告》（国家税务总局公告2015年第37号）。

办法，核定最低计税价格。

1.4.4 关税

■ 亚洲

巴基斯坦 2015年6月5日巴基斯坦政府提出2015/2016财政年度的预算（纳税年度：2016年），从2015年7月1日起生效实施（另有说明除外）。其中，对进口的自卸卡车、超级摆动式卡车运输机、移动渠道衬砌设备、运输采矿机、混凝土浇筑卡车和车载起重机，关税税率从30%减少到20%。对航空部门的各类项目免征关税。

另外，巴基斯坦自11月1日起对自印度进口的棉纱、布料征收10%的调节税。

哈萨克斯坦 根据哈萨克斯坦政府决议，降低石油及其石油制品的出口关税，原油出口关税由原来的每吨80美元降至60美元，沥青、润滑油、重油等石油制品出口关税同时下调。同时，由于出口原油没有利润，哈政府对出口原油进行定价，每吨138.6美元。该定价自哈政府正式公布之日起，即2015年3月19日生效。

韩　国 根据韩国公布的2015年度预算，包括继续实行扩张性财政政策的计划，进口关税收入预计在2015年下降5.1%，主要是由于根据自由贸易协定要降低关税。2015年6月1日韩国与中国正式签署自由贸易协议。韩国与加拿大在海湾合作委员会（GCC）准则下达成了的关税合作伙伴协议（2015年1月开始生效）。

马来西亚 马来西亚的原棕油出口税自2015年4月起从零税率调高至4.5%，结束自2014年9月以来连续7个月的零出口税率政策。

根据财政部2015年的《反倾销税》（编号2）关税指令，马来西亚将延长对来自中国、印尼和韩国的聚对苯二甲酸乙二酯（Polyethylene Terephthalate，简称PET）产品征收长达5年的反倾销税。指令生效期是从2015年3月14日起至2020年3月13日。这项指令是对固定黏性0.7克的聚对苯二甲酸乙二酯实施反倾销措施。来自中国的6家厂商征收税率有起落。不过，在新指令下，征收的税率介于4.26%～14.91%之间。印尼3家厂商征收的税率则是介于2.87%～7.21%之间；韩国方面则是一律征收14.91%的税率。

尼泊尔 尼泊尔2014年7月13日公布了2014/2015年度的预算，其中重要的税收变动主要包括税制改革、直接税和间接税的减免以及税务管理改革，并涉及修正《关税法》；对缆车业进口缆车及其必需的钢叶片等给予关税50%的退税优惠；对于出境超过1年在境外就业的尼泊尔公民购买的32英寸以下的电视机进口免征所有的税费；对茶叶生产和加工企业进口的运输车50%的退税；简化出口过程；简化现有的关税清算过程。

日　本　日本政府从2015年4月25日起对中国生产的甲苯二异氰酸酯征收5年反倾销税，税率为进口价格的69.4%。

乌兹别克斯坦　2014年12月4日总统签署了2270法令，包含如下修正案及税率，并于2015年1月1日起生效。通过常设机构（PE）在乌兹别克斯坦开展经营活动的非居民有权在乌兹别克斯坦境内进口货物，并且在进口时缴纳关税。目前的海关税则中没有将常设机构纳入可以在乌兹别克斯坦境内进口货物的进口人名单。

印　度　自3月起将移动设备的进口税率由6%大幅调高至12.5%。自6月1日起将天然橡胶进口关税上调5%～25%。同时将低品位铁矿石出口税从30%下调至10%。另根据2015年联邦预算，对进口商用车征收的实际关税税率将由10%提高到20%。

2月13日，印度消费税和海关中央委员会发布公告称，接受印度商工部于2014年11月19日对原产于中国的石墨电极（所有直径）作出的反倾销终裁建议，决定自2015年2月13日起对原产于或自中国进口的涉案产品征收为期5年的反倾销税，税率为278.19～922.03美元/公吨。

3月4日，印度商工部发布公告，对进口绝缘子（印度海关税则号为854610和854620）反倾销调查案作出终裁，建议对自中国进口的绝缘子征收反倾销税，税率为128～2042美元/吨。

4月7日，印度政府财政部最终裁定，对原产于或从澳大利亚、欧洲和新加坡出口的软泡聚醚（分子量为3000～4000）征收为期5年的反倾销税。

6月12日，印度消费税和海关中央委员会发布公告称，接受印度商工部于2015年4月13日对原产于中国的尼龙帘子布作出的反倾销终裁结果，决定自本公告发布之日起对中国涉案产品征收为期5年的反倾销税，税率为0.52～1.10美元/千克。涉案产品海关编码为5902.10.00。

6月，印度商工部对2014年6月对原产于中国的维生素C进行第三次反倾销日落复审立案调查作出肯定性终裁。

8月6日，印度消费税和海关中央委员会发布公告称，接受印度商工部于2015年6月10日对原产于中国的维生素C作出的反倾销日落复审终裁结果，因此决定自本公告发布之日起对中国涉案产品征收为期5年的反倾销税，税率为 3.74 美元/千克。涉案产品海关编码为 29362700。

伊　朗　上调钢材进口税，所有扁平材（热卷厚 2mm 除外）进口税上调至 15%，钢坯 10%，长材 20%，自 2015 年 2 月 28 日生效。

印度尼西亚　将计划征收毛棕榈油出口关税的日期从 6 月 15 日推迟到 7 月 1 日。

自 2015 年 1 月 21 日至 2018 年 1 月 20 日，对进口 I 型和 H 型钢分三年阶段性征收保护关税。印度尼西亚贸易部 2 月 9 日发布的一项文告列明，2015 年 1 月 21 日至 2016 年 1 月 20 日的保护关税税率为 26%，之后两年的税率分别为 22% 和 18%。

越　南　对木薯出口关税进行大幅调整，税率从零关税上调至 5%，新税率自 2015 年 6 月 20 日起执行。

4 月 14 日正式削减了其对来自其没有签署自由贸易协议（FTA）国家石油产品征收的进口税。汽油和煤油进口税从此前的 35% 削减到了 20%，柴油进口税从 30% 削减到了 20%，燃料油进口税从 35% 削减到了 25% 以及航空煤油的进口税从 25% 削减到了 10%。

■ 欧洲

俄罗斯　根据俄政府 2014 年 12 月批准的法令，自 2015 年 2 月 1 日起对出口小麦征收海关价值 15% 加 7.5 欧元（约合 8.5 美元）的关税，所得关税不足 35 欧元（约合 40 美元）的按 35 欧元计算。

自 2 月 1 日起下调石油产品出口税，其中：汽油出口税从 132.4 美元/吨降至 88 美元/吨，直馏汽油出口税从 144.6 美元/吨降至 95.9 美元/吨。丙烯三聚体、丙烯四聚体出口税从 11 美元/吨降至 7.3 美元/吨。液化石油气出口税计算方式降为，当价格低于 490 美元/吨时出口税为零，其余征收 48.2 美元/吨出口税；焦炭（1027，3.00，0.29%）出口税从 11 美元/吨降至 7.3 美元/吨。

石油出口关税从 3 月 1 日起将下降 7.1 美元，为每吨 105.8 美元。

乌克兰　2015 年政府对食品征收 10% 的高关税，对大量进口货物征收 5% 的关税，这些税将生效一年。政府将对购买奢侈品增加税负，对购买大型房产征收新税。乌克兰还引进商品进口税，几乎所有进口商品（除石油、天然气、电和其他一些重要商品外），都被征收进口税，钢材进口税确定为 5%。

乌克兰议会通过取消电动汽车进口关税修改法案（№1647），对进口安装电动马达的交通工具（电车、自行车、高放射性物质运输车和仓库、工厂、港口、机场使用的电瓶车等实行零关税。草案指出，取消上述车辆的进口关税有助于保护环境，保证乌克兰能源独立，最大限度地促进乌克兰使用新产品新技术。

■ 美洲

阿根廷 阿根廷总统马克里于 2015 年 12 月 14 日在布宜诺斯艾利斯省佩尔加里诺地区宣布，免除小麦、玉米、肉类、鱼类和区域经济作物的出口预留税，大豆出口预留税下降 5%。而此前，阿根廷税务部门对大豆，小麦和玉米分别征收 35%、23% 和 20% 的出口预留税。马克里希望通过减免谷物出口预留税推动谷物出口商尽早结汇，为央行增加 80 亿美元的收入①。

阿根廷经济与公共财政部发布第 244/2015 号决议，决定结束对原产于中国的电熨斗（税号为：85164000）反倾销复审调查，并自决议签发之日起对干烫电熨斗和蒸汽电熨斗分别征收 13.22 美元/个和 15.41 美元/个的反倾销税，有效期为 5 年。

阿根廷经济与公共财政部发布第 243/2015 号决议，决定结束对原产于中国的最大流量介于 100L/M 和 1000L/M 之间（包含两端值）且发动机功率介于 0.1875KW（0.25HP）和 5.625KW（7.5HP）之间（包含两端值）的非自吸式离心电泵（税号为：84137080 和 84137090）的反倾销调查，并自决议签发之日起对涉案产品征收为期 5 年的反倾销税（见表 1－14）。

表 1－14　　对原产于中国离心电泵反倾销税税额表

产品功率	反倾销税（美元/个）
0.25HP－0.50HP（含 0.50HP）	90.7
0.50HP－0.75HP（含 0.75HP）	100.7
0.75HP－2.00HP（含 2.00HP）	114.4
2.00HP－5.00HP（含 5.00HP）	198.6
5.00HP－7.50HP（含 7.50HP）	278.3

① 资料来源：人民网—国际频道，2015 年 12 月 15 日报道。

巴　西　2015年5月4日，巴西外贸委员会发布公告，决定对进口自中国的环形磁铁（涉案产品南共市税号为：8505.1910）征收每吨1987.45～3382.6美元的反倾销税，有效期5年。

巴西外贸委员会发布2015年第15号令，决定对华己二酸征收321.05美元/吨的反倾销税，征税期限5年。涉案产品南共市税号为2917.12.10。

巴西外贸委员会发布2015年第26号令，决定对华塑料真空采血管征收49.5%～638.1%的从价税。涉案产品南共市税号为3822.00.90、3926.90.40、9018.39.99。征税期限为5年。

巴西外贸委员会发布2015年第32号令，决定对华货车轮胎征收1.12～2.59美元/千克的反倾销税。涉案产品南共市税号为4011.20.90。征税期限为5年。

巴西发展工贸部发布2015年第46号令，决定对华PET薄膜征收946.36美元/吨的反倾销税，征税期限为5年。涉案产品南共市税号为3920.62.19、3920.62.91以及3920.62.99。

厄瓜多尔　厄瓜多尔从3月11日起，正式对2800类进口商品增收关税。该政策涉及的进口食品达461种，增税5%～45%不等。增税45%的进口食品包括猪牛生鲜肉、冷冻肉，糖果，新鲜水果和水果干，土豆、洋葱、西红柿、大蒜、蚕豆等蔬菜；增税25%的进口食品包括黑啤，红酒、发泡酒、酿酒用葡萄汁，白兰地、伏特加、琴酒、威士忌等洋酒。该政策有效期为15个月。

2014年12月，厄外贸委员会发布51号决议，厄方决定对多达588类进口产品增加关税，其中不乏各类电子产品。电脑（台式、笔记本）税率由0%升至10%；u盘等存储介质税率由0%升至10%；计算器税率由5%升至10%；复印机税率由0%升至5%；收银机税率由0%升至5%。厄外贸委员会51号决议自2015年1月12日生效，1月15日在海关执行。

哥伦比亚　哥伦比亚贸工部外贸司于4月23日发布了2015年第064号决议，决定对原产于中国的非夹丝玻璃（0，－938.00，－100.00%）板（涉案税号：7005.21.11.00和7005.21.90.00）征收为期4个月的临时反倾销税。

美　国　美国商务部于1月21日认定多家中国企业输美的轮胎产品存在倾销行为，美国将对相关企业征收反倾销税。并初步作出裁决，决定对中国轿车和轻型卡车轮胎征收最高87.99%的反倾销关税。

美国国际贸易委员会5月7日对进口中国糖精征收反倾销关税案的

“日落”审查决定，委员会6名委员均投票同意取消该贸易救济措施。美国撤销对进口中国糖精征收反倾销关税措施。

墨西哥 5月8日，墨经济部在《官方日报》发布公告，决定终止对原产自中国的不锈钢洗涤槽（海关税号为73241001，单位重量小于或等于8公斤）进行的反倾销调查，并对涉案产品按以下方式征收最终反倾销税：（1）对来自台州路桥吉祥厨具有限公司（简称“台州”）的进口产品，按4.14美元/公斤征收；（2）对来自其他中国企业的进口，按5.40美元/公斤征收。终裁决议自公布次日起生效。

11月4日，墨经济部国际贸易惯例总局函告，墨方已于当日在《官方日报》上公布对原产自中国的碳钢螺母（涉案税号为73181603和73181604）反倾销复审的终裁决议。终裁决定取消对进口涉案产品征收反倾销税，自2015年8月4日起算。

智　利 中国、美国和澳大利亚与智利签署了自贸协定，根据智利的关税减免时间表，智利将在2015年实现对这三个国家全部免征进口关税。

■ 非洲

埃　及 埃及政府作出终裁，从2015年5月2日开始将对进口螺纹钢征收8%保障措施税，期限3年。第一年税率8%（最低408埃及镑/吨），第二年6.5%（最低325埃及镑/吨），第三年3.5%（最低175埃及镑/吨）。

卢旺达 根据卢旺达2015/2016财年的政府财政预算草案，卢政府计划对东共体以外的进口产品开征税率为1.5%的进口税。

■ 中国

《2015年关税实施方案》自1月1日起实施，对进口商品税率、协定税率、特惠税率、出口商品税率和税则税目等进行了调整，调整情况说明如下[①]：

（1）进口关税税率：中国加入世贸组织的降税承诺已于2010年全部履行完毕，2015年最惠国税率维持不变，我国关税总水平将仍为9.8%，其中农产品平均税率为15.1%，工业品平均税率为8.9%。

---

① 资料来源：《海关总署解读2015年关税实施方案》，商务部网站 http://www.mofcom.gov.cn/article/i/jyjl/k/201501/20150100878196.shtml.

①暂定税率：贯彻落实国务院关于加强进口、促进外贸增长若干意见的要求，积极鼓励先进技术设备、关键零部件和能源原材料进口，适度支持一般消费品进口，2015年综合考虑国内产业和科技发展、对外贸易需要，对进口暂定税率进行了适当调整。2015年实施进口暂定税率的商品共计749项，平均税率为4.4%，相对于最惠国税率，优惠幅度为60%。

②协定税率：依据中国与有关国家或地区签署的协议，2015年中国将继续实施13个协定，即继续对《亚太贸易协定》成员国、东盟十国、智利、巴基斯坦、新西兰、新加坡、秘鲁、哥斯达黎加、瑞士、冰岛、中国香港、中国澳门和中国台湾等24个国家和地区的有关进口商品实施协定税率。

根据有关优惠贸易安排项下的分阶段关税减让方案，进一步下调了原产于东盟、智利、新西兰、秘鲁、哥斯达黎加、瑞士、冰岛、巴基斯坦、新加坡以及《亚太贸易协定》项下部分商品税目税率；对于原产于香港以及澳门已制定优惠原产地标准的商品继续实施零关税；根据海峡两岸经济合作框架协议规定，2015年实施该协定税率的税目数为622个，平均税率为0。

③特惠税率：根据中国与有关国家或地区签署的贸易或关税优惠协定、双边换文情况以及国务院有关决定，对原产于孟加拉国和老挝的部分商品实施亚太贸易协定项下特惠税率；对原产于埃塞俄比亚等24个国家的部分商品实施97%税目零关税待遇；对原产于安哥拉等14个国家的部分商品实施95%税目零关税特惠税率；对原产于毛里塔尼亚和孟加拉国的部分商品实施60%税目零关税特惠税率。

（2）出口关税税率：中国出口税则与进口税则列目一致，2015年出口税则的商品范围、税率没有变化，对各类金属非金属矿砂、煤炭、钢坯、化肥、纸浆等297项资源、能源和高耗能产品征收出口关税，出口税率在2%～40%之间。

（3）税则税目：为适应经济社会发展、科学技术进步、产业结构调整、贸易结构优化、加强进出口管理的需要，根据有关部门和行业的建议，在符合《协调制度》列目原则的前提下，对部分税则税目进行了调整。经调整后，2015年版税则税目总数由2014年的8277个增至8285个。

值得一提的是，中韩自贸协定于2015年6月1日正式签署。中澳自贸协定于2015年6月17日正式签署。截至2015年，中国已签署自贸协定14个，涉及22个国家和地区。分别是中国与东盟、新西兰、新加坡、巴基斯坦、智利、秘鲁、哥斯达黎加、冰岛、瑞士、韩国和澳大利亚的自贸协定，内地与香港、澳门的更紧密经贸关系安排（CEPA），以及大陆与台湾的海峡两岸经济合作框架协议（ECFA）①。随着中澳、中韩自由贸易协定的正式签订，中国多项自贸区谈判已经提上了日程，并有望在2016年取得重大突破。

其他一些关税调整动态梳理如下：

（1）4月14日，国务院关税税则委员会发出《关于调整部分产品出口关税的通知》（税委会〔2015〕3号）。通知中规定：自当年5月1日起，取消钢铁颗粒粉末、稀土、钨和钼等产品的出口关税，对铝加工材等产品出口实施零税率。

（2）5月21日，国务院关税税则委员会发出《关于调整部分日用消费品进口关税的通知》（税委会〔2015〕6号），以暂定税率方式降低护肤品、西装、短统靴和纸尿裤等产品的进口关税，自当年6月1日起实施。

（3）商务部于2015年8月10日发布2015年公告第24号，决定自公告之日起，对原产于韩国和泰国的精对苯二甲酸所适用的反倾销措施进行期终复审调查。

（4）自9月27日起，对原产于美国的进口白羽肉鸡所适用的反倾销措施进行期终复审调查。在反倾销措施期终复审调查期间，对该产品继续征收反倾销税。本次调查于2016年9月26日前结束。

（5）自9月28日起，进口经营者在进口原产于美国、韩国、日本和台湾地区的进口聚氯乙烯时，应向中华人民共和国海关缴纳相应的反倾销税，实施期限3年。原产于俄罗斯的进口聚氯乙烯的反倾销措施自2015年9月28日起终止实施。

1.5 财产税类

1.5.1 动态概述

2015年，世界各国调整财产税主要呈现两个方面的发展趋势。一是一些国家为发挥财产税作为直接税的迅速有效的收入调节功能，比如新加坡决定2015年对新加坡民宅征收更少的房产税，新加坡国内税务局下调政府组屋的年值约3%。相较于两年前，组屋自住业主2015年须缴纳的房地产税将减少42元至54元；俄罗斯认为对房屋、别墅等个人房产实际征

① 数据来源：中国自由贸易区服务网 www. fta. mofcom. gov. cn.

税额偏低，征税价格与房产市场价格存在偏差，因此俄罗斯调整房产税。二是一些国家为了维护房地产市场的稳定调整财产税，比如新西兰规定买卖非自住房屋获利须上税，出售购买两年内的房产获利须上税，税率参照个人所得税，最高33%。出售持有期在2年以内的居民住宅（自住房和其他特例除外）将被一律纳入征税范围。该规定适用于2015年10月1日之后购买的房产。此外，售房者和购房者被要求提供税号。非本地居民在申请税号时需要持有新西兰银行账户。

1.5.2 不动产税

■ 亚洲

日　本　2015年2月17日修改的税法规定，对家庭住房用地和农业用地的财产税减免税率的规定将延期至2017年。

乌兹别克斯坦　2015年税法修正案于2015年1月1日起生效，该法令规定个人的不动产税根据不动产的存货价值计算，存货价值由政府确定，个人的不动产税税率见表1－15。

表1－15　乌兹别克不动产税税率表（2015年）

不动产类型	税率（%）
住宅类（500平方米及以上）	2.2
住宅类（200～500平方米）	1.6
其他	1.3

资料来源：中国国际税收研究会《世界税收信息》2015年第1期，总102期。

如果个人的不动产存货价值无法取得，不动产所在地所有类型的不动产实行定额征税，定额税率分为两种情况，在大城市的为20328000乌兹别克斯坦苏姆（大约8421美元），不在大城市的为8833000乌兹别克斯坦苏姆（大约3660美元）。

此外，土地税规定，对企业实体和个人征收的土地税将上涨大约15%。税额将根据诸如土地的位置、质量、用途等因素计算。

新加坡　决定2015年对新加坡民宅征收更少的房产税。从2015年1月1日起，新加坡住在三房式至五房式及公寓式组屋的自住业主将缴交较低的房地产税。

由于市场租金下跌，新加坡国内税务局下调政府组屋的年值约3%。

相较于两年前，组屋自住业主2015年须缴交的房地产税将减少42元至54元，一房和二房式组屋的屋主继续无须缴交房地产税。

税务局定期评估住屋的年值，主要是根据住屋的潜在全年租金来计算。这已是组屋住户连续第二年缴交较低的房地产税。

新加坡累进房地产税率规定，自住房屋免税年值限额从6000元上调至8000元，之后的最低税率区间为4%，然后逐渐增加至最高的15%。非自住房屋则是首3万元年值缴税10%，随后逐渐增加至最高的19%。该税率在2015年进一步调整，以调高一些年值区间的税率。调整后，自住房屋最低税率区间仍为4%，但最高增加至16%，而非自住房屋的最高税率区间则达到20%。

在考虑新税率和年值后，一房和二房式组屋的屋主2015年无须缴交房地产税，其他组屋类型则可以节省部分税款。与之前比较，三房式预计能省12元；四房式、五房式及公寓式组屋（不包括执行共管公寓）则能节省约14元。新加坡房产税的此项调整主要针对自住组屋业主，并不包括私宅住户。

■ **欧洲**

俄罗斯 财政部认为对房屋、别墅等个人房产实际征税额偏低，此外，征税价格与房产市场价格存在偏差，因此俄罗斯调整房产税，从2015年开始在28个地区开始实施新的房产税税率，莫斯科地区税率为1.7%，其他地区为1.5%。

英　国 苏格兰新的房产税于2015年4月1日生效，该房产税在苏格兰地区取代了英国2014年12月实行的房产交易印花税，该房产税的税率规定如下（见表1－16、表1－17、表1－18）。

表1－16　　苏格兰房产税税率表（住宅类）（2015年）

销售额（英镑）	税率（%）
0～145000	0
145000～250000	2
250000～325000	5
325000～750000	10
750000以上	12

资料来源：https：//home. kpmg. com.

表 1－17　　苏格兰房产税税率表（商业类）（2015 年）

销售额（英镑）	税率（%）
0～150000	0
150000～350000	3
350000 以上	4.5

资料来源：https：//home. kpmg. com.

表 1－18　　苏格兰房产税税率表（商业类）（2015 年）

租金额（英镑）	税率（%）
0～150000	0
150000 以上	1

资料来源：https：//home. kpmg. com.

■ 其他国家

新西兰　从 2015 年 10 月 1 日起，针对“投资型”房产征收资本利得税。这一规定适用范围包括海外投资者和新西兰居民在内，目标主要锁定第二套及以上的房产。新规的核心原则是“牟利须上税”。按照规定，买卖非自住房屋获利须上税；出售购买两年内的房产获利须上税，税率参照个人所得税，最高 33%。出售持有期在 2 年以内的居民住宅（自住房和其他特例除外）将被一律纳入征税范围。该规定适用于 2015 年 10 月 1 日之后购买的房产。此外，售房者和购房者被要求提供税号。非本地居民在申请税号时需要持有新西兰银行账户。

根据现行税法，以出售为目的的土地购买，在销售该地产时应纳入征税范围。然而，许多购房者在初期购买房产时是以出租为目的的。新西兰法院裁定基于这类购房者的初始购房目的，尽管最后该地产最终目的是出售，也不应纳入征税范围。在实际操作过程中，税务局难以区分以出售为目的的购房者，短期租赁至房产出售的购房者，以及以长期租赁为目的的购房者。大多数购房者都声明他们的购房行为并不是以出售为目的的。根据新西兰现行的自我评估纳税申报机制，税务局需要花费大量人力物力去锁定属于纳税范围内的地产交易。在 2015 年 10 月 1 日之后购买的房产，如果在持有不足 2 年内出售，将被纳入征税范围。家庭自住房，继承所得地产以及婚姻分割房不在此列。现行税法（即目的性测试）将继续适用于持有 2 年以上的地产交易。

1.5.3 遗产与赠与税

■ 亚洲

日　本　2015年1月1日起上调遗产继承税比例，2015年1月1日起，遗产继承税无需缴纳税款的基础扣除费用金额下调40%，如果继承人有两名孩子的情况中，在遗产继承税上调之前无需缴纳税款的遗产限额为7000万日元（约合人民币360万元），但遗产继承税上调后超过4200万日元（约合人民币216万元）将需要缴纳遗产继承税。此外，最高税率对于超过6亿日元的部分的征税比例从之前的50%上调到了55%。日遗产税，以3000万元日币+600万元日币×法定继承人人数计算，先依各继承人法定继承份额比例计算继承人取得额（应继遗产），再看应继遗产金额大小以10%~55%之税率级距，分别计算各继承人以法定继承份额应纳遗产税，然后再将分别计算的应纳遗产税金额加总，得出遗产税总额。因该政策的实施会造成缴纳遗产继承税的人数有所增加。

此外，日本政府决定2015年对需要资金来负责子女婚姻及育儿的父母或祖父母提供赠与税豁免，关于对直系后代获得节能和避震房屋的赠与税税收豁免额将从2014年的1000万日元增加到2015年的1500万日元（2016年10月到2017年9月为3000万日元，2017年10月到2018年9月为1500万日元，2018年10月到2019年6月为1200万日元）。为获得普通住宅的赠与税税收豁免也将增加。

对于每位受赠者（从20岁到50岁）通过一个合格的信托从他们的父母或祖父母得到的结婚、生育和育儿成本，其赠与税的税收豁免额将达到1000万日元。这条规定将自2015年4月1日到2019年3月31日内有效。

■ 欧洲

芬　兰　2015年财政预算中决定2015年对遗产与赠与税税率提高1%。

西班牙　欧盟法院于2014年9月做出的里程碑式的判决对西班牙包括遗产与赠与税产生了重大影响。根据欧盟法院的判决，西班牙修订了遗产与赠与税，取消了对居民纳税人与非居民纳税人在遗产与赠与税上的差别对待，非居民纳税人指其他欧盟成员国或欧洲经济区成员国税收居民。欧盟判决前，西班牙遗产与赠与税有双重制度：国家层面的遗产与赠与税、17个自治区域的地方遗产与赠与税；地方遗产与赠与税相较于国家遗产与赠与税，地方遗产与赠与税给纳税人提供了更多的优惠。国家遗产与赠与税默认为适用于非居民纳税人，而不论非税收居民遗产位于西班牙何处。非居民纳税人受到的歧视待遇违背了欧盟的基本准则。欧盟法院的判决终止了该歧视，判令西班牙修订遗产与赠与税。随后，西班牙宪法法院2015年3月废除了瓦伦西地区13/1997立法中遗产与赠与税部分。自2015年1月起，非居民纳税人能与居民纳税人在遗产与赠与税中受到相同待遇，可以适用遗产与赠与财产所在的西班牙自治地区的地方遗产与赠与税收制度。

■ **美洲**

厄瓜多尔 自2015年6月8日起，在多个重要城市爆发的针对遗产税草案的抗议活动，6月15日晚厄瓜多尔总统克雷亚发表电视讲话宣布，暂时撤销《财产再分配法》（遗产税）草案。新法案对遗产税进行了较大的调整，不仅降低遗产税起征点，还大幅提高税率。新法使厄瓜多尔有可能成为全球遗产税最高的国家，因而引发民众抗议。

1.5.4 金融交易税

■ **欧洲**

波　兰 2015年12月波兰众议院公共财政委员会通过一项方案，将银行税月税率从0.0325%提高到0.0366%（年率从0.39%提高到0.44%）。

■ **美洲**

巴　西 征收金融交易税来填补巨大的财政赤字缺口，2015年1月21日发布官方公告。从即日起将个人信贷交易的金融交易税税率从1.5%提高到3%。

■ **中国**

国家税务总局2015年9月14日就上市公司国有股权无偿转让免征证券（股票）交易印花税，以及中国信达等四家金融资产管理公司出让上市公司股权免征证券（股票）交易印花税有关管理问题做出决定[①]，规定证券市场所在地主管税务机关（北京、上海、深圳市国家税务局）在证

① 《国家税务总局关于两项证券（股票）交易印花税非行政许可审批取消后有关管理问题的公告》（国家税务总局公告2015年第63号）。

券登记结算公司营业部柜台建立《上市公司国有股权无偿转让免征证券（股票）交易印花税股权过户情况登记簿》和《四家金融资产管理公司出让上市公司股权免征证券（股票）交易印花税股权过户情况登记簿》，由申请人负责填写股权变更的相关事项内容，证券市场所在地主管税务机关委托当地证券登记结算公司对申请人登记填写内容逐笔验证后再办理相关手续，证券市场所在地主管税务机关定期核对《登记簿》填写的内容，年度终了后，证券登记结算公司将《登记簿》交由所在地主管税务机关备查。自2015年起，证券市场所在地主管税务机关应当在年度终了后一个月内，按照上述要求对《登记簿》登记的内容进行汇总和分析，并将主要情况书面上报国家税务总局。

1.5.5 印花税

■ 亚洲

新加坡 2015年财年预算中规定，印花税税收让步将延期至2015年3月31日之后，其他现行条件维持不变。

■ 中国

为支持资产管理公司改制，财政部、国家税务总局2015年10月16日决定对中国华融资产管理股份有限公司改制过程中资产评估增值转增资本金涉及的印花税予以免征。对改制后再增加的资本金涉及的印花税照章征收①。

为促进融资租赁业健康发展，公平税负，财政部、国家税务总局2015年12月24日就融资租赁合同有关印花税政策做出规定，对开展融资租赁业务签订的融资租赁合同（含融资性售后回租），统一按照其所载明的租金总额依照“借款合同”税目，按万分之零点五的税率计税贴花；在融资性售后回租业务中，对承租人、出租人因出售租赁资产及购回租赁资产所签订的合同，不征收印花税②。

---

① 《财政部　国家税务总局关于中国华融资产管理股份有限公司改制过程中有关印花税政策的通知》（财税〔2015〕109号）

② 《财政部　国家税务总局关于融资租赁合同有关印花税政策的通知》（财税〔2015〕144号）

1.6 资源环境税类

1.6.1 动态概述

■ 提高资源税的税率　改变征收方式

随着资源的重要性和各国资源保护力度的不断增强，2015 年全球资源税发展的主要趋势是提高税率，新加坡为资源有效利用、减少碳排放，2015 年 2 月起调高汽油税，俄罗斯于 2015 年 10 月 23 日开始提高矿产资源开采税税率。中国为加强资源保护，2015 年 8 月 1 日起开采并销售应税煤炭按从价定率办法计算缴纳资源税，2015 年 5 月 1 日起稀土、钨、钼资源税实施清费立税、从价计征改革，稀土、钨、钼资源税由从量定额计征改为从价定率计征。

■ 加强环境保护税的力度

由于环境在世界各国的经济社会发展中处于越来越重要的地位，2015 年全球范围内的环境保护税主要趋势体现为，各国为加强环境保护新开征环保税或者提高环保税税率。比如新加坡修订车辆排碳量税务计划，决定将车辆排碳量税务计划延期 2 年，从 2015 年 7 月 1 日延长到 2017 年 6 月 30 日，并将汽车附加注册费扣减和附加费最高额从 20000 新加坡元调整到 30000 新加坡元。为有效控制首都污染物的排放量，印度国家绿色法院 2015 年 10 月要求所有进入德里市区的商用车辆车主除了缴纳通行税外，还要向政府缴纳一定数额的环境补偿税。北爱尔兰自 2015 年 1 月 19 日起，将金额为 5 便士的手提袋税征收范围扩大到所有售价低于 20 便士（约合人民币 2 元）的新手提袋，征收所得款项将由环境部用来帮助地方社区治理环境。葡萄牙提出绿色税制改革，自 2015 年 1 月起，将环境清洁成本的税收抵扣条款的适用范围从之前的矿产开采业、废物管理业扩大到所有产业；鼓励购买使用环境清洁型汽车，对混合燃料汽车、天然气汽车、液化气汽车实行减税。

1.6.2 资源税

■ 亚洲

新加坡　为资源有效利用、减少碳排放，2015 年 2 月起调高汽油税，

97 级以上的特级汽油税每公升上调 0. 2 新加坡元，至 0. 64 新加坡元；90 级以上（低于 97 级）的中级汽油税每公升则调高 0. 15 新加坡元，至 0. 56 新加坡元，这是汽油税自 2003 年以来首次上调。

越　南　财政部发布了关于自然资源税实施细则的 152 号通知，该通知对 7 个课税对象做出了具体规定，这些课税对象包括：金属原矿；非金属原矿；森林资源（包括各种植物和其他产品）；天然海鲜产品（包括海洋动植物）；水资源（包括地表水和土壤、岩石层内的地下水等天然水体，用于各经济产业的天然水除外）；天然燕窝以及由越南财政部同有关部委行业抉择并向国会常委会审议通过的其他自然资源开采等。152 号通知取代了 105 号通知，于 2015 年 11 月 20 日生效。课征资源税根据开采上述产品数量、单位税价及越南国会常务委员会 2013 年 12 月 16 日第 712/2013/UBTVQH13 号决议书所列税率计征。资源税因遭遇天灾、火警及无法预料意外而造成应申报资源税货品之损失时，可以申请审议减免，如已缴付者，可以申请退税或于后续计税期抵扣。

■ 欧洲

俄罗斯　政府调整石油税制，于 2015 年 10 月 23 日开始提高矿产资源开采税税率。此次调整旨在降低俄财政对石油出口税的依赖，减少国际油价对俄财政的影响。

■ 美洲

墨西哥　财政部决定 2015 年墨西哥汽油生产服务特别税将从每公升 10. 38 分提高到 10. 81 分，增长幅度为 4. 16%。

■ 其他国家

加　纳　议会 2015 年 12 月 24 日通过《2015 能源领域征税法案》，该法案重新调整了石油产品部分税项，将导致油价相应上调。若以每桶油 48 美元计价，新法案将使汽油价格上涨 5. 8%，液化气价格上涨 2. 9%。

肯尼亚　矿业部 2015 年 4 月取消 2013 年 8 月公布的矿业法有关硅藻土采矿税税率的规定，按照销售额计征的 5% 税率调整为 2%，新税率逐年增加。根据新法规，2013 年 7 月 1 日至 2015 年 6 月 30 日税率为 2%，2015 年 7 月 1 日起两年内税率为 3%，2017 年 7 月 1 日起两年内税率为 4%，2019 年 7 月 1 日起税率为 5%。

赞比亚 2015年1月开始实施新的税制，露天采矿特许权使用费从6%上调至20%，将地下采矿的特许权使用费从6%上调至8%。随着新税制实施起来，赞比亚矿业领域对此极为不满，部分矿企表示由于税收增加造成成本急剧上升，将考虑停业。赞比亚维持新的矿业使用税，面临其可能导致矿山关闭的担忧，赞比亚总统伦古指示财政及矿业部长在2015年4月8日前更改矿企税，并称铜生产商可以考虑恢复2014年税制。2015年6月10日赞矿业部长亚卢马宣布，赞比亚将继续下调地下采矿业税率，由目前的9%降至6%，并于2015年7月1日生效。露天采矿业税率则维持9%。

■ 中国

（1）国家税务总局、国家能源局公告2015年4月对煤炭资源税优惠政策做出规定①：衰竭期煤矿开采的煤炭和充填开采置换出来的煤炭资源税减税项目，实行纳税所在地主管税务机关备案管理制度。

（2）《煤炭资源税征收管理办法（试行）》2015年8月1日起施行②。该办法规定纳税人开采并销售应税煤炭按从价定率办法计算缴纳资源税。应税煤炭包括原煤和以未税原煤加工的洗选煤。

（3）财政部、国家税务总局决定，自2015年5月1日起，对稀土、钨、钼资源税实施清费立税、从价计征改革③。适用税率如下（见表1－19）。

表1－19　稀土、钨、钼资源税税率表（2015年）

资源	税　率
轻稀土	按地区执行不同的适用税率，如，内蒙古为11.5%、四川为9.5%、山东为7.5%
中重稀土	27%
钨	6.5%
钼	11%

资料来源：《财政部　国家税务总局关于实施稀土、钨、钼资源税从价计征改革的通知》（财税〔2015〕52号）。

① 《国家税务总局　国家能源局关于落实煤炭资源税优惠政策若干事项的公告》（国家税务总局　国家能源局公告2015年第21号）

② 《国家税务总局关于发布〈煤炭资源税征收管理办法（试行）〉的公告》（国家税务总局公告2015年第51号）

③ 《财政部　国家税务总局关于实施稀土、钨、钼资源税从价计征改革的通知》（财税〔2015〕52号）

（4）财政部、国家税务总局规定，自 2015 年 5 月 1 日起，将铁矿石资源税由减按规定税额标准的 80% 征收调整为减按规定税额标准的 40% 征收[①]。

1.6.3 环境保护税

■ 亚洲

新加坡 修订车辆排碳量税务计划，决定将车辆排碳量税务计划延期 2 年，从 2015 年 7 月 1 日延长到 2017 年 6 月 30 日，并将汽车附加注册费扣减和附加费最高额从 20000 新加坡元调整到 30000 新加坡元。

为鼓励公众购买低排碳量汽车，新加坡于 2013 年 1 月实行车辆排碳量税务计划，即购买低排碳量的新车将享有税务优惠，而碳排放量高的新车则必须支付额外的费用，新私家车所享有的税务回扣将同它的碳排放量挂钩，排碳量越低的车子可享有越高的汽车附加注册费扣除，介于 5000 新加坡元至 2 万新加坡元，购买废气排放量较高的车辆则须支付同样介于 5000 新加坡元至 2 万新加坡元的附加费，该计划原定于 2015 年 6 月 30 日到期。

印　度 导致印度首都德里空气质量低劣的主要原因是机动车尾气污染，将近 6.6 万辆重型商用机动车每天都要进入德里市区，此前新德里本来规定卡车在白天不得进入市区，当地科学与环境研究中发现，到了晚上 8 时后，会有 5 万辆以上的卡车涌入市区。研究表明，新德里空气污染的近三分之一是卡车排放的废气造成的，加上工业废气和建筑工地产生的粉尘，造成了严重危害健康的烟霾，新德里成为全世界污染最严重的首都。为有效控制首都污染物的排放量，印度国家绿色法院 2015 年 10 月要求所有进入德里市区的商用车辆车主除了缴纳通行税外，还要向政府缴纳一定数额的环境补偿税。绿色法院要求，两轴车车主要向政府缴纳 700 卢比，三轴车要缴纳 1000 卢比，四轴车及以上车辆要缴纳 1500 卢比，这项法令不包括客运车辆、油槽车和运送食品的卡车。为了确保环境补偿费用真正做到“取之于民，保护环境”的作用，绿色法院要求，该笔费用必须交由德里污染物防控委员会管理，而该委员会也另设一个单独的账户，并委派专人管理这笔费用，德里市政府就把这笔钱用在改善市区空气质量的具体项目上。

---

① 《财政部　国家税务总局关于调整铁矿石资源税适用税额标准的通知》（财税〔2015〕46 号）

■ 欧洲

北爱尔兰 自2015年1月19日起，金额为5便士的手提袋税征收范围将扩大到所有售价低于20便士（约合人民币2元）的新手提袋，征收所得款项将由环境部用来帮助地方社区治理环境。2013年4月8日，北爱尔兰首次推行手提袋征税，零售商需对每一个新的一次性手提袋代收至少5便士（约合人民币0.50元）的税款。征税的主要目的是减少手提袋的使用来保护环境。

与前一阶段相比，此次政策的变化是，征税范围由一次性手提袋扩大到任何材质的所有手提袋（包括一次性的和可重复使用的）。政府解释称，有证据表明在前一阶段的征税之后，可重复使用的手提袋因为未列入征税范围而变得相对便宜，销量显著增加，所以此次扩大了征收范围，以进一步减少浪费。除了塑料材质的手提袋，纸质、植物材料、天然淀粉材质的手提袋也均须缴税。

但是，基于一些必需的特殊理由，比如为了保护卫生和食品安全等，以下用途的手提袋不必缴税：盛放外带热食和热饮的袋子；专门用于装某类物品的袋子，比如未包装食品、种子和种球，斧子、刀具、刀片，被泥土弄脏的物品，以及一些药品；通过安检后，在机场所买物品的购物袋；在购买了一项服务后（比如：鞋子修理或干洗）使用的袋子；特定尺寸，专门用于包装生肉或生鱼的袋子；特定类型的小袋子；邮购或快递等专用袋子；用来替换破旧袋子的免费袋子；零售价高于20便士的手提袋。

葡萄牙 为遵循国际税收发展趋势和增加税收的目的，葡萄牙政府提出绿色税制改革，具体措施包括：将环境清洁成本的税收抵扣条款的适用范围从之前的矿产开采业、废物管理业扩大到所有产业；鼓励购买使用环境清洁型汽车，对混合燃料汽车、天然气汽车、液化气汽车实行减税，加快这些车辆的折旧抵扣；对风能设备实行最高8%的折旧率；将太阳能能源设备的折旧率从最高25%降低到8%，抵扣年限从4年延长到12.5年。这些制度自2015年1月开始实行。

■ 其他国家

南　非 原定于2015年1月1日开始实行碳排放税收政策的第一阶段，在该阶段将按照排放1吨二氧化碳征收120元并且以每年10%的比例增长的方式执行。但南非决定，碳排放税政策的实施将会被推迟一年至

2016 年，以便南非各方面有充足的时间进行更深入的研究和讨论。

■ 中国

（1）环境保护法自 2015 年 1 月 1 日起施行，其中规定国家采取财政、税收、价格、政府采购等方面的政策和措施，鼓励和支持环境保护技术装备、资源综合利用和环境服务等环境保护产业的发展。排放污染物的企业事业单位和其他生产经营者，应当按照国家有关规定缴纳排污费。排污费应当全部专项用于环境污染防治，任何单位和个人不得截留、挤占或者挪作他用。依照法律规定征收环境保护税的，不再征收排污费。

（2）2015 年 6 月，国务院公布《中华人民共和国环境保护税法（征求意见稿）》。根据征求意见稿，超标、超总量排放污染物，应加倍征收环保税；对依照环境保护税法规定征收环保税的，不再征收排污费。

（3）财政部、国家税务总局规定，自 2015 年 5 月 7 日起，节约能源车船，减半征收车船税；使用新能源车船，免征车船税。[①]。

① 《财政部　国家税务总局　工业和信息化部关于节约能源　使用新能源车船车船税优惠政策的通知》（财税〔2015〕51 号）

2.

世界税收征管发展研究

2.1 年度评析——公平高效指引各国税收征管发展

2015 年，面对全球经济增长乏力下的政府财政困境，以及数字经济背景下跨境税源再分配的需求，各国既要对本国税收征管战略作出调整，又要积极参与到落实 BEPS 行动计划的国际征管协作中。从全球视角看，发达经济体与新兴市场经济体税收征管战略调整方向难以协调，但全球协作打击金融账户逃避税成果显著。

第一，追求税收征管现代化目标

税收征管现代化的终极目标是高效的税务组织、高素质的人员队伍、现代征管工具、较好的纳税遵从和实现税收收入目标。在 2015 年税收征管现代化建设表现在两个方面。

■ 税务管理组织变动持续引人注目

以较低的税收征管成本提供纳税人期望的现代化服务为目标，重组税务机构。为了提高税务管理组织效率和有效性，一些国家持续变动税务管理组织。值得关注的重组税务管理组织战略动向有：（1）倡导建设现代化服务型税务组织。改革措施包括：①培养纳税人参与意愿与提升纳税人体验，意图改变税务当局接触与指导纳税人的方式，尤其是优待大多数首先选择遵从法律的纳税人；②与纳税人、顾问以及社区，开展跨政府、跨国合作，通过加大影响全球税收改革的能力来提高本国税务局的管理水平；③致力于法律审查与改革；④数据分析以及风险评估，以期更好地确定、划分优先顺序以及处理税收风险；⑤确保公平的竞争环境，通过注重对不合规主体的识别和调查，提升纳税人参与意愿；⑥发展能力。税务官员必须具备灵活、熟练、灵敏的工作能力。（2）建设现代化税务组织。具体改革措施包括：使技术进步紧跟时代步伐，简化情报交换方式，拓宽数据获取渠道，有效应对数字化经济带来的机遇和挑战。（3）实施“中长期税务征管机构重组计划”，发展电子税务局，大幅削减现行税收办事处和税务人员。（4）税务管理组织和管理业务的一体化。包括税务管理组织和关税管理组织的一体化合并，直接税和间接税管理的一体化等。

■ 纳税遵从战略克服两难选择

（1）提高税收收入是各国税收战略的共同目标

增加税收收入是缓解经济持续不景气下财政压力的关键所在。因此，多数国家的2015年财政预算都把增加税收收入作为年度预算战略目标。

（2）提高税收收入选择的路径不同

面对人口结构转变与生活成本上升的挑战，一些新兴经济体采用了减轻中产及底层居民生活负担的惠民措施。近年来面临着人口结构老化、社会矛盾上升和通胀的挑战，一些新兴经济体出台的2015年财政预算案，其基调分别是向富人加税和普惠式退税。一些新兴经济体以提高最富有居民的税收方式实现财富再分配，以便应对社会福利开支的增长，尤其是医保开支。而另一些新兴经济体对市场变化顺势而为，更倾向于培育低税率环境，不推出抑制经济活动的强硬税收措施。

而一些发达经济体仍然延续增加中产阶级税收负担的思路。如法国，尽管一场耗时两年的“劫富济国”征税战最终以失败告终，尽管法国总统奥朗德2014年末曾郑重宣布，法国高税收时代要在2015年画上句号。但2015年伊始，法国政府出台的财政预算案却显示，2015年法国中产阶层仍将是纳税的主力军，并且其税收压力将有增无减。面对经济增长迟滞，财政赤字占GDP比重不断攀升，失业率高居不下的窘况，为了摆脱经济危机，政府一方面需要刺激增长，另一方面也不得不加大征税力度。征收富人税，既可缓解财政的捉襟见肘，又可安抚民心，可谓一箭双雕，但该项政策的实施效果却差强人意。两年过去，这项政策并未让法国扭转财政赤字的局面，并且富豪们“用脚投票”的后果十分严重，导致资本外流和税基萎缩，也直接减少了国内就业机会，从而降低了经济发展的活力。面对经济增长率低下，一味地增加税收适得其反。

（3）纳税遵从管理应对收入与减税的平衡

税收为一个国家的社会项目和经济发展，提供了持续的资金来源。税务政策制定者要在筹集收入与确保税率和纳税遵从负担不阻碍人们参与或抑制经营活动方面取得平衡。在经济下滑的时候，这样的平衡措施变得尤其重要，面对经济下滑，各国政府的某些公共开支可能要增加，但给赤字施加了压力。为此，政府可能需要使用税收政策作为经济刺激手段。

第二，纳税服务推广网络化

纳税服务现代化对于实现税务管理现代化目标至关重要。提升效率则是纳税服务现代化追求的目标之一。各国电子信息技术的迅猛发展，税收信息化建设的持续推进，为纳税服务供给转向更富于效率的在线服务渠道提供了重要技术支撑。

■ 提供在线纳税申报服务常态化

在线纳税申报成为在线纳税服务最基础、最常态的服务项目。全球税务管理机构在电子纳税填报方面已经取得了重大进步，超过95%的税务管理机构提供了这些服务。各国税务管理机构更常见的在线纳税服务系统首选开发领域是在线纳税申报，大多数国家税务管理机构提供了在线方式填报纳税申报表。提升在线纳税服务质效仍有努力空间。强化在线纳税服务指引，旨在提升在线纳税申报准时率和准确率。发达市场经济国家更注重配合国家税收政策和税收征管制度的变动，协同提供相关税收制度服务指引。更多国家关注在线纳税申报提醒业务，在关键的纳税申报时点和具体纳税申报项目上给予纳税人及时的在线提醒，促进自愿纳税遵从。

■ 一体化在线纳税服务创新规划

绝大多数国家的税务管理机构制定改进向纳税人及其代理人提供在线服务范围和质量的中期计划。（1）在线办税项目的更广泛开发。《2015年全球纳税状况》显示，全球2004年后实施的379项税制改革方案中，105项都与在线办税有关。越来越多的国家加入拓展在线纳税服务项目范围的行动。（2）创新连接的电子纳税服务。在线纳税服务还有更多拓展的空间，主要是转向端到端流程的其他方面，包括将税款核定、评估、修正和缴纳纳入一个更加一体化的在线纳税服务系统中。其他在线的纳税服务应用项目，如改进网站，捕获第三方数据，数字邮件产品的适用和一体化的纳税人账户等，也都期待在未来得到拓展。

■ 在线办税服务方面的大规模投资

许多国家税务管理机构在所有纳税服务渠道的需求上依然有数据缺口。受到纳税客户预期和生产率需求的驱使，各国税务管理机构在数字办税服务系统的投资规模巨大。奥地利、芬兰、新加坡和挪威将大约25%的税收管理总预算花费在了税收信息技术项目上。中国投入巨资打造金税工程，2015年金税三期系统成功上线运行，这为拓展在线纳税服务提供了重要平台和技术支撑。

■ 纳税便利度继续提升

世界银行集团和普华永道会计师事务所联合发布《2015年全球营商报告》，其子报告《2015年全球纳税状况》显示，2015年全球范围内中等规模公司的纳税变得比较容易了。（1）纳税耗费的时间成本下降。《2015年全球纳税状况》显示，2015年一个中等规模公司遵守纳税义务耗费的平均时间为264小时，下降了4个小时。（2）税款缴纳频度有效降低。《2015年全球纳税状况》显示，2015年公司缴纳税款的平均次数，也下降到年均25.9次。（3）中国企业纳税便利水平稳步上升。在全球189个经济体中，中国企业纳税便利度总体排第120位，比2014年的127位提升了7位。这主要归功于企业纳税时间成本的下降。2015年中国企业年均缴纳7种税，遵守纳税义务耗费的平均时间为261个小时，比全球平均水平节省了3个小时。

第三，加大税收执法力度

加大和强化税收执法力度需要采取各种措施，为了加大税收执法力度，2015年各国纷纷采取了各种各样的措施。

■ 强制间接税的发票管理

强制使用电子发票迅速成为全球规范。电子税务审计的发展，为强制性电子发票、电子报税铺平了道路，这正在迅速成为全球规范。越来越多的国家要求大额交易或涉及特定的收货人强制使用电子发票，尤其是公共机构的事务。实施增值税发票数据电子比对的国家持续扩大。随着对增值税不遵从越来越关注，为了更易于发现各种增值税欺诈行为，降低增值税的遵从风险，许多欧洲国家和拉丁美洲国家的税务管理机构，成功地使用网络系统处理大量的增值税发票数据，进行增值税纳税遵从分析，查出了增值税各种非遵从行为。

■ 改进对大型纳税人的管理

为加强本国大型纳税人的税收管理，超过 85% 的税务管理机构都采取了经合组织推荐的结构性合作遵从模型。三分之一的税务管理机构在管理高净值自然人的涉税事务时使用了类似的安排。在吸纳税务管理论坛的工作成果基础上，许多国家的税务管理机构正在使用或制定适用于本国大型纳税人的“合作性纳税遵从模式的方法”。有超过 50% 的税务管理机构在风险分析、纳税遵从研究和纳税缺口估算上使用了随机审计程序。

■ 电子税务审计的频率和效果双提升

更多运用强大的电子税务审计手段。国际反避税新规则和工具的出现，使税务局能够更加方便地获得纳税人数据和相关信息，税务审计的频率增加了，同时提高了税务审计的效率和效果。世界各地越来越多的税务管理部门，更多运用强大的电子税务审计手段，实施企业财务记录和系统的电子税务审计。即使缺席现场税务审计，税务执法机构也能够运用电子税务审计手段审查纳税人信息。电子税务审计手段的利用对强化税务执法的好处是显而易见的。越有效利用电子科技税务审计手段，就越容易识别纳税不遵从的错误，也越能降低税务执法成本。对于那些没有完全准备好的企业而言，税收不遵从将会变得更困难，当然，对于知识储备渊博并做好准备的纳税人，也可能会发现与更专业的税务和海关部门打交道会更加容易。

电子税务审计增大了纳税人遵从的压力。在电子税务审计环境下，纳税人需要准备好迎接更高的透明度标准。纳税人要强化对电子税务审计活动可能破坏商业和导致意外的责任意识；要强化税收信誉风险意识，大型偷税评估或延迟申报的处罚，不仅对企业盈利能力有影响，也可能会招来不必要的负面宣传。相比以往，现在的企业应该更加积极主动地管理间接税。建立一个清晰的间接税策略，将会帮助企业保持经济业务发展与快速变化的税收环境步伐相一致。

■ 强化自愿披露计划应用广度

受限于税务当局对纳税人隐匿海外资产信息的获取能力，为了降低纳税遵从管理成本，提高纳税遵从度，尽可能挽回流失境外的税收，许多国家的税务管理机构都更加充分地使用自愿披露计划和政策，对自愿披露海外收入的纳税人给予刑事处罚赦免或税款减轻处罚。OECD 三分之二的成员国拥有允许纳税人自愿披露的税收法律资源，因此使用自愿披露政策的也多为 OECD 的成员国，这些国家的政策实践结果显示，自愿披露政策是鼓励纳税人报告过去纳税非遵从行为，包括其离岸（海外）账户隐匿资产和收入进行披露的有效工具。随着金融账户税收信息自动交换的落实，更多国家的税务管理机构会对使用自愿披露项目感兴趣。

第四，强制披露金融账户涉税信息

在金融全球化、税源国际化的背景下，全球金融账户税收情报自动交换是防止国际逃避税最有效的相互行政协助机制，是维护国家税收权益的重要手段。《美国海外金融账户税收合规法案》（FATCA）、《全球金融账户信息自动交换标准》（SAEFAITM）的出现和实施程序，改变了传统国际税收情报交换的手段、方法和机制，其实质已从传统的国际税收情报自动交换转变为税收信息强制披露，这是国际税收情报交换出现的值得重点关注的重大转向。为了应对将于 2017 年生效实施的 SAEFAITM，各税收管辖区致力于完成法定的相关立法程序，为即将到来的全球金融账户税收情报自动交换操作实践做好法律准备。

■ 税收法律准备是 SAEFAITM 由标准走向实践的前提

SAEFAITM 是进入 BEPS 时代的重要表现，为了实现 SAEFAITM，需要多方面的条件和采取多种多样措施。

（1）法律基础是全球金融账户税收情报自动交换实践的依据

一个税收管辖区的税收情报交换系统有很多影响因素，包括法律基础、行政基础设施和税收管理机构的实践等。其中，法律基础是税收管理机构实践国际税收情报自动交换的法律依据。而法律基础包括国际协定和国内法规，既涉及税法，也涉及公司法和银行保密法等。全球金融账户税收情报自动交换的法律基础主要指：基于 SAEFAITM 的双边税收协定；《多边税收征管互助公约（2010）》（以下简称《征管公约（2010）》）及其修正案的相关规定；各税收管辖区国内法框架下执行全球金融账户税收情报自动交换标准的规定。审查全球金融账户税收信息交换是否具有符合SAEFAITM标准的必要的、到位的法律基础，这是围绕税收透明度和信息交换主题的全球税收论坛开展的同行评议第一阶段的评议主题。

（2）双边税收协定和《征管公约（2010）》是推动SAEFAITM由范本走向实践的法律基础

SAEFAITM是金融账户税收信息交换的新标准指引，是为实现全球金融账户税收透明度这一目标推出的重要举措，它本身是一个不具有法律效力的范本，因此需要通过建立相关的法律框架推动其由范本走向实践操作。OECD组织提倡成员国按照SAEFAITM范本的要求缔结国家间的情报交换协议。而《征管公约》本身是法律，《征管公约（2010）》框架下国际税收情报自动交换新标准的法律规范，也能够推动SAEFAITM由范本走向实践。

（3）《征管公约》框架下SAEFAITM由范本走向实践必须完成的法律框架

①明确缔约基于SAEFAITM的《双边税收协定》和《征管公约（2010）》作为谈签《主管当局协议》（CAA）的法律基础。《征管公约（2010）》框架下国际税收情报自动交换新标准，提出以缔约《征管公约》或者《双边税收协定》为法律基础，谈签《主管当局协议》。

②明确缔约《主管当局协议》作为全球金融账户信息自动交换的操作依据。《征管公约（2010）》框架下国际税收情报自动交换新标准，提出缔约《征管公约》的各税收管辖区税务主管当局之间要谈签《主管当局协议》，为税收管辖区政府间自动交换海外金融账户税收信息提供操作依据。

③《征管公约议定书》明确国内法作为缔约各方履行国际税收情报自动交换义务的法律规范。2010年4月6日，OECD和欧盟委员会回应了G20伦敦峰会的请求，发布《〈多边税收征管互助公约〉修订议定书》（以下简称《征管公约议定书》），并于同年5月27至28日在OECD巴黎部长会议上开放给各国签署。该议定书进一步明确了国内法作为缔约各方履行国际税收情报自动交换义务的法律规范。

（4）《征管公约》赋予过渡期完成基于SAEFAITM的相关法律框架

《征管公约（2010）》给予缔约的《征管公约》批准书两年生效过渡期，以便这些税收管辖区在过渡期内完成基于SAEFAITM的相关法律框架、执行能力以及相关程序。根据《征管公约（2010）》框架下两年生效过渡期的规定，凡是向OECD交存其缔约的《征管公约》批准书的税收管辖区，均获得已缔约的《征管公约》两年生效过渡期，但必须保证在两年生效过渡期内，完成基于SAEFAITM的相关法律框架、执行能力以及相关程序。过渡期满即正式启动全球金融账户自动交换操作程序。

■ 各税收管辖区基于SAEFAITM的法律准备实践

在SAEFAITM生效过渡期内，各税收管辖区积极启动相关税收立法程序，根据SAEFAITM和《征管公约（2010）》执行的法律条件，做好相关税收法律的立法工作，确保SAEFAITM和《征管公约（2010）》得到有效执行。

（1）基于SAEFAITM签署或更新双边和多边税收协定

①多数税收管辖区签署或升级更新《双边税收协定》。2014年SAEFAITM和AEOI颁布生效以来，多数税收管辖区加大了谈签升级更新双边税收协定（议定书）的力度，根据SAEFAITM和AEOI的新标准更新了双边税收协定的相关内容。

②多数税收管辖区完成了签署加入《多边税收征管公约》生效的全部立法程序。《征管公约（2010）》修订生效以来，从未签署《征管公约》或者已经签署但需要升级更新的多数税收管辖区，遵从国际税收情报自动交换新标准，积极签署加入《征管公约（2010）》或升级更新已签署的《征管公约》。截至2015年12月30日，已有89个税收管辖区签署了《征管公约（2010）》及其议定书。其中，欧洲税收管辖区51个、亚洲13个、美洲12个、非洲10个、大洋洲3个；新签署《征管公约（2010）》的税收管辖区高达55个，非洲（10个）和大洋洲（3个）全部为新签署《征管公约（2010）》的税收管辖区；签署《征管公约》议定书、更新升级已签署《征管公约》的税收管辖区34个，欧洲税收管辖区占了27强；2015年新签署《征管公约（2010）》的税收管辖区7个，升级更新已签署的《征管公约》的税收管辖区1个（见附录2）。

③多数税收管辖区税务当局签署《多边主管当局协议》，确定自动交换全球金融账户涉税信息交换的时间表。根据2014年OECD发布的《主管当局协议》标准，以及《征管公约》关于各国税务主管当局之间要谈签《主管当局协议》的要求，已加入《征管公约》的税收管辖区税务当

局积极加入签署《主管当局协议》的行动，从而为政府间自动交换海外金融账户税收信息提供操作依据。截至2016年8月9日，已有84个税收管辖区税务当局签署了《全球金融账户涉税信息自动交换多边主管当局间协议》（MCAA），其中，欧洲55个，亚洲9个，美洲10个，大洋洲6个；承诺于2017年9月启动首次海外账户情报自动交换的国家53个，欧洲42个，亚洲3个，美洲5个，非洲2个，大洋洲1个；承诺于2018年9月启动首次海外账户情报自动交换的国家31个。中国在促进全球金融账户税收透明度建设上作出重要贡献，2015年12月16日，中华人民共和国成为第77个签署《多边主管当局协议》的国家，该协议计划启动与其他税收管辖区的金融账户涉税信息自动交换，并将于2018年开始实施（见附录3）。

④多数税收管辖区与美国签署《FATCA主管当局执行协议》。2010年，美国率先推出FATCA，强制其他税收管辖区与美国签订FATCA执行协议，强制美国本土以外的所有金融机构向美国国内收入局登记注册，承诺遵守FATCA，以打击美国纳税人通过在海外隐藏资产逃避纳税义务的行为，否则这些金融机构将被征收预提处罚税。迫于美国税收制裁的压力，绝大多数税收管辖区被迫与美国签署《FATCA主管当局执行协议》。截至2015年12月30日，已有113个税收管辖区与美国签署或谈签了《FATCA主管当局执行协议》，其中，有83个国家与美国签署了《FATCA主管当局执行协议》；有54个税收管辖区与美国签署的《FATCA主管当局执行协议》生效执行，2015年生效执行的《FATCA主管当局执行协议》有31个；有30个税收管辖区与美国完成了签署《FATCA主管当局执行协议》的实质性准备（见附录4）。

（2）基于SAEFAITM和《征管公约》修订国内法

①半数以上税收管辖区立法机构批准认可其签署的《征管公约（2010）》及其议定书。向OECD交存本税收管辖区签署的《征管公约》批准书，即意味着该税收管辖区签署的《征管公约》已获得本税收管辖区立法机构的批准。截至2015年12月30日，共有72个税收管辖区新签的《征管公约（2010）》或更新已签署的《征管公约》，获得了所在税收管辖区立法机构批准，并已履行了向OECD交存该立法批准文书的程序。其中，欧洲税收管辖区46个、亚洲9个、美洲7个、非洲7个、大洋洲3个（见表2-1）。

②多数税收管辖区已全部完成签署的《征管公约》税收管辖区内立

法程序。即新签署的《征管公约（2010）》和更新的《征管公约》议定书已正式生效的税收管辖区共70个，其中，欧洲46个、亚洲7个、美洲7个、非洲7个、大洋洲3个。见表2-1。

③部分发达经济体通过完善国内反避税立法衔接SAEFAITM和《征管公约（2010）》标准。部分发达经济体重视国内法中反避税规则的修订完善，密实转让定价、资本弱化和股息分配等反避税的法律网络，落实SAEFAITM和《征管公约（2010）》标准。

④瑞士引领更新税收管辖区银行保密制度的新时代。已获税收管辖区立法机构批准认可的签署《征管公约》，必然要根据SAEFAITM新标准更新其《银行保密制度》，为该税收管辖区内的海外金融账户税收信息的披露扫除银行保密的法律障碍。因此，已向OECD交存本税收管辖区签署《征管公约》批准书的72个税收管辖区，承诺分别于2017和2018年完成其税收管辖区内《银行保密制度》相关海外账户税收信息自动交换保密制度的修订，并因此积极开展本税收管辖区银行保密法的修订更新工作。

2015年12月14日，瑞士联邦议会批准瑞士签署的《征管公约（2010）》，同意瑞士从2018年9月开始实施海外金融账户税收信息自动交换制度，这标志着固若金汤的瑞士银行保密制度将被打破，根据SAEFAITM新标准更新其《银行保密制度》必须也必然会在2018年9月之前完成。英国、荷兰等发达经济体的海外避税港属地，也都纷纷承诺实施海外金融账户税收信息自动交换制度，各税收管辖区银行保密制度更新时代已然到来。

■ 全球金融账户税务信息强制披露机制面临挑战

全球金融账户税收信息强制披露机制的实施，在促进全球金融账户税收信息自动交换的国际协作方面取得重要进展，但在实施过程中也面临如下挑战，似应引起关注。

（1）强制披露机制引起发达与发展中经济体之间税务执行成本与收益的不对称

全球金融账户税收信息交换的实现依赖各税收管辖区税务主管当局的执行，而这种执行成本则由信息交换的税收管辖区自行承担。由于各税收管辖区的国际资本输入和输出水平以及征管能力的差异，各税收管辖区参与全球金融账户涉税信息强制披露的频率、信息采集量及采集成本、信息供应量和信息使用需求量、实际效益等因此差异也巨大。发达经济体以资本输出为主，征管能力也较强，可能会索取更多的金融账户税收信息需求和使用，分享更多的税收信息交换收益。而以资本输入为主的发展中国家由于征管能力相对较弱，会承担更多的税收信息交换义务和成本，这于发展中经济体很不公平。因此，在国际税收征管合作中，发达国家援助发展中国家税收能力建设既是其应该承担的义务，也视为对国际税收信息交换权利义务不匹配的一种补偿，此项工作似应提速。

（2）强制披露机制引发全球金融机构的税务债

在全球金融账户税收信息强制披露机制下，全球金融机构也成为国际金融账户税收信息交换的主体之一，额外承担着其管辖的海外金融账户税收信息报告义务，从而产生额外的执行成本，需由金融企业自身承担。并且，由于强制披露的海外金融账户税收信息范围极其宽广、实施程序复杂，金融机构的这项额外执行成本会比较高昂，并且没有补偿机制予以弥补，因此构成海外金融机构的税务债。这对海外金融机构显失公平，值得关注并研究解决方案。

（3）美国借口实施FATCA，寻求全球金融账户税收信息强制披露中的特殊地位和利益

美国目前没有意愿更没有行动参与全球金融账户税收信息自动交换协定，而是通过FATCA执行协议与其他国家交换税收信息，一直寻求美国的特殊地位和特殊利益。FATCA执行协议在形式上是双边对等的，但实质上却是海外金融机构向美国单向输出税收信息，美国本身并不承担对等的税收信息输出义务。并且，美国虽然签署加入《多边税收征管公约》，但以实施FATCA为借口，将自身置于SAEFAITM和《多边主管当局协议》等国际规则之外，基于SAEFAITM更新双边税收协定的行动迟滞，议会不断搁置审批基于SAEFAITM更新的双边税收协定，至今也未签署和承诺执行《多边主管当局协议》。其结果是美国让其他国家税务主管当局和全球海外金融机构为其提供美国账户税收信息，但却把美国本土保护起来成为安全岛，使之成为全世界最大的避税港之一，迎来了其跨国公司海外利润的源源回归，以此缓解国内的财政困难，促进就业，独享海外金融账户税收信息交换红利。但这显然将美国以外的全球经济体置于极不公平的地位，当引起OECD和G20的关注。

2.2 税收征收战略管理

2.2.1 动态概述

2015 年各国财政赤字率进一步扩大。面对经济的持续疲软，各国一方面继续加大对企业和个人的减税力度，刺激居民消费和投资，从而激发经济活力。另一方面，各国通过完善税收体系和制度设计，加强对税基侵蚀和利润转移的监管，严格打击国际逃避税行为，堵住税收漏洞。在进一步实现国际税收公平秩序的同时弥补了因减税带来财政收入的不足，缓解了财政赤字压力。

(1) 促进结构调整征收战略

面临减税和财政赤字的双重压力，各国纷纷采取加强税收战略管理。加大税收征管力度，提高税收公平以及实现税收系统合理化，积极推广电子申报和电子支付等问题相关的税收措施，实施适应促进结构调整的征收战略。

(2) 落实 BEPS 成果，积极打击国际逃避税行为

在跨国企业逃避税行为日益猖獗的背景下，打击国际逃避税，堵住税收漏洞被提到了前所未有的重要位置。2015 年 10 月 5 日，经济合作与发展组织（OECD）发布了税基侵蚀和利润转移（BEPS）相关措施的最终结果，正式拉开了国际税收征管体系改革序幕，各国纷纷加入到反避税的行动中，从而更好地应对国际税收秩序的重新确立带来的新一轮挑战。

纵观各国行动，大部分国家目前的行动焦点在于进一步严格控制转让定价行为，规范跨国企业转让定价的资料报告义务。各国纷纷采纳了 BEPS 行动计划中的成果，包括日本、墨西哥、瑞典、荷兰、中国、法国、韩国等在内的多个国家建立了跨国企业国别税收信息报告制度，并修改同期资料的递交要求，采用转让定价同期资料全球新标准，使其与 BEPS 法案中的要求一致。

另外，大部分国家也表示了对税收信息自动交换的支持。新西兰当局在考虑与国际税收机构进行更多的信息分享。荷兰将于 2016 年按照 OECD 标准开始实施税收信息自动交换，致力于在这方面起到带头作用。

2.2.2 促进结构调整征收战略

■ 亚洲

韩　国　2015年8月6日，韩国战略与财政部公布了《2015税法修订案》，该修订案旨在增加经济活力，提高税收公平以及实现税收系统合理化。其中加强征管的主要措施如下：（1）对高收入外国员工的征税对韩国企业聘用的由外国公司派遣的高收入外国员工开征预扣税，预扣税税率是18.7%。（2）提供的电子服务与韩国企业的经营相关（B2B交易）的非居民企业/外国企业将不列入增值税范围。（3）对跨国企业新增了义务规定，要求跨国企业递交国际贸易的信息，目的是便于韩国税务局对跨国企业的转移定价行为实施更好的监管。该修订条款适用于韩国企业以及在韩国有常设机构的外国跨国企业。要求适用该条款的企业向韩国国税局递交一份综合报告，该报告包含与国际贸易有关的管理信息以及与转让定价相关的目前情况。（4）独立交易原则在判定全球总部的无形资产价格时，缩短政府是否给予使用独立交易原则计算方法的单方面事先批准的考察时间，考察时间应该为从应用日开始的一年半内（通常是2年）。以上政策的生效时间是2016年1月1日。

日　本　2015年1月14日，日本政府通过2015财年（始于同年4月1日）税收政策改革计划，重点通过削减企业税等方式振兴经济。涉及税收征管的关键点总结如下：（1）出境税将从2015年7月起实行。当个人的股票、证券或金融衍生品的资产价值达到或超过1亿日元的居民在离开日本（即在日本没有住所）时，在离境时应对金融资产视同按公允市场价值出售获得的收益或损失征税。然而，如果离开的个人任命税务代理并提供担保的证明，可以推迟5年或10年缴纳出境税。在5年内返回日本，并继续持有应税资产的，可以取消该税收。（2）如果家属都住在国外，纳税人将需要在填写个人所得税纳税申报表时提供家属的税收豁免的证明。（3）针对B2B交易中国内企业客户从外国供应商处接收B2B电子供货的逆向征收方法被引入法案。

乌兹别克斯坦　乌兹别克斯坦2270号法令公布了税法的修正案及税率，并于2015年1月1日起生效。涉及税收征管的主要措施：常设机构通过常设机构（PE）在乌兹别克斯坦开展经营活动的非居民有权在乌兹别克斯坦境内进口货物，并且在进口时缴纳关税。

印　度　2015年2月28日，财政部长向议会提交了2015/2016财政年度的预算。提议中包含的税收征管措施如下：（1）税收“穿透性”允许在第一类和第二类另类投资基金之中，使征税对象是投资人而非资金。（2）受到缴纳证券交易税的约束，出资人在房地产信托投资基金（REITs）和基础设施信托投资基金（INVITs）上市交易时退出市场的资本利得制度将会合理化。（3）常设机构（PE）或业务关联规则将被修改，大意是说，基金经理的存在本身并不会构成离岸基金在印度的常设机构或业务关联。（4）一般反避税规则（GAAR）将会推迟两年适用。因此，一般反避税规则将会从2017/2018财政年度开始适用。（5）国内转让定价规则适用的门槛由5000万印度卢比提高至2亿印度卢比。（6）考虑到所得税法中不断进化的法律体系，直接税代码（DTC）将不会实施。税收管理改革委员会（TARC）的建议将在2015/2016财政年度实施。

巴基斯坦 2015年6月5日，巴基斯坦公布了2015/2016财年预算，该预算税收征管主要内容：（1）对于合规纳税人（即已经提交纳税申报的纳税人）和不合规纳税人（即未提交纳税申报的纳税人）继续实行差别税率制度，并且将该制度进一步延伸到其他交易。对不合规的纳税人，在一定调节幅度内，可按照其基于银行票据和其他通过银行转移资金的方式记录的交易金额的0.6%预征所得税。（2）对合规纳税人和不合规纳税人的股息收入，所征税率分别从10%提升至12.5%和从15%提升至17.5%。

■ **欧洲**

法　国 2015年11月13日，法国政府向议会递交了《2015年财政法案》（修订案），该法案涵盖了与能源、创新型中小企业的税收鼓励、地方税、电子申报和电子支付等问题相关的税收措施。

西班牙 2015年10月23日，西班牙政府公布了《2016年预算报告》，该预算报告包含的主要税收征管措施如下：（1）对“专利盒子”计划作出改变。（2）自2016年1月1日起，不要求满足以下条件的企业递交企业所得税纳税申报表：年度总收入不超过75000欧元；其免税的年度租金收入不超过2000欧元；所有免所得税的租金收入都缴纳了预扣税。（3）对于如何计算个人所得税营业净收入的客观评价方法，限制条件调整如下：上一年度从经济活动中获得的250000欧元营业收入，其中包含不开发票的现金收入，不涉及农业、畜牧业、林业等领域的；从需要开具发票的经济活动中获得的125000欧元营业收入；前一年度因为购买商品和服务花费的250000欧元，不包括对固定资产的并购。（4）限制运用简化税制。除了农业，林业和畜牧业，其他所有的经济活动，如果上一年度的营业收入不超过250000欧元，在2016年和2017年适用简化税制。从2018年起，该限额将是150000欧元。

挪　威　2015年10月7日，挪威财政部向议会提交了《2016年预算报告》，该预算报告关于税收征管的主要内容如下：（1）为了避免在混合工具情况下的漏税现象，如果收入部分已经由支付公司扣除企业所得税，则不适用免税方法。（2）与实物利益有关的收入，例如雇主的车供私人使用，适用简化的个人所得税税收法规。

瑞　典　2015年9月21日，瑞典政府向议会提交了《2016年预算报告》，主要增加对就业、学校以及气候行动的投资。预算报告中除另有说明外，其他一律从2016年1月1日开始生效。关于税收征管的主要内容是对高收入个人的劳务收入个人所得税抵免资格的授予标准会更加严格。

英　国　2015年3月18日，英国财政大臣奥斯本向议会提交了2015/2016财年的预算报告，报告涉及的税收征管主要内容如下：（1）对于避免遗产税的各种行为开始实施审查。（2）废除年度纳税申报表制度。

爱尔兰　2015年10月22日爱尔兰公布了《2015年财务法案》，该法案既包括了2015年10月14日递交的预算报告中宣布的政策，也含有一些预算报告中没有的税收措施，这些措施中最重要的几点如下：（1）该财务法案中包含了旨在实施《欧盟母子公司指令（修订）》（2011）中企业所得税一般反避税规定的条款。因此可以有效避免一系列旨在利用《指令》中的规则获取利益而非真正安排的税收筹划活动。（2）关于海外财产转移的一系列反避税措施的实施范围将拓宽到非居民个人。（3）对非居民个人的资本利得税反避税措施目前针对非居民出售特定资产。例如土地，建筑物或者因为这些资产获得增值的股票应该缴纳资本利得税。在售卖股票之前向企业注入大量现金可以避税，因为在这种情况下，股票的增值主要来源于现金而不是土地或建筑物的价值。为了终止相关的行动，《资本利得税法案》的第29部分（应税个人）将会增加特殊条款。（4）为了响应欧盟对违反《欧盟运作条约》第63章规定的资本自由流动问题的重视，爱尔兰将修改关于向海外受控公司转移的反避税条款。因此，这些条款将不再适用因商业目的而发生的善意转移。（5）重组的反避税条约目前来说，如果在兼并或重组下发生的一家企业转移到另一家爱尔兰企业或者是集团内部的资产转移，资本利得税可以递延缴纳。为了终止递延纳税在向第三方转移情况中的滥用，递延规定将会增加一条新的条款。（6）资本利得税需要提供完税凭证的金额由 50000 欧元提高到 100000 欧元。

■ **美洲**

美 国 2015 年 2 月 19 日，美国白宫发布了《2015 年美国总统经济报告》，该报告的第五章包含了税收改革的主要计划，包含计划简化适用小企业的复杂会计制度；

2015 年 2 月 2 日，奥巴马总统向美国国会递交了《2016 财年预算案》，该预算案旨在改善美国的基础设施，以及为美国中产阶级提供扶持，但代价是对企业和富人增税，并取消了目前实施的支出上限。该报告中包含要求纳税人在纳税年度内的营业最后一天之前，确认衍生工具合同的盈亏。

■ **大洋洲**

澳大利亚 国库部长乔·霍基 5 月 12 日晚在议会发表演说并公布了 2015/2016 财年预算案，新预算案重点加大了对小企业和普通家庭的政策扶持以及重要基础设施的投入。主要的税收措施如下：（1）修改《一般反避税条款》，针对非居民企业人为避免在澳大利亚国内有纳税存在的行为增加特殊的法规。如果该法规适用，非居民企业向澳大利亚境内销售商品以及提供服务获得的收入将视同通过常设机构获得的收入，应该缴纳税款。税务局还可以按附加税的 100% 进行罚款。根据公布的预算法案，财政部发布了《法律草案以及解释性备忘录》来解释该条款。该措施适用于 2016 年 1 月 1 日以后获得的利润。（2）2016 年 1 月 1 日开始执行新的转让定价文件标准，新的标准将符合 OECD 最近的倡议，包括以下内容：（a）主文件包含对全球贸易、组织结构以及转让定价政策的回顾；（b）本地文件包含纳税人在澳大利亚国内进行企业间交易的详细信息以及（c）展现跨国公司在澳大利亚经营的全球活动的单独国家报告以及披露出该集团支付的收入和税收的位置；（3）罚款措施适用于大企业（纳税人每年的全球集团收入为 10 亿澳元以上），对于避税以及利润转移安排，罚款将会加倍，该措施从 2015 年 6 月 1 日开始实施。（4）境外金融中心制度（允许对合格活动获得的利润征收 10% 的税）将会更新，将包含额外的合格活动以及执行完整性措施。特别地，选择性原则将会写入法典。这些改变将从 2015 年 7 月 1 日开始实施。

新西兰 2015 年 4 月 10 日，新西兰税务局宣布，在接下来的两年中将首要考虑对超过 8000 万新西兰元的纳税集团进行转让定价检查。这样的集团大约有 560 个，其中 50% 的集团为境外所有，超过 25% 的集团通过受控外国公司参与国际交易。此外，对所有具有以下情况的纳税人，新西兰税务局将保持特殊关注：（1）由境外所属的集团归集的无法解释的税收损失；（2）超过 1000 万新西兰元的贷款或担保费；（3）用于支付不可持续的特许权使用费或服务费的费用；（4）与无税国或低税国的关联方发生实质性交易；（5）将主要的资产、功能或风险转移出新西兰的供应链重组；（6）在受控外国公司的披露中被确认的非正常的安排或结果。境外所属的年交易额超过 3000 万新西兰元的批发商也将受到监管。年交易额低于 3000 万新西兰元的批发商将需要对它们加权平均后低于 3% 的税前利润率提供解释。

2015 年 5 月 21 日，新西兰财政部部长向议会提交了《2015/2016 预算报告》。该报告没有涉及任何国际税收问题，仅仅是解决国内的税收问题。预算报告提出加强适用财产交易的税收规则。

■ 非洲

赞比亚 2015 年 10 月 9 日，赞比亚财政部向国民大会递交了 2016 财年预算法案。除另有说明外，预算法案从 2016 年 1 月 1 日起开始实施，主要涉及税收征管内容如下：（1）将发电类企业增值税进项税额的申报抵扣期从 2 年延长至 4 年。（2）要求用财政现金出纳机取代现金出纳机。（3）修改法律，为人工缴税和电子缴税提供 2 个不同的截止日。（4）修改关税法律，将之前要求的保持记录年限由 5 年增至 6 年。

布隆迪 2015 年 12 月 11 日，恩库伦齐扎总统主持召开部长会议，讨论和通过了 2016 年国家预算草案，并于 12 月 14 日提交议会审议。2016 年预算将保证布税务局的财力和人力，进一步加强和扩大税收。政府继续实施稳健的紧缩财政政策：严格免税的管理，任何公共合同不予免税。

尼日利亚 2015 年 12 月 22 日，尼日利亚总统向国民议会上下两院联席会议递交了《2016 年预算法案》，政府计划在 2016 年减少财政收入对石油收入的依赖（预计 2016 年的石油收入为 8200 亿奈拉）。由企业所得税、增值税、关税、消费税以及联邦政府账户税收组成的非石油收入将达到 1.45 万亿奈拉。主要的计划措施是增加税收收入（企业所得税和增值税），提高税收征管。

■ **中国**

2015 年 3 月 5 日，中华人民共和国财政部在第十二届全国人民代表大会第三次会议上公布《关于 2014 年中央和地方预算执行情况与 2015 年中央和地方预算草案的报告》。该报告涉及税收征管的主要内容如下：（1）加强财政法制建设，按照落实税收法定原则的计划安排，做好税收征收管理法修改工作。（2）继续调整完善消费税征收范围、税率，适当后移征收环节。

2015 年 12 月 24 日，中国中共中央办公厅、国务院办公厅印发了《深化国税、地税征管体制改革方案》，并发出通知，要求各地区各部门结合实际认真贯彻执行。该方案的主要改革内容如下：

（1）理顺征管职责划分。①合理划分国税、地税征管职责。②明确地税部门对收费基金等的征管职责。

（2）创新纳税服务机制。①推行税收规范化建设。②推进办税便利化改革。③建立服务合作常态化机制。④建立促进诚信纳税机制。⑤健全纳税服务投诉机制。

（3）转变征收管理方式。①切实加强事中事后管理。②对纳税人实施分类分级管理。③提升大企业税收管理层级。④建立自然人税收管理体系。⑤深化税务稽查改革。⑥全面推行电子发票。⑦加快税收信息系统建设。⑧发挥税收大数据服务国家治理的作用。

（4）深度参与国际合作。①积极参与国际税收规则制定。②不断加强国际税收合作。③严厉打击国际逃避税。④主动服务对外开放战略。

（5）优化税务组织体系。①切实加强税务系统党的领导。②优化各层级税务机关征管职责。③完善税务稽查机构设置。④完善督察内审机构设置。⑤研究探索推进对外派驻税务官员。⑥合理配置资源。⑦加强税务干部能力建设。⑧深入落实党风廉政建设主体责任和监督责任。

（6）构建税收共治格局。①推进涉税信息共享。②拓展跨部门税收合作。③健全税收司法保障机制。④加强税法普及教育。

2.2.3 BEPS 计划的实施情况

■ **亚洲**

日　本　日本政府在 2016 年的预算法案中提到，日本将采纳 BEPS 最终报告，其中主要的措施如下：（1）国别报告（CbCR）。①跨国集团的最终控股公司必须在相关财政年度结束前的一个日历年度内，通过“电子税收”（e-tax），向税务机关递交国别报告。②跨国集团不包括上市子公司，但包括不在合并报表范围内的企业，另外，这些企业中前一财政年度综合总收益不超过1000亿日元的也不在范围之内。③要求披露的信息与OECD指南中的要求一致，另外，该报告必须以英文形式递交。④尽管最终报告建议所有的措施从2016年1月1日开始实施，但日本的国别报告规定从2016年4月1日开始执行。（2）主体文档。①文档的要求以及对需要提交该文档的企业要求与国别报告（CbCR）一致。②文件中要求披露的信息与OECD最终报告的规定一致，另外，主体文档必须以英文或日文的形式递交。③该要求将从2016年4月1日起开始生效。（3）本地文档要求日本企业将本地文档连同年度纳税申报表一起提交，尽管最终报告中没有作此要求。另外，本地文档必须保存7年。

韩　国　2015年7月1日起，韩国已经对境外电子服务运营商征收了10%的增值税。这是对通过信息通讯技术（ITC）网络提供的服务征收的一种税，ITC包括游戏文件、音频文件、视频文件、电子文档以及软件。韩国也正在计划对大型数字化公司的不征税利润征收“谷歌税”。这一税种将仿照英国的利润转移税，在经合组织（OECD）的BEPS行动计划下设立，将于明年实施。

印　度　2015年10月20日，印度财政部宣布推出新的转让定价准则，允许使用“范围概念”以及通过多年数据确定转让价格。印度政府表示，准则的修订将为转让价格的决定提供确定性并减少转让定价问题的争端。这是印度政府稳定直接税体系计划的一部分。

马来西亚　2015年2月1日，马来西亚国家税务局（IRBM）发布了一份修订版的税务审计框架。这个新的税审框架即日生效，并将取代原先在2013年4月1日发布的税审框架。下面列出新框架中一些关键的变化和内容：（1）税务审计处理期限必须是4个月，即从审计开始日起120个日历天数（以前为3个月）。此外，如果完成审计过程需超过4个月，那么IRBM将相应地更新纳税人。（2）监控故意拖欠税款人计划（MDTD计划）被引入到加强和提高现有税务审计活动的有效性上来。不符合标准的纳税人将被识别出来，根据MDTD计划列入持续监控对象名单。根据1967年所得税法第113条第二款，惯犯应以其不合规行为所造成的税收损失金额的100%被处以罚款。相反，如果纳税人在第二年的评估期中没有犯规，那么就能够从持续监控名单中除名。（3）当IRBM向纳税人提出要求提供支持性证明文件并且纳税人已在21天内通过下述行为予以回应，则适用针对案头审核个案的35%的优惠罚率。（4）自愿披露之前已声明有误的收入、债权、补助和回扣。（5）提供真实的文件材料或应税数额。此类自愿信息披露必须以书面写作或在正式会谈中明确表述。

■ 欧洲

爱尔兰 2015年10月20日，爱尔兰政府更新了其国际税收策略，爱尔兰财政部长Michael Noonan强调，爱尔兰已经准备好了迎接税基侵蚀与利润转移（BEPS）行动计划。他表示，经合组织的BEPS行动计划为世界各国的政策制定者和企业带来挑战，也为爱尔兰这样的国家提供了机会，税收和资产一直在爱尔兰经济和国家税收政策中扮演重要的角色。更新后的国际税收战略承诺将公司税率维持在12.5%。爱尔兰将与签订了税收协定的伙伴国家进行充分的税收信息交流，并根据OECD和欧盟的规定进行税收信息的全球性交换。BEPS实施后，许多跨国企业正在重新评估其结构和投资选择，爱尔兰则承诺为纳税人提供长期符合OECD的标准。

瑞　典 2015年12月22日，税务局修改了在其网站上面向全体公众的一般转让定价（TP）信息，该信息与瑞典的转让定价准则相关。瑞典的一般转让定价信息已经更新到与BEPS行动计划中关于转让定价方面的规定相一致。该一般转让定价信息主要陈述了最终报告的成果，另外，它还解释了瑞典税务局采取这样的观点：该报告的内容不管是向前还是向后都适用。官方的转让定价指南将会在2016年春季做出相应的更新。

瑞　士 2015年3月3日瑞士与澳大利亚签署税务信息自动交换协议。根据协议，两国信息交换将按照经合组织制定的统一规则和标准，并在完成相关法律程序后于2018年正式启动。

瑞士与意大利签署了银行业和金融信息双边交换协议，意大利自2015年起可获取在瑞士开户的意大利公民的账户信息，并从2017年起实现双方信息的自动交换。目前，瑞士正与欧盟就使用经合组织标准取代储蓄征税协议进行商谈，并同时与主要经济伙伴开展了税务信息自动交换的谈判。

荷　兰 2015年10月23日，荷兰财政部长Eric Wiebes向众议院作了关于BEPS项目对荷兰税收制度的影响的报告。Eric Wiebes将BEPS的措施划分为三类：影响国内法规的、要求国际协作的以及能促进荷兰不断优化其政策的措施。荷兰的税收体系一贯重视企业的跨境业务，确保国际企业与本国企业享受公平税收待遇。该报告提出了强制执行税收信息自动交换的最低标准，荷兰将致力于在这方面起到带头作用。荷兰关于分国信息报告（CbC）的法律将于2016年1月1日生效。同时，荷兰税务部门将于2016年按照OECD的标准开始实施税收信息自动交换。荷兰还对欧盟委员会关于税收裁定自动交换信息表示支持。

荷兰财政部通过颁布一项法令，进一步规范了跨国企业转让定价的资料报告义务。该法令于2016年1月1日生效，包括7个条款、6个附加和法令释义。跨国集团在2016年1月1日及以后的报告年度中将遵循该法令。根据该法令，转让定价资料文件夹中应当包含以下信息：

（1）对跨国企业的业务描述。通常包括：①企业利润的重要驱动力；②对营业额排在前五名的产品（服务）以及其他营业额超过集团营业额5%的产品（服务）的供应链进行描述；③对财年中重要的业务重组、并购和剥离进行描述。

（2）跨国企业的无形资产对跨国企业无形资产的开发和所有权总体战略进行一般性描述，包括主要研发设施的所在地和研发管理的所在地。①对转让定价意义重大的无形资产或无形资产组合清单，注明对其享有所有权的实体；②关联企业之间与无形资产相关的重要协议清单，包括成本分摊协议、主要研究服务协议以及许可协议；③概括描述与研发和无形资产相关的集团转让定价政策；④概括描述相关财年内关联企业之间的所有重要无形资产利益转让，包括参与的实体、国家和补偿。

法　国　在2015年底通过的财政法案中，法国建立了跨国企业国别税收信息报告制度。要求在法经营的跨国企业向法国政府报告该企业在全球所有有业务的国家的有关数据，包括营业额、员工数量、税前利润、已纳税金额、公共补贴金额等，以打击跨国企业利用避税天堂进行避税。同时，法方将会与建立该报告制度的国家（如英国、西班牙）交换上述信息。

英　国　2015年10月30日，英国根据BEPS最终报告第4项行动计划的建议，对修订利息扣除规定公开征求意见。为防止大型集团逃脱利息扣除的限制，OECD报告提出企业利息支出和其他视同利息支出的净抵扣额应该等于息税及折旧摊销前利润的某一比例。此外，针对一些集团处于非税务因素而持有高杠杆第三方债务，征求意见稿建议采用集团比率规则和固定比率规则结合的方式。这种方式允许当企业利息净支出高于企业所在国允许抵扣比例时，按照其全球集团范围内允许的净利息占息税及折旧摊销前利润比例进行抵扣。

西班牙 西班牙通过第634/2015号皇家法令，明确跨国企业将从2016年1月1日起，履行分国信息（CBC）披露义务。新规定包含在2015年7月11日公布的企业所得税条例中。这些税收条例是为落实OECD税基侵蚀与利润转移（BEPS）行动计划13相关的转让定价文件而制定的。该规定要求，跨国公司西班牙总部应当提交分国信息报告，如集团的净营业额达到7.5亿欧元（8.2亿美元）以上。在某些情况下，子公司或常设机构将代替总部提交。这些修改意味着集团需要披露下列详细信息：与关联方交易的性质与价值，税前收入，纳税支出，无形资产及其所有权，预约定价安排，在报告期内发生的集团内部无形资产重大交易，无形资产发展战略及研发活动地点，集团的转让定价政策，其他金融活动。分国信息报告必须在财政年度结束的12个月之内提交。

■ **美洲**

美　国 2015年11月24日，美国参议院财政委员会主席发布了一篇新闻稿，宣布委员会将举行一场听证会，该听证会是关于OECD的BEPS法案以及与成员国的税收裁决有关的欧盟国家援助调查。该新闻稿称，BEPS法案中包含的一系列建议引起了大家的广泛关注，关注的问题主要有纳税人的保密性、美国财政部门法定机构是否会执行法案中所预期的规定，包括计划的国别报告规定。该新闻稿还进一步阐述了欧盟已经对美国跨国企业展开了调查，这加剧了境外美国企业的不稳定性以及其在国外纳税义务的增加。美国希望通过这次听证会解决以下问题：OECD的BEPS法案对于美国纳税人以及美国税收体制的前进意味着什么，以及欧盟国家援助调查可能怎样潜在影响美国财政部的税收收入。

墨西哥 墨西哥加强对跨国公司税收监管落实BEPS行动计划。墨西哥在参加国际货币基金组织、世行及G20会议期间，对跨国公司税收问题表示墨西哥税务总局已经开始约谈20多家大型跨国公司，要求他们在墨西哥纳税，而不是通过总部纳税。另外，墨西哥在公报刊登新的转让定价文档要求，将于2016纳税年度生效实施。该法规介绍了经合组织推出的分国信息（CBC）报告框架，作为BEPS第13项行动计划的一部分。一些大的纳税人将被要求提供描述跨国集团事务概况的主文件，包括转让定价研究和解释、组织结构图以及关联交易信息详情的本地文件。此外，分国信息报告应该包括跨国企业在每个国家经营的财务数据。该计划适用于应纳税所得额大于6.446亿墨西哥比索（3770万美元）的实体，以及公开上市的实体。不遵守该规定的企业将被处以高达200090墨西哥比索的罚款。分国信息报告的首次提交截止日为2017年12月31日（2016会计年度）。

巴　西　2015年7月22日，巴西政府发布了第685号暂行措施，要求纳税人披露激进的税收筹划安排。这项规则是依据经济合作与发展组织（OECD）的税基侵蚀和利润转移（BEPS）项目第12项行动计划中的建议制定的。巴西政府希望通过强制披露规则令税务机关及时了解税务筹划技术，同时也给公司间的税务战略提供更大的确定性。根据这项新规则，纳税人必须披露他们在前一年签订的交易的信息，包含税收抑制、减税、延期纳税，没有商业实质的交易，以及可能构建滥用形式或架构的交易。纳税人须在每年9月30日前在申报表中披露信息，披露不当会被征收罚款。新规则于2015年7月22日生效。巴西政府预计约有2.9万家公司会受到影响。

■ 其他国家

新西兰　2015年12月2日，新西兰税务局对财政和支出特别委员会汇报称，尽管新西兰国内关于转移定价的法规很健全，但为了更好应对BEPS法案，新西兰税务当局目前正考虑是否需要对混合工具和混合实体的税务处理做出改变，以及是否需要扩大资本弱化法则以及限制利息扣除规则的应用范围。同时，税务当局也在考虑与国际税收机构进行更多的信息分享。

津巴布韦　在2016年预算法案中提到，计划修改目前的转让定价准则，旨在为关联企业间交易的税务处理提供更有意义的指导，同时也更好地限制税基侵蚀和利润转移（BEPS）以及非法现金流动。

■ 中国

2015年9月17日，国家税务总局发布了《特别纳税调整实施办法》（征求意见稿）（简称“征求意见稿”）。（1）对现行《特别纳税调整实施办法（试行）》（国税发〔2009〕2号，以下简称“2号文”）的内容进行了全面修订。本次2号文的全面修订借鉴了各项BEPS行动计划的建议，增添了许多具有中国特色的元素，更进一步吸收总结了散见于各项法规中的特别纳税调整原则与措施。征求意见稿保留了2号文的框架，除了对原有内容进行修订外，还增添了“无形资产的转让定价管理”“关联劳务交易的转让定价管理”及“利润水平监控”三章全新内容。

2015 年 10 月 5 日，经济合作与发展组织（OECD）发布了税基侵蚀和利润转移（BEPS）项目的全部 15 项行动计划的最终报告（BEPS 成果）。2015 年 10 月 10 日，国家税务总局做出了回应，在北京举办了 BEPS 项目 2015 年成果宣讲会，阐释了税务总局对 BEPS 成果的立场以及中国结合国情进行 BEPS 成果转化的工作计划：（1）修订国内税收法律法规；（2）结合中国的需要进行 BEPS 成果转化；（3）调整中国税务机关国际税收征管的部门格局；（4）在 2015 年底前建立跨国企业的全国税务风险监控和应对机制，在部分地区试行总部所在地集中监管集团整体税务风险；（5）利用信息技术协助国际税收征管。

2015 年 11 月 19 ~ 20 日，中国国家税务总局局长王军出席了在俄罗斯莫斯科举行的第三次金砖国家税务局长会议。王军强调，近年来召开的 G20 峰会，都将打击跨国避税作为重要议题，全球新一轮反避税浪潮正在兴起。金砖国家要通过应对税基侵蚀和利润转移（BEPS）项目，加大在转让定价、自动情报交换等领域的合作，对跨国避税、企业灰色利润零容忍，共同打击一些跨国公司或高收入个人利用各国税制差异和税收信息不对称，向避税港和避税地转移利润或者隐匿收入以逃避税纳税义务的行为，维护各国税收权益和世界税收秩序。

2.3 税收征收基础管理

2.3.1 动态概述

■ 纳税服务管理：服务领域向纵深拓展

2015 年，全球纳税服务管理呈现服务领域向纵深拓展的趋势。实施电子申报和缴税制度对于实现税收征管现代化至关重要，因此，各国不断拓展电子纳税服务空间。为了提升纳税申报准时率和准确率，各国纳税服务指引业务不断拓展。为了降低企业和个人的纳税申报成本，各国不断创新纳税申报服务项目。

（1）电子纳税服务空间不断拓展

①强力推行电子纳税申报制度。菲律宾推行强制电子纳税申报制度。苏丹统一启用电子纳税申报系统，纸质纳税申报表同时废止。爱沙尼亚大

力推广在线缴税和优化纳税服务。法国政府表示将推动税收程序法修订，实施强制性个人所得税网上报税。南非鼓励电子申报纳税。

②开拓电子纳税服务新业务。①电子纳税申报税种向所得税方向拓展。如马来西亚启动了在线缴纳个人所得税的“易税通”项目。②电子纳税申报业务向税银一体化方向拓展。如马来西亚开通了电子税务银行卡缴纳个人所得税款的新业务。③实施电子税务签名认证纳税申报服务项目，如保加利亚。④加拿大承诺改进纳税服务系统作为优先考虑的目标，开发电子纳税服务的新文化。⑤开放以外币缴纳税款，如委内瑞拉。

（2）创新纳税服务指引新业务

①协同提供税收制度服务指引。配合国家税收政策和税收征管制度的变动，协同提供相关税收制度服务指引。丹麦发布《负利息税务处理方法指南》，法国发布《个人所得税征收管理指南（修正）》，卢森堡发布《2015 年提高增值税税率的指南（法语版）》，匈牙利发布《个人纳税申报政策解释申请指南》。美国公告个人所得税纳税申报软件升级和新增纳税项目的在线纳税服务及流程，为需要自行填写新增纳税项目纳税申报表的少数纳税人提供涉税信息和填报技巧服务，对准备自己填写纳税申报表的纳税人开放免费文档；提示境内职业报税人，须就其报税者税务识别号码办理 2016 年度的展期。巴哈马配合增值税制度的引入发布《增值税纳税申报指南》。瓦努阿图发布《对增值税不遵从处罚的新指南》。

②纳税申报提醒常态化。①纳税申报季前提醒。税务当局提供纳税申报电子提醒服务，提醒纳税人准时纳税申报，如，菲律宾提供纳税申报电子提醒服务，美国线上发布《2015 年个人所得税报税季准时开始的公告》。②纳税申报项目的提醒。委内瑞拉国家税务局提醒本国纳税人要申报海外收入。③逾期纳税申报房产税的罚款提醒，如新加坡。

（3）创新纳税申报服务项目

①纳税申报免填单，如西班牙特定企业纳税人免填企业所得税纳税申报表，南非符合规定的纳税人免填个人所得税纳税申报表。②自主选择纳税申报地点，如俄罗斯将实施财产税自然人自主选择纳税申报地点制度。③提前结束中低收入群体的纳税义务，如意大利。④推出国地税联合纳税服务创新项目，如中国。⑤允许逾期未申报的出口退（免）税延期申报，如中国。

■ 税收征收管理：堵塞税收征管漏洞与打击税收欺诈

2015 年，全球税收征收管理呈现堵塞税收征管漏洞与打击税收欺诈并重趋向。为封堵税收征管漏洞，防范税收征管风险，各国重视完善税收征管制度，特别是完善税收遵从措施。为有效组织税收收入，降低税收缺口，保障政府税收收入的良性增长，各国严格税收优惠政策实施管理，强化打击税收欺诈的力度。

（1）重组税务机构

以较低的税收征管成本提供纳税人期望的现代化服务为目标，重组税务机构与人员。如英国发布“中长期税务征管机构重组计划”，大幅削减现行税收办事处和税务人员目标。委内瑞拉修改税收法典，下放税率修订权，增加税务管理机构中的审计人员。澳大利亚国家税务局发布重塑澳大利亚税务管理组织的战略，主要倡导建设现代化服务型税务组织。

（2）完善税收征管制度

①完善常规性税收征管制度。为封堵税收征管漏洞，韩国修改现行对银行外汇贷款征税的规定。希望相关调整能使韩国金融企业获得更公平的对待。法国修订税收程序法中个人所得税征管办法，分阶段全面实现强制性网上申报制度。匈牙利实施以家庭为征税单位的个人所得税征管改革。中国实施出口退（免）税企业分类管理办法，推出国地税征管合作创新制度，修订纳税人识别号代码标准，修改《车辆购置税征收管理办法》。

②完善税务遵从措施。为防范税务征管风险，巴基斯坦扩大合规纳税人和不合规纳税人差别税率制度的实施范围。韩国修改和颁布防范纳税非遵从的措施，制定经营业务记录凭证强制保存制度。爱尔兰发布强化地方财产税纳税遵从的声明，实施房产税纳税遵从措施。澳大利亚实施货物劳务税收入遵从计划。中国分别实施税务登记及领购发票环节相关关系人的管理办法，非货币性资产投资、建筑安装业跨省异地工程作业、股权奖励和转增股本个人所得税征管办法，资产（股权）划转和企业重组业务企业所得税征管办法，异常增值税扣税凭证抵扣的管理办法，发布《关于加强增值税发票数据应用　防范税收风险的指导意见》。

（3）打击税收欺诈

为实现税收组织收入功能，马来西业对拖欠税款总额较大的414家企业展开清税行动。印度实施打击国内黑钱交易的偷漏税措施，强制实名和强制永久使用账户（PAN）支付购销活动，限制大额现金交易。越南发布打击违反税法的欠税行动报告。希腊将加强欠税收入征管列为首要任务。西班牙实施打击旅游业偷漏税的措施。匈牙利实施应对增值税欺诈行为的管理方案。意大利扩展增值税反向征收机制适用范围，打击增值税欺诈口；使用电子发票和远程税收信息处理系统，实施现金支付限制。墨西哥全面采用电子信息收集系统，肯尼亚启动新的现代税务管理体系，支持打击非正规部门的税务审计。

（4）严格税收优惠政策实施管理

为弥补税收优惠政策实施导致的税收收入缺口，土耳其由财政部负责评估判定免税所得额的确定，纳税人需提供享受专利免税待遇的资格证明。韩国和中国清理税收优惠措施，提高税收透明度。克罗地亚实施欠税免除申请的实地核查。西班牙对申请适用增值税简易征收率的限制，实施直接评估法确定个人所得税税前扣除额。中国实施《西部大开发税收优惠政策》企业主营业务合规证明管理办法，修订完善《税收减免管理办法》，实行核准类和备案类减免税分类管理。美国封堵税收优惠政策实施的漏洞。

■ 税收稽查：强化纳税遵从管理

2015 年全球税收稽查管理呈现强化纳税遵从管理趋向。为遏制日趋猖獗的逃避税等违法行为，维护税基的完整，各国进一步加大打击税收违法行为的力度，重点打击逃税和避税违法行为。

（1）抑制逃税行动

①逃税审计行动。新加坡税务审计调查了 13000 起逃税案件，追缴超过 4.5 亿新加坡元的税款和罚金。希腊启动打击旅游度假热点逃税的审计行动。肯尼亚实施“改革税务审计程序”方案，聘用外部审计顾问，加强税务审计。南非实施个人所得税纳税审计。

②打击逃税调查行动。英国设立“新星”纳税人税收调查机构，专职打击高收入个人的逃税行为。欧盟委员会宣布“对希腊中远集团母公司利用税收优惠政策安排避税”的税收调查处理结果。美国实施自愿离岸披露行动，澳大利亚制定税收自愿披露法规。中国实施《推进税务稽查随机抽查实施方案》，深入开展打击发票违法犯罪、出口骗税违法犯罪专项活动，加强历史建筑、公园等公共资源中私人会所税收调查。

（2）打击避税行动

①避税审计行动。专项避税审计为税务机关挽回了税收损失。例如，捷克完成了数十件与避税地交易的税务审计，由此挽回企业所得税收入达 5000 万克朗。澳大利亚政府派出驻跨国公司税务审计师配合税收调查，重点审计跨国转移利润逃税问题。

②税务调查行动。税务调查重点发生转移，更多地关注打击跨国公司避税行动。例如，欧盟针对美国麦当劳公司在卢森堡避税情况开展税收调查。澳大利亚开展“打击跨国企业海外转移利润逃避税行动”调查。

■ 税收处罚：强化处罚力度与处罚优待并重

2015 年全球税收处罚管理呈现强化处罚力度与处罚优待并重的趋向。根据税收不遵从的新动向，拓展税收处罚适用的领域，加大税收处罚的力度，震慑税收违法犯罪纳税人，特别是偷漏税惯犯或累犯。受限于税务当局对纳税人隐匿海外资产信息的获取能力，为了尽可能挽回流失境外的税收，多数国家实施了海外税收披露计划，对自愿披露海外收入的纳税人给予刑事处罚赦免或税款减轻处罚。

（1）增加新的税收罚则

菲律宾对“提交销售额真实记录”规定不合规的含糖消费税纳税人给予吊销许可证的行政处罚。马来西亚制定货物劳务税违法行为的刑事处罚和行政罚款处罚规定；将屡欠税纳税人纳入企业所得税屡不遵从纳税人100% 税收罚款规定的适用范围。新加坡对逾期纳税申报房产税的纳税人给予税收罚款。印度对海外资产逃避税纳税人及教唆者给予刑事、行政罚款处罚和财产没收。法国税法修正案引入“强制网上报税制度及其罚则”和“分国别报告制度及其罚则”。《安哥拉共和国预提税法（修正案）》对非法向非居民受益者转移款项的金融机构作出税收处罚规定，澳大利制定非居民不遵从公司所得税的税收处罚规定。中国依法追究发票违法犯罪分子刑事责任。中国对纳税申报不合规定的非居民股权转让方加收利息的规定。

（2）提高处罚标准

《2016 财年美国联邦政府综合拨款法案》提高了“可负担医保法案”中个人所得税纳税申报处罚标准。《委内瑞拉税收法典（修正）》提高税务罚款处罚的最高标准（1000%）。澳大利亚提高大型公司利润转移安排的税收处罚标准。瓦努阿图对增值税纳税登记和纳税申报屡不遵从者加倍处罚。

（3）税收处罚优待

韩国自愿披露未申报海外收入免予税收罚款和刑事起诉。马来西亚对自愿披露未申报收入和已纳税申报的欠税者给予享受 35% 的优惠处罚率。印度尼西亚对符合规定的已结清欠税行为给予行政处罚赦免，对《海外资本回流的税收特赦法案》框架下的纳税人豁免税收罚款。波兰部长理事会提交给议院的提案：《个人所得税法律修正草案》中“减轻对未披露所得的税收处罚”未获通过。希腊计划对自愿披露海外存款收入的希腊公民给予税收处罚赦免。意大利对自愿披露海外资产适用“从轻罚金”替代现行“税收罚金特赦”。厄瓜多尔实施《厄瓜多尔共和国税收大赦法》，对规定期限内履行补缴税款义务的纳税人，给予减免税收处罚的优待。哥伦比亚明确规定，“已依法调整转让定价支持证明资料”的纳税人不适用税收处罚规定。澳大利亚对自愿披露未申报收入的外国投资者给予税收处罚期优惠。

■ 税收法律救济：税务行政诉讼为主、复议为辅

2015 年全球税收法律救济呈现税务行政诉讼为主、税务行政复议为辅的趋向。少数国家探索在不起诉的前提下，找到满意的税收争端解决办法，以改善征纳双方的关系。税务行政复议结果更多地倾向税务当局，因此，纳税人更多地寻求税务行政诉讼路径解决双方的税务争端，以求得更公平、公正的结果。税务行政诉讼的结果似乎更有利于纳税人。

（1）税务行政复议案件处理

阿根廷政府要求汇丰控股银行集团归还 35 亿美元的协助客户逃税款。哥伦比亚国家税务局发布“自然人存活期向继承人转移资产的税收义务”裁定书，以及“明确金融交易税税基”裁定书。美国国内收入局未批准“雅虎公司免税分拆阿里巴巴集团股权交易的计划”。欧盟委员会发表声明说，卢森堡政府给美国麦当劳公司的税收待遇可能违反了欧盟国家援助规则，美国麦当劳总公司将面临税收处罚。

（2）税务争端解决机制健全

日本启动了与巴西汽车和信息技术税费措施争端的解决程序。世界贸易组织就美欧税收争端举行听证会。肯尼亚国家税务局启动替代争端解决框架。

（3）对纳税人的行政质询加大

法国结束对丰银行瑞士分行逃税丑闻的相关质询。英国议会就汇丰银行“逃税门”事件分别质询英国和香港银行监管当局的高管、汇丰控股集团高管（两次质询）。澳大利亚参议院准备就各跨国集团公司澳大利亚公司的逃避税事项质询公司负责人。

（4）税务行政诉讼案件应对

①税收行政诉讼指控。澳大利亚两家著名的矿业公司因转移利润逃避

税受到税务当局指控。美国纳税人诺里斯被控“扰乱地方税务机关秩序及拒捕”而被警方逮捕。澳大利亚跨国矿业巨头必和必拓矿业公司在法庭上举证大量的纳税申报记录，作无避税辩护。

②税收行政诉讼和解。美国司法部宣布“瑞士两家银行与美国司法部达成和解协议”。

③行政机构败诉。比利时宪法法院裁定，法院有权判令败诉的税务当局缴纳诉讼费。法国凡尔赛上诉行政法院裁定税务当局败诉，法国常设机构不需要承担法国公司所得税的额外附加税义务。欧洲法院对欧盟委员会指控法国电子图书适用超低税率一案做出法国政府败诉的判决。美国州法院判决“美国联邦税务局违法披露纳税信息”。

④纳税人败诉。瑞典法院判决瑞典公司败诉，瑞典公司境外专有知识转让预提税不能享受境内税收抵免待遇。欧盟委员会判定卢森堡与菲亚特公司、荷兰与星巴克公司签订的预约定价税收协议违法。

⑤税法违宪案件判决。意大利宪法法院判决，税务当局对能源企业征收额外公司所得税的规定违法。萨尔瓦多最高法院判定，税务当局实施的《替代性最低税》违宪。

2.3.2 纳税服务

■ 亚洲

菲律宾 2015年3月18日，菲律宾财政部部长普里西马·塞萨尔肯定国家税务局推行强制电子申报缴税制度。

（1）强制纳税人电子申报缴税制度。其主要内容如下：①适用强制电子申报缴税制度的纳税人。纳税人账户管理计划之中的纳税人为强制电子申报缴税制度的纳税人。②纳税人账户管理计划中的纳税人。这些纳税人是指经国家税务局所属的地区分局确认的占本地区至少80%的纳税人，包括获得进口许可授权的进口商，国家政府机构，享受税收优惠的企业，位列前5000名的个人纳税人，以及实收资本在1000万菲律宾比索（1美元约合44.2900菲律宾比索）及以上的公司。

（2）对主管税务机关推行强制电子申报缴税制度实施绩效管理。菲律宾财政部和国家税务局已经采取系统性措施，将国家税务局地区分局推行强制电子申报缴税制度情况纳入税务绩效评估管理。

（3）电子申报缴税提醒。主管税务机构对适用强制电子申报缴税制度的纳税人已发出了电子申报缴税提醒，包括提醒纳税人进入电子申报缴税系统或国家税务局电子报表系统进行税务注册、申报和缴税。

（4）强制电子申报缴税制度的目的和意义。财政部长认为，实施电子申报和电子缴税制度对于实现税收管理现代化至关重要。国家税务局推行强制电子申报缴税制度的目的，是要“显著增加”使用电子申报缴税的纳税人数量，以缩短纳税人的报税时间。“通过这种方式，纳税人注册、申报、缴税将真正变得容易。电子申报和电子缴税将有助于更多的人通过缴税来建设自己的国家。”

马来西亚　2015 年 3 月 2 日，马来西亚国内收入局在第 19 次税收日庆祝活动仪式上启动了在线缴纳个人所得税的“易税通”项目。

（1）开通电子税务银行卡缴纳个人所得税税款的新业务。为了便利广大的个人所得税纳税人缴纳税款，节省纳缴税时间，马来西亚国内收入局（Inland Revenue Board of Malaysia，IRB）在税务网站上开通了银行卡缴纳税款的新业务，纳税人可以随时通过税务网络，在线使用信用卡或借记卡缴纳个人所得税税款。

（2）改进缴税服务的目的。①为纳税人提供更便捷、更高效的缴税方式。马来西亚财政部第一副部长拿督斯里·阿哈默德·玛斯兰（Datuk Ahmad Maslan）确认，税务局引入这项新的纳税服务项目，旨在为纳税人提供更便捷、更高效的缴税方式，纳税人不再局限于必须使用现金存款机缴税，必须提前安排互联网银行支付系统缴税，或者必须本人亲自到办税服务机构缴纳税款。②提高个人所得税的纳税遵从度。马来西亚税务局希望在线缴纳个人所得税的比率提高 13 个百分点，即从 2014 年的 12% 提高到 2015 年的 25%。玛斯兰副部长表示，这项在线缴税新服务项目的实施将提高马来西亚个人所得税的纳税遵从度。③为了实现 2015 年增税收入的目标。玛斯兰副部长表示，由于国际石油价格一直很低导致该项税收减收，但实施在线缴纳个人所得税的“易税通”新举措，将帮助税务局实现 2015 年征税 1426 亿令吉（约合 393 亿美元）的税收收入目标，将比 2014 年增收税款 89 亿令吉。

日　本　2014 年 12 月 30 日公布的《2015 年日本国税制改革方案的提案》，已于 2015 年 1 月 5 日提交给国会，2015 年 2 月 17 日，日本政府公布《2015 年日本国税制改革方案》。日本国会正式批准了《2015 年日本国税制改革方案》。该方案涉及改革外资企业税务注册登记时间的规定如下：外资企业税务注册登记改革方案颁布实施，为满足相关法律条件，外资企业可以从 2015 年 7 月 1 日其提交其税务注册登记申请。

■ 欧洲

爱沙尼亚 2015 年 5 月，爱沙尼亚总理塔维·罗伊瓦斯发表重要讲话，对国家税务局的业绩给予高度肯定。他说：大力推广在线缴税和优化纳税服务，保障了政府税收收入的良性增长。2015 年 4 月全国税收收入比 2014 年 4 月增长了 10.2%。

保加利亚 2015 年 1 月 15 日，保加利亚国家税务局实施一项新的电子税务签名认证纳税申报服务项目。根据这项新的电子税务签名认证纳税申报服务项目，公司和自然人纳税人可以使用税务局免费发放的特殊纳税人识别号码的编码，通过国家税务局网站的电子签名认证后，填报其纳税申报表和纳税遵从的文件。这项新的服务举措旨在降低企业和个人的纳税成本。

丹　麦 2015 年 2 月 27 日，丹麦财政部发布了《负利息税务处理方法指南》，明确了负利息不允许所得税扣除的规定。由于利率不断下降，很有可能出现银行存款利息是负数的情况，对负利息在税收上如何处理是纳税人关注的焦点问题。该指南用实例论证了负利息可以从应纳税所得中扣除，或与正利息冲抵的错误做法。

俄罗斯 2015 年 5 月 27 日，俄罗斯联邦税务局对媒体宣布，将于 2016 年起实施财产税自然人自主选择纳税地点纳税申报的制度。俄罗斯目前实行自然人依据财产所在地定点纳税制度，这项制度是建立在原俄罗斯财产税作为地方税、由各州自行征税的基础上。但是，随着俄罗斯统一了全国财产税的纳税制度，以及中央税务信息处理体系的建立，因此，联邦税务局考虑从 2016 年起取消现行财产税定点纳税制度，届时，财产税纳税人将填报统一的纳税申请表，并可向任何税务机关自主申报财产税纳税。

法　国 2015 年 1 月 28 日，法国政府表示将推动税收程序法修订，实施强制性个人所得税网上报税。

（1）背景。①实施个人所得税网上报税制度效果欠佳。2002 年，法国政府开始推动个人所得税网上报税制度，至今已 13 年，但目前只有 1/3 的个人所得税纳税人选择网上纳税申报。②发放个人所得税完税证明成本高。法国财政部长萨班表示，政府每年用于寄送给纳税人的个人所得税完税单的支出高达 2.5 亿欧元。

（2）推动税收程序法修订，增加强制网上缴纳个人所得税的条款。

政府将在5月提交的《法兰西共和国税收程序法修正草案》中，增加强制网上缴纳个人所得税的条款，将个人所得税纳税申报表的提交、税款缴纳支付和完税单的发放集成在税务网上进行。

2015年9月30日，法国政府向议会提交了《2016财年法兰西共和国预算草案》，议会将于2015年10月12日进行讨论和审批。该草案涉及强制推行个人所得税网上纳税申报制度的主要内容如下：

（1）修订税收程序法中个人所得税征管办法，分阶段全面实现强制性网上申报制度。

（2）依据纳税人年收入递增标准，分4年逐步降低适用个人所得税强制性网上纳税申报门槛的措施。①2016财年必须选择网上纳税申报的个人所得税纳税人：2016财年个人收入高于2014财年个人收入4万欧元的个人。②2017财年必须选择网上纳税申报的个人所得税纳税人：2017财年个人收入高于2015财年个人收入2.8万欧元的个人。③2018财年必须选择网上纳税申报的个人所得税纳税人：2018财年个人收入高于2016财年个人收入1.5万欧元的个人。④2019财年必须选择网上纳税申报的个人所得税纳税人：年收入300欧元及以上的个人，他们都必须选择网上纳税申报方式。即从2009财年起，全面实现个人所得税网上纳税申报。

卢森堡 2015年1月，卢森堡政府发布《2015年提高增值税税率的指南（法语版）》。该指南用问答的方式介绍了过渡规则和对2015年1月1日供货的税务处理方法。

（1）规则启动当日交易的增值税处理。①适用旧税率。在特定情况下，由国内企业向国内市场提供货物和服务，将按照提前付款时生效的税率（非新税率）缴纳增值税，即使货物或服务的交付发生在2015年1月1日也是如此。②严格增值税超低税率的适用。增值税超低税率将仅适用于一个人在其主要住处完成的工作，不适用于向第三方提供住房。

（2）过渡措施。将适用于那些在2015年1月1日前告知，并在2016年12月31日前完成的项目。

匈牙利 2015年2月27日，匈牙利税务局和海关总署发布《个人纳税申报政策解释申请指南》。该指南规定：

（1）税务当局提供获得各种税收减免可能性的信息服务。

（2）纳税人拥有纳税申报政策解释诉求的权利。个人纳税人可以向主管税务机构提出“个人纳税申报政策解释”申请，既可以提交纸质版的申请表，也可以提交电子版的申请表。

（3）纳税申报政策解释范围。个人纳税人可以就有关自我核定税款，税款代扣代缴的延期缴纳、分期缴纳或减免税款等政策解释提出诉求。

（4）警示纳税欺诈的税收处罚。该手册警示纳税人，如果发生纳税欺诈，纳税人就会招致罚款。

英　国　2015 年 5 月 25 日，英国国家审计署审计结果显示，税务局纳税服务热线的纳税咨询成本高昂。2014 年至 2015 年超过 18 个月的时间内，纳税服务热线耗费纳税人费用 9700 万英镑（约合人民币 9.3 亿元）。其中，呼叫等待时间是平时的三倍，有些人不得不在拨通后等待一个小时才能被接听，其费用支出 6600 万英镑；通话时间的费用支出 2100 万英镑；电话费用支出 1000 万英镑。英国国家审计署认为，在对国家税务局纳税服务热线调查审计的 18 个月时间里，国家税务局的电话纳税服务是“崩溃”的，并将国家税务局的糟糕表现归咎于其 2010 年至 2014 年期间 1.1 万人的裁员。英国国家税务局回应，纳税服务热线的服务水平已经提升，目前平均呼叫等待时间为 6 分钟。

意大利　2015 年 5 月中旬，意大利中低收入群体提前结束纳税义务。

（1）低薪雇员提前近 8 个月结束全年纳税义务，其个人所得税负担最轻。意大利小企业协会（CGIA）统计数据显示，至 2015 年 5 月 13 日（即 2015 年开始的 132 天），意大利全国低工薪雇员已完成其本纳税年度的全部纳税义务，比 2014 年提前了一天完成年度缴税义务。这些低工薪雇员是那些年薪金在 24000 欧元以下的雇员个人，他们提前 228 天进入“无税日”，这相当于享受了 228 天的个人所得税免税红利。

（2）中等收入群体提前 6 个多月结束全年纳税义务，其个人所得税负担相对较重。中等收入群体还需要等到 6 月 23 日，即需要工作 173 天后才能进入“无税日”。协会按照每个家庭有一个妻子和未成年子女的典型工人家庭结构进行估算，结果显示，被延长纳税期的这些中等收入群体要承担较重的税收负担。

美洲

巴哈马　2015 年初，巴哈马财政部发布了《增值税纳税申报指南》。

（1）背景。2015 年 1 月 1 日起，巴哈马引入的增值税新税制正式生效，该增值税税制规定：2015 年 3 月 2 日，大企业要填报其第一份增值税纳税申报表；2015 年 4 月 30 日前，按月纳税申报的小企业必须填报增值税纳税申报表。为了帮助企业完成其首次增值税纳税申报事宜，巴哈马财政部发布了两部解释增值税填报和缴款过程的短视频。

（2）增值税纳税申报指南内容。①增值税纳税申报表填写视频指南。第一部视频指南“如何填写增值税申报表”，解释了完成一份增值税纳税申报表的分步程序、必须提交的支持文件。②在线缴纳增值税款视频指南。第二部视频指南“如何在线缴纳税款”，解释了如何使用在线纳税人管理系统完成增值税税款的缴纳程序。

加拿大 2015 年，加拿大新民主党承诺将改进纳税服务系统作为优先考虑的目标。根据加拿大法律，2015 年 10 月 19 日举行总统大选，加拿大新民主党表示，如果该党赢得大选执政，将把对本国税务管理系统的改革作为优先考虑的目标。

（1）创造纳税服务的新文化。新民主党表示，现行保守政府对联邦税务局管理不当，大规模削减税务管理预算，使纳税人得不到必要的税收执法管理和充分的纳税服务。新民主党承诺，将与小企业组织和消费者集团一起努力，改进税务管理系统，在联邦税务局内部开发出为纳税人服务的新文化。

（2）责成评估压缩纳税服务项目预算的影响。新民主党政府将要求审计总署审查现行保守政府削减税务局的纳税服务预算造成的影响。

美　国 （1）2015 年 1 月，美国国内收入局发布《2015 年个人所得税报税季准时开始的公告》。该公告的主要内容如下：

①提醒纳税人准时申报缴纳个人所得税。主管税务当局从 2015 年 1 月 20 日开始受理 2014 年度个人所得税的全部纳税申报表，纳税人必须在 2015 年 4 月 15 日前填报其 2014 年度的个人所得税纳税申报表并缴纳相关税款。

②公告纳税申报软件升级和新增纳税项目的在线纳税服务及流程。2014 年度个人所得税纳税申报表中增加了可负担的健康法案涉及的保险税缴纳新项目，税务当局为此升级了 2015 年个人所得税纳税申报软件，便利纳税人办理个人所得税新增税目的申报纳税手续。①为绝大多数纳税人提供新增纳税项目的在线纳税服务。3/4 以上的绝大部分纳税人，只需要在所得税纳税申报表相应栏目中打钩来确认其健康保险的范围，即可完成该新增纳税项目的纳税申报程序。②为需要自行填写新增纳税项目纳税申报表的少数纳税人提供涉税信息和填报技巧服务。对其余 1/4 需要自行填写涉税信息的少数纳税人，国内收入局网站上为其免费提供保险金税收抵免、个人共享的责任规定和其他有关健康法案的涉税文件信息和填写

技巧。

③对准备自己填写纳税申报表的纳税人开放免费文档。科斯基宁局长宣布，国内收入局官方网站上可免费使用的文档项目是针对那些开始准备自己纳税申报表的纳税人开放的。免费使用文档提供了两种纳税填报选择：a. 由国内收入局的商业合作伙伴提供的知名软件。这主要适用于那些年收入不足6万美元的1亿个人和家庭；b. 选择在线的可填报表格。纸质表格的电子版本适用于所有收入类别的纳税人。

④鼓励纳税人使用电子报税系统申报个人所得税。美国国内收入局局长约翰·科斯基宁（John Koskinen）表示，因为电话报税需要等待很长时间，而纳税人通过税务网络申报纳税总是受益的，所以国内收入局鼓励纳税人使用税务网站上的工具和信息办理个人所得税纳税申报。国内收入局估计，2015 年大约发生 1.5 亿份个人所得税纳税申报表，其中超过 80%的纳税申报表是必须通过税务网络填报的。

⑤受理纳税申报 21 天内办结 90% 以上的退税。电子纳税申报和退税直接存款相结合是纳税人获得最便捷退税的途径。现在超过 3/4 的退税接受者选择了退税直接存款，并且由于选择了在线申报纳税从而提高了纳税申报的准确率，这为税务当局快速退税提供了可能。但是，由于政府削减了国内收入局的财政预算，导致税务管理人员减少，从而处理纸质纳税申报表耗时比以往更长，大约要多花费一周或更长时间，这就意味着退税的时间需要 3 周或更多时间。因此，美国纳税人的满意度创下 12 年来最低水平。咨询机构盖洛普新的民意调查数据显示，奥巴马总统执政六年来，美国公众对税收的满意度一直处于比较低的水平，有将近一半的美国人表示不满意，希望减税。2014 年，只有 32% 的纳税人表示对纳税满意，比 2013 年下降 6 个百分点，接近 2012 年 33% 的水平；4% 的纳税人称其税收负担低；民主党选民中，47% 的纳税人对所得税制结构表示满意，31% 的纳税人认为税收负担减轻了；共和党选民中，61% 纳税人认为税收负担太重，要求减税的纳税人增加近 20%。

（2）2015 年 2 月 6 日，美国国内收入局发布一份声明，将防范和查验身份盗窃和退税欺诈作为首当其冲的工作重点。美国国内收入局加强与软件业和各州税务管理机构的密切联系，还加强了 2015 年上半年个人所得税报税季的电子纳税申报系统的保护，但强调这些措施不会对纳税人的个人所得税纳税申报产生额外影响。

（3）2015 年 3 月，美国国内收入局通报“2015 年个人所得税报税季”的报税信息。根据美国国内收入局发布的信息，由于国内收入局鼓励纳税人通过税务局网站充分利用许多在线资源，2015年个人所得税报税季已经有了非常好的开始，极大地提高了个人所得税的纳税申报和退税效率。①大多数纳税人选择在线填报纳税申报表。截止到1月31日，国内收入局收到了超过1400万份纳税申报表，其中，超过1300万份是通过在线填报的。②大多数纳税人对退税选择了直接存款方式。目前，国内收入局已经发放了760万笔个人所得税退税款，退税总额达到268亿美元，平均每笔退税额为3539美元，超过96%的退税被直接存储在纳税人账户中。国内收入局基什克宁局长对这些数据发表评论时表示，因为在线纳税申报最快捷、最安全和最准确，也是获得退税的最快方式。

（4）2015年11月22日，美国国内收入局提示境内职业报税人，须就其报税者税务识别号码办理2016年度的展期，税务局从11月11日开始受理该项业务。美国现有超过71500名境内报税者。按照美国税收征管的相关规定，那些为了获取报酬、准备协助纳税人填报联邦纳税申报表或申请退税的职业报税人，必须从国内收入局获得合法有效的报税者税务识别号码。但是，所有现行报税者税务识别号码的有效期到2015年12月31日止，因此，税务局提醒报税人要及时办理展期。国内收入局的在线系统已经从11月11日开始受理报税人税务识别号码的2016年展期。该项受理业务启动仅10天，就有36000名报税者办理了报税者税务识别号码的2016年展期业务，4000多新人获得了2016年报税季的新报税者税务识别号码。

（5）2015年12月18日，美国国会通过《2016财年美国联邦政府综合拨款法案》。该法案涉及个人所得税减税及纳税申报变动的主要内容如下：

①个人所得税的减税安排。计划10年减税6000亿美元，其中对个人的减税安排超过2500亿美元。

②2015财年个人所得税纳税申报政策的新变化。一是2015财年个人所得税的纳税申报截止日为2016年4月18日。根据美国联邦法规，美国个人所得税报税截止日为每年的4月15日午夜12时，如遇假日或周末，可顺延到次周的星期一。2016年华盛顿特区的“解放日”假日在4月15日（星期五），因此报税截止日顺延到4月18日。二是劳动所得扣除限额微幅增加。2016年纳税申报时，可提列的劳动所得扣除最高限额微幅增加，有3名以上小孩的家庭增加27美元，有2名小孩的家庭增加24美

元，有1名小孩的家庭增加14美元，无小孩的家庭仅增加3美元。三是户主申报人的标准扣除额将增加。单身、已婚合并申报、已婚分别申报的，2016年的标准扣除额与2015年保持一致，但是户主申报者要增加50美元。四是健康储蓄账户家庭扣除限额上调。2016年个人健康储蓄账户扣除额依然保持不变，但是家庭账户扣除额要增加100美元，55岁及以上的可以再享受1000美元的扣除额。

（6）美国国税局（IRS）更新海外账户纳税法案（FATCA）网上注册系统。更新后的网上注册系统，实现了赞助实体的注册，同时使注册操作更加便捷。FATCA网上注册系统是外国金融机构（FFIs）和其他实体用于注册FATCA的安全网络系统。从2015年11月16日起，升级后的注册系统将允许用户更新其信息、下载注册表格以及更改金融机构类型。更新后的系统还包括一个新版税务管辖区列表。

■ 其他国家

南　非　2015年7月1日，南非启动2014/2015财年个人所得税报税季，其纳税服务的主要内容如下：

（1）符合规定的纳税人可免除个人所得税的纳税申报。同时满足以下全部条件的纳税人可免除个人所得税的纳税申报：①免征额。税前年薪收入总额低于35万兰特（约合28600美元）的纳税人。②唯一雇主的受雇所得。纳税人全年仅受雇于一个雇主，只从一个雇主处获得受雇所得。③除了雇佣所得，没有任何其他所得。诸如，没有汽车补贴、经营所得、应纳税的利息或租金所得等。④没有额外纳税扣除发生。纳税人没有申请诸如医疗费用、退休年金或差旅费等额外的纳税扣除。

由于2014/2015财年个人所得税的免征额比2013/2014财年提高了10万兰特，获得免除个人所得税纳税申报的纳税人增加，因此，南非国家税务局（South African Revenue Service，简称SARS）预计，2014/2015财年个人所得税报税季将收到450万份个人所得税纳税申报表，将比2013/2014财年个人所得税报税季减少85万份。

（2）鼓励税务电子申报纳税。国家税务局继续鼓励纳税人使用税务网络填报系统提交个人所得税纳税申报表。因为税务网络纳税申报是最快捷和最方便的方式，纳税人现在可以通过智能手机或平板电脑，登录税务局的网络填报应用程序填报个人所得税纳税申报表。

（3）纳税申报需要提交的主要文件。2014/2015财年（2014年3月1

日到2015年2月28日）期间发生的以下文件：①雇主颁发的IRP5文件；②医疗开支证明，医疗报销和其他发票（如有请提供）；③利息股息收益证明，IT3（b），如有请提供；④出行记录（若是为雇主商务出行，请提供）。

（4）提示不同申报途径的个人所得税纳税申报的截止日期。①通过税务网络填报系统提交电子纳税申报表的截止日期。非临时纳税人是指那些有受雇收入，而且不止从一个雇主处获得收入的受雇个人，其个人所得税纳税申报的截止日期为2015年11月27日。临时纳税人，是指那些有投资所得、经营所得、租金、特许权使用费或董事费等其他形式收入的个人，这是个人所得税基中非常小的一部分，其个人所得税纳税申报的截止日期为2016年1月29日。②通过邮局或税务局专门邮箱，提交手工填写的纸质个人所得税纳税申报表的截止日期，为2015年9月30日。

至7月1日当日早晨8点，南非国家税务局收到个人所得税纳税申报表46400份，其中纳税人通过电子报税系统提交的个人所得税纳税申报表共29400份，各地主管税务当局和邮局渠道上报的个人所得税纳税申报表共17000份纳税申报表。

苏　丹　2015年6月中旬，苏丹国家税务局发布“6月底将启动电子表格征税系统”的通知。作为苏丹实现电子政务的重要步骤，自2015年6月30日起，苏丹国家税务局将启用电子表格征税系统，届时纳税人将统一使用税务电子申报系统提交电子纳税申报表，纸质纳税申报表同时废止。

■ 中国

（1）2015年6月10日，国家税务总局发布《关于印发〈国家税务局地方税务局合作工作规范（1.0版）〉的通知》（税总发〔2015〕82号）。该规范涉及纳税服务合作项目的主要内容如下（12项）：联合设立登记，联合变更登记，协同办理注销登记，联合办税服务，联合为大企业提供个性化纳税服务，联合服务管理“走出去”企业，联合税收宣传，联合培训辅导，联合共建咨询热线，联合开展以需求为导向的满意度调查，联合共建纳税人权益保护组织，以及联合纳税信用评价。

（2）2015年7月8日，国家税务总局发布《关于开展促进便利办税减轻纳税人负担等政策落实情况检查工作的通知》（税总函〔2015〕370号）。该通知关于检查内容及依据的规定如下：①精简报表，简化流程，促进纳税人办税便利化等事项落实情况。②个体工商户定额管理工作的落实情况。③国地税合作情况。

（3）2015 年 9 月 9 日，国家税务总局发布《关于认真做好小型微利企业所得税优惠政策贯彻落实工作的通知》（税总发〔2015〕108 号）。该通知主要内容如下：第一，广泛开展税收宣传和纳税服务，确保小微企业税收政策家喻户晓。①积极宣传小微企业所得税政策。税务总局利用中央级主流媒体，各级税务机关要广泛利用办税服务厅和网站、微博、微信等各种新闻媒介宣传。②及时调整 12366 税收业务知识库相关政策内容，培训纳税服务热线人员，确保小微政策宣传、服务和执行到位。第二，依托信息手段抓重点，确保落实工作无死角。

（4）2015 年 9 月 29 日，国家税务总局办公厅发布《关于〈全国税务机关纳税服务规范〉增加“三证合一、一照一码”服务事项的通知》（税总办发〔2015〕179 号）。该通知关于实行“三证合一、一照一码”登记的纳税人的服务事项规定如下：①补充信息采集。②申报信息变更。③开具清税证明。

（5）2015 年 11 月 2 日，国家税务总局发布《关于“三证合一”登记制度改革涉及增值税一般纳税人管理有关事项的公告》（国家税务总局公告 2015 年第 74 号）。该公告的主要内容如下：①经主管税务机关核对后的《增值税一般纳税人资格登记表》，可以作为证明其一般纳税人资格的凭据。②“税务登记证件”的范围。③国家税务总局令第 22 号第十条暂停执行，相应条款将依照规定程序修订后，重新予以公布。

（6）2015 年 12 月 30 日，国家税务总局发布《关于印发〈国家税务局地方税务局合作工作规范（2.0 版）〉的通知》（税总发〔2015〕159 号）。该合作工作规范关于服务深度融合的主要内容如下：①联合办理税务登记。②联合纳税服务。③互认数字证书。④联合采集财务报表。⑤联合税收宣传。⑥联合维护纳税人权益。⑦联合纳税信用评价。⑧联合推进“银税互动”。⑨合作征收税款。

2.3.3 征收管理

■ 亚洲

巴基斯坦　2015 年 1 月 1 日，巴基斯坦政府发布 2015 年第 30（1）号通告，宣布对未登记的不动产转让征收预提税，该项法规于 2015 年 1 月 19 日生效。该通告规定，所有的非登记不动产持有者，特别是不在联邦税收委员会发布的积极纳税人名单中的不动产持有人，或者非纳税人卡片的持有人，这些不动产持有人在转让价值超过 300 万卢比的不动产时，要缴纳 2% 的预提税。

2015 年 6 月 5 日，巴基斯坦政府公布《2015/2016 财年巴基斯坦伊斯兰共和国财政预算草案》，将从 2015 年 7 月 1 日起生效实施（另有说明除外）。该预算草案涉及所得税征收管理的主要内容如下：

（1）扩大合规纳税人和不合规纳税人差别税率制度的实施范围。合规纳税人是指已经提交所得税纳税申报表的纳税人，不合规纳税人是指未提交纳税申报表的纳税人。2015/2016 财年继续实行合规纳税人和不合规纳税人差别税率制度，并且将该制度的实施范围进一步延伸到其他交易。

（2）实施不合规纳税人基于银行交易信息的所得税预征制度。对不合规纳税人，在一定调节幅度内，可按照其基于银行票据和其他通过银行往来资金方式记录的交易金额的 0.6% 预征所得税。

（3）提高不合规纳税人股息所得税率 2 个百分点。即从现行 15% 提升至 17.5%。

菲律宾 2015 年 11 月 11 日，菲律宾众议院财政收支委员会审议批准《菲律宾共和国征收含糖饮料消费税法案》。该法案涉及含糖消费税征收管理的规定如下：

（1）生产商和进口商要在规定期限内提交销售额记录。该法案规定，含糖饮料的生产商和进口商必须在 3 个月内，就生产或进口的每一个特定品牌饮料，提供分项销售额的合规记录。

（2）违规处罚。没有履行上述规定或履行上述规定不到位的纳税人，将可能被吊销特定品牌饮料生产或进口的许可证。

韩　国 2015 年 6 月 25 日，韩国政府发布《2015 会计年度大韩民国政府追加预算草案》。该草案修改适用银行外汇贷款征税的标准。将现行根据银行所拥有外汇贷款的“存续期”征税标准，修改为“月均未偿贷款规模在 1000 万美元以上”的征税标准。

2015 年 9 月 8 日，韩国政府公布《2015 财年大韩民国预算草案》。该草案涉及改善税务管理的措施如下：（1）政府计划清理税收优惠措施，提高税收透明度。（2）以提高纳税遵从度的方式改善税务管理。继续修改和颁布防范纳税非遵从的措施，特别是防范海外逃税。

马来西亚 2015 年 4 月 1 日，马来西亚正式实施统一的货物劳务税（实际为增值税），取代现行的销售税和服务税。其中，涉及货物劳务税征管的规定如下：

（1）加强货物劳务税政策宣传。国内收入局经常开展多种形式的货物劳务税政策讲解活动，提高纳税者对实施货物劳务税重要性的认识，减轻货物劳务税施行的阻力。

（2）货物劳务税税务登记。①强制税务登记。过去12个月应纳税销售额超过50万令吉的企业被强制货物劳务税注册登记。②规定时限税务登记。当月加上未来11个月的销售额超过50万令吉的企业，要在当月结束的28天后办理货物劳务税税务登记。③自愿税务登记。允许纳税人自愿选择办理货物劳务税注册登记，但选择了货物劳务税自愿注册登记的企业必须要保留货物劳务税纳税人身份至少两年时间。④实际税务登记纳税人规模远超预期。截至2015年1月1日，300730家企业完成货物劳务税纳税登记，两倍于政府14万家货物劳务税纳税人的预期，消除了社会各界对货物劳务税改革的疑虑。

（3）货物劳务税的征收。①应纳税额的计算。货物劳务税应纳税额的计算方法就是以销项税额抵扣或减去进项税额的余额。②进口转出口货物适用递延货物劳务税核算征收法。为了扶持出口企业的发展，缓解出口企业的现金流压力，货物劳务税征税制度对临时进口用于转口的货物给予了特殊安排：允许出口企业按照递延核算方法缴纳货物劳务税。

（4）经营业务记录凭证的保留方式与期限。一切公司业务记录凭证都必须完整保留7年，可以以扫描方式把凭证储存入电脑保存。

土耳其　2015年1月16日，土耳其国家税务局就2015年1月1日公布的《土耳其国家税务局对知识产权专利盒制度征税的提案》发布声明。该声明事项如下：

（1）享受减半征收所得税优惠政策的免税所得额的确定由财政部负责评估判定。根据提案规定，对来源于研发创新的外国所得，在土耳其从事研发创新和软件开发活动的所得可以享受50%的免税优惠，但该项免税额的最终判定权在财政部。即纳税人填写免税额并提交享受该项税收优惠待遇的申请表后，由财政部负责评估并出具评估报告，最终确定纳税人实际可享受的免税额。

（2）享受专利免税待遇的资格证明。纳税人的专利转让行为必须在土耳其的专利局注册，才有资格享受基于专利等转让的所得免税优惠待遇。

印　度　2015年2月28日，印度财政部长向议会提交了《2015/2016财年印度共和国预算草案》。该草案涉及直接税征管制度改革的主要内容如下：

（1）税收管理改革委员会（TARC）的改革措施将在2015/2016财政年度实施。

（2）实施打击国内黑钱交易的偷漏税措施。政府将颁布实施一部更全面的《印度共和国冒名受让（禁止）法案》，旨在抑制国内的黑钱交易，确保没收冒名资产，为房地产行业的税务诉讼提供法律依据。

（3）实施限制大额现金交易的防范偷漏税措施。①禁止现金支付大额不动产预付款。修订所得税征管办法，禁止用现金承兑或支付购买20000印度卢比及以上的不动产的预付款。②强制永久使用账户（PAN）支付购销活动。限制任何超过100000印度卢比的现金购买或销售行为，超过100000印度卢比的购买或销售活动，强制使用账户支付。

越　南　2015年9月，越南国家税务局发布打击违反税法的欠税行动报告。

（1）背景。美国传统基金会2015年度的经济自由度指数显示，越南2015年度税收收入占国内生产总值的比率大约为14%。为了实现2016年全国税收收入占国内生产总值的比率即宏观税负提高到18%左右的目标，2015年全国税收收入必须增长15%。因此，越南国家税务局逐步加大了打击税收违法的行为，近期正在加速提高对欠税的征缴力度，通过征税的努力增加税收收入。

（2）打击欠税行动的重点和目标。①打击欠税的重点纳税人。打击欠税行动主要针对那些税款超过121天未缴纳的公司。②清理欠税的收入目标。从被曝光的纳税违约者名单中，计划清理补征全部欠税额的一半以上。

（3）年初启动曝光打击偷逃税行动。2015年初，越南国家税务局在官方网站上曝光了大约600家纳税违约公司的名单。通过曝光这些欠税公司名单，倒逼他们补缴所欠的税款。

■ 欧洲

爱尔兰　2015年2月，爱尔兰税务局发布“强化2015财年地方财产税纳税遵从的声明”。

（1）通报2013财年和2014财年地方房产税遵从情况。①2013财年和2014财年，全国地方房产税的纳税遵从度约95%。②发出税款缴纳通知书。2013财年和2014财年，税务局分别向地方财产税纳税人发出了大约282000份税款缴纳通知书。③纠正纳税申报不实。通过纳税人自己核查矫正和税务当局纳税评估共调整提高了7300多份地方房产税纳税申报估值。④已经完成或正在完成大约67800份基于工资和养老金的税款强制扣除项目。⑤税款征收收入。自从税务局接管了家庭税（在地方房产税全面实施之前征收的临时税）的征收后，已分别收到269000笔纳税人缴纳的家庭税税款，以及4100万欧元的纳税人补缴的拖欠税款。

（2）计划提高2015财年地方房产税遵从度。2015财年全国地方房产税征收收入达1.23亿欧元（约合1.405亿美元），其纳税遵从度为84%，因此计划从2月底启动提高2015财年纳税遵从度行动。①要求纳税人尽快做出2015财年地方房产税申报纳税安排。税务局要求那些没有履行2015年地方房产税纳税义务的房产所有者，尽快做出缴纳地方房产税款的安排。②开展对地方房产税纳税义务人约28000个通讯地址的核查工作。③整理14000份地方房产税未完税凭证，适用于18800份个人所得税和100份公司附加税的强制抵扣。④向税务警察移交800起地方房产税违法案件。

2015年3月2日，爱尔兰税务局宣布“实施地方房产税纳税遵从措施取得积极效果”。

（1）房产税纳税遵从措施。针对2013财年和2014财年拖欠地方房产税的纳税人，以及和2015财年有地方房产税纳税申报义务的纳税人，爱尔兰税务局近期发出了13万份地方房产税纳税遵从信函。该信函警示房产业主：①必须在两周时间内补缴欠税。②选择在线缴纳税款方式是缴纳地方房产税的最快速和最简便的安排。

（2）房产税纳税遵从效果。①纳税人补缴欠税踊跃。爱尔兰税务局发出地方房产税纳税遵从信函后，一天时间里收到的纳税人补缴欠税款就超过100万欧元（约合112万美元）。②纳税人积极通过电话呼叫热线报告地方房产税的补缴税情况。爱尔兰税务局发出地方房产税纳税遵从信函后，一天时间里就受理了3万次的地方财产税帮助热线呼叫，绝大多数纳税人来电报告已经补缴了2014财年的地方房产税，还没有缴纳2015财年的地方房产税，但对缴纳2015财年地方房产税的时间表作出了安排。

爱沙尼亚 2015年5月，爱沙尼亚总理塔维·罗伊瓦斯发表重要讲话，对国家税务局的业绩给予高度肯定。他说：爱沙尼亚高效的税务管理得到国际组织认可。2013年，经济合作与发展组织对爱沙尼亚税务管理效率进行评估，认为爱沙尼亚税务管理成本与征收到的税款净收入比率仅为0.3%，即爱沙尼亚的税收征管成本率仅为0.3%，是所有经济合作为组织成员国中拥有最富有效率的税务管理机构的国家。

克罗地亚 2015年2月2日，克罗地亚政府宣布“弱势群体债务免除方案将拓展到欠税领域”。克罗地亚政府免除弱势群体债务方案，将从银行、电信和市政公用等领域扩大到欠缴税款领域，国家税务局据此制定“克罗地亚欠税免除计划”提交政府会议审议。该计划的主要内容如下：

（1）欠税纳税人。拖欠税款者多为经营不善的中小企业主，还有部分欠缴房产税和机动车税的低收入纳税人。

（2）欠税免除资格。符合债务免除标准的纳税人才能取得税款减免资格。根据政府制定的欠税免除计划，如果公民符合弱势群体债务免除标准，也将取得欠税免除资格。

（3）欠税及罚息一并免除。一些纳税人所欠税款数额并不多，但因拖欠时间较长，罚息较高。如果欠税获免除，其罚息也将一并免除。

（4）欠税者申请欠税免除需满足以下条件。①家庭人均收入应低于1250库纳，或现正接受社会救助。②个人负债（不含利息）总额应小于3.5万库纳，且债务逾期超过1年导致银行账户被冻结。③可以提供无存款、无房产（不含自住普通住房）等证明文件。

（5）欠税免除申请的实地核查。纳税人提出欠税免除申请后，税务机关还将对申请人的欠税情况进行实地核查，根据核查结果决定欠税免除申请的批准。

西班牙 2015年3月11日，西班牙政府公布《2015年西班牙海关财税监管计划书》。该计划书的主要内容是西班牙财政部加强全旅游业的财税监管：

（1）防止旅游业偷漏税的措施。禁止旅游公司和个体经营者使用现金支付旅游交易费用，一切旅游交易费用都必须通过银行账户收支，防范旅游现金交易导致的偷漏税；禁止旅游公司和个体经营者利用私宅接待游客，接待游客必须使用正规经营性宾馆，能够开具有效发票凭证，防范无发票经营、白条支付发生的偷漏税。

（2）计划通过防范旅游业偷漏税为国家增加税收17.5亿欧元。

2015年10月21日西班牙众议院批准了《2016财年西班牙王国预算法案》。该法案涉及所得税和增值税征管的主要措施如下：

（1）适用直接评估法确定个人所得税税前扣除额的征管措施。①纳税人支付的医疗保险费的净所得评估扣除。采用直接评估方法确定个人净所得时，纳税人支付的其应当负担的医疗保险部分，包括其同居配偶和未满25周岁孩子的医疗保险支出都将视为个人所得扣除费用，准予个人所得税前扣除。②修订申请直接评估法确定净经营所得的限制。对纳税人申请直接评估方法计算净经营所得的限制做出如下修改：a. 除农业、畜牧业、林业外，来源于前一年所有经营活动的所得为25万欧元，包括现金收入，而且没有开具发票的收入。b. 因为货物或服务的接收方为商人或专业人士，个人纳税人前一年有义务开具发票的所有生产经营收入为12.5万欧元。c. 个人纳税人前一年购买商品或服务的支出为25万欧元，不包括购买固定资产。

（2）2016年1月1日之后的纳税年度内，符合以下条件的企业不再需要填写纳税申报表：企业年收入不超过75000欧元；企业年免税的租金收入不超过200欧元，但任何免征所得税的租金收入必须已经征收了预提所得税。

（3）对申请适用增值税简易征收率办法的限制。如果纳税人申请适用增值税简易征收率税办法，其前一年度的营业额和进口额不能超过以下规定标准：①逐步下调营业额标准。2016年和2017年，前一年度所有经营活动的营业额不超过25万欧元；2018年起，该营业额标准下调为15万欧元。农业、林业和畜牧业不受上述标准限制。②逐步下调货物与服务进口额标准。2016年和2017年，前一年度购买的货物与服务进口总额（不包括固定资产）不超过25万欧元；2018年起，该货物与服务进口额标准下调为15万欧元。

希　腊　2015年2月24日，希腊政府提交《2015年度希腊共和国税制改革草案》。该草案将加强税收收入征管列为首要任务。

匈牙利　2015年5月30日，匈牙利政府向国会提交《2016财年匈牙利共和国税法修订提案》。该提案涉及加强税收征管的主要措施如下：

（1）以家庭为征税单位的个人所得税征管改革。根据纳税人工作及子女抚养情况，以家庭为单位征税。实施此项改革措施，每年将为抚养孩子的家庭减轻税负约1800亿福林，2年内生孩子的新婚夫妇每月可减税5000福林。

（2）应对增值税欺诈行为的管理方案。该提案提出了应对增值税欺诈的各种管理方案，其中包括处理货物走私，道路货运车辆电子监控系统开发与应用等。

意大利　2015年3月，欧盟委员会重新复审意大利议会批准的《2015年度意大利共和国财政预算法案》。该法案涉及组织税收收入的主要措施如下：扩展增值税反向征收机制适用范围，打击增值税欺诈，弥补减税收入缺口。意大利政府将增值税反向征收机制扩展到房地产、建筑服务和零售业，即将增值税的核算义务由供货方转移给购买方或接收方，以此防范增值税逃避税，降低增值税欺诈对财政收入的影响，增加增值税收入。

2015 年 10 月 15 日，意大利政府内阁会议批准《2016 年意大利共和国财政稳定法案》，将于 2016 年 1 月正式生效实施，将于 2017 年成为国家预算法的有机组成部分。该法案涉及对抗逃税的措施如下：

（1）使用电子发票和远程税收信息处理系统。以此防止逃税现象的发生。

（2）现金支付限制。①提高现金支付上限标准。提取现金的最高限额标准，由现行 1000 欧元提高到 3000 欧元。为了打击逃税和经济犯罪，上一届蒙蒂（MONT）政府于 2014 年提出并开始实施提取现金的上限为 1000 欧元。②3000 欧元以上的消费必须使用转账方式付款。转账方式包括电子转账和银行转账。

英　国　2015 年，英国皇家税务与海关总署发布“中长期税务征管机构重组计划”，它是税务管理现代化项目的一部分。

（1）背景。现在税务局布局太多高成本、孤立和过时的税收办事处，很难与向纳税人服务转型的税务征管工作方式协调一致，因此，税务管理机构应该实现向纳税人服务的转型，打击少数逃税者。

（2）目标。以比较低的税收征管成本提供纳税人期望的现代化服务。2025 年税务征管机构重组到位后，每年将为政府节省征税成本 1 亿英镑。①皇家税务局致力于用高技能与多样化的工作岗位和发展机遇，建成一个服务每个地区和全国纳税人的区域税收中心，确保税务人员就业岗位分布在全国而不是集中于首都伦敦。②新的区域税收中心将把税务工作人员集合在一个更加现代化、高效和低租金的建筑物内一起工作。税务工作人员也会为他们所在的城市提供更多高质量、高技能的工作，支持政府提出的使全国各地受益的复兴计划。③自动化、数字化和网上申报缴纳税款，是未来税务管理发展的方向。美国国税局服务的纳税人数量是英国的 5 倍，雇员数量只比英国多出了 60%。英国税务局在过去 10 年内消除纳税缺口 110 亿英镑，公司所得税流失额削减了一半，税务局采取的方法就是裁减雇员，使用现代化的征税手段。

（3）措施。①大幅削减现行税收办事处。到 2025 年全国共关闭税收办事处 137 家。由现行 170 个税收办事处消减为 33 个税收办事处。计划关闭的税收办事处，将在税务局和马坡雷房地产公司合同到期后关门。②2021年前设立13家新的“区域税收中心”。区域税收中心的规模，按照区域税收业务、税务专业人士和提供税收服务量的不同来配置。最小的区域税收中心规模将配置1200～1300名全日制工作人员，规模最大的区域税收中心将配置超过6000人。新设立的第一个区域税收中心将于2016—2017年开业，其余12家区域税收中心将于2017—2021年开业。③人员的重组与安置。皇家税务与海关总署目前有58000名全日制工作人员，税务管理机构重组的目标是减少税务工作人员总规模。为了减少浪费，正在逐步搬迁人员物资。税务局希望在计划关闭的税收办事处工作的税务工作人员现在就从税收办事处逐步转移到区域税收中心。④尽可能简化税制是使征税过程变得容易和高效的最好方法。繁多的税种、过分复杂的减免税等会让人摸不着头脑。如果政府从根本上简化了繁杂的税收法规，英国税务局的工作就会变得更容易和高效。

2015年7月中旬，英国议会发布“2015年度全国税务管理专项审计报告”，充分肯定了皇家税务局的税务管理能力。

（1）审计对象的重大转向。以前的税务审计关注于大型跨国公司的避税、争端解决程序和税务机构的纳税服务绩效。本次税务审计转向关注税收收入目标的实现与征收成本、纳税服务水平的提升等。

（2）上一届议会期间（2010—2015年），税务局成功地实现了降低税务管理成本，增加税收收入的战略目标。该报告显示，英国皇家税务与海关总署在增加税收收入、降低税收缺口和处理税收抵免欺诈方面取得成功。①2014/2015财年首次成功降低税收收入损失额和欠税额。税务局征收的税收收入为5177亿英镑（约合8059亿美元），比2013/2014财年增加119亿英镑，增长了2.4%，多年来第一次将税收收入损失降到50亿英镑以下，将欠税余额也降到130亿英镑。2011/2012财年和2012/2013财年，全国税收收入缺口分别为330亿英镑和340亿英镑，其中所得税收入缺口占41%，增值税收入缺口占36%，2014/2015财年税收收入增长扭转了这一局面。②税收遵从收入稳步增长。2013/2014财年全国税收遵从收入为239亿英镑；2014/2015财年全国税收遵从收入达到了266亿英镑，剔除该项统计中包括的新口径，年度税收遵从净收入为252亿英镑，比2013/2014财年增加13亿英镑。

（3）纳税服务水平不高。全国审计机构负责人艾米斯·摩西表示，皇家税务与海关总署是英国管理能力最强的政府部门之一，在上一届议会期间成功地实现了增加税收收入的战略目标。但是，税务局在改进纳税人服务方面进步不大，纳税服务水平远远落后于纳税人的期望。

（4）为了迎接未来的重大挑战，税务局还需要不断提高管理水平。皇家税务局在未来5年内有实现税务管理现代化的雄心勃勃计划，但也将面临重大的税收管理风险，特别是新数字服务的应用、减少税收抵免的错误和欺诈，以及管理转型等问题，因此，税务局还需要不断提高管理水平。

■ 美洲

美　国　2015年2月19日，美国政府发布了《2015年美国总统经济报告》，其中第五章是关于《2016财年美利坚合众国财政预算草案》。该预算草案详细描述了重大税制改革的提案，其中涉及税收征管的主要内容如下：（1）堵漏增收弥补税收优惠缺口。通过封堵税收漏洞和结构性税收改革，弥补税收优惠政策实施导致的税收收入缺口。（2）简化小企业的复杂会计规则。（3）给予境外税收抵免。按照分国别的外国税收抵免法，对已缴纳的境外税款给予85%的税收抵免。（4）对以前未申报缴纳美国税的累积外国收益，征收税率15%的一次性税款。

墨西哥　2015年6月4日，墨西哥国家税务局全面采用电子信息收集系统。该系统是由加拿大和英国Thompson Reuter资讯公司开发的ONE-SOURCE数据平台，可帮助墨西哥税务局实现全球范围内信息收集汇编自动化，同时更精准地建立和分析企业运营数据和转账价格。该系统将墨西哥税务信息采用和分析进一步与国际标准接轨。

委内瑞拉　2015年2月18日，《委内瑞拉税收法典（修正）》（2014年第1434号总统令）生效。该法典于2014年11月18日颁布，它取代了2001年10月17日公布的税收法典。新税收法典涉及税收征管最重要的变动内容如下：（1）下放税率修订权。在创立税种的法律设定限度内，将修改税率的权力下放给行政权力机构。（2）允许以外币缴纳税款。按照法律或行政机构法令，纳税人缴纳的税款可以为外币。（3）增加了税务管理机构中的审计人员。

2015年3月，委内瑞拉国家税务局提醒本国纳税人要申报海外收入。

（1）临时居住在海外的本国公民仍需缴纳委内瑞拉的个人所得税。包括地方政府官员在内的委内瑞拉政府代表，虽然人在国外，但是不豁免本国的个人所得税。

（2）只有那些在国外生活超过183天，并且在别的国家进行了税务登记的公民不需要缴纳委内瑞拉的个人所得税。

(3) 如果外国公民所得来源于委内瑞拉，则应当缴纳个人所得税。

■ 其他国家

肯尼亚 2015 年 2 月初，肯尼亚财政部发布《2015/2016 财年肯尼亚政府预算草案》，提出了"未来三年肯尼亚税制改革计划"。该计划涉及改进税务管理的主要内容是实施现代税务管理体系。为了提高税款征收效率和降低企业的纳税成本，肯尼亚政府提出了启动新的现代税务管理体系，加强税务审计，防范税务风险。

南　非 2015 年 4 月 1 日，南非财政部和国家税务局发布了《2014/2015 财年税务统计公报》。该公报的涉及税收管理主要内容如下：

(1) 自然人纳税人。2014/2015 财年，办理税务登记注册的自然人纳税人 1680 万人，其中 490 万自然人被核定缴纳个人所得税，更多的纳税人适用个人所得税代扣代缴办法，免于提交个人所得税纳税申报表。(2) 法人企业纳税人。办理税务登记注册的法人企业约 270 万家。对其中的 62.59 万户企业实施核定征税。大约有 11.4 万户是小规模企业，按照适用的累进所得税税率申报纳税，而不适用 28% 的公司所得税固定税率申报纳税。在办理了法人企业税务登记的纳税人中，约 26% 的法人企业缴纳了企业所得税，约 45% 的法人企业应纳企业所得税为零，约 29% 的法人企业纳税申报核定为亏损。(3) 增值税纳税人。办理税务登记注册的增值税纳税人共 67.9 万户，其中约 42.09 万户，62% 缴纳增值税。

澳大利亚 2015 年 10 月 19 日，澳大利亚国家税务局发布了重塑澳大利亚税务管理组织的战略，主要倡导建设现代化服务型税务组织。

(1) 税务机构处理国际税收问题的关键因素与战略。财政部将逐步把所有关于住宅房地产的外商投资管理职能转交给澳大利亚国家税务局，主要包括外商系统性重要投资项目管理、在线税务系统处理外商投资企业的税务登记、纳税申报、税款缴纳和税务处罚等。

(2) 实施货物劳务税收入遵从计划。政府计划向澳大利亚国家税务局提供 2.655 亿澳元，用于实施为期 3 年的货物劳务税收入遵从计划。该计划允许澳大利亚国家税务局继续识别骗取增值税退税、漏报货劳税纳税义务、申请增值税返还失败以及突出的货物劳务税债务问题。政府承认大多数纳税人遵从税法，但是澳大利亚国家税务局将继续采取一系列合规性行动，确保纳税人竞争环境的公平。

（3）尝试公开管理中小型纳税人安全港计划。中小型纳税人在列举的交易类别中符合特定价格水平的交易，将受到税收安全港的保护。如果中小型纳税人满足税收安全港的资格标准，意味着其非遵从的税收风险较低，从而能够有效减少其税收遵从成本。

■ 中国

（1）2015年1月7日，国家税务总局发布《关于发布〈出口退（免）税企业分类管理办法〉的公告》（国家税务总局公告2015年第2号）。该公告的主要内容如下：①管理类别及标准。管理类别分为一类、二类、三类、四类。②分类管理措施。一类的企业，在出口退（免）税申报相关电子信息齐全并经预审通过后，即可进行正式申报，申报时不需要提供原始凭证；二类、三类的企业，应按规定提供原始凭证、资料及正式申报电子数据；四类的企业，还须同时按规定报送收汇凭证。

（2）2015年3月10日，国家税务总局发布《关于执行〈西部地区鼓励类产业目录〉有关企业所得税问题的公告》（国家税务总局公告2015年第14号）。该公告涉及企业主营业务合规证明管理的规定如下：（1）企业主营业务合规证明的提供。凡对企业主营业务是否属于《西部地区鼓励类产业目录》中国家鼓励类产业项目难以界定的，税务机关可以要求企业提供省级（含副省级）发展改革部门或其授权部门出具的证明文件。（2）证明文件需明确列示的内容。即主营业务的具体项目及符合《西部地区鼓励类产业目录》中的对应条款项目。

（3）2015年3月18日，国家税务总局发布《关于加强工商登记制度改革后税收征管风险防范工作的通知》（税总函〔2015〕155号）。该通知的主要内容如下：第一，加强征管基础工作，防范税收风险。①提高税务登记率和申报率。加强对非正常户的异地协作管理，降低非正常户及走逃失踪户比重。②加强税务登记及领购发票环节相关关系人的管理。主要是身份证件及其信息的查验管理，以减少携票走逃现象的发生。④对集中登记地的纳税人登记情况进行清查，解决"一址多照"问题。⑤加强对零申报及小额申报税收风险的关注，进行遵从度和原因分析。第二，开展税源与征管状况调查，摸清底数。①组织税源与征管状况调查。②进行问题梳理和成因分析。③评估已采取措施的有效性。

（4）2015年4月8日，国家税务总局发布《关于个人非货币性资产投资有关个人所得税征管问题的公告》（国家税务总局公告2015年第20

号）。该公告的主要内容如下：第一，纳税人。以发生非货币性资产投资行为并取得被投资企业股权的个人为纳税人。第二，由纳税人向主管地税机关自行申报缴纳。第三，应纳税所得额为非货币性资产转让收入减除该资产原值及合理税费后的余额。第四，分期缴纳个人所得税。①需分期缴纳个人所得税的，应于规定时间内，自行制定缴税计划并报送规定的证明材料和相关资料。②纳税人提出变更原分期缴税计划的，应重新制定分期缴税计划并重新报送备案表。③办理纳税申报时，应提供已备案的备案表和相关完税凭证。④在分期缴税期间转让股权的，应于规定时间内申报纳税。第五，被投资企业人应报告纳税人以非货币性资产投入本企业取得股权和分期缴税期间股权变动情况，并协助税务机关执行公务。

（5）2015 年 5 月 8 日，国家税务总局发布《关于非货币性资产投资企业所得税有关征管问题的公告》（国家税务总局公告 2015 年第 33 号）。该公告的主要内容如下：第一，实行查账征收的居民企业（以下简称企业）的非货币性资产转让所得，适用 5 年分期计入应纳税所得额。第二，关联企业之间发生的非货币性资产投资行为，投资协议生效后 12 个月内尚未完成股权变更登记手续的，于投资协议生效时，确认非货币性资产转让收入的实现。第三，符合财税〔2014〕116 号文件规定的企业非货币性资产投资行为，同时又符合相关文件规定的特殊性税务处理条件的，可由企业选择其中一项政策执行。第四，企业应留存备查规定的资料，并单独准确核算税法与会计差异情况。

（6）2015 年 5 月 27 日，国家税务总局发布《关于资产（股权）划转企业所得税征管问题的公告》（国家税务总局公告 2015 年第 40 号）。该公告的主要内容如下：①关于“100% 直接控制的居民企业之间，以及受同一或相同多家居民企业 100% 直接控制的居民企业之间按账面净值划转股权或资产”条款的 4 类适用限制规定。②关于“股权或资产划转后连续 12 个月内不改变被划转股权或资产原来实质性经营活动”条款中，“划转时间”指“完成日”的规定。③关于“划入方企业取得被划转股权或资产的计税基础，以被划转股权或资产的原账面净值确定”条款中，将“原账面净值”改为“原计税基础”的规定。④关于“划入方企业取得的被划转资产，应按其原账面净值计算折旧扣除”条款中，将“原账面净值”改为“被划转资产的原计税基础”的规定。⑤关于“进行特殊性税务处理的股权或资产划转，交易双方应在协商一致的基础上，采取一致处理原则统一进行特殊性税务处理”的规定。⑥关于“交易双方应在企业所得税年度汇算清缴时，分别向各自主管税务机关报送《居民企业资产（股权）划转特殊性税务处理申报表》和相关资料”的规定。

（7）2015年6月8日，国家税务总局发布《关于发布〈税收减免管理办法〉的公告》（国家税务总局公告2015年第43号）。该公告的主要内容如下：第一，减免税。指国家对特定纳税人或征税对象，给予减轻或者免除税收负担的一种税收优惠措施。不包括出口退税和财政部门办理的减免税。第二，减免税分为核准类减免税和备案类减免税。①核准类减免税的申报和核准实施。纳税人享受核准类减免税，应当提交核准材料，提出申请；主管税务机关依法核准确认后执行。②备案类减免税的申报和核准实施。纳税人享受备案类减免税，应具备相应的减免税资质，并履行规定的备案手续。第三，减免税的监督管理。税务机关应当结合税收风险管理，将享受减免税的纳税人履行纳税义务情况纳入风险管理，加强监督检查。

（8）2015年6月10日，国家税务总局发布《关于印发〈国家税务局地方税务局合作工作规范（1.0版）〉的通知》（税总发〔2015〕82号）。该规范涉及征收管理合作项目的主要内容如下（11项）：委托代征税款合作，协同管理非正常户，协同开展定期定额户的定额核定工作，联合开展核定征收企业所得税工作，协同制定税收风险管理年度合作计划，协同开展风险应对，联合开展大企业税收风险管理，协同判定非居民企业构成常设机构资格，协同开展反避税调查，协同管理适用源泉扣缴管理的非居民税收，以及协同做好对外支付税务管理。

（9）2015年6月11日，国家税务总局发布《关于逾期未申报的出口退（免）税可延期申报的公告》（国家税务总局公告2015年第44号）。出口企业或其他单位出口货物劳务及服务的出口退（免）税，符合规定原因未收齐单证，无法在规定期限内申报，且未提出延期申请的，可在2015年7月31日前提供举证材料，提出延期申请，经国税机关核准后，可延期申报。

（10）2015年6月24日，国家税务总局发布《关于企业重组业务企业所得税征收管理若干问题的公告》（国家税务总局公告2015年第48号）。该公告的主要内容如下：第一，明确企业重组的当事方和主导方。①按照企业重组的当事各方的确定。②适用特殊性税务处理的重组当事各方企业的主导方确定。第二，重组业务完成时间的确定。①完成当年。②企业重组日的确定。第三，适用特殊性税务处理的重组企业各方办理企业所得税年度申报的规定。①重组各方必须报送的申报资料。②合并、分立中重组一方涉及注销的申报规定。③重组主导方申报后，其他当事方向其主管税务机关办理纳税申报。④应按规定逐条说明企业重组具有合理的商业目的。⑤提交重组前连续12个月内有无与该重组相关的其他股权、资产交易情况的说明。⑥对以后年度转让或处置重组资产（股权）所得或损失情况进行专项说明。

（11）2015年7月20日，国家税务总局发布《关于建筑安装业跨省异地工程作业人员个人所得税征收管理问题的公告》（国家税务总局公告2015年第52号）。该公告的主要内容如下：①总承包和分承包企业。其派驻跨省异地工程项目的规定人员和通过劳务派遣公司聘用劳务人员，他们在异地工作期间的工资、薪金所得个人所得税，前者由总、分承包企业，后者由劳务派遣公司分别依法代扣代缴并向工程作业所在地税务机关申报缴纳。②跨省异地施工单位。应就其所支付的工程作业人员工资、薪金所得，向所在地税务机关办理全员全额扣缴明细申报。③总承包企业、分承包企业和劳务派遣公司机构所在地税务机关需掌握异地工程作业人员工资、薪金所得个人所得税缴纳情况的，工程作业所在地税务机关应及时提供。

（12）2015年9月25日，国家税务总局发布《关于修订纳税人识别号代码标准的公告》（国家税务总局公告2015年第66号）。该公告的主要内容如下：①取得统一社会信用代码的法人和其他组织，其纳税人识别号使用18位的“统一社会信用代码”。②个体工商户以及以规定的有效身份证明办理税务登记的纳税人，其纳税人识别号由“身份证件号码” + “2位顺序码”组成。③以统一社会信用代码和规定的有效身份证明的临时纳税的纳税人，其纳税人识别号由“L” + “统一社会信用代码”或“L” + “身份证件号码”组成。④其他各类纳税人，其纳税人识别号的编码规则仍按照现行规定执行。

（13）2015年10月14日，国家税务总局发布《关于加强增值税发票数据应用　防范税收风险的指导意见》（税总发〔2015〕122号）。该意见的主要内容如下：①加强对风险纳税人的发票发放管理。对规定的几类纳税人，可以严格控制其增值税专用发票（以下简称专用发票）发放数量及最高开票限额。②加强对部分纳税人的发票开具管理。对上述风险纳税人，可暂不允许其离线开具发票，新办理一般纳税人登记的纳税人纳入升级版的前3个月内也应在线开具发票。③加强对纳税人开票数据的监控。④加强对增值税纳税申报数据的监控。⑤加强异常发票的核查处理。

⑥加强出口退税管理。⑦建立重点监控纳税人（人员）信息数据库。

（14）2015年11月16日，国家税务总局发布《关于股权奖励和转增股本个人所得税征管问题的公告》（国家税务总局公告2015年第80号）。该公告的主要内容如下：①股权奖励。其计税价格参照获得股权时的公平市场价格确定，具体按规定方法确定。②转增股本。非上市及未在全国中小企业股份转让系统挂牌企业中，中小高新技术企业以未分配利润、盈余公积、资本公积向个人股东转增股本，并符合规定的，可分期缴纳个人所得税；其他企业转增股本，应及时代扣代缴个人所得税。③备案办理。需要分期缴纳个人所得税的，应由企业于规定期限内办理分期缴税备案手续。④代扣代缴。企业填写《扣缴个人所得税报告表》时，应将纳税人取得股权奖励或转增股本情况单独填列，并“备注”注明。

（15）2015年11月16日，国家税务总局发布《关于有限合伙制创业投资企业法人合伙人企业所得税有关问题的公告》（国家税务总局公告2015年第81号）。该公告的主要内容如下：①符合享受优惠条件的法人合伙人应在规定时间内报送相关材料。即《有限合伙制创业投资企业法人合伙人应纳税所得额分配情况明细表》。②符合享受投资抵扣应纳税所得额优惠条件的法人合伙人办理备案手续应提交相关材料，即《法人合伙人应纳税所得额抵扣情况明细表》《有限合伙制创业投资企业法人合伙人应纳税所得额分配情况明细表》。③2015年度符合优惠条件的企业，可统一在2015年度汇算清缴时办理相关手续。

（16）2015年12月2日，国家税务总局发布《关于明确纳税信用管理若干业务口径的公告》（国家税务总局公告2015年第85号）。该公告的主要内容如下：①《信用管理办法》（国家税务总局公告2014年第40号）适用范围。即已办理税务登记，从事生产、经营并适用查账征收的独立核算、个人独资和个人合伙企业。②纳税信用级别的确定。遵循“无记录不评价，何时（年）记录、何时（年）评价”的原则使用纳税信用信息，按规定的评价指标和方式确定纳税信用级别。③评价范围。有规定情形之一的纳税人，不参加本期的评价。④不能评为A级的情形。指非正常原因一个评价年度内增值税达到规定时限零申报、负申报的情况。⑤列举直接判为D级的10种情形。⑥D级评价的保留。⑦发布A级纳税人名单。

（17）2015年12月10日，国家税务总局发布《关于异常增值税扣税凭证抵扣问题的通知》（税总发〔2015〕148号）。该通知的主要内容如下：第一，对异常凭证纳税人的措施。①约谈纳税人。税收风险分析评估中，主管税务机关发现增值税一般纳税人（以下简称纳税人）存在异常增值税扣税凭证的，应及时约谈纳税人。②暂停纳税人开具发票。因无法联系或两次约谈不到的，可暂停该纳税人开具发票，并将其取得和开具的增值税发票列入异常增值税扣税凭证。第二，调查核实。①对未抵扣的异常凭证进行调查核实，未核实前暂不允许抵扣，经核实后符合规定的应允许纳税人继续申报抵扣。②已申报抵扣的异常凭证，经核实后，凡不符合规定的，一律作进项税转出。

（18）2015 年 12 月 17 日，国家税务总局发布《关于发布〈市场采购贸易方式出口货物免税管理办法（试行）〉的公告》（国家税务总局公告 2015 年第 89 号）。该办法的主要内容如下：①市场采购贸易方式出口货物的定义。②市场经营户自营或委托市场采购贸易经营者以市场采购贸易方式出口的货物免征增值税。③委托出口的市场经营户应与市场采购贸易经营者签订规定的协议。④合规使用市场采购贸易综合管理系统。⑤市场经营户应按规定办理市场采购贸易出口货物免税申报；委托出口的，市场采购贸易经营者可以代为办理免税申报手续。

（19）2015 年 12 月 28 日，国家税务总局公布《关于修改〈车辆购置税征收管理办法〉的决定》（国家税务总局令第 38 号）。该决定对《车辆购置税征收管理办法》第二十一条作如下修改：根据《国务院关于取消非行政许可审批事项的决定》（国发〔2015〕27 号），将《车辆购置税征收管理办法》第二十一条修改为："国家税务总局定期编列免税图册。车辆购置税免税图册管理办法由国家税务总局另行制定。"

（20）2015 年 12 月 28 日，国家税务总局发布《关于加强国家税务局、地方税务局互相委托代征税收的通知》（税总发〔2015〕155 号）。该通知的主要内容如下：第一，代征范围。税源相对分散但计征简便的；执法风险较小，便于管理的；与受托方主体税种紧密相连的；有利于提升纳税人满意度的。第二，票据使用。可使用委托方税务机关票据；如经双方协商一致，也可以使用受托方税务机关票据。第三，责任界定。①受托方税务机关。应当按照委托代征协议依法征收税款，履行协议确定的管理职责，为纳税人提供优质服务，按规定期限及时、足额解缴税款。②委托方税务机关。应当加强对税款收缴、结报和税源变动等信息的核对，对受托方协议履行和为纳税人服务情况进行监督，确保代征税款及时、足额入库。③纳税人。拒绝接受委托代征税款的，由委托方税务机关依据税收征管法及其实施细则相关规定处理。

（21）2015年12月29日，国家税务总局发布《关于企业研究开发费用税前加计扣除政策有关问题的公告》（国家税务总局公告2015年第97号）。该公告涉及研发费用加计扣除的申报及备案管理的主要规定如下：第一，申报管理。根据研发支出辅助账汇总表填报研发项目可加计扣除研发费用情况归集表，在年度纳税申报时随申报表一并报送。第二，实行备案管理。①"备案资料"和"主要留存备查资料"按照本公告规定执行。②其他备案管理要求按照国家税务总局公告2015年第76号的规定执行。③纳税申报时须同时报送《企业所得税优惠事项备案表》和研发项目文件完成备案。④留存备查资料的范围。

（22）2015年12月31日，国家税务总局发布《关于停止使用货物运输业增值税专用发票有关问题的公告》（国家税务总局公告2015年第99号）。该公告的主要内容如下：①停止使用货物运输业增值税专用发票。②增值税一般纳税人提供货物运输服务，使用增值税专用发票和增值税普通发票。开具发票时应将起运地、到达地、车种车号以及运输货物信息等内容填写在发票备注栏中，如内容较多可另附清单。③铁路运输企业受托代征的印花税款信息，可填写在发票备注栏中。

（23）2015年12月31日，国家税务总局发布《关于下发〈全国税务机关出口退（免）税管理工作规范（1.1版）〉的通知》（税总发〔2015〕162号）。该规范的主要内容如下：①对出口企业申报符合规定的出口退（免）税，国税机关应在规定时限内办结相关手续。②出口退（免）税的审批主体。生产企业申报的出口退（免）税，原则上由主管征税的县（区）以上国家税务局负责审批；外贸企业申报的出口退（免）税，原则上由地（市）以上国家税务局负责审批。③出口退（免）税管理。实施分类管理；积极推行出口退（免）税"无纸化"管理工作；逐步构建和完善"内控外防"的防范骗取出口退税（以下简称骗税）体系。④出口退税管理程序。

2.3.4 税收稽查

■ 亚洲

新加坡 2015年3月，新加坡国内收入局发布最新年度税收统计报告。2014/2015财年，税务审计调查了13000起逃税案件，追缴超过4.5亿新加坡元的税款和罚金。

■ **欧洲**

捷　克　2015 年 12 月，捷克国家税务局宣布，2015 年完成了数十件与避税地交易的税务审计，由此挽回企业所得税收入达 5000 万克朗。捷克将在 2016 年继续加大对涉及避税地交易的税务审计。该局将利用各种可以利用的国家工具，如全面税收协定、税务信息交换协定和多边税收征管互助公约，打击境外避税。

卢森堡　2015 年 6 月 13 日，欧盟针对美国麦当劳公司在卢森堡避税情况开展税收调查。美国麦当劳公司通过跨国关联交易享受卢森堡的免税优惠，避税总额约 10 亿欧元。5 月，美国和欧洲贸易联合会起草的一份报告称，2009—2013 年，美国麦当劳公司通过旗下连锁餐厅向卢森堡的一家子公司支付免税的特许权使用费，享受卢森堡对特许权使用费的 80% 免税优惠，因此减少了其欧洲市场上的总纳税额。据估计，美国麦当劳公司在这段时间内的避税总额约 10 亿欧元。

2015 年 12 月 3 日，欧盟委员会发表声明说，已启动针对卢森堡给麦当劳税收待遇的正式调查，初步结论是，卢森堡给麦当劳的税收待遇可能违反了欧盟国家援助规则。

（1）案发。美国麦当劳公司卢森堡避税案源于一些工会和慈善组织“向贫穷宣战”的“揭发”。这些组织指责，2009—2013 年间美国麦当劳总公司通过卢森堡跨国子公司之间转移利润而避税大约 10 亿欧元（约合 70 亿元人民币）。

（2）欧盟委员会决定调整对美国麦当劳总公司在卢森堡避税调查的方向，调查重点转向美国麦当劳总公司与卢森堡之间的税收协议。2014 年，卢森堡政府被曝与多家跨国企业私下签订避税协议，其中某些避税协议中的约定税率低至 1%，由此引发欧盟税收大调查，对象涉及苹果、亚马逊和星巴克等明星企业。

（3）被调查双方表态配合调查。①对于欧盟委员会的调查，卢森堡政府表示将完全配合调查。但它在一份声明中说：“卢森堡认为，没有给予麦当劳特殊的税收待遇或选择性优势”。②美国麦当劳总公司方面也表态配合调查，它相信这一调查将会得到积极解决。并自称，2010 年至 2014 年间向欧盟缴纳超过 21 亿欧元的企业所得税，平均税率大约 27%。

（4）卢森堡给麦当劳的税收待遇可能违反了欧盟国家援助规则。①国家援助规则的规范要求。欧盟成员国与一些跨国企业之间的税收协议本身并不违法，但这些协议与欧盟委员会实施的旨在确保欧盟内部公平竞争的国家援助规则相冲突。根据国家援助规则，欧盟成员国对企业的补贴措施和税收政策不得违反欧盟公平竞争和反垄断相关规定。然而，一些欧盟成员国私下向跨国企业提供税收优惠，以吸引全球大公司把业务转移至本国境内，因而在欧盟内部造成不公平竞争。②依据欧盟国家援助规则，认真检查卢森堡与美国麦当劳总公司的税收协议。欧盟委员会分管竞争事务的委员玛格丽特·韦斯塔格在声明中说："根据欧盟国家援助规则，必须非常仔细地检查允许美国麦当劳总公司既不向卢森堡也不向美国缴税的税收规定。"③双边避税。欧盟委员会调查认为，美国麦当劳总公司与卢森堡之间的税收协议意味着，它在卢森堡不用缴纳地方税，在美国也不需要缴税。

希　腊　2015 年 3 月 27 日，欧盟委员会宣布"对希腊中远集团母公司"的税收调查处理结果。

（1）背景。比雷埃夫斯港是地中海地区最重要的枢纽港之一，而中远集团则是该港 67% 股权的主要竞标人。但是希腊新上台的左翼政府曾表示，拟终止希腊最大港的这种私有化进程。因此把中远集团公司纳入税收调查对象。

（2）调查。欧盟委员会调查发现，希腊政府曾向比雷埃夫斯集装箱码头有限公司（PCT）及其母公司中远集团公司提供不符合税法规定的税收优惠待遇，其中包括优惠的账务处理。

（3）处理。欧盟委员会作出以下税收调查处理决定：①希腊政府应从即日起，停止向 PTC 及中远集团母公司提供上述税收优惠待遇。②中远集团母公司必须退回已获得的不当税收优惠资金。这些金额估计不到七位数。

2015 年 7 月，希腊政府发布通告，启动打击逃税行动。

（1）将逃税的审计对象锁定旅游度假热点。财政部副部长阿历克斯雅迪斯表示，政府将从奢侈宾馆开始审计逃税，最终要扩大到小饭馆，政府的目标就是要打击旅游业和逃税行为。正值旅游旺季，从五星宾馆到简陋的饭馆，希腊税务检查官正在将这些夏季度假热点作为逃税的审计对象。希腊旅游业约占国内生产总值的 20%，是国家经济增长和税收收入的主要源泉。根据欧盟对希腊财政援助的条件，希腊政府从 7 月 20 日起提高了宾馆、餐饮及运输业的增值税率，冲击饮食及旅游业的收入，招致旅游业老板们的抱怨。针对旅游旺季的重点税务审计更使本已萧条的饮食及旅游业雪上加霜，遭到旅游业老板们的抵制。

（2）抽调充实税务审计人员。削减预算使债务缠身的财政部金融犯罪调查队人手不足，政府将从其他部门选拔检查官来帮助税务审计工作。定期关闭公众问询机构，抽调其工作人员集中到反逃税审计工作上。财政部金融犯罪调查队，在过去一周内对全国大约1/4的企业税收违法行为进行了现场稽核。

（3）希腊政府打击逃税任重而道远。在近期有关希腊报告中，国际货币基金组织称，尽管希腊清理欠税工作有所改善，但富人和自谋职业者的逃税仍非常盛行。经济合作与发展组织表示，希腊必须提高税收的征收效率，改进税务审计，加速法院税务案件的判决，强化税收执法。

意大利 2015年，意大利国家税务局宣布调查房产税收入下降问题。意大利国家税务局披露了统一房产税的收入缺口，即这种税的理论征收数和实际征收数之间的差额达到了42亿欧元，相当于房产税征收额的18.4%。财政部与税务总局发布的一份报告显示，2014年统一房产税和由所有房产业主缴纳的一般本地服务税总收入达到了239亿欧元，比2013年增长17.1%，但大致相当于2012年仅统一房产税1项的收入总额。显然，房产税收入下滑严重，必须调查原因，找出解决问题的路径。

英 国 2015年初，英国皇家税务与海关总署发布的税收调查数据显示，税务局加大了对高收入个人税收调查力度。

（1）设立“新星”纳税人税收调查机构，专职打击高收入个人的逃税行为。①“新星”纳税人税收调查机构是专门以高收入个人为管理对象的税务机构。纳税人与税务工作人员的比率相对比较低，这就意味着税务管理资源的集中度比较高，税收专项调查会取得更大的成果。②“新星”纳税人的财富收入标准设定。收入迅速增长和收入不低于150万英镑（约230万美元）的个人，以及有可能在未来五年内满足高收入标准的“潜在富翁”个人。个人年度财富收入达到200万英镑，“新星”纳税人税收调查机构即启动税收调查，防范和打击其个人所得税的偷逃税。③“新星”纳税人税收调查成效显著。“新星”纳税人税收调查机构在2013/2014财年启动了51次专项税收调查活动，比2012/2013财年的38次增加了40%。税收专项调查的结果，2013/2014财年追缴了660万英镑税款，比2012/2013财年的4490万英镑增长了35%。“新星”纳税人税收调查机构的设立，使百万富翁几乎丧失了避税空间。

（2）加大投入建设可收集实时数据的数据库系统，用以关联信息比对识别出高收入个人。皇家税务局投资了价值4500万英镑建设该系统，在关联信息调查中比对识别出高收入个人发挥了重要作用。2013 年，皇家税务和海关总署就纳税人的海外涉税信息向外国政府提出了 490 次申请税收情报交换。

（3）收集更广泛的关联信息，用以识别高收入者的税务调查目标。①那些有复杂涉税事项的人，海外财富越来越有可能曝光。②涉嫌避税人的关联人也是税务调查目标。税务局会将与一家特定企业有联系的纳税人作为税务调查目标，如果税务局认为一个套期基金经理或雇员值得调查，接下来就会对他（她）的同事进行调查。

2015 年，英国品森特马森斯国际律师事务所提示纳税人，英国皇家税务与海关总署关注个人所得税不遵从的税收调查。

（1）税务局增加了对企业雇主执行工资低于最低纳税标准政策的调查，应对不断上升的企业代扣纳税缺口。税务局开展此项调查，确保企业充分了解和遵守工薪所得税代扣代缴机制下，应该做什么和怎样去做，防止企业滥用工薪免税政策。例如避免企业开出大额的针对不同种类雇员收入的税单，避免把应该开出代扣代缴税单的雇员当做享受免税的雇员等。2014/2015 财年，税务局开展了 2488 次雇主代扣代缴税合规性审查，比 2013/2014 财年增长了 13%。

（2）两类个人将受到个人所得税调查的关注。①自我评估纳税机制中涉嫌“纳税缺口”的个体纳税人。大幅上升的自我评估纳税机制中的纳税缺口，意味着这部分纳税人将成为皇家税务与海关总署税收调查持续关注的对象。②拥有标志性离岸资产的个人。随着政府财政赤字加剧，皇家税务局更可能关注那些高收入、在复杂公司结构中拥有标志性离岸资产的人，针对这类纳税人开展税收调查将会带来极高的税收收入回报。而此类税收调查正越来越多地采用法律追溯武器，这意味着拥有离岸资产的个人纳税人过去或者现在的税收事项都可能给自己带来被税收调查的风险。

■ 美洲

美　国　2015 年 10 月，美国国内收入局公布了 54000 多人次的自愿离岸披露，征收到 80 多亿美元税款、罚金和利息。

（1）瑞士银行项目的实施，促使数千美国账户纳税人接受美国国内收入局的自愿离岸披露项目。按照瑞士银行项目条款，瑞士银行可以通过鼓励美国账户持有人遵守美国纳税和披露义务而减轻其受到的处罚。自从 2013 年 8 月 29 日实施瑞士银行项目以来，基于瑞士银行对美国账户持有人的合规要求而产生的压力，美国账户持有人自愿离岸披露的人数大幅度增加了。

（2）美国司法部强力配合促使瑞士银行项目顺利实施。①司法部和美国国内收入局密切合作，努力从瑞士银行获取美国账户的信息。按照规定，瑞士银行的美国账户纳税人要保留外国凭证和按照要求出具这些证明。如果国内收入局掌握那些身份不详的账户持有人可能违反美国税法的事实，司法部将配合实施打击瑞士银行美国账户逃税的措施，特别是授权发出不记名传票的命令。②司法部税务处律师和国内收入局的人事部门，共同审查那些自认为没有违反任何美国法律，但在按照瑞士银行项目规定提供个人信息后，寻求获得非起诉协议的美国账户持有人的来自其他瑞士银行的信息。

（3）警示不合规的瑞士金融机构。那些为美国账户纳税人隐匿离岸账户，帮助逃避美国纳税义务的瑞士金融机构和个人，最好的选择是在成为调查目标之前，考虑将其犯罪行动自愿向司法部披露。

■ 其他国家

肯尼亚 2015 年 10 月 25 日，肯尼亚财政部部长亨利·罗蒂奇在肯尼亚的纳税人日活动中发表演说，国家税务局将加强税务审计确保年度财政收入目标，“预计将采取扩大税基和减少税收漏洞的一系列措施”，包括将会聘用外部审计顾问，负责审查关税和增值税的征收，监测蒙巴萨港口货物的征税和清关，加强税收债务追偿，从而提高财政收入。

2015 年，肯尼亚国家税务局发布“改革税务审计程序”的方案。该方案认为，为了建立一个更加公正、透明的税收环境，必须改革肯尼亚的税务审计程序。（1）税务审计理由告知。在启动税务审计之前，税务审计人员要告知纳税人进行税务审计的理由，以使纳税人能够理解和可能应对。（2）税务审计范围告知。包括税种审计和纳税期限审计，在启动税务审计之前，允许纳税人对各种涉税问题作出回应。（3）适用的税务审计方法告知。税务审计团队要告知给纳税人适用的审计方法。

南　非 2015 年 7 月 1 日，南非国家税务局确认，税务机构已经进一步提高了从第三方数据确认纳税人信息的能力，提醒纳税人，税务局将把医疗援助申请、退休基金开支、收入保护保险开支和提交了修改后的以前年度个人所得税纳税申报表的纳税人，作为重点纳税审计对象。个人所得税纳税申报表中不正确的纳税申报信息将会导致纳税审计，并因此遭受税务处罚。

澳大利亚 2015 年 8 月 17 日，澳大利亚议会调查委员会向议会报告“打击跨国企业海外转移利润逃避税行动”的税收调查结果，提出了强化跨国逃避税管理的 18 项建议，其中特别强调要曝光逃避税的跨国公司黑名单。

（1）逃避税调查重点企业。根据数月前政府宣布的“打击跨国企业海外利润转移逃避税行动”，议会调查委员会重点调查了包括苹果、谷歌、辉瑞和强生等跨国公司巨头。

（2）逃避税调查的重点内容是海外转移利润。一直以来，包括苹果在内的各跨国公司向诸如爱尔兰和新加坡等低税国转移利润，从而导致澳大利亚等国的可申报所得及其税收最小化。因此，澳大利亚税务局对存在海外利润转移疑点的科技公司开展调查，调查它们是否利用复杂的企业结构来减轻税负。澳大利亚税务局在过去 18 个月中已经对 25 家跨国科技公司的避税问题展开了调查，这是目前对刻意搭建跨国架构转移利润实施打击的组成部分。这些公司均称它们都遵守了澳大利亚税法和国际税法。

（3）政府派出驻跨国公司税务审计师配合税收调查。澳大利亚联邦政府于 2014 年年末为澳大利亚税务局提供专项资金，在诸如谷歌和苹果等跨国集团的澳大利亚公司配备税务审计师，阻止其钻税法漏洞使澳大利亚的税负最小化。

（4）强化跨国转移利润逃避税管理的建议。①制定税收自愿披露法规。法定总部在澳大利亚的跨国公司自愿向澳大利亚主管税务当局披露海外避税行为；总部设在海外的跨国公司，也必须披露它们在澳大利亚的利润所得、缴纳的所得税款和获得的税收抵免额。②法定定期曝光海外转移利润逃避税达到规定标准的跨国公司黑名单。自愿披露海外转移利润逃避税额达到一定标准如 1 亿澳元的跨国公司，税务当局必须在媒体上曝光这些企业名单。

■ 中国

（1）2015 年 3 月 11 日，国家税务总局发布《关于认真做好 2015 年打击发票违法犯罪活动工作的通知》（税总发〔2015〕34 号）。该通知的主要内容如下：第一，深入开展发票使用情况检查工作。①做好重点行业发票检查工作。②落实好指令性检查工作任务。第二，充分运用增值税发票系统升级版的发票数据。及时发现增值税发票违法犯罪活动的新趋势，有效防范和打击增值税发票违法犯罪活动。第三，紧密协同做好发票整治工作。①严厉打击制售假发票违法犯罪活动。②深入开展发票违法信息的治理工作。③认真做好非纳税单位的监督检查工作。④依法追究违法犯罪分子的刑事责任。第四，切实做好宣传教育工作。充分利用各种媒体手段和宣传形式，增强识假拒假的意识和能力。

（2）2015 年 4 月 24 日，国家税务总局、公安部、海关总署发布《关于 2015 年继续深入开展打击出口骗税违法犯罪活动的通知》（税总发〔2015〕55 号）。该通知的主要内容如下：①工作目标。建立部际协调机制，开展跨部门、跨区域专项打击出口骗税工作，全力查处一批重大骗税案件，严惩一批骗税违法犯罪企业和人员，尽快扭转出口骗税猖獗的局面。②工作重点。要对电子产品、纺织服装、毛皮制品、家具等出口骗税多发的行业领域，以及近年来存在出口申报不实、出口贸易额异常增长和新设立且出口业务量迅速上升的出口企业开展重点检查；对向出口退税企业虚开增值税专用发票、提供虚假报关单等骗税单证的供货企业、报关行、货运代理公司开展重点查处；对虚开增值税专用发票、骗取出口退税职业犯罪团伙开展重点打击。

（3）2015 年 5 月 4 日，国家税务总局办公厅发布《关于进一步改进税收违法案件发票协查工作的若干意见》（税总办发〔2015〕87 号）。该意见的主要内容如下：①源头治理，规范委托协查行为。委托方要通过协查系统开展委托协查工作，不得将委托协查代替初查，应对协查函质量严格把关。税务总局稽查局定期对各省发起的协查进行汇总、统计和质量监控。②明确责任，改进受托协查工作。受托方对案件查办质量负责；实行分级负责制任；主要领导要对受托协查的回复结果负责。税务总局稽查局将设立专人专岗，对税务总局督办案件和组织协查案件的受托协查质量进行监控管理和检查。

（4）2015 年 6 月 5 日，国家税务总局发布《关于进一步加强历史建筑、公园等公共资源中私人会所税收管理的通知》（税总发〔2015〕79 号）。该通知的主要内容如下：第一，加大税收检查力度。要进一步加强公园、历史建筑、烈士纪念设施保护单位、宗教活动场所等公共资源中经营单位的税收检查，堵塞税收征管漏洞。第二，加强税收日常监管。①重点关注利用免税单位身份隐瞒应税经营收入，逃避相关纳税义务行为。②凡属于新办私人会所性质的，一律不予办理税务登记，不得发售发票。③加强对已处置到位的私人会所纳税申报、税款缴纳和发票使用等情况的监管，及时发现税收违法行为。

（5）2015 年6 月10 日，国家税务总局发布《关于印发〈国家税务局地方税务局合作工作规范（1.0 版）〉的通知》（税总发〔2015〕82 号）。①该规范涉及税务稽查合作项目的主要内容如下（4 项）：联合开展专项检查和区域税收专项整治，联合开展重点税源企业税收抽查和轮查，联合开展共同管辖纳税人的案件检查，以及协同开展案件协查。②信息共享合作（2 项）。即共享双方内部涉税信息和联合采集第三方涉税信息。③其他事项合作（3 项）。统一税务行政处罚裁量权基准，联合开展税收分析，以及联合开展税收调查。

（6）2015 年7 月6 日，国家税务总局发布《关于进一步做好2015 年打击出口骗税工作的通知》（税总函〔2015〕363 号）。该通知的主要内容如下：①点面结合、统筹推进。一方面要开展面上的出口退（免）税企业税收专项检查工作，另一方面要联合公安、海关部门共同开展跨部门、跨区域的专项打击工作，紧密衔接，共同促进。②强化配合、凝聚合力。加强税务系统内部配合，加强案件检查地域间的横向配合，加强与公安、海关等相关部门的协作配合，发挥各自优势强化打击效果。③进一步重视宣传曝光工作，发挥对不法分子的震慑和警示作用。

（7）2015 年8 月25 日，国家税务总局发布《关于印发〈推进税务稽查随机抽查实施方案〉的通知》（税总发〔2015〕104 号）。该方案的主要内容如下：第一，随机抽查主体。指各级税务稽查部门。第二，随机抽查对象和内容。①依法检查纳税人、扣缴义务人和其他涉税当事人（以下统称为税务稽查对象）履行纳税义务、扣缴税款义务情况及其他税法遵从情况。②各级税务局建立税务稽查对象分类名录库，实施动态管理。③省、市、县税务局建立税务稽查异常对象名录库，实施动态管理。第三，随机抽查方式。分为定向抽查和不定向抽查。第四，分类确定随机抽查比例和频次。第五，随机和竞标选派执法检查人员。第六，国税、地税开展联合抽查。第七，实现抽查成果增值运用。

（8）2015 年9 月2 日，国家税务总局发布《关于进一步加大打击税收违法行为力度的通知》（税总函〔2015〕471 号）。该通知的主要内容如下：①进一步加大打击出口骗税力度。增加北京、广西、海南、重庆、四川、新疆和大连为打击出口骗税重点地区，切实加强与公安、海关等部门的配合，在年内查结若干有影响的出口骗税大要案件。②要以打击虚开“黄金票”专项行动为龙头，带动打击虚开增值税专用发票工作全面深入开展。③扎实推进打击发票违法犯罪活动工作。坚持查案必查票、查税必查票，对发票使用情况问题较为突出的行业依法加大检查和处理处罚力度。④全面推进税收专项检查和区域专项整治工作。⑤狠抓重大案件查处。力争查处几个有震慑力的重大案件。⑥深入落实税收违法“黑名单”制度。要按时公布重大税收违法案件信息。⑦强化案件曝光和稽查宣传工作。

2.3.5 税收处罚

■ 亚洲

菲律宾 2015 年 11 月 11 日，菲律宾众议院财政收支委员会审议批准《菲律宾共和国征收含糖饮料消费税法案》。该法案涉及含糖消费税纳税人违规处罚的规定如下：含糖饮料的生产商和进口商要在规定期限内提交销售额的真实记录，没有履行上述规定或履行上述规定不到位的纳税人，将可能被吊销特定品牌饮料生产或进口的许可证。

韩　国 2015 年 9 月 1 日，韩国战略与财政部联合法律部发布“税收自愿披露计划”，该计划将从 2015 年 10 月 1 日至 2016 年 3 月 31 日止。该计划涉及税收处罚的主要规定如下：（1）征收滞纳金。自愿披露未申报海外所得的居民纳税人，除了补缴税款外，仍需要按每天万分之三的利率缴纳税款滞纳金。（2）免除税收罚款和刑事处罚。自愿披露未申报海外收入的纳税人不会产生税收罚款，也不会被刑事起诉，除非未申报的海外财产涉及犯罪活动。

马来西亚 2015 年 2 月 1 日，马来西亚国内收入局发布《税务审计办法（修正）》，即日起生效，2013 年 4 月 1 日发布的《税务审计办法》同时废止。新的税务审计办法修正的税收处罚规定如下：（1）对反复违法者，继续适用企业所得税法对不遵从纳税人惯犯的 100% 罚款规定。1967 年实施的企业所得税法第 113 条第 2 款规定，对屡屡不遵从企业所得税法的纳税人惯犯，按照其违法行为所造成的税收损失金额的 100% 的标准处以罚款。从现在起，对反复故意拖欠税款人的处罚继续适用上述规定。（2）符合规定的纳税人将适用案头审核个案 35% 的优惠处罚率。MDTD 项目要求故意拖欠税款人提供纳税申报的支持性证明资料，并且故意拖欠税款人已在规定的 21 天内通过下述行为予以回应，包括书面形式自愿披露，或在官方约谈时明确说明之前不实的纳税申报所得、债权、税收优惠、税收抵扣和退税等信息，目前已更正了相关纳税申报材料或补缴了应纳税款，则纳税人可享受针对案头审核个案的35%优惠罚率。

2015年4月1日，马来西亚国内收入局正式实施统一的货物劳务税，其中涉及税务处罚的规定如下：（1）予以刑事处罚和行政罚款处罚。国内收入局稽查发现货物劳务税纳税人申报缴纳有违反税法行为或税务欺诈行为，纳税人将受到刑事法律制裁和行政罚款处罚。（2）处罚标准。行政罚款不低于5万令吉，刑事法律制裁3年监禁，或者两者兼施。

新加坡 2015年1月1日，新加坡国内收入局提醒保障住房的纳税人，逾期纳税申报房产税将被罚款。新加坡“保障住房的房产税纳税申报期”为2015年1月1日至2015年1月31日。新加坡国内收入局确认，新加坡建屋发展局提供的保障住房的业主们已在2014年12月末收到税务当局发出的房产税纳税通知书和税单，提醒他们在2015年1月31日前缴纳房产税。（1）逾期罚款。逾期没有申报纳税的业主，将按税额的5%处以罚款。（2）鼓励免息分期缴税。税务当局鼓励保障住房的业主采用12个月免息分期付款方式缴纳税款。

印　度 2015年2月28日，印度财政部长向议会提交了《2015/2016财年印度共和国预算草案》，计划颁布一项旨在抑制海外资产转移逃避税的税收法律。该法律涉及税收处罚的主要规定如下：（1）对隐匿海外收入和海外资产逃避税等罪行的处罚。①刑事处罚。违法纳税人将被起诉，并判处最高10年有期徒刑；不可和解。②行政罚款处罚。对违法纳税人处以应纳税额300%的罚金。③没收海外资产或国内等价资产。没收违法纳税人流出国外的行踪不明的资产；如果违法纳税人位于海外的资产不能被没收的话，则扣押没收违法纳税人位于印度境内的一个等价资产。（2）对未申报登记海外收入或所申报登记的收入没有完整地披露海外资产等行为的刑事处罚。违法纳税人将会被起诉，并判处最高7年有期徒刑。（3）对从未披露的海外资产获得的收入或从海外获得的未披露收入行为的税收处罚。①适用最高边际税率补税。从未披露的海外资产获得的收入或从海外资产获得的未披露的收入，按照最高边际税率补缴税款。②不允许违法纳税人享受任何的税收扣除和税收抵免待遇。（4）对海外资产转移的教唆者的刑事处罚。海外资产转移的教唆者也会被刑事起诉并接受处罚。

印度尼西亚 2015年2月13日，印度尼西亚国家税务局发布税收法规，取消对符合规定的欠税行为的行政处罚。（1）欠税的发生及结清时效。这一规则适用于2015年1月1日前发生的欠税，并且该欠税已于2016年1月1日前结清。（2）提出免于税收处罚的申请。为了享受税收赦免待遇，纳税人必须向印度尼西亚国家税务局局长提交一份免于税收处罚的书面申请书。（3）提出税收申请的附加条件。①申请书必须使用印度尼西亚语言。②必须附有缴纳了欠税的凭证。③必须向纳税人登记的税务机构所在地提交申请书。④每一个纳税人至多在该税务机构提交两次申请书。⑤第二次申请必须在税务当局对第一次申请做出决定后的3个月内提出。

2015年10月，印度尼西亚制定《海外资本回流的税收特赦法案》。该法案涉及税收特赦优惠处罚的主要规定如下：（1）缴付“赎罪金”。税收违法者必须缴付他们从非法活动中所获得财富的10%至15%给政府，作为“赎罪金”。（2）豁免税收罚款。税收违法者只要在2015年内缴清过去五年应缴纳的税金，就免于罚款处罚。这主要基于增加税收、推动落实国家重大发展计划、实现振兴经济目标的考虑。

■ 欧洲

波　兰　2015年1月16日，波兰议会下议院批准通过了《个人所得税法律修正案》，并提交给议会上议院和总统，一旦得到总统的签署并公布于众，将从2016年1月1日起生效。部长理事会提交的《个人所得税法律修正草案》中“减轻对未披露所得的税收处罚”的提案，未获《个人所得税法律修正案》采纳。“减轻对自愿披露所得的税收处罚”提案的主要建议如下：（1）降低对自愿披露的未申报所得的税收处罚率标准。由按应缴税款75%的标准处罚率，降低为55%的税收处罚率。（2）扩展自愿披露的未申报所得的时效。将自愿披露的未申报所得的时效由现行的5年扩展到10年。

法　国　2015年11月12日，法国国民大会（议会下议院）批准《2016财年法兰西共和国财政议案修正案》。该修正案涉及税收处罚的规定如下：（1）《法兰西共和国个人所得税法（修正）》引入“强制网上报税制度及其罚则”。《法兰西共和国基本税收法典》（个人所得税法）第34条修正：强制推行网上报税制度，符合网上报税规定的纳税人，如果连续二次未按照规定进行网上申报纳税，将会受到15欧元的税收罚款。（2）《法兰西共和国企业所得税法（修正）》引入“分国别报告制度及其罚则”。《法兰西共和国基本税收法典》（企业所得税法）第223条第C部分修正：从2016年1月1日财年起，法国实施跨国公司的分国别报告制度。不遵守分国别税收报告法规的跨国公司，将被处以最高10万欧元的罚金。

希　腊　2015年4月28日，希腊财政部长瓦鲁法基斯（Yanis Varoufakis）在雅典会见瑞士财政部官员时表示，希腊政府将讨论实施《希腊公民自愿披露海外存款收入信息草案》。该草案涉及税收处罚的规定如下：（1）对自愿披露海外存款收入并补缴税的希腊公民给予税收处罚赦免。对自愿披露外国存款收入的纳税人，希腊税务当局将免予其税收处罚，以此激励希腊公民自愿披露其外国存款。（2）对税务调查发现的未申报海外收入课征重税及重罚。若税收调查发现希腊公民未申报海外存款收入，纳税人将会被适用46%的高税率征税，同时将被处以应缴纳税款46%的罚金。

意大利　2015年1月14日，意大利议会众议院以250票对76票的绝对优势通过了《意大利公民自愿披露未申报资产的税收优待计划（修正）》。该计划将税收处罚由“税收特赦”修改为“税收优待处罚”。（1）取消对自愿披露海外资产的“税收特赦”。（2）对于未申报的资产尚未缴纳的税款需要全部补缴入库。（3）对纳税人自愿披露的未申报资产（包括国内和国外），统一适用从轻罚金处罚，同时可以免于刑事诉讼。

■ 美洲

厄瓜多尔　2015年5月5日，厄瓜多尔发布《厄瓜多尔共和国税收大赦法》。该法的主要内容如下：（1）对规定期限内履行补缴税款义务的纳税人，给予减免税收处罚的优待。在规定期限内履行补缴税款义务的纳税人，可以享受税收和其他财政义务的利息、罚金和附加税的减免待遇。（2）规定期限及相应的处罚减免标准。①在2015年5月5日后的60天内履行补缴税款义务，纳税人可享受免除利息、罚金和附加税的优待。②在2015年5月5日后的61~90天内履行补缴税款义务，纳税人可享受减半缴纳利息、罚金和附加税的待遇。

哥伦比亚　2015年，哥伦比亚国家税务局发布2015年第7511号税收裁定书。该裁定书明确了适用于“纳税人调整转让定价支持证明资料”行为的处罚规定。

（1）背景。《哥伦比亚共和国税收基本法》第260条关于税收处罚的规定，只适用于不遵从转让定价税制的案件，特别是适用于那些提交了不完整或不充足的转让定价证明资料的纳税人。但是，如果受转让定价税制约束的纳税人，已经提交了前后不一致的转让定价支持证明资料，并依法自我调整了前后不一致的转让定价支持证明资料，这似不宜适用上述税收处罚的规定。然而，在税收实践中却有适用税收处罚规定的案例，这需要税务当局进一步明确相关税收处罚法规。

（2）2015 年第 7511 号税收裁定书明确，在税务当局启动税收行政诉讼前，如果受转让定价税制约束的纳税人依法调整了其提交的前后不一致的转让定价支持证明资料，则该纳税人不适用税收处罚规定。但是，如果纳税人是在税务当局启动税收行政诉讼之后，才调整其提交的前后不一致的转让定价支持证明资料，则适用税收处罚规定。

美　国　2015 年 12 月 18 日，美国国会通过《2016 财年美国联邦政府综合拨款法案》。该法案涉及个人所得税纳税申报处罚标准变动的主要规定如下：上调奥巴马医保税务罚款标准。奥巴马“可负担医保法案”要求所有美国公民都必须购买医疗保险，否则将被处以罚款，并且罚金标准逐年提高。2014 年罚款金额是每人 95 美元或年收入的 1%，2015 年上调到每人 285 美元或年收入的 2%，2016 年将继续上调到每人 695 美元或年收入的 2.5%。不论家庭成员多少，家庭罚金是个人罚金的 3 倍，即 2085 美元。

委内瑞拉　2015 年 2 月 18 日，《委内瑞拉税收法典（修正）》（2014 年第 1434 号总统令）生效。新税收法典涉及税务处罚的变动规定如下：（1）允许以外币缴罚金和罚息。按照法律或行政机构法令，纳税人缴纳的罚金或罚息可以为外币。（2）提高税务处罚标准。在某些情况下，与税务事项相关的处罚和制裁的最高标准可增加到 1000%。

■ 其他国家

安哥拉　2015 年 6 月 29 日，安哥拉颁布了《安哥拉共和国预提税法（修正案）》（2015 年第 2 号总统令），完善了 2011 年 10 月 27 日公布的《安哥拉共和国预提税法案》（2011 年第 273 号总统令）。该修正案对非法向非居民受益者转移款项的金融机构作出税收处罚规定。（1）对不遵守事前检查义务的银行或金融机构，要处以应缴税款三倍的罚金。（2）可能还要处以正常标准的罚金。（3）缴纳税款及税收罚款的会计凭证和其他相关资料的保存期为 5 年。

澳大利亚　2015 年 5 月 12 日，澳大利亚财政部长乔·霍奇（Joe Hockey）向国会提交了《2015/2016 财年澳大利亚预算草案》。该草案涉及税收处罚的规定如下：（1）非居民不遵从公司所得税的处罚。如果非居民纳税人不履行公司所得税的纳税义务，将被处以应纳税款100%的罚金。（2）提高大型公司避税和利润转移安排的税收处罚标准。全球年度营业额在10亿澳元及其以上的企业集团，对其避税和利润转移行为的税收处罚标准将会翻一番。这一措施将从2015年7月1日生效。

2015年10月19日，澳大利亚国家税务局发布了《重塑澳大利亚税务局的计划》。该计划涉及自愿披露未申报收入的外国投资者税收处罚期优惠的措施如下：对于自愿披露未申报收入的外国投资者，可适用减半年所得免税优待。即外国投资者自愿披露的2014/2015财年未申报收入中，仅就其2015年5月2日至2015年11月30日期间（半年）的未申报收入补征税款，或者适用其他税收例外政策。

瓦努阿图 2015年7月31日，瓦努阿图国家税务局增值税管理办公室发布声明，称正在加大纳税遵从和执法互动，解决增值税非遵从问题。其中就包括发布“对增值税不遵从处罚的新指南”，其主要内容如下：

（1）对增值税登记屡不遵从者加倍处罚。根据《瓦努阿图共和国增值税法》第51（1）（a）节，如果纳税人未能申请获得增值税登记，可处以最高10万瓦努阿图元（约合910美元）的罚款。新指南增加加倍税收处罚措施：①对于纳税人第二次不遵从增值税登记，最高罚款20万瓦努阿图元。②对持续不遵从增值税登记者，处以加倍罚款。

（2）对增值税纳税申报屡不遵从者加倍处罚。根据《瓦努阿图共和国增值税法》，如果纳税人拒绝或未能按照增值税法规定提交纳税申报表或信息，就是违法行为。例如，提交增值税纳税申报表的截止日期，通常是增值税应纳税期限过后的次月27日。如果到27日还没有填报增值税纳税申报表的就是违法行为。新指南增加此不遵从行为的处罚规定：①增值税纳税人第一次被证实有纳税申报不遵从行为，则被处以最高4万瓦努阿图元的罚款。②增值税纳税人第二次被证实有纳税申报不遵从行为，则被处以最高7万瓦努阿图元的罚款。③对纳税人以后出现的任何不遵从税法行为，税务局可以采取刑事起诉行动。

■ 中国

（1）2015年2月3日，国家税务总局发布《关于非居民企业间接转让财产企业所得税若干问题的公告》（国家税务总局公告2015年第7号）。该公告涉及对非居民股权转让的税收处罚规定如下：加收利息。股权转让方未按期或未足额申报缴纳间接转让中国应税财产所得应纳税款，扣缴义务人也未扣缴税款的，除追缴应纳税款外，还应按照企业所得税法实施条例相关规定对股权转让方按日加收利息。

（2）2015 年 3 月 11 日，国家税务总局发布《关于认真做好 2015 年打击发票违法犯罪活动工作的通知》（税总发〔2015〕34 号）。该通知关于依法追究违法犯罪分子刑事责任的主要规定如下：（1）对涉嫌犯罪的发票违法活动案件，要及时移送公安机关。（2）积极配合法院、检察院做好对发票犯罪分子的起诉、审判工作，依法惩处发票犯罪分子。

2.3.6 税收法律救济

■ 亚洲

日　本　2015 年 7 月 2 日，日本启动了与巴西的汽车和信息技术税费措施争端的解决程序。日本向世界贸易组织秘书处提出申请，要求和巴西就汽车和信息技术部门的税费措施进行磋商。按照世界贸易组织相关的规定，要求磋商的请求正式启动了世界贸易组织的争端解决程序。在 60 天的磋商期内，给予争端双方讨论问题，并在不起诉的前提下，找到满意的解决争端的办法。如果在 60 天内争端双方磋商失败，上诉方可以要求由专家组做出裁决。

■ 欧洲

比利时　2015 年 5 月 21 日，比利时宪法法院的判决书（2015 年第 70 号）裁定，法院有权判令败诉的税务当局承担诉讼费。

（1）案由。比利时阿尔龙初等法院向宪法法院提起诉讼，法院根据《比利时王国司法法典》第 1022 条规定，判令败诉的比利时税务当局承担诉讼费，这是否违背公平待遇和非歧视的宪法原则，因此申请宪法法庭作出裁决。法院提起这个诉讼部分是因为这样的事实，特定的公共机构，如检察机关不需要缴纳诉讼费，而且宪法法院在以前的几个案件中，就裁定了特定的公共机构不需要缴纳诉讼费，理由是不能违背非歧视性的宪法原则。

（2）法律依据。《比利时王国司法法典》第 1022 条规定，获得有利判决的一方，有权获得一次性报酬弥补律师代理的诉讼费。这就意味着如果聘请律师代理诉讼的纳税人胜诉，则败诉的税务当局就要被判令承担诉讼费。反之，如果聘请律师代理诉讼的税务当局胜诉，则败诉的纳税人就要被判令承担诉讼费。

（3）结论。根据比利时立法机构近期通过的一项法案，《比利时王国司法法典》第1022条适用于相关的程序，比利时国家不豁免公共机构缴纳诉讼费的义务。因此，比利时宪法法院的结论是，败诉的税务当局缴纳诉讼费问题没有违反公平待遇和非歧视的宪法原则。法院可以判令败诉的税务当局缴纳诉讼费。

丹　麦　2015年1月26日，丹麦媒体披露电信运营商“3”存在逃避税行为。

（1）丹麦媒体披露电信运营商“3”通过利润转移至卢森堡的母公司逃避税。香港和记黄埔公司旗下的丹麦电信运营商“3”，在丹麦拥有百万用户，过去五年收入近15亿丹麦克朗。与许多其他电信运营商一样，其总部设在“避税天堂”卢森堡。自从卢森堡政府出台税收优惠政策，承诺给予外国公司极低税率后，许多奥地利、意大利、瑞典和丹麦等国的公司利润开始流向卢森堡。2013年丹麦电信运营商“3”在卢森堡的母公司利润为21亿丹麦克朗，大部分所得均未纳税。

（2）丹麦电信运营商“3”发表声明否认逃避税。丹麦电信运营商“3”宣称，其在基础设施和市场方面的大量投资抵消了应纳税所得。自2003年进入丹麦市场以来，电信运营商“3”在基础设施方面的投资近50亿丹麦克朗，主要为全国范围的3G和4G网络建设，市场、雇员和销售门店的建设方面同样投入巨大。该公司还强调，2010年的税务审计并未对公司的账务提出任何质疑，因此，否认逃税行为。

法　国　2015年2月12日，法国结束对丰银行瑞士分行逃税丑闻的相关质询。最先获得汇丰银行瑞士分行逃税第一手材料的法国当局，早在2014年11月就启动了对汇丰银行瑞士分行逃税丑闻的调查。自调查结束之日起，法国检方有三个月时间可以就该丑闻涉及约3000名法国纳税人提出诉讼请求。法国总理瓦尔斯表示，将坚决打击逃税，继续在国内以及在欧洲层面采取行动。

2015年3月5日，欧洲法院对欧盟委员会指控法国电子图书适用超低税率一案做出判决。该判决法国政府败诉，责令法国政府承担自己的成本并支付欧盟委员会发生的成本。判决的理由如下：法国政府将增值税的超低税率适用于电子或数字图书，违反了欧盟有关成员国增值税共同义务的规定，没有履行相应的增值税共同义务。这些义务包括，2006年11月28日发布的《欧洲理事会增值税指令》（2006年第112号）第96条和第98条规定的共同制度的义务，2010年12月7日发布的《欧洲理事会增值税指令（修正）》（2010 年第 88 号）修改的增值税共同制度的义务，以及 2011 年 3 月 15 日制定落实《欧洲理事会增值税指令》（2006 年第 112 号）附录 2 和附录 3 的措施涉及的共同义务。

2015 年 10 月 15 日，法国凡尔赛上诉行政法院的判决书（No. 14VE00129）裁定，法国常设机构不需要承担法国公司所得税的额外附加税义务。

（1）税法依据。根据《法兰西共和国税收基本法》第 235 条的规定，年度营业额超过 2.4 亿欧元的公司，要在 2011 年 12 月 31 日到 2016 年 12 月 30 日之间的财政年度内，缴纳公司所得税款 10.7% 的额外附加税（2014 年 1 月 1 日前，该附加税税率为 5%）。

（2）争议。一家德国居民公司在法国设有一个常设机构，该德国公司 2011 年度的全球营业额达到了 3.58 亿欧元，超过法国 2.4 亿欧元的附加税征税标准，法国国家税务局据此认定该德国公司的法国常设机构要缴纳公司所得税款 5% 的附加税。但是，德国公司认为，2.5 亿欧元最低营业额附加税标准仅适用于法国常设机构，而不应该适用于法国常设机构所在的德国居民公司。如果法国常设机构实现的营业额超过 2.5 亿欧元，则应该依法缴纳公司所得税的附加税；反之亦然。

（3）问题。对于非居民公司，2.5 亿欧元的最低营业额标准是指法国常设机构来源于世界范围的营业额，还是来源于法国的营业额。

（4）判决。法国凡尔赛上诉行政法院裁定，针对非居民公司的 2.5 亿欧元最低营业额标准，仅限于非居民公司在法国境内取得的、与应纳税营业利润相关的营业额。而法国常设机构 2011 年在法国的营业额没有达到 2.5 亿欧元的最低限额标准，因此，不需要承担公司所得税的额外附加税义务。其理由是，根据法国国内法，公司所得税仅仅对下述所得征收：在法国境内经营企业获得的营业利润（属地原则）；或者按照法国和德国政府 1959 年签署、2001 年修正的双边税收协定归属于法国的所得。按照两国税收协定第 4 条第 1 款规定，法国对德国公司实现的利润征税，仅限于归属于法国境内常设机构的利润部分。

瑞　典　2015 年 2 月 17 日，瑞典法院正式公布对 2014 年第 4352 - 4355 号案件的判决结果，即不允许瑞典公司的境外专有知识转让预提税享受境内税收抵免的待遇。（1）判决理由。案件中涉及的这家瑞典公司的专有知识转让，属于双边税收协定特许权使用费条款的内容，需要从源头缴纳所得预提税。但由于这家瑞典公司没有提供相关证据，证实该笔境外预提税是针对专有知识转让征收的，因此，不能享受税收抵免的待遇。

（2）再次判决。2014年3月17日，瑞典哥登堡上诉行政法院就第4352－4355号案件已经做出判决。（3）推迟判决结果公开的原因。由于案件涉及一家为许多国家的外国子公司提供服务并因此得到回报的瑞士公司，因此推迟判决结果的公布，并且现在公开的判决书中也没有披露瑞士国家的名称。

意大利 2015年2月11日，意大利宪法法院做出判决，对能源企业征收额外公司所得税的规定违法，需要马上废止但不具有追溯效力。

（1）政策背景。①政策目标。“对能源企业征收额外公司所得税办法”从2008年起颁布实施，旨在从价格不断攀升的能源部门的高额利润中获得额外的税收收入，因此被称为“劫富济贫税”。②税率及调整。税率为5.5%，2010年提高到6.5%，2011—2013纳税年度提高到10.5%，2014年回归6.5%。③征税标准。对年营业额超过300万欧元（约合340万美元），且应纳税所得额不低于30万欧元的公司征税。④征税范围。适用于广泛的能源活动：碳氢化合物的研究和实验、石油提炼和生产赫尔汽油、柴油和润滑油、液化气的销售；电力的生产和销售；电力和天然气的传输和分销；生物能源、太阳能和风能的生产。

（2）质疑政策规定违法。2011年，雷吉奥·艾米丽税收委员会对“对能源企业征收额外公司所得税办法”是否违宪提出质疑。

（3）判决违法的理由。①对能源公司构成歧视性税收待遇。意大利宪法法院的判决认为，根据“对能源企业征收额外公司所得税办法”，这种税是对公司的总利润而不是对“超额利润”征收的，因此对能源行业的公司构成了歧视性税收待遇。②“征税办法”具有独立和结构性税种的特征。宪法法院发现，开征这种税没有时间限制，不是临时性的，可以无限期，而且具有独立和结构性税种的特征。因此不能将这种“征税办法”归属为应对特殊经济情况或在特殊市场情况下对石油和能源公司获得的超额利润的临时性措施，必须及时废止。

（4）对能源企业征收额外公司所得税的规定同日被废止，但不具有追溯效力。2015年2月11日，政府发文公告废止“对能源企业征收额外公司所得税办法”。法院判决不具有追溯效力。意大利财政部副部长恩里克·马兰多承认，取消这种税在短期内会对意大利政府的收入造成一定影响。但是，由于2014年这种税的税率降到了6.5%，加上能源需求下降和全球石油价格的下跌，预计2015年此项税收收入减少7亿欧元。

2015年3月18日，意大利法院宣布，提前结束对前总统贝卢斯科尼逃税案的处罚。（1）背景。法院指控贝卢斯科尼名下媒体公司在购买影视作品版权时做假账逃税，经过漫长的司法程序，贝卢斯科尼最终于2013年被判处监禁4年，且2年内不得担任公职。但根据意大利2006年颁布的大赦法，贝卢斯科尼只需服刑1年，由于其年过七旬，不必到狱中服刑，他最终以社区服务作为替代性处罚。根据法院规定，贝卢斯科尼服刑期间不得擅自离开米兰所在的伦巴第大区，但可于每周二至周四前往首都罗马。这是贝卢斯科尼在大约20年的诸多诉讼纷争中首次获得有罪判罚。（2）服务良好，提前获释。意大利前总理贝卢斯科尼自2014年接受逃税案处罚，因表现良好，他获批提前1个多月结束原本为期1年的社区服务处罚。

英　国　2015年2月10日，英国议会财政部特别委员会（FCA）就汇丰银行“逃税门”事件，质询英国和香港银行监管当局的高管。英国金融市场行为监管局（FCA）主管、香港证监会前行政总裁韦奕礼参加了听证会，解释其在2010年获知汇丰银行泄密客户资料后，银行监管当局究竟采取了哪些行动。

2015年2月16日，英国金融市场行为监管局（FCA）发布首份官方声明，称正在调查汇丰银行瑞士分行逃税丑闻。目前正与汇丰银行及相关机构密切合作。在完成调查后，英国检方可能对汇丰银行提起诉讼。

2015年2月25日，英国议会就“逃税门”案质询汇丰控股集团高管。（1）背景。2015年2月，总部设在美国的国际调研记者协会披露，2005年至2007年间，汇丰银行瑞士分行协助10万名重量级客户避税及隐藏高达千亿美元资产，披露的逃避税名单中不乏富商政要，甚至毒贩和军火商等不法人士，这次汇丰银行被曝光的逃税名单是有史以来最大的一次，当时范智廉是汇丰控股集团的财务总监。汇丰控股集团行政总裁欧智华也曾经通过一家在巴拿马注册的公司，把大约500万英镑存入被指协助客户逃税的汇丰银行瑞士分行。（2）汇丰控股集团高管接受“逃税门”质询致歉。出席英国议会财政委员会听证会时，汇丰控股集团主席范智廉和行政总裁欧智华对汇丰银行瑞士分行帮助客户逃税事件表示“羞愧”和道歉，称该事件是不可接受的行为。范智廉表示“羞愧”，并愿意为自己对汇丰银行瑞士分行监管的失职而承担责任。欧智华表示，汇丰银行瑞士分行帮助客户逃税一案给集团的公众信任度和股东信心造成伤害。为此对公司的客户、股东以及公众表示歉意，同时回应针对自己的质询：“这么做纯粹出于保护自己的隐私。重要的是，我始终就自己在汇丰的收入在英国缴纳税款，且支付的税额是公平合理的。”（3）汇丰控股集团高管表态，已采取措施确保未来操作的规范性。汇丰控股集团高管承认，其庞大的规模以及在金融危机前的快速增长引发了集团的内控风险问题。但也强调，该行已采取措施确保未来操作的规范性。表示今后将加强控制，确保不会故意与试图实施金融犯罪的客户进行合作。受“逃税门”事件的影响，汇丰银行的信誉度受到极大冲击，而信誉正是银行的立身之本。（4）官司缠身加之巨额罚款，拖累了汇丰银行业绩。2 月 23 日汇丰集团公布的业绩报告显示，2014 年汇丰银行税前利润降至 186.8 亿美元，比 2013 年的 225.65 亿美元大幅下挫 17%。业务下滑、重大支出等原因影响了银行业绩，这些重大支出包括罚款、客户赔偿等。

2015 年 3 月 3 日，英国议会发布公告，将于 9 日就汇丰银行瑞士分行“逃税门”事件，对其三名高管进行第二轮质询。当日恰好是汇丰银行庆祝在香港成立 150 周年的大喜日子，汇丰控股集团行政总裁欧智华、汇丰全球私人银行前任总经理兼首席执行官克里斯・米尔斯和汇丰银行独立非执行董事方安兰，将于 9 日下午就“逃税门”丑闻出席英国议会公共账目委员会的第二次听证会。（1）瑞士分行的逃税问题是历史遗留问题。汇丰银行在承认对瑞士分行监管不力的同时也表示，瑞士分行的逃税问题是历史遗留问题。汇丰银行于 1999 年收购美国利宝集团旗下的利宝银行及其子公司（Safra Republic Holdings），此后利宝银行进军瑞士信贷市场，而汇丰瑞士私人银行的大部分业务来源于此。汇丰银行指出，该行本着多元化的原则，并未完全整合其收购业务，许多小型高风险账户被保留了下来，而瑞士分行的业务又拓展到了全球逾 150 个市场。（2）汇丰正在实施一系列重大改革，确保不会增加类似逃税的负面消息。汇丰集团表示，汇丰银行正在实施一系列重大改革，相关工作已开展过半，但未来还有许多工作要做，以确保今后不会在银行糟糕的“丑闻清单”上再次增加类似的负面消息。

2015 年 3 月 9 日，汇丰银行高管出席英国议会公共账目委员会有关“汇丰银行逃税门”案第二次听证会。当天，汇丰控股集团行政总裁欧智华、汇丰全球私人银行前任总经理兼首席执行官克里斯和汇丰银行独立非执行董事方安兰等高管，就汇丰银行“逃税门”一案出席了英国议会公共账目委员会的听证会。听证会上，欧智华承认他个人协助客户逃税事件让汇丰银行蒙受声誉上的损害。但他坚称，他在巴拿马设立的银行账户不是为了逃税，他仍然适合继续出任汇丰控股集团的行政总裁。

欧　盟　2015年10月21日，欧盟委员会判定卢森堡与菲亚特公司、荷兰与星巴克公司签订的预约定价税收协议违法，对星巴克和菲亚特公司开出补缴税款重罚单。

（1）背景。一些欧盟成员国私下向跨国企业提供税率优惠，吸引全球大公司把业务转移至本国境内，从而在欧盟内部造成不公平竞争。不少跨国企业在欧盟境内想方设法避税，引起欧盟委员会强烈不满。从2014年6月起，欧盟委员会再次掀起了打击跨国公司逃税避税行为的活动，矛头直指苹果、亚马逊、星巴克等跨国公司巨头，意大利汽车制造商菲亚特集团旗下金融及贸易有限公司（简称菲亚特公司）和美国咖啡连锁巨头星巴克等跨国公司也在调查之列。

（2）税收调查。调查行动由欧盟委员会负责，分别对星巴克公司在荷兰、菲亚特公司在卢森堡的税务活动进行深入调查，调查的重点是这两家公司是否通过“转让定价”安排等手段逃税。调查发现，卢森堡与菲亚特公司、荷兰与星巴克公司签订的预约定价协议包含着非常复杂的税收安排，通过跨国公司之间的关联交易，把集团内一家公司的应税利润转移到享受免税待遇的集团内部另一国子公司进行避税。①针对菲亚特公司的税收调查报告显示，2012年就与卢森堡签订预约定价安排的菲亚特公司一直享受卢森堡的税收优惠待遇，它通过贷款和债券等形式向菲亚特集团内部的其他欧洲子公司提供融资，其融资所得享受低税率政策，因此减少的税收总额2000万～3000万欧元之间。如果按照市场标准计算，菲亚特在卢森堡的应纳税利润应是目前的20倍以上。2014年菲亚特公司只缴纳了不到40万欧元企业所得税税。②针对星巴克公司的税收调查报告显示，设在荷兰的星巴克公司是星巴克集团在欧洲的唯一咖啡烘焙公司，它负责向欧洲、中东和非洲的星巴克门店分销烘焙咖啡，享受与荷兰签订的预约定价安排的税收优惠待遇。2008年以来，星巴克公司已经从荷兰税收优惠中获益，减少的应缴税款也在2000万～3000万欧元之间。2014年星巴克公司也只缴纳了不到60万欧元的企业所得税。

（3）调查结论。经过一年多的深入调查，欧盟委员会21日宣布了调查结果。欧盟委员会的决定认为，卢森堡与菲亚特公司、荷兰与星巴克公司签订的预约定价税收协议，人为地降低了这两家公司的税收负担，违反了欧盟国家援助法规的规定。这项决定明确传达了一个信息，那就是任何国家的税务部门都不能给予任何一家公司不公平的竞争优势。所有公司无论规模大小，无论是否是跨国公司，都应公平缴纳税款。

（4）欧盟委员会的处罚决定。①要求卢森堡和荷兰两国政府立刻取消违反欧盟法律规定的税收预约定价安排。这将消除他们已经享受的不公平的税收竞争优势，恢复其他公司在同等情况下的税收平等待遇。②责令星巴克公司、菲亚特公司向荷兰、卢森堡当局，分别补缴 2000 万欧元至 3000 万欧元税款。③责令卢森堡和荷兰必须立即向菲亚特公司和星巴克公司分别征收欠缴税款。

（5）星巴克公司和菲亚特公司都将对欧盟委员会的税收裁决提起上诉。星巴克公司和菲亚特公司都否认以不当手段避税。星巴克公司表示，该公司一直遵守荷兰及 OECD 的税收法规，将对欧盟委员会的裁决提起上诉。菲亚特公司否认从卢森堡当局领取非法补贴，称公司与卢森堡政府达成的税率协议，只是为了“明晰定价规则”。

（6）荷兰和卢森堡政府也对欧盟委员会的裁决持反对态度。卢森堡政府称，将会动用一切法律手段推翻欧盟裁决。荷兰政府表示，对欧盟裁决感到“惊讶”，将向议会通报此事并商讨对策。

（7）对税务当局的警示。欧盟委员会对预约定价协议的调查发现，不当的预约定价安排导致了欧盟成员国之间有害的税收竞争。不当的预约定价协议不是因为公平交易，而是因为“一些经济上不合理的假设和向下调整”。这意味着“根据税收裁定确定的资本金，要远远低于公司实际资本”。欧盟委员会还发现“预期回报适用于本已非常低的资本，相比于市场价格出于税收目的也低得多。对资本征税，已经使预期报酬率大幅度降低，也远远低于市场利率。”协议欧盟委员会因此责令税务当局取消违反欧盟法律规定的预约定价安排，这是对税务当局是非常严厉的警告。

（8）欧盟今后可能会启动更多类似违规案件调查。欧盟委员会负责此案调查的负责人表示，希望这两起案件能传递出一个清晰的信号，欧盟今后可能会启动更多调查。

■ 美洲

阿根廷　2015 年 3 月 9 日，阿根廷联邦公共收入管理局局长里卡多·埃切加赖表示，阿根廷政府要求汇丰控股银行集团归还 35 亿美元的协助客户逃税款。（1）背景。2014 年 11 月，阿根廷政府指控汇丰控股银行集团阿根廷分行协助逾 4000 名客户逃税。当时汇丰银行否认了该指控，并表示该行一直尊重当地法律。（2）阿根廷政府要求要求汇丰控股集团归还 35 亿美元的税款。埃切加赖指责汇丰银行建立了一个帮助客户逃税的平台，汇丰银行协助客户逃税行为威胁了阿根廷政府的稳定性。因此要求汇丰控股集团归还35亿美元的税款。（3）汇丰银行的回应。汇丰银行表示，自2014年11月阿根廷政府对其提出指控以来，该银行一直配合阿根廷税务当局调查，并且会继续配合调查。

哥伦比亚 2015年，哥伦比亚国家税务局发布“自然人存活期向继承人转移资产的税收义务”裁定书（2015年第30872号）。（1）税法允许个人将财产转让给继承人。2012年第1564号税收法规第487条规定，个人可以将财产转移给继承人，只要他们获得司法文书，且符合2012年第1564号税收法规的要求。（2）税法规定财产转让给继承人被视同无偿捐赠行为，应承担纳税义务。2012年第1607号税收法规规定，在个人生命存续期间，财产转让给继承人或其他任何人，被视为无偿捐赠和赠与的行为，应该缴纳10%的资本利得税。（3）据此推论，财产继承人或受益人获赠的财产收入也必须缴纳资本利得税。

2015年，哥伦比亚国家税务局发布“明确金融交易税税基”的裁定书（2015年第14562号）。（1）法律依据。《哥伦比亚共和国税收法典》第402（b）规定，除非法律另有规定，对提供银行服务征收增值税；第871条规定，金融交易要按照金融交易总额计算缴纳金融交易税。（2）金融交易总额包括未抵扣增值税额。该裁定书中指出，对有关银行费用款项的交易征收金融交易税，交易数额包括了对相应费用征收的增值税。（3）结论。增值税和金融交易税虽然是两种不同的独立税种，但金融交易税的税基并没有将增值税的抵扣额排除在外，在同一金融交易中可能要适用这两种税。

美　国　（1）诺里斯税案。2015年2月5日，美国纳税人诺里斯被控“扰乱地方税务机关秩序及拒捕”而被警方逮捕。①案由。1月28日，27岁的得克萨斯州威奇托福尔斯（Wichita Falls）纳税人诺里斯试图用600张1美元纸钞缴纳地产税，遭到税务人员的拒绝。收税员史密斯下令诺里斯离开他的办公室，也遭到诺里斯的拒绝。②税务当局以“扰乱地方税务机关秩序”为由，将诺里斯告上法院。由于诺里斯把每一张钞票都折叠得非常紧，令税务部门工作人员要花6分钟才能打开一张钞票，而要打开全部600张1美元钞票则会令纳税申报管理工作陷入瘫痪。负责接待诺里斯办税业务的税务管理人员史密斯称，诺里斯全部以1美元纸钞来缴交税款，是在扰乱税务机构的运作秩序和效率。③警方则以“非法擅闯税务机关及拒捕”为由，也将诺里斯告上法庭。诺里斯拒绝离开纳税服务办公室时，威奇托县副警长当时也在现场，他试图逮捕诺里斯，但遭诺里斯推开，于是不得不使用武力，把诺里斯压在地上制服。④诺里斯获 2 项罪罪名，分别提交 500 美元换取保释。

（2）泄露纳税人信息案。2015 年 2 月 11 日，美国州法院发布“美国联邦税务局违法泄露纳税信息”判决书（2015 年第 CV－99－01794－PHX－JAT 号）。该判决书针对 Aloe Vera 美国公司和日本等关联公司诉美国联邦税务局案作出判决，判定美国联邦税务局向日本国税厅泄露未经授权的不实纳税信息违法，判令美国联邦税务局向被泄露纳税信息的纳税人支付法定损害赔偿金 1000 美元。

①案由。Aloe Vera 美国公司通过一家日本关联公司销售其产品。对 Aloe Vera 美国公司的税收调查发现，该公司存在未申报的日本关联公司的收入。因此，美国联邦税务局决定联合日本国税厅对 Aloe Vera 美国公司、日本关联公司及该日本公司的所有关联纳税人的纳税义务开展联合调查。为启动该项联合税收调查，美国联邦税务局向日本国税厅发送了一项同期税收检查提议（SEP）及附件，附件包含了一张列有这些纳税人将近 3200 万美元未申报收入信息的报表（损益表报告）和其他涉税信息。日本新闻媒体报道了该项跨国联合税务调查，对被调查纳税人的声誉和销售产生了直接的负面影响。

②纳税人的指控。被泄露未申报纳税信息的纳税人指控美国联邦税务局，未经授权并故意向日本国税厅局提供纳税人不实的或错误的未泄露纳税申报信息。根据《美国联邦税收法典》第 7431 节的规定，美国政府对此应承担责任，纳税人也有权利对美国政府提起民事诉讼。

③法院判决理由。一是美国联邦税务局故意泄露不实的纳税信息。美国联邦税务局没有说明损益表中的未申报信息是估计的、不准确的，并且在泄露这些纳税信息时就已经知道这些信息是错误的，因此存在故意泄露不实纳税信息的事实，违反了《美国联邦税收法典》第 7431 节的规定。二是美国联邦税务局未经授权泄露不实纳税信息。根据日本与美国政府签订的双边税收协定（1971 年），缔约方必须获得授权才能泄露纳税人信息，而美国联邦税务局未经授权就泄露不实纳税信息，因此违反双边税收协定的规定。三是美国联邦税务局前调查员的证词。负责起草这项同期税收检查提议（SEP）的前联邦税务局调查员供述，美国联邦税务局当时知道未泄露纳税 3200 万美元的估算没有依据，是不恰当的。因此，美国州地方法院依据《美国联邦税法典》第 7431 节的规定，以及美日双边税收

协定相关条款，作出最终判决。

（3）美欧税收争端案。2015 年 2 月 23 日，世界贸易组织就美欧税收争端举行听证会。①欧盟的观点：华盛顿州提供的大规模航空税收优惠与波音公司生产场地的选择存在着相关性。2013 年 11 月，欧洲联盟曾表示，美国华盛顿州大规模扩大和修正了现行航空税收优惠项目，吸引波音公司投资华盛顿州生产新的 777X 型大型民用航空器。按照欧洲联盟的计算，这种扩大后的航空税收优惠项目，实际上给华盛顿州的波音公司提供了数十亿美元的额外补贴（符合世界贸易组织《补贴与反补贴措施协定》第 1 条和第 2 条定义）。这种航空税收优惠项目的扩大和修正，使航空器生产企业获得这种税收优惠具有一定的连续性。整体上或部分要依靠华盛顿州对机翼、新型号商业航空器或其他型号飞机的最终组装提供生产场地，各类航空器的最终组装全部在华盛顿州境内完成。只有将机翼和飞机最终组装场地设在华盛顿州，波音公司才能够获得各种税收优惠，显然，华盛顿州提供的非法税收优惠与波音公司生产场地之间的选择存在着相关性。②美国的观点：航空税收优惠措施符合世界贸易组织相关协定的规定。美国坚持认为，航空税收优惠措施与世界贸易组织相关协定规定的义务完全一致的，因而是合法的。因此与欧盟的观点产生分歧。③世界贸易组织举行听证会，研究解决美欧上述税收争端。世界贸易组织争端解决机构，成立了专家组，研究欧洲联盟针对美国就制造大型商业飞行器给予非法税收优惠提起的诉讼。

（4）雅虎公司免税案。2015 年 9 月 9 日，雅虎公司向美国监管机构提交的文件显示，美国国内收入局未批准“雅虎公司免税分拆阿里巴巴集团股权交易的计划”。

①背景。2015 年 1 月，雅虎公司宣布上述分拆计划，旨在向股东返还现金。同年 2 月，雅虎公司请求美国国内收入局对该项分拆交易做出免税裁定。雅虎公司表示，在股权分拆时将向新公司注入雅虎的小企业部门，以满足关于免税的要求。当时，美国国内收入局官员就某些分拆规定提出质疑，明确表示，基于分拆目的将小型经营性业务捆绑至一家大公司的做法始终存在争议，而雅虎股权拆分计划正好属于此类情况。同年 7 月，美国国内收入局正式宣布，将就这一问题进行研究。

②国内收入局并未裁定雅虎公司的股权分拆交易必须缴税。美国国内收入局暂时不会提前批准雅虎公司免税分拆其所持有的阿里巴巴集团股权交易的计划，但也“并未对雅虎公司的股权分拆计划做出不利裁定”。

③免税分拆计划不获批对雅虎公司的负面影响。据悉，雅虎计划剥离阿里巴巴的3.84亿股股票，约占后者15%的股份。根据阿里巴巴最新股票报价60.93美元，上述股票价值大约为235亿美元。对于雅虎公司来说，免税分拆阿里巴巴集团股权交易的计划若得不到美国国内收入局的批准，将会给雅虎公司所持阿里巴巴股票兑现预期蒙上阴影。

④雅虎公司已撤回了免税申请，但表示会寻求其他途径继续实施股权分拆计划。分析认为，雅虎公司表示寻求其他途径继续进行股权分拆计划的表态是为了稳定民心，因为任何妨碍雅虎分拆阿里巴巴集团股权的障碍，都会降低那些期待免税完成此次交易的投资人对购买雅虎股票的兴趣。

⑤国内收入局的裁决并不会改变雅虎税务顾问的观点。雅虎公司法律顾问维伦斯仍然认为，雅虎公司能够满足免税分拆阿里巴巴集团股权交易的条件要求，“我相信此次分拆将会按计划进行，且最终将会实现免税完成计划”。

（5）瑞士两家银行案。2015年11月12日，美国司法部宣布“瑞士两家银行与美国司法部达成和解协议”。该协议具体是瑞士卢森堡国际银行和楚格州银行（Zuger Kantonal Bank），按照瑞士银行项目主旨与美国司法部签署的一份不起诉协议。第一，瑞士银行项目为瑞士银行避免潜在的美国刑事责任提供了一条路径。2013年8月29日公布的瑞士银行项目，是关于瑞士银行配合美国司法部调查“利用离岸银行账户逃避美国税收”的合作，为瑞士银行避免潜在的美国刑事责任提供了一条路径。第二，两家银行的承诺。为了避免美国司法部对这两家瑞士银行的涉税刑事违法行为提起诉讼，两家银行承诺：①在任何相关的刑事或民事诉讼案件中给予配合。②宣布落实对阻止披露未申报美国账户的控制措施。③同意缴纳税收罚款。瑞士卢森堡国际银行缴纳了71万美元罚金，楚格州银行缴纳了79.8万美元罚金。第三，美国司法部承诺。如果瑞士两家银行遵从瑞士银行项目并履行相关承诺，则美国可以考虑对这两家银行免于刑事起诉。

（6）麦当劳总公司税案。2015年12月3日，欧盟委员会发表声明说，卢森堡政府给美国麦当劳公司的税收待遇可能违反了欧盟国家援助规则，美国麦当劳总公司将面临税收处罚。如果调查证实美国麦当劳总公司从与卢森堡的双边税收协定中非法受益，则美国麦当劳总公司可能会被勒令补缴巨额税款。

萨尔瓦多 2015年4月17日，萨尔瓦多最高法院就“替代性最低税违宪指控”发布了裁定书（98－2014号）。（1）最终裁定：2014年实施的替代性最低税（2014 年第 762 号令）违宪。这份最高法院发布的裁定认为，“替代性最低税”不允许纳税人将产生应纳税所得的必要成本与费用给予纳税扣除，因而，替代性最低税的性质违反了税收公正性和量能负担的原则，因而是违宪的。（2）依裁定修改所得税法相关条款。根据最终裁定，萨尔瓦多政府将要修订本国所得税法，取消现行所得税的第 76～81 条。（3）纳税人已缴纳的替代性最低税不予退税。在发布上述最终裁定前，纳税人已缴纳的替代性最低税，被认定是最终合法的，因此不给予退税。（4）不能上诉。这份最高法院发布的裁定是最终裁定，因此不能上诉。

委内瑞拉　2015 年 2 月 18 日，《委内瑞拉税收法典（修正）》（2014 年第 1434 号总统令）生效。新税收法典涉及税收诉讼追溯期的变动规定如下：（1）一般纳税义务、纳税申报表的追溯时效为 4 年到 6 年。（2）特定案件的追溯期延长为 6 年到 10 年。

■ **其他国家**

肯尼亚　2015 年，肯尼亚国家税务局启动替代争端解决框架。（1）背景。肯尼亚国家税务局表示，为了改善税务争端双方即税务当局与争端纳税人之间的关系，将采用替代争端解决机制。肯尼亚国家税务局把这种机制称为“通过便利建立信任”的方法。（2）加强沟通寻求支持。国家税务局表示，要加强与利益相关方就替代争端解决框架进行沟通，争取各方和埋解和支持。（3）法律支持。实施替代争端解决机制，得到了本国各种财税法律规定的支持。（4）税收替代争端解决机制适用于所有阶段的税收争端解决。具体包括：纳税核定没有得到确认引发的争端；纳税核定已得到确认，但纳税人没有与税务当局就自我审查达成一致引发的争端；已经提起税收法律诉讼，但征纳各方由于进行庭外和解引发的争端。

澳大利亚　（1）苹果公司避税案。2015 年 3 月 18 日，澳大利亚参议院准备就各跨国集团公司澳大利亚公司的逃避税事项质询公司负责人，苹果跨国集团公司澳大利亚公司已被列入澳大利亚参议院质询的公司名单，针对该公司的听证会预计 3 月下旬开始。

第一，尽管苹果集团澳大利亚公司纳税倍增，但是仍有避税嫌疑。①纳税倍增源于利润激增。对苹果集团澳大利亚公司的税务审计显示，该公司 2014 财年在澳大利亚纳税 8030 万澳元，比 2013 财年增长 4390 万澳元。苹果集团澳大利亚公司的税负增加源于税前利润的激增，2014 财年该公司税前利润高达 2.519 亿澳元，比 2013 财年增长了 1.634 亿澳元，增幅 184.6%。②大部分利润通过海外转移避税。苹果集团澳大利亚公司的最新账目显示，该公司一直继续将大部分澳大利亚利润向海外转移，利用全球税收架构使税负最小化。苹果集团澳大利亚公司扣除销售和营销成本后，应税利润所剩无几。在苹果集团的全球税收架构下，本应在澳大利亚征税的大部分利润被转移到低税率的爱尔兰，而爱尔兰等避税地对该部分转移利润都不征税。在现行税制下，利润跨境转移行为极可能是完全合法的。

第二，针对苹果集团澳大利亚公司海外转移利润避税的质询听证会预计 3 月下旬开始。2014 年税收调查就发现，苹果集团澳大利亚公司过去 10 年中将在澳大利亚获取的 89 亿澳元未税利润转移到爱尔兰，此后苹果集团澳大利亚公司的税务问题就成为澳大利亚政府关注的焦点。澳大利亚证券和投资委员会的归档账目披露了该公司的税收支出问题，因此，该公司被澳大利亚参议院列入涉嫌避税质询的公司名单，预计 3 月下旬召开听证会。

（2）矿业公司转移利润逃税案。2015 年 4 月 6 日，澳大利亚两家著名的矿业公司因转移利润逃避税受到指控。

①案由。澳大利亚矿业巨头必和必拓公司（BHPBilliton）和力拓公司（RioTinto），将 26 亿美元利润转移到仅适用 2.5% 低税率的新加坡关联营销中心。根据转让定价规定，澳大利亚国内收入局认定这是避税行为，涉嫌逃避税款每年大约 7.5 亿澳元，决心分别追讨这些巨额逃避税款。

②海外利润转移避税受到税务当局重点关注。在大量澳大利亚跨国公司忙着开设新加坡运营中心的大趋势下，必和必拓公司和力拓公司的避税案例受到澳大利亚国内收入局的重点关注。2010 年以来，澳大利亚国内收入局一直就跨国营销中心的合规问题向纳税人发出警告。

③涉嫌避税公司将接受参议院质询。4 月 10 日，澳大利亚必和必拓公司和力拓公司将要面对参议院关于跨境转移利润逃避企业所得税的询问。

④否认避税指控。两家著名的矿业公司都极力否认税务当局的避税指控，声称其跨境营销中心发挥着至关重要的作用。将营销中心设在新加坡不是为了减少纳税额，而是为了靠前服务客户。

⑤2015 年 10 月 11 日，澳大利亚跨国矿业巨头必和必拓矿业公司在法庭上举证大量的纳税申报记录，作无避税辩护。

一是举证大量的纳税申报记录自证避税清白。必和必拓公司首席财务执行官彼得·比文当庭否认了避税指控，声称该公司的纳税是透明的。比文辩解说，必和必拓矿业公司并没有规避澳大利亚的税收，这不属于境外避税，而属于转让定价。2015 财年，该公司在全世界范围内缴纳了包括税款、特许权使用费和其他款项共 73 亿美元，其中向澳大利亚州和联邦政府缴纳了 52 亿美元。该公司对全球的经济贡献是 357 亿美元，包括社区贡献以及支付给供应商、工资、员工福利和分红。该公司实际承担的企业所得税税率是 31.8%，而亚太经济合作组织平均企业所得税税率为 25%。我们缴纳了自认为非常公平的税款额。当然，作为新加坡税收优惠政策的一部分，必和必拓公司在新加坡境内适用免税待遇，缴纳的有效税收为零。

二是选择在新加坡建立大宗物品交易中心是基于商业考虑而非避税安排。选择在新加坡建立大宗物品交易中心主要基于以下几个方面的考虑：a. 因为新加坡是承接价值链的最合适的地方；b. 新加坡的税率非常有吸引力；c. 必和必拓公司的大多数商户都是新加坡的近邻，方便靠前服务；d. 新加坡拥有良好的物流环境；e. 在新加坡生活是非常愉快的事情，能吸引到全球范围内最优秀的人才。当被询问在新加坡市场的交易是不是不用缴税时，比文回答说："没错。我们并不为此羞愧，我们当然愿意缴纳相对少的税款额。"

■ 中国

（1）2015 年 2 月 16 日，国家税务总局发布《关于发布第一批税务行政处罚权力清单的公告》（国家税务总局公告 2015 年第 10 号）。该公告的主要内容如下：①依法梳理和确认为第一批税务行政处罚权力清单。对法律、行政法规和部门规章设定的税务行政处罚权力事项进行了梳理和确认。②公布《第一批税务行政处罚权力清单》。③社会监督。各级税务机关应当严格按照权力清单行使权力，自觉接受社会监督。

（2）2015 年 2 月 27 日，国家税务总局发布《关于全面推进依法治税的指导意见》（税总发〔2015〕32 号）。该意见的主要内容如下：①总体要求。从税收工作实际出发，严格依法行政，坚持依法决策、规范执行、严密监督共同推进，坚持法治化、规范化、信息化一体建设，以约束权力、保护权利为重点，抓住领导干部这个关键，创新体制机制，改进方式方法，最大限度便利纳税人、最大限度规范税务人，加强税法遵从和税收共治，推进税收法治化，促进税收现代化。②实施重点。依法履行税收工作职能，提高税收制度建设质量，健全依法决策机制，坚持严格规范公正文明执法，强化权力制约和监督，全面推进政务公开，增强全社会税收法治观念，加强税收法治工作队伍建设。

（3）2015年5月5日，国家税务总局发布《关于全面清理规范税收个案批复工作的通知》（税总函〔2015〕240号）。该通知的主要内容如下：①清理规范原则。依法规范税收个案批复行为，全面清理税收个案批复事项，强化税收个案批复监督约束，杜绝违规税收个案批复问题发生。②切实加强规范个案批复行为。应当严格按照《规程》办理税收个案批复，不得突破上位法办理个案批复；不得将已发布的个案批复作为新办理个案批复的法律依据；不得擅自超越《规程》规定的会签、审查、备案程序直接办理个案批复；办理个案批复必须主动公开，接受社会监督。③落实考评监督，强化责任追究。

（4）2015年5月25日，国家税务总局发布《关于贯彻落实〈国务院关于取消非行政许可审批事项的决定〉的通知》（税总发〔2015〕74号）。该通知的主要内容如下：①取消11个大项以及其他3项中8个子项的税务非行政许可审批事项。②将23项税务非行政许可审批事项调整为其他权力事项。③要进一步改革和规范的其他权力事项。④全面落实取消非行政许可审批事项。

（5）2015年10月10日，国家税务总局发布《关于印发〈税收政策合规工作实施办法（试行）〉的通知》（税总发〔2015〕117号）。该办法的主要内容如下：第一，税收政策合规。指税收政策应当符合世界贸易组织规则。第二，税收政策合规性评估。①设区的市以上税务机关依据6项原则，对税收政策进行合规性评估，提出评估意见。②经评估无异议签署同意意见后，按公文处理程序办理。③政策风险的评估处理。起草部门认同政策风险的评估结论，则按公文处理程序办理；若起草部门不认同，经充分协商仍不能达成一致的，报局领导确定。④难以确定合规的评估处理。可由政策起草部门征求同级商务部门意见后，报局领导确定。⑤合规专家论证。可以邀请有关部门、专家学者、中介机构等对税收政策的合规性和风险性进行论证。⑥上级税务机关应当对下级税务机关报备的税收政策进行合规性评估。

（6）2015年11月17日，国家税务总局发布《关于贯彻落实〈国务院关于第一批取消62项中央指定地方实施行政审批事项的决定〉的通知》（税总发〔2015〕141号）。该通知的主要内容如下：①取消29项中央指定地方税务机关实施的税务行政审批事项。②全面落实取消中央指定地方税务机关实施的行政审批事项。各级地方税务机关不得以任何形式保留或者变相审批；要及时修改涉及取消中央指定地方税务机关实施行政审批事项的相关规定、表证单书和征管流程；明确取消审批事项后续管理要求。

（7）2016年2月28日，国家税务总局发布《关于税务行政许可若干问题的公告》（国家税务总局公告2016年第11号）。该公告的主要内容如下：①税务行政许可事项。包括企业印制发票审批；对纳税人延期缴纳税款的核准；对纳税人延期申报的核准；对纳税人变更纳税定额的核准；增值税专用发票最高开票限额审批；对采取实际利润额预缴以外的其他企业所得税预缴方式的核定；非居民企业选择由其主要机构场所汇总缴纳企业所得税的审批。②税务行政许可实施机关。由具有行政许可权的税务机关在法定权限内实施。③税务行政许可实施程序。包括：公示、申请、受理、审查、决定、听证、变更与延续等。④监督检查。

2.4 税收专项管理

2.4.1 动态概述

■ 非居民税收管理：严格税基管理、拓宽范围、增税负

2015年全球非居民税收管理呈现源泉控管、拓宽范围、增税负和严税基的趋向，以确保对非居民征税的有效性，减少跨境逃税行为。

（1）宽严相向的非居民所得税基管理政策

①放宽非居民所得税优惠政策适用范围。日本对来源于非居民企业的股息收入免税，下调受控外国公司最低法定税率，将区域性总部或经营性控股公司纳入“受控外国公司”免税范围。韩国对非居民劳动者适用个人所得税优惠政策。乌兹别克斯坦实施税收优惠力度高强的“非居民投资地下资源税收优惠政策”。土耳其对非居民转让知识产权权利所得适用预提税最低税率，印度降低非居民特许权使用费预提税税率，废除对有常设机构的外国企业征收的最低所得选择税。新加坡将非税收居民的调解人纳入个人所得税免税待遇范围。保加利亚放宽离岸建筑安装服务业常设机构的判定标准。俄罗斯对外国高级专家工薪所得适用优惠税率。

②严格非居民所得税基的管理。保加利亚规定非居民来源于离岸业务的薪金所得需要在居住地纳税。肯尼亚来源于非居民自然资源所得预提税

率高于居民相同税率15个百分点。南非规定非居民个人利息所得和来源于非居民公司股息所得适用个人所得税最高税率。澳大利亚对利用公共假日签证访问澳大利亚的自然人认定为个人所得税的非居民纳税人。

（2）严格常设机构的税收征管

日本严格地区总部子公司的“受控外国公司”税收优惠条件。新加坡严格常设机构的利润归属条件。印度严格离岸基金的常设机构范围。保加利亚严格离岸常设机构特别是辅助性服务常设机构的判定。美国和越南将服务型常设机构纳入常设机构的范围。肯尼亚对来源于常设机构的自然资源所得征收预提税。澳大利亚非居民向澳大利亚出售商品和服务所得视同常设机构所得缴纳公司所得税。

（3）加强非居民税收的源泉控管

日本实行由签约的日本企业代扣代缴外国艺人和运动员消费税的办法。美国更新非居民预提税代扣代缴代理人的管理框架。哥伦比亚对实施代扣代缴个人所得税的非居民免申报纳税程序。南非对非居民个人利息所得实行代扣代缴税收。

（4）严格非居民的电商交易增值税征收管理

日本B2C或B2B企业从非居民企业购进的进项税额一般不允许抵扣（暂时）。卢森堡非居民电子服务增值税改由非居民客户的居住地征收。欧洲法院判决卢森堡电子图书服务增值税超低税率的规定违反了欧盟增值税指令。

（5）加强非居民金融资产跨境转移的税收监管

日本对通过赠与和继承等方式转移金融资产给非居民个人的日本居民征收退出税。安哥拉严格规定了非居民实体跨境转移资本的完税凭证条件和金融机构的相关法律责任。

■ 反避税管理：严密规则、挤压避税地、监管金融避税

2015年全球反避税管理呈现严防与重打的趋向。各国税务当局利用各种可以利用的国家工具，打击境外避税。强化对避税地受控外国公司的所得监管，间接打击避税地，挤压其生存空间。关注金融业避税的全方位税收监管制度的确立，对避税的顽固堡垒金融业表达税务当局打击其逃避税行为的强烈意愿。

（1）严密反避税规则

①严密转让定价反避税规则。a. 修订完善转让定价反避税实体性规

则。新加坡提供了更加清晰的正常交易定价原则下关联方劳务的运用指南，新增了归属于常设机构的利润内容。b. 更关注修订完善转让定价反避税程序性规则。新加坡增加了转让定价的相互协商程序规定。印度提高国内转让定价规则适用的交易数额标准。捷克制定强化转让定价审计的规则。澳大利亚制定执行 OECD 倡议的转让定价证明资料新标准。

②严密资本弱化反避税规则。a. 更新资本弱化比率的内涵。波兰用股权定义替代股份资本定义，降低债务与股权数额的比率。b. 适用于关联方间借贷行为的利率确定。波黑－塞族规定纳税人选择了符合转让定价正常交易原则的两种利率之一，就要适用于关联方间的所有借贷行为。c. 实行利息扣除限额并扩大其适用范围。波兰规定利息额低于纳税人营业利润的 50% 则允许扣除，将此规则的适用范围扩展到间接股东。d. 允许限额利息结转扣除。波兰规定利息限额扣除结余可以 5 年内结转扣除。

③严密所得税法中股息分配的一般反避税规则。芬兰规定居民企业来源于欧盟区公司分配的已税收扣除的股息不允许免税。印度废除所得税法中关于外国公司向股东支付股息的“间接转让”条款。

（2）挤压避税地生存空间

①重击利润跨境转移的逃避税。挪威规定位于“低税负国家”的受控外国公司，其利润都要按照比例归属于挪威居民股东。美国建议采用属地原则征收所得税，并豁免本国公司的海外利润所得税。澳大利亚实施反利润转移专项计划。韩国计划征收转移利润税。英国正式开征转移利润税，敦促大型跨国企业在英国承担合理的税赋比例。

②立法强化对避税地黑名单地区的受控外国公司的所得税监管。意大利公布修正的避税地黑名单，规定位于避税地黑名单地区的受控外国公司与居民个人的交易费用项目不能从应税所得额中扣除。欧盟委员会公布了一份“全球不合作避税地区名单”。

③敦促嫌疑避税地签署税收情报自动交换协定。卢森堡承诺将国际税收情报自动交换作为打击逃税的主要手段。巴拿马政府与至少 10 个欧盟成员国签署了税收情报自动交换协定。列支敦士登、根西岛、百慕大和毛里求斯等国家和地区承诺在 2017 年至 2018 年遵守国际税收情报自动交换规则。哥伦比亚对拒绝签署税收情报自动交换协定的巴拿马纳税人的任何交易强制适用转让定价规则。

（3）全方位建立金融业避税监管制度

废除银行保密原则。奥地利税制改革方案最重要的内容就是废除银行保密原则。实行银行账户集中登记制度。奥地利对所有银行账户实行集中登记。捷克实施银行账户的中央登记册制度。要求金融机构报告大额银行账户的义务。奥地利金融机构对超过规定金额标准的银行账户有向税务当局报告的义务。限制企业拥有现金。奥地利规定企业年获现金超过规定标准就有义务使用收银点钞机或现金资产负债表。促进公民自愿披露海外金融资产。韩国实施鼓励纳税人自愿披露未申报海外收入计划。希腊实施公民自愿披露海外存款信息计划。澳大利亚实施外国投资者自愿披露海外未申报收入税收赦免行动。

■ 大企业税收管理：严征管、重审计、强监督

2015 年全球大企业税收管理呈现严征管、重审计和强监督的趋向。重组大企业税务管理组织，实施大企业税收收入专项计划，强化大型企业集团纳税申报管理，增加政府税收收入。

（1）加强对大型企业的税收征管

现代国家的税收往往依赖大企业，有些国家的大企业税收贡献比重很高，因此，大企业的税收征管更加至关重要。

①重组大型企业税务管理组织。比利时发布重组大型企业税务管理组织的方案，计划建立 8 个专门性的大企业税务中心、7 个区域办事处和 1 个中央办公室。

②实施大型企业税收收入专项计划。英国增加大型企业的税负，开征转移利润税，严厉打击跨国公司逃避税，筹集政府的财政收入。

③强化大型企业集团纳税申报管理。法国强制大型企业集团网上申报纳税，并要求母公司提交精简版的集团及成员企业的同期资料和关联企业转让定价资料。

（2）重视企业集团关联交易和纳税不遵从的税务审计

①实施大型企业转让定价专项税务审计行动。捷克对年营业额超过 20 亿捷克克朗的大型企业（主要是金融企业）开展转让定价专项税务审计，重点审查跨国公司的关联方交易等。新西兰对年纳税额超过 8000 万新西兰元的大型企业集团实施转让定价专项税务检查，重点审查有境外关联交易的大型企业集团。

②改进税务审计方法，加强大企业纳税不遵从的税务审计。马来西亚延长税务审计处理期限，引入税务审计持续监控大企业故意纳税不遵从项目。美国关注对企业集团伴有无形资产和服务交易的有形资产外销活动的

税务审计。澳大利亚对财务或税务数据异动，或者有激进税务筹划行为的大型企业展开税务审计。

■ **跨境税源管理：避免双重征税与强化税收透明度并重**

2015 年，全球跨境税源管理呈现避免双重征税和强化税收透明度并重的趋势。多数国家依据 OECD 协定的新范本，签署和更新双边税收协定特别是全面税收协定，避免双重征税。更多国家基于国际新标准签署双边税收情报自动交换协定，确保国际税收情报自动交换新标准在国内执行，以实现 OECD 倡导的全球税收透明度目标。

（1）避免双重征税

①签署和更新双边税收协定。哈萨克斯坦总统批准与马其顿政府的全面税收协定，新加坡增加避免所得双重征税的合规税收扣除费用项目，安道尔和列支敦士登签署了全面税收协定，保加利亚议会批准与挪威的全面税收协定升级版，瑞士和阿尔巴尼亚签署了全面税收协定的议定书，伯利兹政府和阿拉伯联合酋长国政府签署了双边税收协定，新西兰和加拿大签署关于现行双边税收协定的议定书正式生效，中国和瑞士避免双重征税协定及议定书生效执行、与法国的全面税收协定及议定书生效执行。美国八部双边税收协定和议定书被送到参议院待批，毛里求斯和印度完成修改双边税收协定的谈判，斐济拟与斯里兰卡谈签避免双重征税协定。

②基于双边税收协定实施的国内法协同修正。印度企业所得税法居住地条件中引入“实际管理机构所在地”新标准，确保双边税收协定相同标准的执行。俄罗斯《关于澄清俄罗斯和塞浦路斯全面税收协定中预提税低税率适用问题的函》，明确了全面税收协定有关预提税低税率适用问题。巴西公布了《关于巴西和法国税收协定的解释》。厄瓜多尔发布《关于明确拥有避税地受控外国企业的居民企业适用公司所得税率问题的通知》。

（2）执行国际税收情报自动交换新标准

①基于国际新标准签署双边税收情报自动交换协定。法国与英国税务当局签订《关于共享被盗特定客户账户数据的协议》。瑞士与澳大利亚签署了《关于税务信息自动交换的协定》《关于落实〈全球金融账户税收信息自动交换标准〉的联合声明》。塞浦路斯分别与西班牙、立陶宛和挪威更新基于国际税收情报交换新标准的双边税收协定升级版同时生效。阿根廷和美国代表签署重启双边贸易信息交换机制的谅解备忘录，阿根廷代表要求把签署双边税收信息自动交换协定问题列入双方大使间的议事日程。

②基于国际新标准修订国内法，确保国际新标准在国内执行。日本税法修正草案增加防止企业所得税双重不征税的规定。爱尔兰承诺将尽快执行 OECD 的分国别报告标准。波兰所得税法修正议案引入 BEPS 第 13 点行动方案，制定《转让定价报告义务制度》。德国制定了《关于执行〈全球金融账户信息自动交换标准〉的议案草案》。《2015/2016 财政年度法兰西共和国财政议案修正案》，引入了企业跨境所得的“分国别报告制度”。新西兰落实《多边税收征管行政互助公约》。中国香港特别行政区发布《关于 AEOI 执行范本的磋商文件》。

（3）跨境关联交易的税务处理

法国修订《个人所得税征收管理指南》，设置对跨境个人所得享受个人所得税税基减免优惠待遇的限制条件。哥伦比亚批准纳税人和总部在巴拿马的税务管理美洲中心（CIAT）签订的预约定价协议。安哥拉政府新的总统令对向非居民受益者转移款项的公司作出了额外限制。中国发布《关于企业向境外关联方支付费用有关企业所得税问题的公告》《关于境内机构向我国银行的境外分行支付利息扣缴企业所得税有关问题的公告》和《关于企业境外所得适用简易征收和饶让抵免的核准事项取消后有关后续管理问题的公告》。

（4）防止海外转移资产的税收制度

日本对个人资产境外转移征收离境税印度制定并颁布“打击海外资产所得逃避税的专项税收法规”，美国宣布阻止离岸逃税始终是国内收入局首要的任务，继续实施“离岸自愿披露项目”，印度尼西亚制定《海外资本回流的税收特赦法案》，希腊讨论实施《希腊公民自愿披露海外存款信息草案》，意大利实施《意大利公民自愿披露未申报资产的税收优待计划（修正）》。

（5）离岸税收管理

新加坡废止离岸租赁所得的企业所得税率优惠规定，实施外国企业“注册离岸企业法人”登记制度。保加利亚和挪威的全面税收协定新增了对离岸活动的特殊税收规定。俄罗斯发布《关于澄清适用离岸受雇所得的税务处理和遵从程序的函》。

■ 纳税人权益保护：政策参与权和个人信息保护权

2015 年，全球纳税人权益保护呈现出尊重纳税人的政策参与权和重视纳税人信息保护权的趋势。各国在严格纳税人管理的同时，都不能轻视纳税人权益保护问题。更多国家尊重纳税人的政策参与权，有些国家强调重视纳税人的信息保护问题，也有些国家关注纳税人对税收执法权的监督。

（1）纳税人的政策参与权

①税收政策听证权。韩国引入“关于提高有子女家庭和单身者个人所得税退税额标准的议案”，作为对降低个人所得税退税率导致纳税人抗议活动的回应措施。瑞士就“对子女与教育津贴等家庭补助免税动议”举行第三次全民公投。美国企业界致信参议院加快批准待批的双边税收协定，官方公布公众提交的千份税制改革建议。澳大利亚零售商协会建议在政府预算修改草案中增加改革商品和服务税内容。

②税收政策批评权。厄瓜多尔反对派游行抗议政府增税等措施。美国苹果公司 CEO 批评美国工业时代的税制需要适应数字时代与时改进。

（2）纳税人信息保护

格鲁吉亚新税法规定，税务机构必须通过法院申请才能从商业银行获取纳税人信息。美国实施“税收与安全共行”专项行动，旨在保护纳税人个人和金融信息安全，计划实施“对所有税务软件产品的税收信息安全新标准”。澳大利亚私营企业认为，实施《大企业税务信息披露法案》涉嫌侵犯他们的隐私。

（3）税收执法监督权

安哥拉在全国各地税务机构安装纳税人信息反馈信箱。中国修订《纳税服务投诉管理办法》，发布《关于认真做好小型微利企业所得税优惠政策贯彻落实工作的通知》。

2.4.2 非居民税收管理

■ **亚洲**

韩　国　2015 年 1 月 12 日，韩国企划财政部国税厅宣布，1 月 15 日起将启动 2015 年度个人所得税汇算清缴工作。其中涉及非居民个人所得税汇算清缴的政策规定如下：

（1）非居民个人所得税纳税申报期限原则上与韩国居民一致。2015 年 1 月 15 日至 2 月中旬期间，非居民个人与韩国居民一样必须向所在公司提交个人所得税纳税证明和个人所得税纳税申报单。

（2）非居民劳动者可按照规定的税收优惠政策计算个人所得税应纳税额。外国劳动者可选择按 17% 的个人所得税单一税率计算其应缴纳的个人所得税税额，外国技术人员可享受个人所得税减免税等特殊税收待遇。

（3）从2015年度起，将严格外国居住者的判定标准。

（4）限制非居住者的外国劳动者的个人所得税优惠待遇。被判定为非居住者的外国劳动者将不能享受韩国的医疗、教育等个人所得税特别免税和绝大部分的赋税减免优惠待遇。

日　本　2015年2月17日，日本财政部向国会提交《2015年日本国税法修正草案》。该草案涉及非居民税收法规修订的主要内容如下：

（1）非居民企业所得税法规修订。①受控外国公司法定最低税率的修改。将现行的“20%或更低”修改为“20%以下”。②“受控外国公司”免税范围的修改。按照受控外国公司立法，对“受控外国公司”的免税范围进行了修改，区域性总部或经营性的控股公司都符合免税范围。③被认定为地区总部子公司的非居民子公司，被当作特定避税地子公司排除在受控外国公司法规之外，即不能适用“受控外国公司”的免税规定。判定非居民子公司归属特定避税地子公司的条件如下：如果地区总部子公司提供给合格非居民子公司的劳务价值，超过其提供给其他所有子公司劳务价值的50%，则该非居民子公司被认定为特定避税地子公司。④来源于非居民企业的股息收入免税。日本母公司获得来自非居民企业分配的股息收入，满足持股比例高于25%的条件则适用免税优惠待遇。⑤明确非居民企业来源于日本的应税所得。境外企业在日本设立的分支机构（包括常设机构）来源于日本的应税所得主要包括：贷款期限超出6个月的利息所得；来源于日本境内的所得和与日本财产相关的资本利得在日本母公司和境外常设机构之间分配之前，按照账面价值分配给常设机构合理的关联所得；向外国银行贷款的利息费用，按照年度纳税申报表上填报的数量抵扣。

（2）非居民的个人所得税法规修正。通过赠与、继承等方式将资产转移给其他非居民个人的日本居民个人，视作处置或转移金融资产，需缴纳额外2.1%的退出税。

（3）非居民增值税抵扣管理规定修订。B2C从非居民企业购进货物或者服务取得的进项税额一般不允许抵扣（暂时），即使服务是提供给企业。

（4）增加非居民金融账户自动信息交换制度的执行办法。非居民金融账户自动信息交换制度的落实，将从2017年1月1日开始。

2015年2月25日，日本政府决定实施日本签约企业代扣代缴外国艺人消费税管理办法。

（1）背景。外国艺人和运动员作为个体户，与主办演唱会及体育比赛的演出公司和球队等签约获得丰厚报酬，2 年前他们个人取得报酬的标准已超过 1000 万日元（约合人民币 52 万元），即超过消费税的“免税点”，因此会产生消费税的申报纳税义务。然而，如果这些外国人不缴纳消费税就回国，日本的税务部门将难以征税。

（2）税务调查证实，外国艺人和运动员不履行纳税义务就离境回国的普遍事实。日本会计检查院以外国艺人和运动员共 276 人为调查对象，就 2009 年至 2012 年期间他们履行消费税纳税义务情况进行调查后发现，约 30 人没有申报纳税，偷漏税额达到数千万日元。

（3）改革现行由外国艺人和运动员直接申报纳税的办法。鉴于外国艺人和运动员不履行纳税义务就离境回国的普遍事实，日本政府决定加强对他们的税收征管。为确保对外国个人征税的有效性，实行由签约的日本企业代扣代缴外国艺人和运动员消费税的办法。

土耳其　2015 年 1 月 16 日，土耳其国家税务局就《土耳其国家税务局对知识产权专利盒制度征税的提案》（2015 年 1 月 1 日公布）发布补充说明公告。该公告涉及非居民纳税人的事项如下：

（1）非居民纳税人享受预提税优惠政策。

（2）对非居民转让知识产权权利的所得，适用低档次的预提税税率。

乌兹别克斯坦　2015 年 1 月 1 日，《2015 年乌兹别克斯坦共和国税法修正案》（第 2270 号总统令）正式生效。该修正案涉及常设机构关税管理的新规定如下：通过常设机构（PE）在乌兹别克斯坦开展经营活动的非居民，有权在乌兹别克斯坦境内进口货物，并且在进口时缴纳关税。现行《乌兹别克斯坦共和国关税管理条例》没有把常设机构纳入可以在乌兹别克斯坦境内进口货物的进口人名单。

2015 年 3 月 2 日，乌兹别克斯坦国家税收委员会发布“地下资源外国直接投资税收优惠政策解读”，其中涉及非居民公司税收优惠政策如下：

（1）接收外资不高于 30 万美元，其中非居民公司持有的股份资本不低于 33% 的居民公司，并同时满足相关规定条件者，可享受的税收优惠待遇。即 3 ~7 年的免税和免行政收费的优惠待遇，包括可以豁免公司所得税、财产税、基础设施开发税等统一税收和行政性收费。

（2）非居民公司投资合办石油和天然气开采的合资企业，可享受的税收优惠政策。即从开采之日起免征 7 年公司所得税的优惠待遇。

（3）投资石油和天然气勘探的非居民公司税收优惠待遇。即可享受免征所有税收和行政收费的优惠待遇。

（4）签订地下自然资源使用产品分享协议（PSA）的非居民公司税收遵从规定。PSA 框架下的非居民公司，要遵从分享协议规定的特殊税制。这主要包括公司所得税、土地税、水税、地下表层使用税、统一社会保险税和消费税等特殊税制。

新加坡 2015 年 1 月 6 日，新加坡国内收入局发布电子版《新加坡共和国转让定价指南（2015)》。该指南涉及归属于常设机构的利润规定如下：当满足以下条件时，不能将利润归属于常设机构。（1）纳税人从境外关联方取得的，与其资产使用、风险承担等功能相匹配的，符合正常交易定价原则的报酬。（2）纳税人从境外关联方支付的报酬，由合理的转让定价资料支持证明遵循正常交易定价原则的，并且境外关联方不承担新加坡境内资产使用、风险承担等任何功能，或纳税人的其他活动开展。

2015 年 2 月 23 日，新加坡财政部长向议会提交了《2015 财年新加坡预算草案》。该草案涉及非居民个人所得税的规定如下：（1）非税收居民的调解人享受定期免税待遇。2015 年 4 月 1 日至 2020 年 3 月 31 日期间，非税收居民的调解人从事在新加坡境内发生的调解工作，其所获得的收入将享受免税待遇。（2）从业税收仲裁的非居民个人继续享受现行的免税政策。现行税收法规规定，非居民个人从 2002 年 5 月 3 日起从事新加坡境内仲裁工作所取得的收入，享受免税待遇。上述免税政策现在仍然有效，直到 2020 年 3 月 31 日才会重新审核。

印　度 2015 年 2 月 28 日，印度财政部长向议会提交了《2015/2016 财年印度共和国财政预算草案》。该草案涉及非居民税收管理的规定如下：

（1）将修订常设机构或业务关联规则。印度境内基金经理个人的存在本身，并不会构成离岸基金在印度的常设机构或业务关联。

（2）降低非居民特许权使用费预提税税率 15 个百分点。对非居民特许权使用费及技术服务费的收入所征收的预提所得税税率，将从现行 25% 降低至 10%。

2015 年 9 月 24 日，印度财政部长宣布，将修改《印度共和国企业所得税法》，废除对外国企业征收的最低所得选择税。

（1）最低所得选择税修订背景。①最低所得选择税。印度企业所得税法规定，外国企业应纳税额不足账面利润 18.5% 的，可按照 18.5% 的税率缴纳最低所得选择税。②政策启动时间及适用纳税人。最低所得选择税于 1980 年开始实施，最初适用于国内企业或在印度有常设机构的外国企业。③扩大政策适用的外国企业范围。2012 年，印度国家税务局调整了最低所得选择税的适用纳税人，将所有外国企业都纳入最低所得选择税的纳税人范围。即外国企业不论其是否在印度境内有常设机构，都需要缴纳最低所得选择税。此举弱化了印度吸引外资的竞争力。④将外国企业排除在最低所得选择税的纳税人范围之外。2015 年初印度财政部宣布，从 2015 年 4 月 1 日起，外国投资者不再适用最低所得选择税。但 2015 年 4 月 1 日之前，外国公司是否适用最低所得选择税，企业所得税法并没有明确。印度企业所得税法中最低所得选择税适用外国企业范围的长期不确定性，对于印度吸引外资产生了巨大的破坏作用。

（2）最低所得选择税修订内容。①外国投资者不再适用最低所得选择税。不论外国投资者在印度是否有常设机构，一律不再适用最低所得选择税。②政府明确规定，2015 年 4 月 1 日之前，外国企业无须适用最低所得选择税。外国企业包括外国机构投资者和外国间接投资者，在 2015 年 4 月 1 日前，不需要缴纳最低所得选择税。③政府豁免在印度没有常设机构的外国公司的可追溯最低所得选择税。可税收豁免的追溯期限从 2001 年算始。从 2001 年 4 月 1 日起，如果一家外国公司是与印度签署了双边税收协定的居民公司，且在印度没有常设机构，则最低所得选择税不适用于该外国公司；如果一家外国公司是与印度没有签署双边税收协定国家的外国居民公司，按照印度企业所得税法不需要注册的外国居民公司，则可以豁免最低所得选择税。

上述新政是印度政府历经了最低所得选择税的巨大不确定时期后，对外国公司和投资者发出的积极信号，得到外国投资者的热烈欢迎。

■ 欧洲

保加利亚 2015 年，保加利亚议会批准《保加利亚共和国政府和挪威王国政府关于避税所得双重征税和防止偷漏税的协定》（升级版）。该双边税收协定有关非居民税收管理的主要规定如下：

（1）常设机构的判定标准。①适用 OECD 的离岸活动持续时间标准。该双边税收协定第 22（3）规定，如果跨国公司的离岸活动在连续 12 个月内持续超过 30 天，就构成了常设机构。②离岸建筑安装服务的特殊时间标准。该双边税收协定第 5 条（3）规定，一个建筑工地、安装工程连续超过 6 个月，才构成常设机构。③非辅助性服务即构成常设机构。该双边税收协定第 5 条（4）和（b）规定，如果是非辅助性服务，即为常设机构。B 和 C 是与《OECD 双边税收协定范本》相区别的规定。

（2）非居民个人的判定标准。纳税人个人提供服务，并且个人在缔约国另一方停留期限连续超过 183 天或者不连续超过 12 个月；如果一人或者多人一次或者多次，在缔约国另一方提供相同或者相关联的项目服务，在任何 12 个月内超过 183 天。

（3）非居民来源于离岸业务的薪金所得需要在居住地纳税。该双边税收协定第 20（5）（a）规定，如果雇主在收入来源地不是居民，并且离岸活动没有超过一次或在 12 个月内没有超过 30 天，其从离岸业务中取得的薪金在居住地需要纳税。

俄罗斯　2014 年 12 月 16 日，俄罗斯财政部发布《外国高级人才个人所得税政策指引》，明确了俄罗斯境内外国高级人才适用的个人所得税税率政策。

（1）外国高级专家在俄罗斯境内取得的工薪所得，适用 13% 的个人所得税优惠税率。2002 年 7 月 25 日颁布实施的《俄罗斯联邦个人所得税法》（第 115 – FZ 号），规定了外国公民在俄罗斯境内的个人所得税法律地位，即外国公民工薪所得统一适用 13% 的个人所得税优惠税率。

（2）外国高级专家在俄罗斯境内取得的其他所得，要按照 30% 的一般税率缴纳个人所得税。《俄罗斯联邦税收法典》第 224 条第 3 款规定，非居民自然人来源于俄罗斯境内的所得，要按照 30% 的税率缴纳个人所得税。因此，外国高级专家以假期旅游费、住房和停车场的租金、治病和研究经费形式获得的俄罗斯来源所得，要按照 30% 的税率缴纳个人所得税。

卢森堡　2015 年 3 月 5 日，卢森堡政府发布新闻稿，回应欧洲法院对欧盟委员会诉卢森堡一案的判决，强调已修订非居民电子服务增值税征收办法。

（1）背景。2014 年 3 月 5 日，欧洲法院就欧盟委员会诉卢森堡政府一案作出判决。欧洲法院在判决中裁定，卢森堡电子图书服务适用增值税超低税率的规定违反了欧盟增值税指令。

（2）卢森堡回应已纠正增值税法规违反欧盟增值税指令问题。卢森堡政府表示，①已废止了电子服务（含非居民客户的电子服务）适用增值税超低税率的法律规定。②已修订非居民电子服务增值税征收办法。从 2015 年起，非居民客户的电子服务（含电子图书）增值税改由非居民客户的居住地征收。

英　国　2015 年 2 月 5 日，英国财政部首席秘书丹尼 · 亚历山大制定出“下一届议会实现平衡预算的愿景”。这些愿景包括英国自由民主党在公开竞选策略时提出的税收计划，其中针对非居民税收管理的措施如下：支持提高对非居民的个人税负，提高银行税，取消该党和保守党组建联合政府当年引入的已婚夫妻的税收津贴。

■ 美洲

哥伦比亚 2015 年，哥伦比亚国家税务局发布《哥伦比亚共和国非居民个人纳税制度》（2015 年第 24300 号）。其主要内容如下：

（1）非居民个人的个人所得税纳税义务。根据《哥伦比亚共和国税收法典》第 9 条的规定，无论是本国国籍还是外国国籍，非居民个人都应就其来源于哥伦比亚的收入缴纳个人所得税。

（2）已代扣代缴个人所得税的非居民个人不需要办理申报纳税。根据法典第 592（2）条规定，当非居民个人来源于哥伦比亚的收入，已经按照法典第 407—411 条的规定代扣代缴了个人所得税，该非居民个人就不需要就其在源于哥伦比亚的收入申报纳税。

（3）未代扣代缴个人所得税的非居民个人必须办理个人所得税申报纳税。无论是本国国籍还是外国国籍，如果非居民个人来源于哥伦比亚的收入没有代扣代缴税款，非居民个人必须办理纳税申报，并按照《哥伦比亚共和国税收法典》第 247 条的规定，适用 33% 的个人所得税税率。

（4）非居民个人所得税纳税申报应符合一般个人所得税征管规则。在一般个人所得税征管制度或推定收入体制下，个人所得税征收额会被预先确定下来，即征收预提税。如果 3% 纳税人的个人所得税净值高于净收入，另一种替代性的个人所得税制将依据一般个人所得税制规则确定。

（5）适用于非居民个人的税务处理，不同于适用于居民个人的税务处理。居民个人适用的个人所得税税率档次，取决于纳税人的应纳税所得额（不是 33% 的固定税率），以及个人的身份划分：员工或自雇人员（不同于一般的税制）。

美　国 2015 年 6 月 26 日，美国国内收入局发布《2015 年非居民外国人和外国实体预提税指引（修正）》（2015 年第 515 号）。该文收录了 2014 年至 2015 年 6 月 26 日政府发布的相关税收政策，其主要内容如下：

（1）提供预提税政策指引的对象。向包括非居民外国人在内所有外国人和代扣代缴代理人提供预提税政策指引，具体包括非居民外国人、外国实体和负责税款代扣代缴的代理人。

（2）政策框架。主要包括负有代扣代缴预提税义务的代理人（即预提税代理人），预提税代理人的信息申报表及纳税申报表的填报义务；要缴纳预提税所得的种类；合伙人对应划分给外国合伙人的所得预提税，这些所得必须是与美国贸易或经营实际关联的；根据《美利坚合众国外国房地产投资税法》，对美国房地产利得的转让或分配预提税；如何从美国国内收入局获得帮助。

（3）美国双边税收协定框架下预提税相关表格。①列明了美国双边税收协定框架下，非个人劳务所得（主要是利息、股息和特许权使用费）的预提税税率。②列明了美国双边税收协定框架下，可以获得减免税的各类个人劳务所得。③列明了截至 2014 年 11 月美国双边税收协定的文本和议定书。

2015 年 7 月 7 日，美国和越南签署了《美利坚合众国和越南社会主义共和国政府关于避免双重征税和防止偷漏税的协定》。这是两国政府之间签署的第一个税收条约，表明两国之间经济税收关系的扩展。该协定的主体内容是遵循美国的双边税收协定范本，有部分内容修改。其中一处修改就是扩大了常设机构的定义，将服务型常设机构纳入常设机构的范围。

智　利　2015 年，智利国家税务局发布《关于明确非居民从居民公司境外发行债务工具所得的税务处理》（2015 年第 604 号）。其主要内容如下：

（1）非居民从居民公司在外国市场发行的债券和其他债务工具转让中获得的资本利得，不需要缴纳智利所得税。因为，它不属于来源于智利的所得，非居民纳税人不需要就此笔所得缴纳智利所得税。

（2）居民公司在外国市场发行债券和其他债务工具获得的利息收入，要在智利缴纳所得税。因为利息的来源是依据债务人的住所所得判定的，因而这笔利息收入属于来源于智利的所得。

■ 其他国家

安哥拉　2015 年 6 月 29 日，安哥拉颁布了《安哥拉共和国预提税法（修正案）》（2015 年第 2 号总统令）。该修正案对非居民实体和金融机构办理跨境转移资本业务的条件和相关法律责任进行了特别限制。（1）非居民实体适用的服务预提税率。非居民实体提供技术援助和官方服务的所得适用税率为 10% 的预提税。（2）非居民实体跨境转移资本的完税凭证条件。非居民实体必须向负责资本转移的银行或其他金融机构提供预提税完税证明。（3）对金融机构办理非居民实体跨境转移资本的限制。如果非居民实体未履行预提税纳税义务，金融机构不得帮助非居民实体向非居民受益者转移资本。（4）非居民和金融机构的相关法律责任。违反上述规定者要处以应缴税款三倍的罚金。安哥拉政府希望通过这些新措施，控制境外资本转让的上游，减少非法资本外流、逃税和税收筹划滥用等行为。

肯尼亚 2015 年 1 月 1 日，肯尼亚国家税务局（KRA）发布《自然资源预提税（修正）指南》。该指南涉及非居民自然资源预提税的政策规定如下：

（1）对来源于肯尼亚常设机构的自然资源所得，要征收预提税。《肯尼亚共和国税收法典（修正）》规定：如果一个在肯尼亚有常设机构的居民或个人，支付了有关自然资源所得的款项，这笔款项将被认定为是在肯尼亚境内发生或来源于肯尼亚境内的所得，因此，对这笔所得要从源头征收税款，即征收预提所得税。

（2）非居民自然资源所得预提税率高于居民相同税率。向非居民支付自然资源所得适用税率为 20% 的预提税，而向居民支付自然资源所得则适用优惠税率为 5% 的预提税。

南非 2015 年 2 月 25 日，南非政府公布《2015/2016 财年南非共和国财政预算草案》，这是南非史上首位黑人财政部长恩兰拉·内内（Nhlanhla Nene）发布其上任后的首个财年财政预算报告。该草案明确提出将调整多项税收政策，包括增收个人所得税、燃油税、用电消费税和烟酒产品消费税等政策，其中涉及非居民个人资本所得的政策规定如下：

（1）非居民个人利息所得税征税规定。①对非居民个人利息所得代扣代缴税规定。从 2015 年 3 月 1 日（2015/2016 纳税年度）起，对非居民个人在南非取得的利息收入按照 15% 的税率（最高税率）代扣代缴个人所得税。②符合规定的非居民个人利息所得免税规定。在 2015/2016 纳税年度内，如果非居民个人至少 183 天未在南非境内并且未在南非经营企业，则其取得的利息收入可享受免税待遇（这是自然人在南非取得的年利息收入的最高免税待遇）。

（2）从非居民公司取得的股息收入缴税的规定。2013/2016 纳税年度，个人从外国公司（持股比例低于 10%）取得的外国股息按照最高 15% 的个人所得税率缴纳股息所得税。

澳大利亚 2015 年 5 月 12 日，澳大利亚财政部长霍奇向政府提交了《2015/2016 财年澳大利亚预算草案》。该草案涉及非居税收规定的主要内容如下：

（1）非居民公司所得税规定。将修改一般反避税规定，包括一项针对非居民人为规避在澳大利亚纳税义务的特别规定，将适用于2016年1月1日以后签署双边税收安排框架下的纳税人。如果这项规定生效，源于向澳大利亚出售商品和服务的非居民所得，将被认定为通过在澳大利亚常设机构取得的所得，必须在澳大利亚缴纳公司所得税。

（2）非居民个人所得税规定。利用公共假日签证访问澳大利亚的自然人，将被认定为个人所得税的非居民。这项规定可以使这类人失去申请最低免税额、低边际税率和低所得税抵免的资格条件，同时也意味着这些人来源于澳大利亚境外的所得不需要缴纳澳大利亚的所得税。

新西兰　2015年6月，新西兰政府向议会提交了《关于修改房地产税收政策的议案》。该议案包括一项防止居民和非居民转让房地产避税的措施。与直接禁止外国所有权相比，对非居民房地产投资者征税是抑制非居民在其投资组合中持有新西兰房地产比较有效的方式。新西兰国家税务局正在研究实施诸如印花税等税收措施，限制非居民对本国房地产市场投资的投机行为和避税行为。

■ 中国

（1）2015年2月3日，国家税务总局发布《关于非居民企业间接转让财产企业所得税若干问题的公告》（国家税务总局公告2015年第7号）。该公告的主要内容如下：

①非居民企业通过实施不具有合理商业目的的安排，间接转让中国居民企业股权等财产，重新定性确认为直接转让中国居民企业股权等财产。

②间接转让中国应税财产所得，应按规定顺序进行税务处理。

③判断合理商业目的。应整体考虑与间接转让中国应税财产交易相关的所有安排，如果同时符合规定情形的，应直接认定为不具有合理商业目的。

④间接转让机构、场所财产所得要申报缴纳企业所得税。

⑤扣缴义务人及其责任。

⑥对间接转让中国应税财产的交易双方、筹划方及被间接转让股权的中国居民企业的征管规定。

（2）2015年4月17日，国家税务总局发布《关于修改〈非居民企业所得税核定征收管理办法〉等文件的公告》（国家税务总局公告2015年

第 22 号)。该办法的主要内容如下:

①对国税发〔2010〕19 号第九条的修改。对主管税务机关向非居民企业送达、受理《非居民企业所得税征收方式鉴定表》，并完成该项征收方式的确认工作的相关规定进行相应修改。

②对国家税务总局公告 2011 年第 45 号第五条的修改。“本办法所称主管税务机关是指境外注册中资控股居民企业中国境内主要投资者登记注册地主管税务机关。”

③对国家税务总局公告 2013 年第 72 号第七条的修改。“非居民企业股权转让适用特殊性税务处理备案后经调查核实不符合条件的，应调整适用一般性税务处理，按照有关规定缴纳企业所得税。非居民企业股权转让适用特殊性税务处理未进行备案的，税务机关应告知其按照该公告第二条、第三条的规定办理备案手续。”

(3) 2015 年 4 月 30 日，国家税务总局发布《关于发布〈中华人民共和国非居民企业所得税年度纳税申报表〉等报表的公告》(国家税务总局公告 2015 年第 30 号)。该公告的主要内容如下:

①分别适用于据实申报的非居民企业的季度、年度纳税申报表。一是季度纳税申报表适用于非居民企业预缴季度税款时填报。二是年度纳税申报表适用于非居民企业年度企业所得税汇算清缴时填报。

②统一适用于核定征收企业/不构成常设机构和国际运输免税申报的非居民企业的季度、年度纳税申报表。

③适用于各类扣缴义务人的扣缴企业所得税报告表。

(4) 2015 年 5 月 13 日，国家税务总局发布《关于印发〈非居民企业间接转让财产企业所得税工作规程(试行)〉的通知》(税总发〔2015〕68 号)。该通知的主要内容如下:

①纳税服务。各级税务机关要提供相关业务的辅导，鼓励相关方向主管税务机关报告财产转让事项及提交相关资料；及时办理相关税款征收事宜；畅通办税服务渠道，及时接收纳税人提交的资料并提供回执。

②加强对交易相关资料的审核工作。认为需要进行立案调查及调整的，应按规定程序层报省税务机关复核同意后，报税务总局申请立案，并在规定期限内完成案件的审理工作；认为不涉及直接转让中国居民企业股权等财产的情况，按规定将相关资料归档。

③及时跟踪税款、利息、滞纳金入库情况。

(5) 2015 年 10 月 29 日，国家税务总局发布《关于印发〈非居民纳税人享受税收协定待遇管理规程（试行）〉的通知〉》（税总发〔2015〕128号）。该规程的主要内容如下：

①应加强事中事后管理，防范协定滥用和税收流失风险。

②主管税务机关要做好享受协定待遇相关信息采集，并进行事中风险控制。

③重点抽查和专项检查。应重点涵盖来自实际税率较低的国家（地区）、信用不良或享受协定优惠金额较大的非居民纳税人，并定期对其进行专项检查。

④对相关申报信息、报告表和资料进行审核时，应重点审核规定的内容。

⑤应努力实现信息共享。

⑥作出补税决定且补税金额超过规定标准的，应层报国家税务总局。

（6）2015年12月30日，国家税务总局发布《关于印发〈国家税务局地方税务局合作工作规范（2.0版）〉的通知》（税总发〔2015〕159号）。该合作工作规范关于协同管理非居民企业税收的主要内容如下：

①协同判定非居民企业构成常设机构资格。一是协同判定非居民企业构成常设机构资格。统一标准、互通结果，及时传递非居民企业合同项目备案和纳税申报等信息。二是任一方税务机关对非居民企业是否构成常设机构资格提出质疑的，或通过其他渠道了解到非居民纳税人已构成常设机构，但未履行合同项目备案和纳税申报义务的，应在规定时限内书面告知对方。三是双方对判断结果无法协调一致的，应分别逐级报请各自上一级税务机关协调。

②协同做好非居民源泉扣缴管理。一是双方按月传递非居民企业的合同备案信息及纳税义务判定信息，通报非居民企业税源协议、合同等资料。二是双方按月传递《非居民承包工程作业和提供劳务项目信息传递表》。

2.4.3 反避税管理

■ 亚洲

韩　国　（1）加强国际电子商务税收管理。韩国向外国运营商征收电子服务增值税。韩国国家税务局发布通知，自2015年7月1起向外国运营商提供的电子服务征收增值税。通知明确，任何外国企业经营者向韩国提供的电子服务都被视作在韩国境内提供。外国运营商应根据增值税法第53（2）和96（2）条核算增值税。此次调整涉及了通过ICT网络提供的游戏、音频、视频文件和电子文档、软件等服务项目。纳税人将被要求向国家税务局进行注册并通过官方网站核算增值税。纳税申报按季度申报，申报日期为每个纳税季度结束后的下一个月25日。纳税人应在经营开始日期起20日被完成注册，现有企业注册截止日期为2015年7月20日。

韩国计划从2016年起征收谷歌税。韩国正在计划对大型数字化公司的不征税利润征收“谷歌税”。这一税种将仿照英国的利润转移税，在OECD的BEPS行动计划下设立，将于2016年实施。2015年7月1日起，韩国已经对境外电子服务运营商征收了10%的增值税。这是对通过信息通讯技术（ITC）网络提供的服务征收的一种税，ITC包括游戏文件、音频文件、视频文件、电子文档以及软件。

（2）2015年9月1日，韩国战略与财政部发布《纳税人自愿披露未申报海外收入计划》。该计划的主要内容如下：

①自愿披露的内容。纳税人可以自愿披露未申报纳税的海外收入。

②税收处罚优待。自愿披露未申报海外收入的纳税人，只需要补缴应纳未纳税款和滞纳金，不会受到税收罚款和刑事处罚。

③计划实施期限。该计划将从2015年10月1日起启动，运行至2016年3月31日。

（3）2015年11月，韩国政府表示，计划从2016年开始对全球高科技公司及其他跨国公司征收转移利润税。

第一，背景。①转移利润税被称为“谷歌税”。因为美国的高科技巨头，如谷歌、苹果和亚马逊等跨国公司在全世界获得巨额利润，但他们却把利润转移到避税天堂，从而不缴税。②韩国跨国公司避税问题引起当地民众的强烈不满。2013年韩国共有9523家跨国公司，其中约有半数也即4752家跨国公司没有缴纳任何公司税。在这些避税的跨国公司中，有15家公司在韩国盈利超过1万亿韩元（1美元约合1140.87韩元）。这些跨国公司特别是高科技公司在韩国广泛的商业活动和相对微不足道的公司税之间的巨大反差，引发当地民众的极度不满。③世界其他国家也在考虑实施“谷歌税”，但韩国政府愿意采取先发制人的行动。

第二，转移利润税法颁布时间。韩国政府计划于2016年8月公布《大韩民国地方税法修正案》时，一并宣布《大韩民国利润转移税条例》。如果该条例能够如期实施，韩国将成为继英国之后第二个征收“谷歌税”的国家。

新加坡 2015年1月6日，新加坡国内收入局发布电子版《新加坡共和国转让定价指南（2015）》。该指南的主要内容如下：

（1）整合了历年颁布实施的转让定价指南。主要包括：2006 年发布《新加坡共和国转让定价指南》（see Singapore－1，News 23 February 2006）；2008 年 6 月 3 日发布《新加坡共和国转让定价咨询（指导）》；2008 年 10 月 20 日发布《新加坡共和国预约定价安排补充规定指南》（see Singapore－1，News 22 October 2008）；2009 年 2 月 23 日发布《新加坡共和国关联方贷款和劳务的转让定价指南》（see Singapore－2，News 10 March 2009）。

（2）《转让定价指南（2015）》的法律依据。主要依据 OECD《转让定价指南（2010）》和《BEPS 行动计划》等法律精神。

（3）《转让定价指南（2015）》的政策框架。第一部分：转让定价原则和基础。明确了公平交易定价原则和转让定价文书资料提供要求。a. 正常交易定价原则。总体遵循 OECD 指南，支持将正常交易定价原则作为指导转让定价的标准。b. 转让定价文书资料。为便于遵从，要求纳税人保留转让定价同期资料，也接受任何比交易发生地财政年度完成和填报的税收申报表稍迟准备的转让定价同期资料。转让定价文书资料要分别按企业集团及集团成员企业提供。第二部分：转让定价管理。新增了转让定价磋商程序，并删掉“过时的”转让定价问答。转让定价指南提供了相互协商程序和预约定价协议的具体分步骤程序，附件提供了可用的文书样本。第三部分：其他问题。a. 转让定价调整。主要包括：年末调整，调整补税，自行追溯调整，因税务机关转让定价调整进行的相应调整。b. 关联方劳务。本节内容已经更新，提供了更加清晰的正常交易定价原则下关联方劳务的运用指南。c. 关联方贷款。提供了进一步的指南。d. 归属于常设机构的利润。这是新增的内容。

印　度　（1）2015 年 2 月 28 日，印度财政部长向议会提交了《2015/2016 财政年度印度共和国预算草案》。该草案涉及反避税的主要措施如下：

①延迟 2 年实施一般反避税规则（GAAR）。即从 2017/2018 财政年度开始适用 GAAR，具体将适用于 2017 年 4 月 1 日及之后的投资。

②废除所得税法中关于“间接转让”条款。

③印度直接税中央委员会将会发布《关于外国公司向股东支付股息的“间接转让条款”的适用性通告》。

④提高国内转让定价规则适用的交易数额标准。由现行 5000 万印度卢比提高至 2 亿印度卢比。

（2）2015 年 10 月 20 日，印度财政部宣布推出新的转让定价准则，允许使用“范围概念”以及通过多年度数据确定转让价格。新准则适用于 2014 年 4 月 1 日以后发生的国际交易或特定的国内交易。印度政府表示，准则的修订将为转让价格的决定提供确定性并减少转让定价问题的争端。这是政府稳定直接税体系计划的一部分。“范围概念”作为一项统计工具使用，有助于提高计算公平价格的可靠性。“范围概念”将适用于在某些情况下在可比价格的 35% ~65% 的范围内确定价格，纳税人提供的交易价格落在这个范围内将被接受，且不需要调整。

■ 欧洲

爱尔兰 2015 年，爱尔兰政府公布了《国际税收战略（升级版）》。其主要内容如下：

（1）为应对税基侵蚀和利润转移后的世界新规则，爱尔兰已经做好了充分准备。

（2）各国必须以集体合作的精神努力实现 BEPS 目标。假如国际社会真的努力实现 BEPS 目标，确保跨国公司缴纳公正的税收份额，各国就必须以集体合作的精神努力实现这一目标，而不能采取单方面的行动。

（3）爱尔兰将积极参与欧盟的行动计划和 OECD 有害税收实践论坛。

（4）全面落实 OECD 反税基侵蚀和利润转移的建议。

（5）按照 OECD 标准对分国别申报制度立法。爱尔兰将尽快采纳 OECD 的分国别申报标准。由于爱尔兰目前实行的是宽税基，有国际竞争力的 12.5% 公司所得税税率，采取分国别申报对爱尔兰是件好事。这种方法提供了确定性，有利于扶持投资，创造更多的就业岗位。

奥地利 2015 年 7 月 23 日，奥地利议会上院批准了《2015/2016 财年奥地利共和国税制改革方案》。该方案最重要的改革内容就是针对银行业的反避税措施。

（1）废除银行保密原则。这意味着税务当局在获得法院授权后，就可以进入银行账户系统获得相关涉税信息。《奥地利共和国税收法典》第 161（2）条规定，只有税务当局对纳税申报的正确性提出了合法关注，并且已经启动了税收调查，才允许税务调查人员进入银行账户系统获取相关涉税信息。这项规定对启动银行账户税收调查无疑是重要障碍，严重限制了税务当局对银行账户信息的获取。

（2）银行账户集中登记制度。对所有奥地利银行账户实行集中登记。

（3）金融机构报告大额银行账户的义务。对超过5万欧元的银行账户，金融机构有向税务当局报告的义务。

（4）对企业拥有现金的限制。如果公司每年获得的现金超过15000欧元，该公司就有义务使用收银点钞机或现金资产负债表。

波黑塞族共和国 2015年2月27日，波黑塞族共和国财政部发布了《关于明确符合转让定价正常交易原则利率的通知》。该通知明确了符合转让定价正常交易原则的利率，适用于关联方的借贷行为。纳税人既可以选择该通知确定的市场利率，也可以选择《波黑塞族共和国公司所得税法》中对正常交易利率核定的一般规则规定的利率，作为正常交易原则的利率。纳税人选择了其中一种利率确定方法，就要适用于关联方之间的所有借贷行为。

波 兰 2015年1月1日，《波兰共和国公司所得税法修正案》正式生效。该修正案修改了资本弱化规则，修订的主要内容如下：

（1）更新资本弱化比率的内涵，降低债务与股权数额的比率。将债务与股份资本的数额比率，更新为债务与股权的数额比率，这是资本弱化规则的一个关键变动。并且将新比率从3∶1降到了1∶1。

（2）利息扣除限制规则的适用范围由直接股东扩展到了间接股东。如果贷款由持有股份资本高于25%的间接股东提供，则该贷款利息也不能扣除。此项贷款利息扣除限制规则，此前只适用于直接股东，修改后的规则也适于间接股东。

（3）可扣除利息限额的计算方法。由关联方和非关联方提供符合转让定价正常交易原则的贷款利息允许扣除，但不能超过按照以下方法计算的利息限额。具体计算方法是：税收价值＝不含无形资产的资产×上一个纳税年度波兰国民银行的参考利率（2014年10月1日后为2%），增加一个1.25%的指数。

（4）允许限额利息结转扣除。在一个特定纳税年度内，如果该利息额低于纳税人营业利润的50%，则该利息允许扣除。第一年没有被扣除的利息限额结余（可能由于限额），可以在以后5个连续纳税年度中的任何一年结转扣除。

芬 兰 2015年10月1日，芬兰政府向议院提交了《芬兰共和国企业所得税法修正草案》（HE59/2015），计划于2016年1月1日生效。该草案提出，根据2014/86指令和2015/121指令修订的《欧盟母子公司指令（2011）》，建议修改《企业所得税法》中有关股息分配的一般反避税规则。具体规则如下：

（1）居民企业来源于欧盟区公司分配的股息允许免税。如果接受股息的公司是芬兰居民企业，则来源于其他欧盟、欧洲经济区公司分配的股息是可以免税的。

（2）居民企业来源于欧盟区公司分配的已税收扣除的股息不允许免税。如果股息分配前已经被负责分配股息的公司适用于企业所得税前扣除，则接受股息的公司不再享有免税待遇。

（3）居民企业来源于欧盟区公司分配的非足额税收扣除的股息允许等额免税。如果股息分配前只有部分股息获得企业所得税前扣除，则接受股息的公司相应部分的股息要全额征税，其中未获得税收扣除的剩余股息部分可享受免税待遇。

捷　克　2015 年 11 月 18 日，捷克财政部召开了有关反避税的会议，研究反避税的新举措。

（1）逃避税主要发生的领域。①转让定价可能导致利润被转移到避税港。②不申报收入。每年约 16000 亿克朗。③增值税逃税。如旋转木马欺诈和虚假发票，每年约 8000 亿克朗。

（2）确认有效并继续实施的打击逃避税的措施。①推出眼镜蛇集团计划。②反向征税机制增加了反增值税欺诈的手段。③强化转让定价审计。④对“不可靠增值税纳税人”的分类。⑤银行账户的中央登记册制度。⑥财产来源声明。⑦控制形式。⑧电子版的收入报告等。由于加强打击逃税和避税，财政收入同比增加了 4930 亿克朗。

挪　威　2015 年 3 月 2 日，挪威财政部发布了《关于挪威受控外国公司法的解释》。其主要内容如下：

（1）位于“低税负国家”的受控外国公司，其利润都要按照比例归属于挪威居民股东。挪威受控外国公司法规定，挪威居民纳税人直接或间接拥有一家外国公司，或控制外国公司不低于 50% 的股份，如果该外国公司位于“低税负的国家”，则该外国公司的利润无论是否分配，都要按照比例归属于挪威居民股东。

（2）关于挪威“纳税人”的范围。挪威受控外国公司法规定，该法适用于挪威“纳税人”。但是，该“纳税人”是否包括按照受控外国公司法特殊规则下的免税参与方，则是不明确的。财政部的观点是，在判定挪威人与外国公司是否存在控制关系时，与参与方的税务处理方式应该无关。因此，挪威“纳税人”也应该包括应纳税的纳税人和免税的纳税人。

西班牙 2015年5月，西班牙议会于2014年10月通过的《西班牙王国知识产权法（修正）》全面生效，其中增加了具有“谷歌税”之称的第32.2条款，旨在规制互联网新闻聚合平台的网络传播行为。该条款的主要内容如下：

（1）互联网新闻聚合平台转载影像作品需要经过授权，而转载新闻内容则不受授权限制。第32.2条规定，在任何情况下，任意第三方将任何公开在期刊或网站定期更新的图像、摄影作品或者单纯的照片向公众公开必须获得授权。该规定突出了对图像、摄影作品更为严格的保护，而对新闻聚合网站提供摘要等新闻片段内容是否要获得权利人授权没有规制，这就可以理解为新闻聚合网站提供摘要等新闻片段内容，不必得到版权人或其他权利人的授权。

（2）互联网新闻的权利人享有收取合理补偿的权利。第32.2条款规定，对互联网新闻聚合平台转载影像作品的行为，出版者或其他权利人享有收取合理补偿的权利，互联网新闻聚合平台必须向相关权利人支付“合理的”费用。转载影像作品是指通过定期出版物流通或通过定期更新的网页来显示，目的在于报道、制造公共舆论或者娱乐内容。

（3）社会反响热烈。①传统媒体和著作权管理机构的正反应。第32.2条的规定获得了传统媒体和著作权集体管理机构的赞许与支持。②谷歌新闻等网站的负反应。受第32.2条影响最大的谷歌新闻，宣布退出西班牙市场。美国财经科技网站（Business Insider）指出，西班牙这一立法“十分不明智”。也有声音称欧洲国家过于强调媒体版权、个人隐私权利的保护，反而打压了科技行业的创新。

希　腊 2015年4月28日，希腊财政部长瓦鲁法基斯在雅典会见瑞士财政部官员时表示，希腊政府将讨论实施《希腊公民自愿披露海外存款信息草案》。该草案一旦获得议会通过，希腊和瑞士税务当局将签署《希腊国家税务局和瑞士国家税务当局关于瑞士银行希腊账户信息自动交换的协议》，规定瑞士税务当局自动交换瑞士银行业所拥有的希腊客户存款的相关信息。

意大利 2015年5月11日，意大利政府公告（第107号）“关于受控外国公司所得扣除和避税地黑名单（修正）。

（1）现行政策。①位于避税地白名单地区的受控外国公司所得扣除规定。根据1986年12月22日颁布实施的《意大利共和国受控外国公司所得税管理法规》（第917号总统令）第110条的规定，居民个人和位于避税地白名单地区的非居民实体之间发生的交易费用扣除项目，符合规定的准予所得税前扣除。符合规定的费用扣除项目是指：该非居民实体从事真实的经营活动；相关交易有真实的经营目的并实际发生了。②位于避税地黑名单地区的受控外国公司所得扣除规定。由于意大利避税地白名单到现在尚未公布，2002 年 1 月 23 日意大利部长令公告的避税地黑名单现在依然有效。因此，位于避税地黑名单地区的非居民实体与意大利居民个人的交易费用项目不能从应税所得额中扣除。

（2）现行政策修正。即修正受控外国公司所得扣除和避税地黑名单。2014 年 12 月 23 日，意大利政府批准了《2015 年税收稳定方案》（第 190 号部长令）。该方案修正了 2001 年 12 月 21 日部长令中的这份避税地黑名单，将那些与意大利税务局签订了双边税收情报交换协议，而且税负水平不低于意大利税负水平 50% 的国家或地区从避税地黑名单中删除了，如马来西亚、菲律宾和新加坡已从避税地黑名单（第一部分）中删除。

（3）《受控外国公司所得扣除和避税地黑名单（2015）》。①第一部分国家或地区（34 个）。即那些在任何情况下被认定为避税地的国家或地区，具体名单如下：安道尔、巴哈马、巴巴多斯、巴布达、文莱、库克群岛、吉布提、法属波利尼西亚、格拉纳达、危地马拉、中国香港、基里巴斯、黎巴嫩、利比里亚、列支敦士登、澳门、马尔代夫、马绍尔群岛、瑙鲁、新喀里多尼亚、纽埃、阿曼、圣海伦娜、圣基茨和尼维斯、圣卢西亚、圣文森特和格林纳丁斯、萨摩亚、萨克、塞舌尔、所罗门群岛、汤加、图瓦卢、美属维京群岛和瓦努阿图。②第二部分国家或地区（2 个）。即除非特定的活动，否则要被认定为避税地的国家或地区。具体名单如下：巴林，在石油行业从事勘探、开采和冶炼活动的公司除外；摩纳哥，境外营业额超过 25% 的公司除外。③第三部分国家或地区（10 个）。即一般不被认定为避税地，但由于特定的离岸立法令或其他税收优惠等产生特定的低税活动，而被认定为避税地的国家或地区。具体名单如下：安哥拉、安圭拉、多米尼加、厄瓜多尔、牙买加、肯尼亚、巴拿马、波多黎各、瑞士和乌拉圭。

英　国　（1）2015 年 3 月 18 日，英国政府向议会提交《2015/2016 财年大不列颠及北爱尔兰联合王国预算草案》。该草案提出，从 4 月 1 日起开征转移利润税，旨在敦促大型跨国企业在英国承担合理的税赋比例。

征税基本原则。①为抵消外国企业利用常设机构规则安排税收的不良影响。②为防止外国企业通过离岸交易或缺乏经济实质的实体来获得税收好处。

税率。税率确定为利润额的25%，公司所得税一般税率提高5个百分点。

征税对象。适用于英国年营业额2.5亿英镑以上的大型跨国公司，确保大型跨国企业承担合理税赋比例。凡是跨国公司在英国经营所产生的利润，在转移至境外时，都被征收25%的转移利润税。中小企业和慈善组织等机构均被豁免征收此税。由于转移利润税的征税对象为大型跨国企业，尤其是那些在英国获得大部分利润却极少纳税的龙头网络公司，因此又被称为“谷歌税”。

征税范围。①征税不溯及既往。利润转移税仅对2015年4月1日以后获取并境外转移的利润征收，不溯及既往的转移利润。②单纯具有税收错配结果的企业或低税地注册企业，排除在转移利润税征税对象之外。这主要基于征税原则。

征管制度。①征税通知。一旦税务机构决定对某一跨国企业征收转移利润税，该企业将会收到一份详细解释这一税种和计算方法的文件通知。②全球利润报告制度。大型跨国企业将被要求披露其在各个国家所取得的营业收入和利润数据，以帮助税务人员确定利润是否被转移至境外。③被征税企业回应期。被征税企业拥有30天的回应期，自行计算应纳税额之后再交由税务机构复核，以决定是否应修改应征税额。④缴税时限。税务机构最终确认应纳税金后，企业必须在30天内缴纳全部税款。否则将面临包括滞纳金在内的税收处罚。⑤纳税申诉期。即便企业已按时缴纳转移利润税，该企业也依旧可以在未来12个月的时间内提出申诉。

（2）英国还就分国信息报告制度征求意见。英国皇家税务与海关总署发布征求意见稿，对跨国企业实施分国信息报告（CBC）征求意见。英国2015年税收条例规定，跨国企业需要自2016年1月1日及以后开始的会计年度实行分国信息报告。条例规定，母公司在英国的跨国公司，若集团年收入在整个会计年度（12个月）中大于5.86亿英镑（约合8.92亿美元）（少于12个月则按比例划分）则需要向英国税务总局在线提交CBC。在某些情况下，若母公司不在英国，其分支机构在英国，可代表集团自愿提交CBC。条例实施后，跨国企业需要披露与每个国家交易的营业收入、税前利润和应缴和已缴税金。还需要披露员工人数、资本情况、留存收益以及有形资产。最后，跨国企业还需要披露其分支机构在其他国家开展的业务活动。若跨国企业无故推迟提交CBC或故意提交错误的信息，将受到惩罚。此外，条例还包括反避税规则，防止跨国企业逃避纳税要求。

■ 美洲

巴拿马 2015年6月29日，巴拿马外交部长发表声明宣称，正在研究针对欧盟再次将自己列入避税地黑名单的对策。

（1）巴拿马抗议欧盟再次将自己列入避税地黑名单。上述声明是在欧盟不久前公布欧盟成员国的国际避税地名单，或不合作国家或地区的黑名单后发布的，表达巴拿马政府的强烈不满和抗议。

（2）巴拿马政府已经公布在税务问题上进行国际合作的承诺。其中包括与至少10个欧盟成员国签署了税收信息自动交换协定，达到了国际税收透明度的标准，颁布了防范国际逃避税的法律等。

哥伦比亚 2015年1月1日，《关于哥伦比亚与巴拿马纳税人之间的任何交易均强制适用转让定价规则的法令》（2014年第1996号令）正式生效实施。

（1）背景。2014年4月6日，哥伦比亚税务局和海关总署署长宣布，如果巴拿马不同意和哥伦比亚签署税务信息自动交换协定，从2014年9月起就将巴拿马纳入了国际避税地的名单中。但是，巴拿马政府拒绝签署税收协定，其后果就是招致第1996号令制裁。2014年10月7日，哥伦比亚政府发布第1996号令，对巴拿马给予税收制裁。

（2）法令内容。①转让定价规定将被强制性适用于与巴拿马个人或公司之间完成的任何交易。②对向巴拿马的任何个人或公司支付的款项，均征收33%的预提税。③已征预提税在缴纳企业所得税时一般不予扣除。

美　国 （1）2015年2月18日，美国参议院预算委员会发布《合法化的税收欺诈：美国超级跨国公司如何继续通过离岸避税地转移利润》。该报告描述了本国超级跨国公司利用离岸避税地规避美国税收的情况。

①超过50%的超级跨国公司在离岸避税地设有子公司。美国企业圆桌会议代表（由201家美国最大公司的首席执行官组成的一个联合体）的201家公司中，至少有111家公司在2008年美国审计总署认定的离岸避税地辖区中有子公司。

②美国总公司向离岸避税地子公司转移利润逃避美国税收。这111家跨国公司将超过1万亿美元的利润转移到离岸避税地的子公司，逃避了大约1800亿美元的美国公司所得税。离岸避税地子公司的利润大多数来源于美国总公司，或来源于其他国家的实际经营活动。

③公司所得税改革建议。建议降低公司所得税，采用属地原则税制，

对本国公司的海外利润豁免美国税收。

（2）美国财政部发布美国所得税协定范本的修订草案并公开征求意见，对于通过倒置交易改变税收居所的公司，草案特别加入相关条款否定其税收协定待遇。其他修订内容旨在确保即使税收协定缔约对方税法出现变动，美国也能够在其税收协定网络下维持所协商的待遇的平衡。草案包含了一系列条款专门解决由“特殊税制”所引发的问题，即某些国家提供非常低的税率，特别是针对特许权使用费、利息等流动收入。美国认为这些收入可以通过费用扣除轻易地在全球范围内转移，从而侵蚀美国的税基。修订草案旨在避免纳税人利用美国税收协定的条款结合特殊税制，在缔约国缴纳非常低的或者不缴纳税款。对于被美国税收法典认定为“外国实体”的美国公司，修订草案提出对其股息、利息、特许权使用费等重要支付款项全面征收预提税，旨在降低利用企业倒置享受的税收待遇。修订草案还提议阻止第三国的居民从双边税收协定中不恰当获取优惠待遇，由于归属于境外常设机构而不被缔约对方征税的收入，将对其税收协定待遇的适用性制定更加有效力的规则。

（3）美国承诺在2015年7月至2016年6月的计划年度内就转让定价和其他国际税收事项发布相关指引。这份计划共包含277个已经分配在财政部年度计划优先事项内的项目。在转让定价方面，财政部打算根据税法482号章节准备关于关联方交易的风险处理和分配方面的指引，并对用于转让定价风险评估的包含所得、收入、纳税、特定经济活动信息的分国信息披露报告进行详细规定。美国财政部还计划发布混合实体和工具如何适用各种条约条款的指引；预约定价安排（APA）项目的年度报告，以及预约定价安排和多边协定项目的更新信息；关于消极外国投资公司的指引；向外国合作伙伴借款及其相关问题的处理指引；合作伙伴对外国所得税的分配指引。

（4）2015年7月17日美国国税局（IRS）发布三份国际税收实践手册，就涉及受控外国公司（CFC）的国际税收规则提供指引。第一份手册审查了受控外国公司从其美国母公司（US Parent，USP）购买个人有形财产，并且向其他各方再出售（不经任何其他修改或制造）的情形，特别是该出售是否符合“本国销售/使用特例”。第二份手册是关于受控外国公司向关联方出售本国非关联方制造的财产，同时也涉及了FBCSI规则，但讨论的是财产是否是在受控外国公司注册所在国制造的。如果财产是在受控外国公司注册所在国制造的，那么IRS会认为这更可能是出于有效的商业目的而非避税目的。因此，这种情形也不包含在FBCSI中。第三份手册是处理第二种类型的"subpart F所得"，即国外私人控股公司所得(Foreign Personal Holding Company Income，FPHCI)。FPHCI规则是对特定外国公司取得投资组合所得取消递延美国税，即该公司仅仅是消极取得投资所得而不是积极的商业所得。因此，进行FPHCI例外情形判断时主要是关注所得接受者是否符合特定标准。

8月21日，美国国税局（IRS）发布10项新的国际实践手册，旨在向税务机构的检察官提供关于国际税务规则的解释，同时也可以令纳税人了解这些特定话题的税务措施。这些手册针对以下话题：受控外国公司的贷款是否应纳入所得；在判定国内税收法典911章节税收优惠（海外收入豁免，FEIE）时如何进行真实居住测试；海外居住的美国人士申请额外子女税收抵免（ACTC）是否符合资格；如何计算海外收入豁免（自雇人士和雇员）；计算外国收入抵免限额时如何合理判断其他福利的来源；如何根据真实居住状态判定美国纳税义务；纳税人是否合理进行了工资薪金的来源判定；适用税收协定待遇时扣缴义务人的申报义务；非居民是否有应征收美国所得税的实际关联所得。

10月29日，美国国税局（IRS）再发布七项国际税收实践手册(IPUs)，指导美国国税局在特定类型的跨境交易中对国际税收规则的应用。手册讨论的规则包括：向非关联方出售分支机构或受控外国公司（CFC）生产的产品；非居民外籍人士在美国从事的贸易或业务；对国外基地公司所得（FBCI）进行功能分析；国外基地公司服务所得的概念范围；以及国外基地公司销售收入的分则。国际税收实践手册（IPUs）为美国国税局税务检查人员提供了解决各种法律和规定没有官方说明的跨境活动所得税处理的方法，还提供了对国际税收概念和具体交易类型信息的解释。

（5）美国国税局（IRS）发布临时条例，明确了如何将公平交易原则和美国国内税收法典（IRC）第482条规定的最优法则与美国国内税收法典其他条款的适用相协调，以解决当前的不足。IRS根据公平交易原则调整受控交易的结果，以清楚地反映普通受控纳税人进行无形资产交易的收入，从而正确分配交易所得。虽然受控交易的公平价格由IRC第482条决定，但是受控交易的税收处理也受到其他受控交易和非受控交易的法规和条例的监管。除了这些普遍适用的规定外，受控交易始终遵循IRC第482条。条例规定，IRC第367条规定的受控纳税人之间发生的财产交易，需要综合考虑IRC第367条和第482条的规定。受控交易包括IRC第367条规定的有形资产交易、无形资产交易以及对资产进行重大的维护、开发或进一步发展的相关服务。所有交易必须在IRC第482条的基础上保持一致性的分析与估价，从而达到IRC第367条和第482条的预期目的。

（6）美国财政部颁布一项新税收规则以限制美国企业通过搬迁至海外来逃避税收。新规则将令美国企业收购外国公司后，合并实体所在地置于美国以外的做法难度加大。该规则也将限制企业在并购前，让外国公司看上去规模更大，从而逃避美国税收的惯用手法。该规则限制了美国企业将海外业务转移至新的外国母公司的能力。新规则其中一个方面将适用于2014年9月22日后，完成税负倒置（tax inversion）所有企业的未来交易。这可能会给那些已完成税负倒置的公司造成问题。现行法律可防止企业逃避美国税收体系，除非公司与外国公司合并。现行法律还允许美国公司进行税负倒置，前提是美国公司的股东在合并后实体的持股比例低于80%。

■ 其他国家

澳大利亚 （1）2015年5月12日，《2015/2016财年澳大利亚预算草案》涉及执行新的转让定价证明资料标准的主要措施如下：

①从2016年1月1日起执行新的转让定价证明资料标准。

②转让定价证明资料新标准将遵守近期OECD倡议。具体包括：第一，对全球商务、组织机构和转让定价政策审查的一个主文档。第二，有关澳大利亚经营公司境内关联交易的详细信息的文档。第三，总报告和分国别所得报告。显示澳大利亚跨国公司集团的全球活动的总报告，披露该集团公司缴纳的税款和各国所得的分国别报告。第四，对大型公司集团有关避税和利润转移安排的税收处罚将翻一番。

（2）2015年10月19日，澳大利亚国家税务局发布了“重塑澳大利亚税务局的计划”。该计划涉及国际税收管理的战略如下：

①致力于建设澳大利亚外国投资税收遵从框架。第一，实施外国投资者自愿披露海外未申报收入税收赦免行动。此举旨在提升外国投资者的税收遵从意愿。第二，敦促房地产外国投资商参与自愿披露行动。澳大利亚国家税务局敦促澳大利亚房地产市场的所有外国投资者自行检查其税收遵从情况，提醒税收不遵从或遵从不足的外国投资者抓住自愿披露计划实施的契机，主动自愿披露其未申报的收入。第三，对参与自愿披露行动的外国投资者给予减半年未披露所得税收赦免优待，旨在提升纳税人的参与意

愿。共有 5600 名纳税人参与自愿披露行动计划，主动披露其海外收入 6 亿澳元与海外财产 40 亿澳元。5600 名主动披露海外收入与财产的纳税人中，超过 140 名为超级富豪（财产超过 3 亿澳元），超过 800 名为富人（财产超过 5000 万澳元）。

②配合 OECD 落实《反税基侵蚀和利润转移行动计划》。第一，支持 OECD 反利润转移工作组的工作。派出代表参加 OECD 反利润转移工作组的讨论，清晰阐明澳大利亚反利润转移的态度。第二，借助利益相关方战略的分析，国内收入局为政府和财政部作出国内和国际税收决策提供依据。依据对利益相关方战略的分析材料，澳大利亚国内收入局与财政部官员能够更好表明澳大利亚的税收态度。

③实施反利润转移计划。

第一，对象。该计划主要针对通过转让定价方式将利润转移出澳大利亚的跨国公司。

第二，新合规性倡议。通过注重对不合规主体的识别和调查，提升跨国公司的计划参与意愿，促进合规性纳税人之间的公平。

第三，关注重要的国际税收风险。a. OECD 强调的利润转移与税基侵蚀问题中的一系列架构与争议。国内或国外的跨国公司均存在上述税收风险。b. 分类管理利润转移与税基侵蚀的税收风险。将利润转移与税基侵蚀的税收风险进行归类，并且确保能够迅速、持续和高效的处理上述税收风险。c. 重点关注以下领域的税收风险。即债务倾销和资本弱化、位于低税率避税地的营销与市场中心、数字化税收架构、混合错配、转让定价和滥用协定等领域的税收风险。d. 对纳税评估识别出特殊案例中的重大问题开展税务审计。随着税务审计的推进，已经查出超过 4 亿澳元的税款。

第四，增加税收收入。计划至 2017 年 6 月 30 日，通过该计划实施给政府增加 11 亿美元的税收收入。

④税收风险评估与识别子计划。税务当局注重于改善税收数据分析和税收情报的使用情况，以期更好地确定、划分税收风险的优先顺序以及应对措施。

第一，实施“更加智能化数据”的税收情报交换战略项目。国内收入局正在采取更为统一的方法促进更多的税收情报交流，这将整体提高税务机构应对税收风险的能力。国内收入局关注的重心不仅仅在国际税收情报交换方面，也注重在法律允许的范围内与政府其他部门分享税收分析数据、税收情报和经验。

a. 国际税收情报自动交换合作战略。国内收入局承诺执行国际税收情报自动交换的系列制度，包括 CRS、FATCA 和分国别报告制度。澳大利亚财政部宣布，将从 2016 年 1 月 1 日起实施分国别报告制度，于 2017 年正式执行 CRS。随着这些国际税收情报自动交换制度的实施，澳大利亚税务当局获得全球化商业活动信息的能力将提升跨国公司的透明度，从而有效遏制国际逃避税问题。2012 年至 2014 年，澳大利亚国内收入局与 100 个双边税收协定签约国，通过国际税收情报交换带来 7.3 亿澳元的税收收入。

b. 国内收入局发起与政府其他机构合作的数据收集计划。例如，国内收入局与澳大利亚交易和分析中心（AUSTRAC）合作，并通过企业所得税国际交易计划（IDS）和资本弱化计划提升税收数据的收集能力。其中，国际交易计划提供的有价值的税收信息包括：关联交易；受控外国子公司的问题；国际架构；与资本弱化计算相关的资产重估等。

第二，建立税收风险识别程序。该程序通过数据匹配系统，将从多种渠道收集的税收数据进行比对，识别企业利用转移利润和侵蚀税基的组织架构，包括在低税地区设立离岸中心、将知识产权转移出澳大利亚和操纵债务水平等税收遵从问题。随着澳大利亚国内收入局获取数据渠道的拓宽，其提醒政府注意新兴税收风险的能力将更强。

⑤反中小企业和个人海外逃税（OTE）战略。海外逃税包括纳税人阻碍对全球收入公平征税的一系列行为，以及从简单的不报告海外收入的行为至故意隐藏财产和重塑收入的税收欺诈行为。在国际反避税信息中心组织下，国内收入局近期签署了《澳大利亚加入国际税收征管互助公约的协议》，国际税收情报自动交换取得重大进展。澳大利亚国内收入局正通过改进税收数据的应用和增进税收数据分析能力，推进其反海外逃税战略。

（3）澳大利亚决定针对海外数码产品及服务征消费税（GST）进行立法，即将发布草案以供审议。一段时间以来，经合组织（OECD）已意识到海外数码产品及服务缴税问题，日本、挪威、韩国、瑞士及欧盟成员国已经或将要引入类似法规。另外，澳大利亚推出《打击跨国企业逃税法案》，将对逃税企业征收两倍税款以及利息。这项法案适用于全球营业收入大于 10 亿澳元（约合 7.17 亿美元）的在澳大利亚从事经营的跨国企业，大约包括 1000 家企业。法案还提供了经合组织制定的分国信息报告制度的实施方案，以及转让定价的文档标准。如果法案获得通过，将于

2016年1月1日开始实施。

(4) 2015年12月11日，澳大利亚税务理事会发布一项新的跨国企业税收透明自律准则，并公开征求意见。征求意见稿包括澳税务理事会的初步调查结果及向政府提出的建议。征求意见稿建议，税收透明准则应分为两部分，一部分是对财务报告中税务信息披露的改善（A部分），另一部分是年度纳税报告（B部分）。征求意见稿建议，大型企业（营业额超过5亿澳元）应该两部分都采用，中型企业（营业额在1亿~5亿澳元之间）应该采用A部分。征求意见稿指出，企业也可以选择通过其他公开披露手段来满足澳大利亚税收透明自律准则的最低标准。征求意见稿明确，报告无须外部审计，因为其内容可以通过现有的内外部审计或审查程序获得保证。征求意见稿也没有对误导性披露税收透明准则所需信息的行为提出任何额外的监督与惩罚建议。

■ 中国

(1) 2015年6月16日，国家税务总局发布《关于规范成本分摊协议管理的公告》（国家税务总局公告2015年第45号）。该公告的主要内容如下：

①企业应在规定时间内向主管税务机关报送与关联方签订（变更）成本分摊协议副本。并在年度企业所得税纳税申报时，附送规定报告表。

②税务机关对不合规成本分摊协议实施特别纳税调查调整。第一，不符合独立交易原则和成本与收益相匹配原则的成本分摊协议。第二，参与方实际分享的收益与分摊的成本不配比的，应据实作出补偿调整而未做补偿调整的。

(2) 2015年9月24日，国家税务总局发布《关于开展国别税收信息研究相关工作的通知》（税总函〔2015〕519号）。该通知关于工作内容的主要规定如下：

①收集和发布国别税收信息。包括双边经贸往来和税收合作信息，对口国家（地区）税收制度及征收管理体制现状、走势，可能影响我国企业对外投资或引发税收风险的重要税制变化，以及可供我国参考借鉴的经验教训等。

②报送年度报告和专题报告。年度报告主要分析税收信息情况，专题报告主要调研专项税收问题。

③建立健全信息公开机制。

④完善国际税收管理机制。各地要提出涉及对口国家（地区）的税

收遵从和风险管控行动方案建议，并提供技术支持。

（3）中国香港顺应全球税务发展，积极采取措施打击国际逃避税。中国香港重申反避税承诺。根据最近外资银行开立离岸账户的报告，香港政府与监管部门将继续严厉执行反洗钱与反避税行动。香港金融管理局（HKMA）及相关监管部门将继续密切关注其他国家和地区在这方面取得的进展，与海外监管机构保持适当联系，并对违法行为采取适当措施。香港反洗钱与反恐怖融资条例规定：金融机构应当遵守金融行动专责委员会的国际标准对客户执行严格的尽职调查和记录要求，这些要求同样适用于在香港注册的银行在海外的分支机构与子公司。HKMA 要求这些银行采取有效措施防范避税风险，应定期对银行进行反洗钱与反恐怖融资控制活动的检查，包括税收相关的控制活动。同时，与海外监管机构保持联系，共享银行的各类监管信息。另外，HKMA 要求金融机构向香港联合财富情报组报告与犯罪活动相关的可疑交易，蓄意协助他人避税属于犯罪行为。

香港拟定税收交换信息法案。香港政府称，为顺应全球税务发展，将致力于遵守最新的国际税收进展，包括提高税收透明度和打击税基侵蚀与利润转移。为落实税务事宜自动交换金融账户资料（AEOI）的新国际标准，将对立法建议方案进行调整，以期在 2017 年之前通过所需的本地法例，在 2018 年底前进行首次自动交换资料。香港政府对立法建议方案做出以下三方面调整：一是对于金融机构、无须申报的金融机构及获豁免账户的定义，大致保持不变。确保 OECD 共同汇报标准（CRS）无意涵盖的某些信托公司，不会不必要地受到香港本地法例的限制。同时，注册的强制性公积金计划、职业退休计划及信用社，属于“无须申报的金融机构”，而不活跃账户亦将获豁免。二是强制要求金融机构执行 CRS 所订的尽职审查程序，以辨识和搜集申报账户的资料，这些账户持有人的税务居住地与香港的自动交换资料伙伴一致（“目标方法”）。三是保留对金融机构的罚则，亦会明确相关罚则适用于金融机构聘用以履行其尽职审查和申报责任的服务提供者。香港政府称，香港密切关注国际最新动向，确保香港税收制度能够跟上国际趋势。不过，在推进税收发展的同时，香港不会放弃低税率与简单税制的优势与竞争力。

香港公布三项有关避免双重课税协定的命令。香港政府根据《税务条例》做出三项命令刊宪，以实施中国香港与南非及阿联酋的全面性避免双重课税协定（全面性协定），以及与日本签订的全面性协定的资料交换条文互换的照会。政府发言人表示，全面性协定会使香港与协定伙伴两地的投资者在从事两地跨境经济及投资活动时，能更清楚确定其税务负担和节省税款；与日本互换照会，可扩大与日本所签订的全面性协定下资料交换安排所涵盖的税项种类范围，以履行我们的国际责任，符合提升税务透明度的国际标准。

2.4.4 大企业税收管理

■ **亚洲**

马来西亚 2015 年 2 月 1 日，马来西亚国家税务局（IRBM）发布《税务审计办法（修正）》，即日起生效，2013 年 4 月 1 日发布的《税务审计办法》同时废止。《税务审计办法（修正）》修正内容的关键变化如下：

（1）税务审计处理期限从 3 个月增加到 4 个月。即从税务审计开始日起 120 个日历天数（以前为 3 个月）。如果税务审计处理期限超过 4 个月，IRBM 将相应地更新纳税人。

（2）引入监控故意纳税不遵从者项目（MDTD 项目）。该项目的引入旨在加强和改进现行税务审计活动的有效性。根据 MDTD 项目，纳税评估将故意纳税不遵从纳税人识别出来，并列入税务审计持续监控对象名单。如果纳税人在第二年的纳税评估期中没有再犯规行为，则能够从税务审计持续监控名单中除名。

（3）对故意纳税不遵从行为的税收处罚。①对反复违法者，处以因纳税不遵从造成税收收入流失额 100% 的罚款。②符合规定的纳税人适用案头审核个案 35% 的优惠处罚率。

■ **欧洲**

比利时 2015 年 7 月 1 日，比利时财政部发布“关于重组大型企业税务管理组织的方案”。其主要内容如下：

（1）大企业税务管理组织架构。计划到 2016 年 7 月 1 日，建立 8 个专门性的大企业税务中心，7 个区域办事处，1 个中央办公室。

（2）大企业税务机构的管理职能。①大企业税务中心的管理职能。大企业税务中心以控制和评估企业为目标，旨在为大型企业提供定制服务。②区域办事处的管理职能。区域办事处主要负责大企业的控制和评估。③中央办公室的管理职能。中央办公室将作为一个单独的大企业联系点，主要负责大企业管理和专项审计。一是沟通有关具体的税务信息、资格证、许可证以及关于纳税申报提交截止日期等问题。二是负责控制和管理四个特定领域的纠纷：特定部门、转移定价、避税和各类税收。

（3）大企业的资格条件。一家公司或协会要获得“大企业”的资格，必须满足以下条件：①年均职工总人数超过100人。②下列三个条件至少满足两个：年均职工总人数至少50人；不包括增值税，年均营业额达到730万欧元；资产负债表资产总额超过365万欧元；受比利时金融服务市场监管局（FSMA）或比利时中央银行（NBB）监管，或者已在财政部的私人（PRICAFS）名单中注册。③属于某一公司所得税集团的成员。在比利时公司法下可要求参与该集团50%以上的股权。④属于某一增值税集团的成员。该集团至少拥有一个成员符合上面的条件之一。

法　国　2015年9月30日，法国政府向议会提交了《2016年财政议案（草案）》，法国议会于10月12日进行讨论和修订。该草案涉及大企业税收管理的主要内容有：（1）强制性网上申报纳税。（2）企业集团的母公司必须向税务机关提交精简版同期资料。这包括集团总部和每个成员企业的同期资料。（3）大型企业必须按年度向税务机关提供“精简版”的转让定价资料。这必须包括那些在全国或者全世界范围内建立的拥有无形资产的关联公司的资料。

捷　克　2015年3月，捷克国家税务局实施“大型企业转让定价专项税务审计行动”。该行动的主要内容如下：

（1）开展全国范围的大企业税务审计活动。捷克国家税务局大型纳税人管理机构（STO）确认，全国范围的大企业税务审计专项行动已经开始，2015年1月至2月为专项行动的第一阶段，现在进入专项行动的第二阶段。

（2）大型企业审计对象的选择。综合考虑2014年大企业纳税人自愿完成的问卷调查收集的数据，以及大型纳税人管理机构调查得到的数据，国家税务局确定了这次大型企业税务审计专项行动的审计对象。2014年大型纳税人管理机构调查的对象，限定于年营业额超过20亿捷克克朗的捷克公司，以及银行、保险公司和其他金融机构。

（3）加大对大型企业转让定价的税务审计力度。由于跨国公司通常通过设在捷克的公司与海外子公司，或母子公司之间应纳税所得的不合理分配方式，向境外转移利润，因此重点审计跨国公司的关联方交易等，确保对其按照正常的交易价格征税。

（4）大企业税务审计行动的主要目的。主要是为了防止跨国公司将利润故意或非故意地从捷克境内转移到境外。

英　国　2015 年 2 月 5 日，英国财政部首席秘书丹尼·亚历山大（Danny Alexander）提出“下一届议会实现平衡预算的愿景”。这些愿景包括英国自由民主党在公开竞选策略时提出的税收计划，其中针对大企业税收管理的措施如下：（1）提高对有钱的纳税人和大企业的税负。以此增加 80 亿英镑（约合 122 亿美元）的额外税收。（2）开征转移利润税，确保大企业承担应该缴纳的公正税额。（3）严厉打击跨国公司逃避税，筹集另外一笔 60 亿英镑的收入。

■ 美洲

美　国　2015 年 9 月 9 日，美国国内收入税局大型企业及国际部（LB&I）发布“与对外销售有形资产相关的无形资产和服务的税务审计报告”。该国际单元报告首次发布的文件控制号（DCN）为 ISO/9411. 02_04（2014），最后一次更新时间是 2015 年 8 月 17 日。该国际单元报告的主要内容如下：（1）对外发生无形资产或服务交易的转让定价。这些交易都与有形资产交易相伴。（2）审查这类有形资产交易的审计方法。（3）这类有形资产交易适用的估值规则。

■ 其他国家

澳大利亚　（1）2015 年 10 月 19 日，澳大利亚税务局发布了“重塑澳大利亚税务局计划”，主要倡导建设现代化服务型组织，促进纳税遵从。该计划关于提升大型纳税人体验、培养大型纳税人税收参与意愿的主要内容如下：

①着重于通过在纳税人税收事务中提供事前确定来提升大型纳税人体验。其依据的原则是，在税收体系中，只有提升纳税人的体验，才能提高纳税人的税收参与意愿。税制中的纳税人参与意愿不仅仅是国际税收计划的关键成果，也是澳大利亚国内收入局的关键倡议。

②运用预约定价协议和相互协商程序，改变税务当局接触与指导大型纳税人的方式。这对于大多数选择遵从税收法律的大型纳税人更为重要。a. 制定《预约定价协议和相互协商程序计划》，应当遵循“纠正前预防”的重要原则。这将确保上述计划在降低征纳双方税收风险，鼓励外国投资进入澳大利亚，以及支持澳大利亚企业海外发展方面为纳税人提供支持与保障。b. 重审《预约定价协议与相互协商程序计划》，确保预约定价协议的实践效果。预约定价协议是为了确保纳税人与其国际关联方交易的商品

和服务的价格是合理的，其本身不存在利润转移的情形。但是，企业集团可以利用关联企业之间的转让定价并通过企业组织的国际架构境外转移利润。因此，要复审《2014 年预约定价协议与相互协商程序计划》，确保预约定价协议的内容既包括转让定价问题，也包括利润转移的企业组织架构问题，从而保证预约定价协议的实践效果。截至 2015 年 5 月，澳大利亚大企业与税务当局已签署 144 个预约定价协议，并有 73 个预约定价协议正在协商中。澳大利亚税务局的意图十分明确，即预约定价协议适用于任何商业活动，但是过分的利润转移架构将受到严密调查。澳大利亚税务局近期发布一份声明，该声明详细描述重审计划如何运行（惯例声明 2015/4）。

③启动针对选定的大型纳税人进行“外部遵从保证程序”（ECAP）的试点工作。“外部遵从保证程序”不是税务当局的税务审计，而是一种纳税人税收遵从事实的认定实践，由纳税人自主决定的法定审计师实施。“外部遵从保证程序”的目的在于管理纳税人的税收遵从事实，在纳税人与税务局之间提升效率与透明度方面给予公共团体的纳税人更多的选择与控制权。目前试点的 54 个案例存在下述几种情形：19 个案例的纳税人选择使用外部财务审计人员；8 个案例的纳税人选择使用澳大利亚税务局的审计人员；4 个案例的纳税人选择自愿披露税收遵从情况；10 个案例在“外部遵从保证程序”审查之前解决了税收遵从问题；剩余案例的纳税人也将作出自己的税收遵从选择。

（2）2015 年 12 月 16 日，澳大利亚国内收入局公布了“关于 1539 家大型公司税收信息的报告”。

①大企业入选名单的标准。2013/2014 财年，纳税申报总收入超过 1 亿澳元（约合 7180 万美元）的公众公司及外国公司名单。依据上述标准，1500 家大企业入选。

②大企业税收数据的采集。这些数据是直接从 2015 年 9 月 15 日前有大企业标识的纳税申报表中采集的。

③大企业的税收信息内容。主要包括下列信息：澳大利亚公司的企业号码、总收入、应纳税所得额；应纳税额、石油资源租金税额和矿业资源租金税额。

④大企业纳税遵从情况。第一，2014 财政年度，实际缴纳税款 399 亿澳元。1539 家大公司年度总收入为 16000 亿澳元，应纳税所得额 1699 亿澳元，实际缴纳税款 399 亿澳元。第二，有 578 家大公司没有缴纳公司所得税。占 1500 家大公司 38% 的 578 家大公司，年总收入为 4509 亿澳元，

应纳税所得额仅40亿澳元，却也没有缴纳公司所得税。许多大公司没有缴纳税款有各种各样原因，特别是有些大公司处于亏损状态，如其中22%的大企业发生了当年的纳税亏损，有8%的大企业是亏损向前结转发生的亏损，有7%的大企业抵扣了境外已缴税款因此无税。显然，没有缴纳税款的大公司不一定意味着在避税。第三，未缴税企业中不乏享誉全球的大型跨国公司。如美国石油服务巨头哈里伯顿、希尔顿全球控股公司、美国波音航空公司、英国航空航天公司BAE系统、日本本田汽车制造商、美国福特汽车公司以及全球最大的啤酒公司SAB Miller等。除了SAB Miller，其余大企业均产生了正的应纳税所得额，但其最终应纳税额却为零。这些大公司就要解释一下为什么在特定的年度没有缴纳税款。

⑤大企业税务审计。在过去3年中，超过一半大企业已经接受了税务当局的税收评议或税务审计。

⑥计划2016年初公布特大型企业的税收信息。随着2015年12月颁布实施《税收透明度实施办法（修正)》，国内收入局计划在2016年初发布特大型企业的税收信息。特大型企业即那些营业额在2亿澳元以上的澳大利亚人拥有的公司和居民私人公司。

⑦税务当局对纳税信息报告的评价。澳大利亚国内收入局局长克里斯·乔丹指出，企业没有缴税不代表这个企业逃税，任何企业有不寻常的财务或税务数据变动都会受到国内收入局调查。他承诺不会纵容企业在税收上“打擦边球”，对于企业激进的税务筹划行为，国内收入局将展开缜密调查。

⑧社会反应。第一，澳大利亚企业理事会首席执行官詹妮弗·维斯塔考特的评论。报告的公布，是对税收体系透明度和全面性的一次重要贡献。但应该小心谨慎地解释相关的税收数据。对不缴纳公司所得税的大公司，要责成其补税。许多中小企业在特定年度没有盈利，即使大型企也会经历一个特定的经营周期。第二，澳大利亚商会负责经济和产业政策的主任约翰·奥斯本的回应。没有缴纳公司所得税的570家大公司中，346家在近期年份处于亏损，120家由于亏损向前结转发生了亏损，只有113家是由于税收抵免和扣除项目发生了亏损。那就意味着大多数没有缴纳公司所得税的公司是因为发生亏损，而不是因为税制的复杂性。

新西兰 2015年4月10日，新西兰国家税务局公布《2015—2016年度对大型企业集团转让定价税务检查行动方案》。该方案的主要内容如下：

（1）纳入税务专项检查的大型集团标准。依据2015—2016年全国转让定价发展情况，年纳税额超过8000万新西兰元的大型集团将被列入税务专项检查对象。符合此标准的大型集团约有560个，其中50%的大型集团为境外所有，超过25%的大型集团通过受控外国公司参与国际交易。

（2）国家税务局将特殊关注和监管满足以下条件的大型集团。①由境外关联集团归集的税收损失。②发生超过1000万新西兰元的贷款或担保费。③用于支付不可持续的特许权使用费或服务费的费用。④与无税国或低税国的关联方发生的实质性交易。⑤将主要的资产、功能或风险转移出新西兰的供应链重组企业。⑥在受控外国公司的披露中被确认的非正常的安排或结果。⑦境外年关联交易额超过3000万新西兰元的批发商。境外年关联交易额低于3000万新西兰元的批发商，将需要对它们加权平均后低于3%的税前利润率作出解释。

■ 中国

（1）2015年2月16日，国家税务总局发布《关于开展中国海洋石油总公司等6户企业集团税收风险管理工作的通知》（税总函〔2015〕110号）。该通知的主要内容如下：

①对6户企业集团近5年纳税情况开展全流程和分事项税收风险管理工作。6户企业集团指中国海洋石油总公司、神华集团有限责任公司、中国兵器装备集团公司、中国建筑工程总公司、中国联合网络通信有限公司和中国人寿保险（集团）公司。

②工作目标。客观评价企业税务风险管理水平，促进企业建立健全税务风险内部控制体系；推动税务系统掌握集团企业及其所处行业生产经营特点、行业适用税收政策的执行情况和税收风险点；创新风险应对方式，重点关注和应对股权转让、跨境投资、关联交易等重大交易事项，锻炼、培养一支专业队伍；完善大企业税收风险管理机制。

（2）2015年12月30日，国家税务总局发布《关于印发〈深化大企业税收服务与管理改革实施方案〉的通知》（税总发〔2015〕157号）。该方案的主要内容如下：

①优化大企业个性化纳税服务。创新大企业个性化纳税服务方式；提供大企业税收政策确定性服务；完善大企业税务风险内控制度；健全大企业税收服务协调机制。

②转变大企业税收管理方式。开展总局省局两级税收风险统筹分析；实施风险任务统一推送差别化应对；加强风险应对过程管控；深化风险应

对结果应用。

③创新大企业税源监控分析。梳理集团企业一户式组织架构；拓展集团企业大数据信息资源；建立集团企业税源监控体系；开展集团企业税收经济分析。

④强化大企业税收保障体系。健全组织保障，强化信息化保障，优化人力资源保障，加强廉政内控保障。

（3）2015 年 12 月 30 日，国家税务总局发布《关于印发〈国家税务局地方税务局合作工作规范（2.0 版）〉的通知》（税总发〔2015〕159 号）。该合作工作规范关于联合服务和管理大企业的主要内容如下：

①联合为大企业提供个性化纳税服务。第一，共同确定本辖区范围内大企业名单，及时共享基础信息。第二，共同研究制定为大企业提供个性化纳税服务的工作制度。第三，协商制定管理和服务措施。第四，共同建立大企业服务专家团队或行业工作小组。第五，联合提供大企业税收政策确定性服务。第六，联合受理和处理大企业涉税诉求。第七，联合开展大企业税收遵从合作协议的谈签工作，共同做好协议的执行工作。第八，联合开展引导大企业建立完善税务风险内控机制工作。

②联合开展大企业税收风险管理。第一，运用大数据联合开展对大企业的税收服务与监管工作。第二，共享大企业风险识别信息和共管税种风险指标模型。第三，联合开展大企业税收风险应对工作。第四，及时采集运用大企业税收风险审计结果，提升税法遵从度。

2.4.5 跨境税源管理

■ 亚洲

哈萨克斯坦 2015 年 3 月 12 日，哈萨克斯坦总统批准《哈萨克斯坦共和国政府和马其顿共和国政府关于避免所得双重征税和防止偷漏税的协定》。该协定于 2012 年 7 月 2 日在哈萨克斯坦首都阿斯塔纳草签，旨在通过避免对两国居民收入双重征税和防止偷税漏税，建立良好的投资税收环境，巩固和扩大哈萨克斯坦与马其顿两国的经济合作，增加两国贸易额和投资额。根据该协定条款，股息所得、利息所得和特许权使用费适用低税率，在收入来源国征收。

日　本 2015 年 2 月 17 日，日本财政部向国会提交《2015 年日本国税法修正草案》。该草案涉及跨境税源管理法规修正的主要内容如下：

（1）防止企业所得税双重不征税的规定。①取消对受控外国公司股息收入的免税待遇。从 2016 年 4 月 1 日起，日本跨国公司从国外子公司获取的股息收入不再享受企业所得税免税待遇，前提是该项境外股息所得在境外已发生了税收扣除。如果该项境外股息所得在境外没有发生税收扣除，则可享受日本的企业所得税免税待遇。②取消对受控外国公司股息收入的税前扣除规定。从 2016 年 4 月 1 日开始，境外已发生税收扣除的境外股息所得，境内不允许所得税前再扣除。配合对外国股息征税的调整，依照受控外国子公司所在居民国的法律规定，已经从境外子公司应税所得扣除的股息，分配给日本母公司的部分，依照受控外国公司法规不能从应税所得中扣除。③双边税收协定中增加境外所得计算方法的特别注明。按照支付所得时的账面价值计量所得额。

（2）对个人资产境外转移征收离境税，从 2015 年 7 月 1 日正式生效。①税率。日本居民移居国外或者通过赠与、继承等方式将资产转移给其他非居民个人，被视作处置或转移金融资产，需缴纳额外 2.1% 的离境税。②纳税人的标准。一是纳税人的财产标准。拥有金融衍生品和证券总价值超过 1 亿日元的日本居民个人为离境税的纳税人。1 亿日元的金融资产标准，指所有相关资产的总金额，包括任何国内税收条款都可以免除的政府债券。二是纳税人的居住时间标准。移居海外的前 10 年内有 5 年在日本居住的日本居民个人，需要缴纳离境税。③应税资产价值的评估。应税金融资产的价值评估，按照当时的公允市价决定的盈亏损益缴纳税款。④过渡期免税待遇。规定了 2020 年 6 月 30 日之前的过渡期免税待遇，即如果日本居民个人在过渡期 5 年之内返回日本，并继续持有已缴纳离境税等额资产，则免除其离境税纳税义务，已缴纳的离境税款将被退回。⑤有税务代理人和担保的离境个人可推迟纳税。如果离境的日本居民个人任命了一个日本境内税务代理人，且提供了担保证据，可以推迟 5 到 10 年缴纳离境税。⑥如果日本居民个人的家属都居住在国外，纳税人将需要在提交个人所得税纳税申报表时，也提供家属的税收豁免证明。

（3）“注册离岸企业法人”的管理规定。①实施外国企业“注册离岸企业法人”登记制度。该制度将从 2015 年 7 月 1 日起实施，②允许增值税进项扣除。企业购进登记为“注册离岸企业法人”货物和劳务的增值税进项税允许抵扣，但相关发票要齐全。

2015 年 10 月 1 日，日本正式实施电子商务消费税反向征税制度。（1）消费税的征税范围扩大到跨境电子商务的供应商。对日本消费者购买的外国电子商务服务征收消费税。通过网络提供音乐、电子书、广告等类似商品和知识产权服务被认定为通过电子商务提供的服务，不再被认定为资产征税。(2) B2B 交易中，国内企业客户从外国供应商处购进 B2B 电子供货，适用消费税反向征税法。从 2015 年 10 月 1 日起生效。(3) 跨境电商纳税人。将跨境电子商务的供应商纳入消费税纳税人的范围。(4) 跨境电商税务登记制度。实施跨境电子商务供应商的税务登记制度，符合规定的跨境电子商务供应商，从 2015 年 7 月 1 日起要向税务当局提交税务登记申请。(5) 纳税地点的反向调整。由电子商务提供者所在地调整为电子商务消费者所在地。

新加坡 2015 年 2 月 23 日，新加坡财政部长向议会提交了《2015 年财年新加坡共和国财政预算案》。该草案包含跨境企业所得税管理的主要措施如下：(1) 修改避免双重征税的合规税收扣除费用规定。将新加坡跨国公司派往新设的海外实体所产生的人力费用列入合规的税收扣除费用项目，但每家跨国公司海外实体的这项费用扣除总额每年不超过 100 万新加坡元限额。这项规定适用于 2015 年 7 月 1 日至 2020 年 3 月 31 日之间发生的人力费用。新加坡国际企业发展局（IE）将于 2015 年 5 月前发布这项规定的具体实施细则。(2) 延长扩展国际法律服务的所得税激励规定的有效期。该法规的有效期将被延长至 2020 年 3 月 31 日。(3) 修改合规的境外贷款（AFL）所得税激励规定。①提高合规的境外贷款最低贷款标准。从 2015 年 2 月 24 日起，合规的境外贷款最低贷款标准升至 2000 万新加坡元。②“合规的境外贷款所得税激励规定”的有效期。该法规的有效期至 2023 年 12 月 31 日。(4) 废止来源于机器和工厂的离岸租赁所得的企业所得税率优惠规定。《新加坡共和国所得税法案》43I 部分关于“来源于机器和工厂的离岸租赁所得的税率优惠”规定，将从 2016 年 1 月 1 日起废止。

印　度 2015 年 2 月 28 日，印度财政部长向议会提交了《2015/2016 财政年度印度共和国预算草案》。该草案涉及打击海外资产所得逃避税行为的主要措施如下：(1) 制定并颁布“打击海外资产所得逃避税的专项税收法规”，以遏制与海外资产有关的黑钱。(2) 新颁布的专项税收法规的主要内容。①对隐匿国外资产及有关收入而逃避税等罪行的税收处罚。②对未申报登记海外收入或所申报登记的收入没有完整地披露海外资产等行为的税收处罚。③对从未披露的海外资产获得的收入或从海外获得的未披露收入行为的税收处罚。④强制申报登记。纳税人即使并没有应纳税海外所得，海外资产的受益人也将会被强制要求申报登记海外所得。

2015 年 5 月 12 日，印度总统批准《2015 年印度共和国财政法》。该法修正了《印度共和国企业所得税法》第 6 节，引入实际管理机构所在地作为判定居民企业居住地的标准。该修订的法规将从 2016 年 4 月 1 日生效，从 2016/2017 纳税年度开始适用。

（1）现行“境内 + 全年 + 全部经营控制和管理”的居民企业判定标准，很容易受到外国企业的规避。按照现行企业所得税法规定，如果一家公司在某一年度内是印度公司，或者该年度内其经营业务的控制和管理全部位于印度境内，则该公司被视为上一个年度的印度居民。显然，要同时满足“境内、全年、全部经营控制和管理”这些条件很困难，并且很容易受到企业的规避。根据财政部《2015 年预算备忘录》中的相关解释，一家公司可以简单地通过在印度境外举行董事会会议，轻易地避免成为印度居民。这样就为那些在境外注册，而被印度控制的壳公司设立提供了便利条件。

（2）修正后的“实际管理机构所在地”新标准简单易行，符合国际标准。按照修正后的企业所得税法，如果一家公司在某一年度内是印度公司，或者该年度内实际管理机构在印度境内，则该公司将被视为上一个年度的印度居民。①实际管理机构的定义。实际管理机构被定义为该实体从事经营活动，必须是整体上做出实质性关键管理机构和商业决策的地方。②“实际管理机构所在地”是判定外国辖区注册公司居住地的一个国际公认标准。与印度签订双边税收协定的大多数国家（地区），都将“实际管理机构所在地”，作为判定居民公司居住地规则。许多国家倾向于将“实际管理机构所在地”标准，作为判定居民公司居住地的最合适标准。③《2015 年预算备忘录》的相关解释。引入“实际管理机构所在地”新标准，对企业所得税法中居住地条件的修改，这是将印度企业所得税法和印度缔结的双边税收协定统一起来的重要步骤，也是符合国际税收标准的。

（3）政府计划颁布《关于实际管理机构所在地判定标准的指导原则》，便于操作实施。

印度尼西亚 2015 年 10 月，印度尼西亚制定《海外资本回流的税收特赦法案》。其主要内容如下：（1）背景。①政府设法把流出海外的资金重新回流国内。许多印度尼西亚富人把钱存在瑞士和新加坡等国家的银行。1998 年当地发生排华暴动后，大部分印度尼西亚富人尤其是富有的印度尼西亚华人，把资金转移到新加坡。②印度尼西亚海外逃避税严重。在印度尼西亚 2.5 亿人口当中，只有 400 万人缴税。③1984 年和 2004 年，政府曾推行过类似的税收特赦计划，均不成功。因为当时政府并没有立法保证赦免相关违法纳税人的罪行。（2）税收赦免对象。对贪污、逃税、非法伐木和采矿者等税收违法者给予税收赦免。但毒贩和恐怖分子除外。（3）税收赦免的条件。①税收赦免对象或税收违法者必须将他们在海外的资金汇回国。即税收赦免旨在鼓励海外资本回流。②海外回流资金必须用于购买政府债券。即税收违法者还必须将部分“投资证券及现金”转为限期五至十年的政府债券，以增加国库收入，达到缩小经常账目赤字，填补经济发展中资金缺口的目的。（4）对税收赦免对象的优惠处罚。补缴应纳未纳税款，缴付“赎罪金”，豁免税收罚款。（5）税务专家评论。税收特赦其实是政府与资金海外转移逃避税的违法纳税人之间的“经济和解”。一般认为这有利于经济，但对遵从税法的纳税人而言却非常不公平。税务专家认为，这项政策其实是一种悖论及坏主意，因为这将进一步减少依法缴税的纳税人数量。

■ 欧洲

安道尔 2015 年 9 月 30 日，安道尔和列支敦士登在纽约签署了《安道尔公国政府和列支敦士登公国政府关于避税所得双重征税和防止偷漏税的协定》。该双边税收协定的具体内容将通过荷兰国际财政文献局，以及全球税务、税法研究数据库的税务研究平台对外公布。这意味着安道尔和列支敦士登已经从纯粹的国际避税地，转身为参与国际反避税合作的国家。

保加利亚 2015 年，保加利亚议会批准《保加利亚共和国政府和挪威王国政府关于避税所得双重征税和防止偷漏税的协定》（升级版）。该双边税收协定于 2014 年 7 月 22 日分别以保加利亚语、英语和挪威语 3 种语言签订，所有文本都具有相同法律效力，但在解释分歧时则以英文文本为准。该协定升级版生效后，将取代保加利亚和挪威政府于 1988 年签订的相同协定。该协定升级版的主要内容如下：（1）关于双边征税的原则。①养老金和社会保障金的征税。该双边税收协定第 17 条（1）和（2）规定，养老金和社会保障金的征税，既可以在纳税人居住地征收，也可以在收入来源地征收，但后者要按 15% 的最高税率征收。②赡养费和抚养费的征税。该双边税收协定第 17 条（3）规定，在赡养费和抚养费接受方的居住地征税，在某种程度上该费用不允许税收扣除。③资本利得的征税。该双边税收协定第 20 条 20（6）（a）-（c）规定，资本利得按照来源地征税。④非居民来源于离岸业务的薪金所得需要在居住地征税。（2）避免双重征税的方式选择。该双边税收协定第22条规定，双边统一适用税收抵免法和免税法的方式，避免双重纳税。（3）有关离岸活动的特殊税收规定。①常设机构的判定标准。a. 适用OECD的离岸活动持续时间标准。b. 离岸建筑安装服务适用特殊时间标准。c. 非辅助性服务即构成常设机构。②非居民个人的判定标准。

波　兰　2015年7月21日，波兰部长理事会通过了《关于修正波兰公司所得税法和个人所得税法的议案》。该议案涉及反避税的主要内容如下：(1) 根据《欧盟储蓄指令》，与欧盟成员国税务管理机构开展以利息形式支付的储蓄所得信息自动交换活动。为了适用参股免税的新条件，股息或其他利润分配，如果其附属于没有反映经济现实并有虚假特征的协定、交易或活动时，不能豁免预提税。协议、交易活动认证要得到股息接收方认可。(2) 引入OECD《税基侵蚀和利润转移项目》第13点行动方案，制定《转让定价报告义务制度》。该制度适用于跨国公司集团，计划于2017年1月1日生效。

德　国　2015年11月12日，德国议会下院批准了《德意志联邦共和国关于执行全球金融账户信息自动交换标准的议案草案》。该草案就落实德国签署的两项国际税收合作协议的任务做出规定。这两项国际税收合作协议，指2014年10月29日德国和其他国家签署的《多边主管当局协议》，以及2014年12月9日德国与欧盟签署的《税收行政互助合作指令（修正）》(2014年第107号欧盟指令)。

俄罗斯　2015年10月9日，俄罗斯财政部发布《关于澄清俄罗斯和塞浦路斯全面税收协定中预提税低税率适用问题的函》（第03－08－13/57909号）。该函件澄清了俄罗斯和塞浦路斯全面税收协定（1998年）第10条规定的预提税低税率适用问题。(1)“直接投资额标准”决定了股息预提税最低税率能否适用。(2)“直接投资”指股份购买。(3)“直接投资额”指投资者购买股份当日实际支付的数额。(4) 纳税人必须向税务局提供包括直接投资额的信息（如买卖协议、银行报表的副本），证明其在俄罗斯公司直接投资的事实。

2015年9月29日，俄罗斯税务局发布《关于澄清适用离岸受雇所得的税务处理和遵从程序的函》（第BC－3－11/3637号函）。该函澄清了对本国居民个人在美国就业所得的税务处理方法和遵从程序。(1) 澄清居民个人离岸受雇所得税务处理的个人所得税法适用。(2) 双边税收协定关于外国来源所得的税务处理约定。从2016年1月1日起，俄罗斯居民自然人在境内缴纳的个人所得税，是按照纳税人填报和提交给税务局的个人所得税申报表（3－NDFL表）抵免的。纳税人可以在3年纳税期限内，就其获得的该外国来源所得申请外国税收抵免。纳税人还应该在纳税申报表上附上境外就业所得额证明，以及境外个人所得税完税证明资料。

法　国　2015年1月26日，法国国家税务局发布《个人所得税征收管理指南（修正)》。该指南修正的主要内容如下：（1）符合规定的跨境个人所得享受减按25%税基征税的优惠待遇。法国自然人源于欧盟成员国或欧洲经济区成员国（与法国缔结防范税务欺诈和逃税的行政互助协定的国家）专业活动的所得，可以享受减按应纳个人所得税税基25%征税的优惠。（2）跨境个人所得享受个人所得税税基减免优惠待遇的限制条件。该项欧洲来源的个人所得，必须通过合格会计中心的审计。（3）外国会计师事务所也可以申请合格会计中心资格。外国会计师事务所可以向法国税务当局提交合格会计中心申请，经过批准取得合格会计中心资格。

2015年2月25日，法国财政专门委员会召开“与英国共享被盗的特定客户账户数据协议”听证会，批准签订《法国国家税务局与英国皇家税务海关总署关于共享被盗特定客户账户数据的协议》。该协议的签订可以通过与其他国家的执法机构分享被盗特定客户账户的数据，打击海外账户逃避税行为。

2015年11月12日，法国议会下议院批准《2015/2016财政年度法兰西共和国财政议案修正案》，引入了企业跨境所得的“分国别报告制度”。

瑞　士　2015年3月3日，瑞士与澳大利亚签署了《瑞士联邦政府与澳大利亚联邦政府关于税务信息自动交换的协定》。（1）该双边税收信息交换协定执行OECD制定的国际税收情报自动交换的统一规则和标准。（2）在完成相关法律程序后，该双边税收信息交换协定计划于2018年正式启动。（3）瑞士正与欧盟就执行OECD国际税收情报自动交换标准取代《欧盟储蓄征税协议》进行商谈。

2015年4月，瑞士联邦理事会讨论参与国际税收行政互助合作问题，重点讨论即将到来的全球税收征管论坛对瑞士国际税收信息交换框架进行第二阶段同行审查问题。（1）背景。全球税收征管论坛就OECD有关税收透明度和税收信息自动交换主旨分两个阶段开展同行审查。第一阶段，审查各国是否按照OECD国际税收情报自动交换标准建立必要的法律基础。第二阶段，审查各国税收信息自动交换实践中税收信息交换的过程。

2015年3月，OECD表示，瑞士已经通过第一阶段的同行审查，具备了进行第二阶段同行审查的条件，肯定了瑞士在实现更高税收透明度上取得的进展。（2）全球税收征管论坛对瑞士的第二阶段同行审查，预期2015年第四季度启动。①瑞士联邦理事会认为，国际税收行政援助对瑞士是一个挑战。因为瑞士每年可能要收到来自全球的1500次税收行政援助申请。②瑞士联邦理事会要准备建立对澄清有关依据被盗数据的行政援助申请的法律基础。③瑞士联邦理事会承认本国遵守国际税收情报自动交换标准的重要性。这样就能够确保缓和与伙伴国之间的经济关系和良好的框架条件，这些对投资环境改善都是非常重要的因素。

2015年9月9日，瑞士和阿尔巴尼亚签署《关于〈瑞士联邦政府和阿尔巴尼共和国政府关于避税所得双重征税和防止偷漏税的协定〉的议定书》。同年11月11日，瑞士联邦理事会批准了上述议定书，旨在使瑞士和阿尔巴尼亚的双边税收协定与瑞士现行的税收协定政策保持一致。该议定书对双边协定更新的主要内容如下：（1）增加仲裁条款，确保避免双重征税。（2）增加对特许权使用费的一个“革命性”条款。这意味着阿尔巴尼亚与欧盟成员国或欧洲经济区缔结了更加优惠的双边协定。（3）引入了反协定优惠滥用条款。防范该协定被那些不能享受优惠规定的人利用。（4）更新了税务信息交换规定。

塞浦路斯 2015年1月1日，塞浦路斯分别与西班牙、立陶宛和挪威签署的双边税收协定升级版同时生效。这3项双边税收协定即：《塞浦路斯共和国政府与西班牙王国政府关于避税所得双重征税和防止偷漏税的协定（升级版）》《塞浦路斯政府与立陶宛共和国政府关于避税所得双重征税和防止偷漏税的协定（升级版）》和《塞浦路斯政府与挪威王国政府关于避税所得双重征税和防止偷漏税的协定（升级版）》。俄罗斯的“去离岸化”和赦免海外回流资本等举措严重冲击了塞浦路斯的服务业，塞浦路斯依据国际税收情报自动交换新标准更新与相关政府的双边税收协定，可以改善其服务业面临的不利国际环境。

希　腊 2015年4月28日，希腊财政部长瓦鲁法基斯在雅典会见瑞士财政部官员时表示，希腊政府将讨论实施《希腊公民自愿披露海外存款信息草案》。（1）背景。自2010年欧洲债务危机爆发以来，希腊人担心希腊可能会被迫退出欧元区，将数以十亿计的欧元存款转至国外，其中相当部分流入了瑞士银行。希腊个人存款外逃导致希腊银行业资金紧张，不得不依赖希腊中央银行融资来解决流动性问题。实施上述草案，旨在帮助希腊走出可能导致该国政府破产的现金危机。(2)对希腊公民自愿披露的外国存款提供个人所得税优惠。希腊公民自愿披露未申报的外国存款收入将适用15%～20%的个人所得税优惠税率。(3)对希腊公民自愿披露的外国存款给予税收处罚赦免。(4)对税务调查发现的未申报海外收入课征重税及重罚。

意大利 2015年1月14日，意大利议会众议院批准了《意大利公民自愿披露未申报资产的税收优待计划（修正)》。该计划修正的主要内容如下：(1)适用自愿披露计划的纳税人限制。允许参与自愿披露计划的纳税人只能是未被列为意大利税务局调查对象的纳税人。税务部门已经启动税务审计的纳税人，将失去选择自愿披露方式。(2)拓展未申报资产的范围。未申报资产的范围由过去只针对海外资产拓展到包括国内资产。(3)纳税人必须实名自愿披露。由过去的匿名披露改为实名披露。(4)税收处罚由“税收特赦”修改为“税收优待处罚”。(5)缩短计划实施的有效期限。该计划的有效时间截止到2015年9月30日。

英　国 2015年2月，英国伦敦市长鲍里斯·约翰逊被迫向美国政府补缴纳了一大笔资本利得税。

(1)鲍里斯出售英国第一套住房的获得并没有向英国政府缴纳任何税款。英国税法规定，公民出售其第一套住房所获得的收益不需要缴纳税款。1999年鲍里斯和他的律师妻子玛丽娜·惠勒以47万英镑购买了英国伦敦弗朗路的一套房子，2009年的以120万英镑的价格售出，获利约73万英镑。由于鲍里斯出售的是第一套住房，因此不需要就该73万英镑的获利向英国政府缴纳任何税款。

(2)美国政府却要求鲍里斯向美国补缴资本利得税。美国税法规定，所有的美国公民，包括那些拥有双重国籍的人士，在法律上都有义务向美国政府提交纳税申报表和缴税，无论他们在哪里生活。而鲍里斯恰好同时拥有美国和英国双重国籍。鲍里斯1964年出生在美国纽约，5岁的时候离开美国来到英国，但是他一直没有放弃美国国籍。

(3)抵制美国补税要求。在接受美国全国公共广播电台采访时，当被问及是否会缴纳这笔税款时，鲍里斯无奈地说：我的答案是，不会，这个要求甚至会让人感到愤怒。我从5岁起就离开了美国，我没有享受美国的公共服务，我只会按照英国的税法缴纳各项税款，因为我生活和工作全在英国。

(4)向美国补税款。鲍里斯的强势态度并没有持续太久，近日鲍里斯已经向美国政府缴纳了税款。根据美国的税法，鲍里斯出售房屋获利的 73 万英镑，按照 15% 的资本利得税税率，约要缴纳 10 万多英镑、折合 16 万多美元的税款，这还不算未及时申报需要负担的利息和罚金。作为美国公民，鲍里斯必须遵守美国税法，如果他坚持不缴税，有可能会被控告。

（5）放弃美国国籍很难。即使选择放弃美国国籍，鲍里斯也需要向美国政府提交一份为期 5 年的纳税证明，外加 2350 美元的“弃籍税”。

■ 美洲

阿根廷 2015 年 4 月 16 日，阿根廷联邦公共收入管理局局长里卡多·埃切加赖和美国驻阿根廷大使诺亚·马梅特签署了一份谅解备忘录，重启两国之间停止了 3 年的贸易信息交换机制。

（1）阿根廷和美国为达成一个贸易透明化的协议做出了重要的承诺。该协议将允许甄别那些可能涉及洗钱、走私和高估货价的金融交易。这将有助于打击洗钱和商业欺诈行为。

（2）阿根廷代表要求把签署双边税收信息自动交换协定问题列入双方大使间的议事日程。美国和阿根廷同为《多边税收征管互助公约》的 50 多个签约国中的成员，阿根廷目前已经全面履行该公约，但美国由于需要等待国会的批准而还没有履行该公约。为了防止阿根廷税源在美国的流失和避免双重征税，阿根廷的选择就是努力和美国签订一个两国间的全面税收协定。实际上自从美国颁布 FATCA 后，阿根廷就一直与美国协商建立一个双边税收信息交换机制，确保 FATCA 法案能够在国际税收协定的基础上双向互惠地实施。但阿根廷一直得不到这种待遇，只有被要求向美国提交财税数据的义务，却没有对等地获得美国交换的阿根廷纳税人的涉税信息。因此，阿根廷希望美国方面把签署双边全面税收协定问题列入双方大使间的议事日程。

（3）美国代表对阿根廷代表提出的要求没有做出正面回应。虽然这次美国政府在通往国际税收信息透明化的道路上展现出了积极的姿态，但在双边税收信息交换上仍有欠缺。

巴　西 2015 年 7 月 1 日，巴西国家税务局公布了《关于巴西和法国税收协定的解释》。

（1）巴西支付法国个人或居民法律实体的技术服务或技术援助费用的税务处理，适用巴西和法国税收协定第七条规定。巴西和法国税收协定第七条规定：工业企业的利润，可以在法国被征税，除非这样的利润归属于该法国企业在巴西境内的常设机构。

（2）因此对技术援助款项不需征预提税。根据巴西和法国税收协定第七条规定，巴西纳税人向法国个人或法律实体居民支付的技术服务或技术援助费用，无论是否包含技术转让费用，在巴西都不需要缴纳预提税。

（3）支付跨境技术服务或技术援助费用的税务处理之所以要适用双边协定第七条的事实。即双边税收协定没有将跨境技术服务或技术援助费用，分为特许权使用费，或者有独立的专业服务和独立工人的规定，因此，跨境技术服务或技术援助费用的税务处理仅能适用双边协定第七条的规定。

（4）适用双边税收协定，处理跨境技术服务或技术援助费用（无论是否发生技术转让）税务问题的具体规定如下。①技术服务和技术援助，作为特许权使用费享受同样的税务处理时，支付的技术服务和技术援助费用适用特许权使用费条款；②当技术服务或技术援助，涉及一个人或一个团队的技术技能时，如果双边税收协定相关规定允许在巴西征税，并排除掉了①适用的情况，则支付的技术服务和技术援助费用适用处理独立的专业服务和独立工人的条款；③除了①或②的其他技术服务和技术援助，支付的技术服务和技术援助费用适用营业利润条款。

伯利兹 2015 年 10 月 2 日，阿拉伯联合酋长国政府发布新闻稿称，在美国纽约举行的第七十次联合国大会期间，伯利兹政府和阿拉伯联合酋长国政府签署了双边税收协定。该双边税收协定文本在荷兰国际财政文献局，以及全球税务、税法研究数据库（IBFD）的税收研究平台公布。

厄瓜多尔 2015 年 5 月 28 日，厄瓜多尔国家税务局发布《关于明确拥有避税地受控外国企业的居民企业适用公司所得税率问题的通知》（第 GECCGC15－00000008 号）。

（1）税率适用。厄瓜多尔居民企业拥有设在避税地或低税负国家或地区的受控外国企业，①如果居民股东单独拥有超过受控外国企业 50% 的公司资本，则该居民企业的全部所得包括来源于该受控外国企业的所得均适用 25% 的公司所得税税率。②如果居民股东单独拥有低于受控外国企业 50% 的公司资本，则该居民企业来源于该受控外国企业的所得适用 25% 的公司所得税税率，剩余所得则适用 22% 的公司所得税一般税率。

（2）企业发生重组行为必须报告股东架构的税率适用规则及纳税申报表。企业发生包括合并、收购、取消或其他形式的公司重组行为，居民公司或受控外国公司的子公司或常设机构，必须向税务机构提交行为终止日企业股东架构的税率适用规则和预提税纳税申报表。

哥伦比亚 2015年，哥伦比亚国家税务批准纳税人和总部在巴拿马的税务管理美洲中心（CIAT）签订的“预约定价协议（2015年第28887号）”。该协议就纳税人未来发生的所得税、增值税和预提税的处理作出事前裁定，具体裁定内容如下：

（1）关于所得税的事前裁定。外国实体公司设在哥伦比亚的分支机构，仅就其来源于哥伦比亚的所得征税。该所得包括来源于哥伦比亚领土的收入，以及来源于技术服务或技术援助服务的收入，而无论这项服务是从哥伦比亚境内或境外提供。外国纳税人来源于哥伦比亚境内的收入，将不适用33%的一般税率纳税，而是适用10%的优惠税率纳税，但技术服务或技术援助服务收入除外。

（2）关于增值税的事前裁定。被认定为哥伦比亚境内提供的顾问和咨询服务，即使这些服务在境外被接受，但由于这些服务的提供者和获利者是位于哥伦比亚境内的企业，因此需要缴纳增值税。如果哥伦比亚境内的顾问和咨询服务是由外国纳税人提供的，他们将适用16%的增值税率缴纳增值税。

美　国 2015年1月28日，美国国内收入局宣布，阻止离岸逃税始终是国内收入局首要的任务。

（1）离岸账户避税仍然是头等重要的税务欺诈手段。通过将资产或所得放在未申报表的离岸账户来规避美国所得税，依然是2015年纳税申报季常见的税务欺诈手段。

（2）将海外隐匿资产列入2015年重要税务欺诈手段。国内收入局每年都会整理一系列税务欺诈手段，并列明纳税人在任何时候可能遇到的常见税务诈骗行为。

（3）首次连续公布税务欺诈手段，以提高纳税人对税务欺诈的识别能力。2015年，美国国内收入局第一次连续12个工作日公布税务欺诈手段，主要包括：手机诈骗；利用虚假电子邮件或网站盗窃个人信息的“钓鱼行为”；身份证盗窃和会计师、律师等报税者的欺诈行为。

（4）继续实施“离岸自愿披露项目”。从2012年起，国内收入局就重新开设了“离岸自愿披露项目”，除非另有宣布，否则该项目一直会持续下去。

2015年4月，美国财政部公布：基于避税放弃美国身份的人数再创新纪录。美国法律规定，财政部要定期公布每个季度每一名放弃美国公民身份的自然人名字。美国财政部在联邦注册机构发布的数据显示，2014年共有3415人放弃了美国护照或绿卡，比2013年的2999人增长了14%。2015年第1季度，共有1336名纳税人放弃了自己的美国护照或绿卡，这一数字再创新纪录。美国人放弃美国公民身份数量的加速，正好与财政部和国内收入局加大对美国人未申报海外资产和收入的行动措施有关，特别是与2014年7月1日生效的美国《外国账户纳税遵从法案》相关。

2015年11月10日，美国八部双边税收协定和议定书被送到参议院对外关系委员会企业听证会全体大会上，等待投票批准。

（1）该委员会通过了2部新签署的双边税收协定和5部现行双边税收协定和征管互助公约的议定书。2部新签署的双边税收协定，即美国分别与智利、匈牙利签署的双边税收协定，5部现行双边税收协定的议定书指美国分别与瑞士、卢森堡、西班牙、波兰和日本针对现行双边税收协定和征管互助公约签署的议定书。

（2）参议院搁置双边税收协定的批准。例如，2009年9月美国和瑞士已谈签了修订现行双边税收协定（1996年签署）的议定书，2011年奥巴马总统才将之送到参议院，但直到现在都未获参议院批准。这主要受到了来自肯塔基州共和党参议员布兰德·保罗（Rand Paul）的阻拦。保罗一直表示，现行双边税收协定要求外国金融机构无条件向美国国内收入局报送海外账户持有者的私人凭证，会侵犯美国自然人和侨民的隐私权。

■ 其他国家

安哥拉 2015年6月29日，安哥拉政府公布了2015年第2号总统令，对2011年10月27日公布的第273号总统令进行修订完善。新的总统令对向非居民受益者转移款项的私人和公共公司作出了额外限制。

（1）私人公司和公共公司要按照其提供技术援助和官方服务取得营业收入额的10%缴纳特别税款。

（2）私人公司和公共公司要向负责转账的银行或其他金融机构提供缴纳特别税的证明。

（3）没有缴纳特别税款的私人公司和公共公司，禁止其向非居民受益者转移款项。

（4）处罚不遵守事前检查义务的银行或金融机构。政府希望通过这些新措施，控制境外资本转移的上游资金，防范非法资本外流、逃税和税收筹划滥用等行为。

毛里求斯 2015年6月29～30日，毛里求斯和印度完成修改双边税收协定的谈判。

（1）背景。①1982年，毛里求斯和印度签署了《毛里求斯共和国政府和印度共和国政府关于避免所得双重征税和防止偷漏税的协定》。②印度的毛里求斯跨国公司滥用上述双边税收协定规避印度征收的预提税。印度近70%左右的外国直接投资来自于毛里求斯。跨国公司通过在毛里求斯设立基地公司或控股公司的方式对印度间接投资，利用毛里求斯和印度两国之间签署的上述协定，规避印度征收的预提税。③印度税务当局认为，跨国公司滥用上述双边税收协定，导致印度所得税基受到了严重侵蚀，造成了印度巨额的税收流失。因此，印度一直呼吁毛里求斯重新谈判修改升级双边税收协定。

（2）谈判修改协定的内容。根据OECD最新的《双边税收协定范本》，毛里求斯和印度两国政府就防范包括税收协定滥用等问题进行谈判，商谈修改升级双边税收协定内容。

澳大利亚 2015年3月3日，澳大利亚和瑞士政府签署了《关于落实全球金融账户税收信息自动交换标准的联合声明》，计划于2018年自动交换海外账户税收数据。该联合声明规定：

（1）两国政府按照《全球金融账户税收信息自动交换标准》，签署《多边主管当局协定》，据此开展国际税收情报自动交换活动。

（2）两国政府计划2017年开始收集海外金融账户税收数据，从2018年开始自动交换这些税收数据。

（3）澳大利亚政府承诺。由本国居民持有的瑞士金融账户信息，将按照其收入申报数额进行核对。

（4）瑞士联邦理事会的相关准备工作。将准备一份与澳大利亚签署协定的征求意见草案，相应的联邦指令也将提交国会审议批准。

斐 济 2015年1月27日，斐济总检察长兼财长艾亚兹·赛义德－海尤姆表示，斐济拟与斯里兰卡谈签避免双重征税协定。赛义德在本周出席印度古吉拉特邦工商峰会期间，会见了斯里兰卡外长萨马拉维拉，表示签署双边避免双重征税协定将加强双方在贸易和投资领域的合作。

新西兰 2015年1月1日，新西兰国家税务局局长麦克雷表示，将从2015年起落实《多边税收征管行政互助公约》。新西兰于2012年签署了加入《多边税收征管行政互助公约》的协议，这将加强新西兰税务当局发现逃税和追缴海外欠税方面的权力。

2015年6月26日，新西兰和加拿大签署的关于现行双边税收协定的议定书正式生效。该议定书更新的协定内容如下：

（1）从2015年8月1日起，降低对特定跨境所得征收的预提税税率。主要降低特许权使用费所得、利息所得和股息所得的预提税率。其中，设定了股息所得适用低税率的前提条件，即该投资者在支付股息公司持有的股份不低于10%。

（2）常设机构的认定。如果一个经营组织在加拿大或新西兰中任意一个国家，在任何12个月内从事营业活动在183天以上的，就被认定在该国有常设机构。

（3）新协定对所得税适用的财政年度。对新西兰所得税而言，新协定适用于从2016年4月1日开始的财政年度；对加拿大所得税而言，新协定将适用于从2016年1月1日开始后的财政年度。

（4）新协定利好两国企业和投资者。对企业而言，税收协定提供了更多确定性，降低了遭受双重征税的可能性，投资者也可以从下调的跨境投资收益的预提税率中受益。加拿大是新西兰重要的投资和贸易伙伴国，新协定为两国经贸关系的进一步发展奠定了基础。

南　非　南非税务局（SARS）发布指引，明确了何时将对未遵守美国外国账户纳税法案（FATCA）合规要求的南非金融机构进行处罚。根据南非与美国于2014年7月9日签订的1型政府间协议条款，南非税务局将于2015年9月30日与美国财政部交换信息。之后，海外金融机构应于每年5月31日向南非税务局提供前一年3月1日起至当年2月底的信息申报。南非2011年税收征管法（TA Act）要求海外金融机构必须遵守尽职调查义务。而南非与美国的政府间协议又规定，南非税务局要对未合规的海外金融机构按照税收征管法210（2）条款处以罚款。

■ 中国

（1）2015年1月6日，国家税务总局发布《关于〈中华人民共和国政府和瑞士联邦委员会对所得和财产避免双重征税的协定〉及议定书生效执行的公告》（国家税务总局公告2015年第1号）。该公告的主要内容如下：

①该协定及议定书已于2013年9月25日在北京正式签署。

②双方已于2014年完成该协定及议定书生效所必需的各自国内法律程序。

③该协定及议定书自2014年11月15日起生效。

④该协定及议定书适用于2015年1月1日或以后取得的所得。

（2）2015年1月28日，国家税务总局发布《关于〈中华人民共和国政府和法兰西共和国政府对所得避免双重征税和防止偷漏税的协定〉及议定书生效执行的公告》（国家税务总局公告2015年第11号）。该公告的主要内容如下：

①该协定及议定书已于2013年11月26日在北京正式签署。

②双方已于2014年完成协定及议定书生效所必需的各自国内法律程序。

③该协定及议定书将自2014年12月28日起生效。

④该协定及议定书适用于2015年1月1日或以后取得的所得。

（3）2015年3月18日，国家税务总局发布《关于企业向境外关联方支付费用有关企业所得税问题的公告》（国家税务总局公告2015年第16号）。该公告的主要内容如下：

①税务机关的征管权力。主管税务机关可以要求企业提供其与关联方签订的合同或者协议，以及证明交易真实发生并符合独立交易原则的相关资料备案；违反独立交易原则，税务机关可以在该业务发生的纳税年度起10年内，进行特别纳税调整。

②企业向境外关联方支付费用不允许企业所得税前扣除的规定。第一，企业向不合规境外关联方支付的费用。第二，企业因接受列举的劳务而向境外关联方支付的费用。第三，企业向仅拥有无形资产法律所有权而未对其价值创造做出贡献的关联方支付特许权使用费，不符合独立交易原则的。第四，企业以融资上市为主要目的，在境外成立控股公司或者融资公司，因融资上市活动所产生的附带利益向境外关联方支付的特许权使用费。

（4）2015年6月19日，国家税务总局发布《关于境内机构向我国银行的境外分行支付利息扣缴企业所得税有关问题的公告》（国家税务总局公告2015年第47号）。该公告的主要内容如下：

①境外分行是指我国银行在境外设立的不具备所在国家（地区）法人资格的分行。

②境外分行从境内取得利息的税收区别处理。如果据以产生利息的债权属于境内总行或总行其他境内分行的，该项利息应为总行或其他境内分行的收入；如果属于代收性质，据以产生利息的债权属于境外非居民企业，境内机构向境外分行支付利息时，应代扣代缴企业所得税。

（5）2015年10月10日，国家税务总局发布《关于企业境外所得适用简易征收和饶让抵免的核准事项取消后有关后续管理问题的公告》（国家税务总局公告2015年第70号）。该公告的主要内容如下：①符合规定的企业境外所得适用简易办法计算抵免境外所得已纳税额。②企业在年度汇算清缴期内，应向主管税务机关报送备案资料。

中国香港 2015年4月24日，中国香港特别行政区政府发布《关于AEOI执行范本的磋商文件》。（1）公开磋商的截止日期是2015年6月30日。2014年7月，OECD发布了AEOI，呼吁各国政府自动交换海外账户税收情报。2014年9月，香港特别行政区向OECD表明了对执行AEOI的支持。（2）承诺在2018年年底之前开始第一次自动交换海外账户税收信息。实现该承诺的条件是2017年香港必要的国内立法能够到位。（3）香港AEOI执行范本的内容。为了实现和与香港签署了双边税收协定的国家和地区开展多边的全球金融账户税收情报自动交换，香港AEOI执行范本涉及了合规定金融机构的定义、金融机构必须保护的账户持有人的信息类型、金融机构必须履行的尽职调查和报告义务、从金融机构收集相关信息并将这些信息自动交换至多边伙伴的税务主管机关、对不遵从行为的制裁以及机密条款。（4）香港立法委员会计划于2016年年初引进一项税法修正案。通过国内立法使香港符合执行AEOI必需的法律条件。

2015年10月2日，香港特别行政区政府和丹麦等六国（地区）政府签订的双边税收情报自动交换协定升级版生效。香港特别行政区理事会行政长官发布命令，将香港特别行政区政府和丹麦等六国（地区）政府签订的双边税收情报自动交换协定升级版，提交香港宪报刊登，并于同年10月14日提交香港特别行政区法律理事会进行审核。中国香港与六国（地区）政府，指香港特别行政区与丹麦、法罗群岛、格陵兰岛、冰岛、挪威和瑞典六国（地区）签署的双边税收情报自动交换协议。

2.4.6 纳税人权益保护

■ 亚洲

格鲁吉亚 2015年1月7日，格鲁吉亚第2946-IS号法律生效。（1）该法授权格鲁吉亚税务局可以从商业银行获得纳税人的涉税信息。（2）税务机构从商业银行获取纳税人信息，必须通过法院申请。（3）税务机构从商业银行获取纳税人信息必须是税务审计所必需的；或者根据《双边税收情报自动交换协定》中缔约另一方税务当局要求的。

韩　国　2015 年 1 月 21 日，韩国政府召开紧急会议，协商同意修正个人所得税汇算清缴办法。该修正办法的主要内容如下：引入一项旨在提高对有子女家庭和单身者退税额标准的议案。2014 年政府降低了个人所得税退税额标准，并由于退税滞后，由此引致纳税人的强烈不满。会议认为，个人所得税年度汇算清缴工作引发纳税人不满的原因，在于政府相关汇算清缴政策设计错误，应由政府担负起全部责任。作为补救措施，韩国政府和执政的新国家党就修改个人所得税汇算清缴办法达成协议，政府决定在 2015 年 3 月末之前，引入“关于增加对有子女家庭和单身者退税额的议案”，努力把纳税人因此而遭受的损害降至最小。

■ 美洲

美　国

（1）2015 年 7 月 6 日，美国国内收入局公开承认，在线纳税服务系统被犯罪集团入侵导致十万名纳税人信息被泄露。

①国内收入局的在线纳税服务系统非常受纳税人欢迎。纳税人可以在该系统中查询个人纳税申报信息、既定纳税年度申报收入等涉税事项。还可以从该系统里下载个人纳税申报表用于抵押贷款、助学金申请等。

②在线纳税服务系统被犯罪集团攻击。一个有组织的犯罪集团利用已掌握的纳税人信息，非法访问国内收入局的在线纳税服务系统，试图窃取 20 万名纳税人的个人纳税信息，最终“成功”导致 10.4 万名纳税人的信息和退税款失窃。

③攻击在线纳税服务系统的并非传统意义上的黑客。因为犯罪分子在入侵该系统前已经掌握了纳税人的个人信息。在发现纳税人信息失窃的前一周，国内收入局检测到该系统异常的巨大访问流量。起初，他们认为黑客攻击是为了切断该系统正常服务功能。但经过进一步调查，发现来自于黑客的向个人涉税信息获取系统发送的大量数据下载请求。

④国内收入局的应对。一是纳税信息失窃发生后，国内收入局已经暂停在线纳税服务系统的在线服务。纳税人如果需要往年纳税申报表等资料，只能申请纸质邮寄方式。二是技术部门在在线纳税服务系统中增加新的防火墙。这可以从纳税人递交的信息中识别可疑的纳税申报，阻止信息被窃取。三是为纳税信息失窃的 10.4 万名纳税人提供 PIN 安全码保护。这一安全码程序将是永久性的，纳税人在纳税申报时，需要使用这个 6 位数的安全码。四是财政部税务管理检察长和国内收入局刑事调查部正在调

查信息失窃事件的原因。国土安全部已关注此事。联邦调查局也宣布介入这起事件的调查。

⑤国内收入局被质疑。国内收入局没有对另外约 10 万名纳税申报表暂时“安全”的纳税人提供安全保护，但或许他们更需要被保护。因为犯罪集团已经获取了他们的社保账号等个人信息，未来随时都可以以他们的名义申请退税，或进行其他欺诈行为。

（6）纳税信息安全困扰税务部门。2015 年以来，国内收入局已经阻止了近 300 万次可疑的纳税申报。税务当局应对的 80% 以上税务诈骗都与有组织的犯罪集团有关，他们拥有巨大的财力、高端的设备、庞大的数据，雇用了一批非常聪明的黑客，非常善于数据分析。纳税人信息安全问题已成为国内收入局需要解决的头号问题。

（2）2015 年 10 月 20 日，美国税收安全峰会宣布，2016 年将颁布实施“对所有税务软件产品的新标准”。这些新标准包括，最低密码要求，新的安全问题和标准锁定功能。软件业将提供超过 20 个对纳税申报表的附加数据元素，这些信息将被分享到美国国内收入局网站、联邦政府网站和税务软件社区使用平台，帮助检测和防止个人身份信息文件被盗窃。

（3）2015 年 11 月 19 日，美国发布“税收与安全共行”专项行动，旨在保护个人和金融信息安全。该专项行动由美国国内收入局、纳税人维权机构和税务产品公司共同发起，以鼓励更多的人保护他们的个人和金融数据。

①背景。在互联网上，每个人的个人电子设备都可能影响自己的财务和税务数据安全。个人信息窃贼的网络盗窃方法不断更新，个人身份和金融财务信息的安全形势越发严峻，因此，我们的防控制度也必须不断改进。

②专项行动目标。专项行动目标是提高公众的个人信息安全意识。

③专项行动方案。他们将制作 YouTube 视频，每星期定期发布有利于消费者的建议。在全国各地开展宣传活动。国内收入局的相关出版物已经更新，帮助纳税人和税务专业人士。

④需要公众的帮助。国内收入局局长约翰·科斯基宁说：“每一个人都应发挥作用，国内收入局、各州和税务部门都在为 2016 实施更严格的个人税务信息安全而努力。但我们需要公众的帮助，需要有人加入我们，采取积极的措施，保护他们的个人和财务数据不被网络窃贼窃取。”

■ 其他国家

安哥拉 2015 年 5 月 5 日，安哥拉国家税务局宣布，将在全国各地税务机构安装一个纳税人信息反馈信箱。

（1）该信箱将成为纳税人对税务局业绩评价的一个重要途径，纳税人可以自由决定披露或不披露信息反馈中涉及税务官员的身份。

（2）主管税务机构将对每一条反馈意见进行研究，然后给出处理意见。如果有必要，则根据税务公务人员违法行为的轻重，依据 1991 年 7 月 26 日颁布的第 33 号令，给予税务公务员相应的处罚和制裁。

■ 中国

（1）2015 年 2 月 27 日，国家税务总局发布《关于规范涉税服务严禁违规收费问题的通知》（税总函〔2015〕122 号）。该通知的主要内容如下：

①规范涉税软件服务。①不得向纳税人收取涉税软件费用。②对于其他办税软件以及 CA 数字证书，要尊重纳税人的自愿选择权，不得强制推行。

②严禁搭售通用设备。对新纳入防伪税控系统管理的纳税人做好宣传、告知工作，保障纳税人的知情权。要公示增值税防伪税控开票系统专用设备销售价格、技术维护价格的收费标准和通用设备基本配置标准。要进一步强化对服务单位的监管，督促其切实履行服务合同和服务承诺。

③规范涉税中介服务。不得制发违反或超出上位法规定强制要求纳税人提交涉税鉴证报告的文件，不得强制或指定涉税中介机构出具涉税鉴证报告。

（2）2015 年 6 月 26 日，国家税务总局发布《关于修订〈纳税服务投诉管理办法〉的公告》（国家税务总局公告 2015 年第 49 号）。该公告的主要内容如下：一是纳税服务投诉范围。对纳税服务、服务态度、服务质效和侵害纳税人合法权益的投诉。二是纳税投诉的提交。①纳税人可以通过网络、电话、信函或者当面等方式提出；可以向本级或上级税务机关提交。②纳税人应当实名投诉，并列明规定事项。三是纳税投诉的受理。①受理条件。纳税服务投诉符合本办法规定的投诉范围且属于规定情形的。②纳税投诉的不受理。包括不允许纳税投诉的条件，告之投诉人不予受理的决定及其理由。③处理方式。④责令受理。⑤协调处理。⑥建立纳税服务投诉事项登记制度。四是调查与处理。①建立投诉人保密、利害关系人回避机制。②调查、核实投诉具体事项。③终结调查。④针对投诉内容的分类办结时限。⑤当场投诉及符合规定的即时处理。⑥处理结果的告知与回访。

（3）2015 年 12 月 30 日，国家税务总局发布《关于印发〈国家税务局地方税务局合作工作规范（2.0 版）〉的通知》（税总发〔2015〕159 号）。该合作工作规范关于联合维护纳税人权益的主要内容如下：（1）合作目的。引导纳税人合理、合法表达诉求，维护纳税人合法权益，缓解征纳双方矛盾。（2）合作目标。对纳税服务投诉涉及双方事项的，共同协商、联合办理。（3）合作方式。对纳税服务投诉涉及双方事项的，一方接到投诉后，及时告知另一方，双方协商、联合办理。（4）合作流程。建立联动高效的纳税人需求响应机制。对纳税服务投诉涉及双方事项的，一方接到投诉，及时告知另一方，双方协商、联合办理。

3.

国际税收协调与合作发展研究

3.1 年度评析——国际税收关系从竞争走向合作

2015年BEPS主要行动计划的顺利完成，意味着国际税收规则百年重塑进入执行阶段。从讨论、制定到逐步执行，国际税收协调与合作步入攻坚期和深水区，呈现出新特点和新趋势。本章将继续从国际税收的协调、合作和国际税收会议三个方面加以研究分析。

第一，国际税收治理在全球治理中愈显重要

提高国际税收治理能力，加强国际税收协调与合作成为增强世界经济抗风险能力的重要手段。国际税收成为全球治理体系越来越重要的组成部分，其意义远超税收本身。国际税收治理开始从经济问题逐渐演变为政治话题，充当起建立国际新秩序的先头兵和突破点，地位凸显。

治理理论在20世纪90年代兴起于一些国家，最早由20世纪80年代初的“地方治理”和80年代后期的“公司治理”发展为“公共治理”，现已成为全球政府治国转型的普遍趋势。管理到治理，区别显著，意味着从一元的管理主体过渡到多元的治理主体。治理是国际组织、政府、市场、企业等多元主体一起进行，而不单单是政府的“独角戏”。在治理体系中，税收的作用不再仅仅局限为经济工具和手段。

在G20峰会上，各国领导人共同认为：国际税收治理应为各国政要政

治对话的重要议题，国际税收治理应该尽快达成共识，共同承诺推进 G20 税改成果的落实，共同建设公平的国际市场秩序，促进世界经济的复苏。

第二，各国与跨国企业的税收矛盾突出

20 世纪 20 年代以来，国际税收合作与协调的理念是避免“双重征税”，从而有效减轻跨国企业的税收负担。国家与国家间的税收权益的分配是国际税收协调与合作关注的重点。这是由当时发达国家的经济发展速度较快，跨国企业相对集中，即使有税基侵蚀和利润转移行为，但税收收益最终还会回流到发达国家的经济大趋势所决定的。

随着国际金融危机的爆发，一方面发达国家财政吃紧、就业压力空前巨大，另一方面跨国企业利用各国税制间差异，通过合理甚至恶意的税收筹划，将大量的税收收益隐匿或者转移到避税港。BEPS 问题成为国际税收协调与合作的主要问题，跨国企业与国家间税收权益的竞争上升为国际税收竞争的主要矛盾。避免“双重不征税”成为国际税收协调与合作的主要目标。

第三，国际税收合作胜过竞争

国际金融危机对世界经济带来了巨大的负面影响，但对 OECD 却是一个难得的发展契机。OECD 抓住机遇，与 G20 深度合作，利用 G20 政治背书，全力推行自身税收方面的主张。无论是黑白灰名单还是 BEPS 行动计划，既符合世界经济发展的大趋势也符合世界税收协调与合作的发展方向。OECD 也自然而然扩大了自身的影响力和话语权。

与此同时，联合国和 WTO 也频频发声，促进国际合作。2015 年，世界贸易组织（WTO）19 年来首次达成的重大降关税协议。协议中涵盖的产品占全球贸易比重达 10%，包括中国在内共有 53 国签署这项协议，该协议将取消总值 1.3 万亿（兆）美元贸易的关税，预料将对全球经济带来 1900 亿美元的提振效果。

而以美国为首的发达国家并不甘规则制定权旁落，在 BEPS 问题上采取了跟随态度，但利用 FTACA 法案扳回一局，逼迫 OECD 迅速跟进，制定了《金融账户涉税信息自动交换标准》。同时英国开征谷歌税，俄罗斯进行资本大赦，爱尔兰取消税收优惠。这些都清楚地表明传统的发达国家并没有心甘情愿地放弃税收规则制定权，而是更加积极地发挥统领作用。国际组织关系由单边主义，自我为中心转变为包容性和拓展性新型国际税收关系。

第四，中国发出“好声音”

中国在国际税收规则百年重塑的黄金机遇期，在 BEPS 行动计划制定过程中，有力担当，勇于发声，取得了国际税收领域历史性的新突破。BEPS 行动遵循的总指导原则确定为利润应在经济活动发生地和价值创造地征税，这个指导原则是在中国强力主导下确定的。这个原则的确定，标志着中国作为重要的价值创造地和利润来源地，在这次国际税改中税收权益得到了根本保障。在 BEPS 行动计划中，中国代表发展中国家提出的地域特殊优势、无形资产利用等观点都被采用了，这些都标志着中国的国际税收影响力和话语权大大提升。

2016 年 5 月 10 日，第 10 届税收征管论坛（FTA）大会在北京召开。这是 BEPS 行动计划转入实施阶段后首次召开的税收征管论坛大会，由 OECD 主办、中国国家税务总局承办。作为 2016 年 9 月二十国集团（G20）杭州峰会的重要配套活动，大会聚焦国际社会共同关注的税收议题进行了深入讨论，并发表了公报。此次大会在中国召开，说明中国在国际税收的地位进一步提升。

3.2 国际税收协调

3.2.1 动态概述

2015 年是国际税收协调丰收的一年。国际税收改革取得重大突破，降税、透明、反避税成为本年度国际税收协调的关键词。

■ 国际税收改革成果丰硕

BEPS 主要行动计划顺利完成、《多边税收征管互助公约》有序推进和《金融账户涉税信息自动交换标准》签约范围迅速扩大，这些都代表着国际税收取得了重大突破。税收信息透明要求强力穿透，瑞士联邦议会批准实施银行税务信息自动交换也是世界税收发展潮流的必然趋势。

以改革增值税为突破口，国际税收开始协调间接税。欧盟委员会公布一项税收新规，要求自 2015 年 1 月 1 日起包括电子书、音乐下载和应用下载等数字产品的增值税将不在产品提供商所在国缴纳，而必须在产品消费地缴纳。从而能够阻止数字产品提供商，例如亚马逊、苹果和谷歌等跨国公司，通过“借道”低增值税国家进行避税。

■ 关税降税成为国际税收改革的主流方向

WTO 出台了 19 年来首次大规模降税协议。这次降税主要集中在信息技术，涉及的主要是关税。美国、日本主导的泛太平洋战略经济伙伴关系协定（TPP）谈判在 2015 年达成协议，TPP 作为经济体量较大的一体化的区域经济，将大幅度降低协定内各国间的关税。东盟新旧成员国家间也完全实现 90% 以上产品的零关税。

■ 国际税源争夺日趋激烈，反避税领域创新不断

反避税在 2015 年有一个比较大的创新发展就是英国开征谷歌税，“谷歌税”的学名叫“转移利润税（Diverted profit tax）”，旨在打击跨国公司通过人为设计的交易将利润转移出英国，从而侵蚀英国税基的行为。此税因首先由谷歌公司避税引起，因此媒体称为“谷歌税”。这并非仅仅对谷歌公司征收的税种，所有通过人为设计的交易将利润转移出英国的跨国公司都可能被征收“谷歌税”。这充分反映出发达国家对于国际税源争夺的激烈性。

■ 税收透明攻克“世界保险柜”

2015 年 12 月 14 日，瑞士联邦议会批准实施银行税务信息自动交换。这就意味着瑞士将从 2018 年开始通过双边或多边进行银行税务信息自动交换。届时，凡在瑞士拥有银行账户的人员，其交纳税收数据都将列入自动交换信息系统。同时，瑞士议会批准按照欧洲委员会和经合组织制订的有关自动信息交换新标准以及行政援助公约，明确多边交换账户信息的种类，并统一按照经合组织制订的公约，以避免标准变化时，修改每项双边协议。

瑞士银行作为“世界保险柜”，凭借着《银行保密法》，成为最著名的吸金库，帮助瑞士成为金融领袖。但是，经济全球化带来的国际税收协调合作促使大国之间合纵连横，使得瑞士不得不打开税收数据交流的大门。其他避税港，如开曼群岛、特克斯和凯科斯群岛，以及加勒比海其他英属领土等，都纷纷宣布对外分享银行账户信息。税收透明已经成为全球化的必然要求，银行保密一去不复返。

3.2.2 国际组织主导的税收协调

2015年，BEPS的强烈东风吹动了国际组织积极推动国际税收协调的强烈愿望，各种国际组织都争先恐后推出各种方案。

■ OECD主导的国际税收改革强力推进

（1）自2013年后，实施税基侵蚀和利润转移（BEPS）项目以及推进《多边税收征管互助公约》和《金融账户涉税信息自动交换标准》工作作为G20国际税收改革的三项任务被列入历次G20财长和央行行长会议以及G20领导人峰会重要议题。

在G20和OECD的推动及有关国家的共同参与下，这三项工作已经取得了重要进展：

BEPS项目全部15项行动计划产出成果已在2015年9月如期完成并经10月8日秘鲁利马召开的G20财长和央行行长会议审议通过。经过24个月紧锣密鼓的工作，OECD在整合2014年9月发布的BEPS项目首批7项产出成果的基础上，于2015年10月5日发布了BEPS项目全部15项产出成果和1份解释性声明。这些成果标志着2013年G20峰会所确立的国际税收改革取得显著成就，并将从2016年1月起转入后BEPS行动议程。

《多边税收征管互助公约》（以下简称《公约》）缔约方和国际影响力迅速增加，截至2015年9月，已有72个国家签署《公约》，其中57个国家交存了批准书。《公约》是国际税收征管合作领域最重要的多边条约，旨在通过开展国家间的情报交换、税收追缴及文书送达等国际税收征管合作，打击跨境逃避税，维护良好的国际税收秩序。《公约》由欧洲委员会和OECD共同发起制定，于1988年1月25日起向欧洲委员会和OECD成员开放。2010年5月，应G20的吁请，OECD与欧洲委员会按照税收情报交换的国际标准对《公约》进行了修订，并向全球所有主权国家开放签署。在G20的推动下，《公约》缔约方迅速增加，国际影响力日益增强。

经国务院批准，2013年8月27日，我局局长王军代表中国政府在法国巴黎签署《公约》。2015年7月1日，全国人大常委会批准《公约》，批准书已于10月16日由我驻法使馆递交OECD，三个月后生效。《公约》的批准和生效，是我国履行G20承诺，积极参与国际税收合作的具体体现，有利于加强全球税收合作，打击国际逃避税，维护我国税收权益。

《金融账户涉税信息自动交换标准》（以下简称《标准》）在G20的

大力推动下，获得各国积极推动和支持，截至2015年9月已有94个税收管辖区承诺将于2017年9月或2018年9月开始实施。《标准》由OECD会同G20成员国共同制定，其目的是通过加强各税收管辖区之间有关金融账户信息的情报交换，提高全球税收透明度。《标准》由主管当局间协议范本和统一报告标准两部分组成。主管当局间协议范本规范了各辖区税务主管当局之间如何按年交换对方税收居民的金融账户涉税信息；统一报告标准则规定了金融机构应执行的信息报送和尽职调查程序。

（2）2015年11月5~6日，来自100多个国家和地区的代表在巴黎举行了OECD第三次全球论坛——增值税，签署了完整统一的《OECD全球增值税/商品劳务税指南》，作为服务与无形资产在全球交易时的增值税税务处理标准，同时作为制定和执行法律的基准点，旨在降低无意识的双重不征税或双重征税的可能性。相比第二次全球论坛，该指南增加了新的要点，这些要点包括向个体消费者销售服务和无形资产（B2C）时如何形成有效连贯的税务处理的推荐规则和实施机制，促进这些交易中增值税部分的有效征收，从而避免各地区国内供给者与外国供给者之间的不良竞争。

2015年11月11~12日，在关于BEPS的第一届亚太地区科技大会上，讨论了BEPS行动计划成果以及实施BEPS的国家将面临哪些挑战。针对BEPS一揽子计划，专家们给出了反馈意见，分享了他们各自国家的优势，提出了参与计划以及阐述了即将面临的挑战。他们还提出了他们对于该项目在实施阶段的观点和看法，包括发展包容性框架从而使与之利益相关的国家都能平等地参与其中，进一步发展和监管BEPS行动计划中采纳的措施。

在2015年11月15~16日举行的安塔利亚峰会上，G20领导人正式批准了经合组织（OECD）税基侵蚀与利润转移（BEPS）项目的最终方案。G20领导人呼吁OECD于2016年初制定出一个包容性的框架，以确保非G20国家及地区能够在平等的基础上实施BEPS相关建议。G20领导人一致认为，广泛、一致的实施对BEPS项目的效果至关重要，尤其是跨境税务裁定的情报交换，因此，强烈敦促BEPS项目的尽快实施，并鼓励各国（包括发展中国家）参与BEPS项目。最后，G20领导人对全球范围内提高税收透明度和税收公正性取得的进展给予肯定，并重申了将于2017年或者最迟2018年实现税收情报自动交换的决心。

■ **联合国推出新的协定范本和实用手册**

第11届联合国税收事项国际合作专家委员会经过会议讨论，计划对技术服务费税务处理采用新的章节，并在《关于发达国家与发展中国家间避免双重课税的协定范本》（下一次更新中准备列入）。同时，制定了新的关于发达国家与发展中国家进行双边税收协定谈判的实用手册。

委员会还对机构进行改革，还决定设立两个新的附属委员会：特许权委员会和相互协商程序委员会。前者负责对《协定范本》第 12 条及其注释进行更新，后者主要负责协调沟通，旨在避免和解决纠纷，主要负责课题研究、提供指导以及对《协定范本》中的相关问题进行更新。

■ WTO 推动信息技术降低关税

2015 年 12 月 23 日，世界贸易组织（WTO）包括中国在内的 53 个成员国共同签署协议，将取消 201 项资讯科技产品的进口关税，这是 WTO 成立 19 年来首次达成的重大降低关税协议。协议中涵盖的产品占全球贸易比重达 10%，这也意味着消费者未来在购买全球卫星定位（GPS）导航系统、电脑等商品时可以付出较低成本，在此同时企业则可以缩减机械工具的成本。该协议将取消总值 1.3 万亿美元贸易的关税，估算将对全球经济带来 1900 亿美元的提振效果。按照协议，新一代半导体产品、核磁共振成像仪等医疗产品、印刷电路板以及卫星等产品都包括在其中。一旦生效，该协议将成为 WTO 有着 18 年历史的“信息技术产品协议”的最新版本，把新产品加入到零关税和免税贸易协议的覆盖范围。

3.2.3 更加主动的区域税收协调

■ 欧盟努力推动增值税大变革

欧盟委员会要求自 2015 年 1 月 1 日起包括电子书、音乐下载和应用下载等数字产品的增值税将不在产品提供商所在国缴纳，而必须在产品消费地缴纳。而之前按欧盟规定，是按照服务提供商所在国的增值税率计征增值税，使得互联网零售企业可以选择税率较低的欧盟国家设立地区总部。增值税税率确定从生产地原则改为消费地原则，无疑将阻止数字产品提供商通过“借道”低增值税国家来避税，有利于在欧盟内部实现税收公平。例如亚马逊、苹果和谷歌等跨国公司，通过“借道”低增值税国家进行避税，从而在欧盟内部实现公平的税收权益分配。因各国增值税税率各不相同，此项税收新规意味着数字产品提供商可能将不得不在各个产品消费地注册增值税账户。欧委会称，实行这一规定后，预计 2015 年可在欧盟内增收增值税 30 亿欧元。与此同时，欧委会正在协调推出“一站式”增值税缴纳机制，有望简化企业缴税。

欧盟委员会发布理事会指令提案，建议将欧盟增值税指令第 97 条的执行期限延长至 2017 年 12 月 31 日。第 97 条指令规定，从 2011 年 1 月 1 日到 2015 年 12 月 31 日，欧盟成员国增值税税率不得低于 15%。

另外，2015 年 11 月 20 日欧盟比利时部长理事会通过了一些增值税修订措施，包括：在以往国内和欧洲变化的基础上提出技术性修正案；“轻型货车”一词在增值税抵扣中应用；在公众或其他机构财政支持下的非营利性公益活动，适用税收豁免；对 1970 年 7 月 20 日皇家法令中的增值税条款进行了修正，提出了货物和服务适用较低的增值税税率。

■ 欧盟重推共同统一公司税税基

欧盟早在 2001 年便已首次提出“共同统一公司税税基”（CCCTB）的计划，即对跨国公司在欧盟成员国内的所得按照统一的合并税基征税。自那时起，由于有成员国坚持维护独立的税收主权，该计划一直进展缓慢，数度搁浅。2011 年 3 月，欧委会虽经 10 年努力正式提出 CCCTB，但又一次承受了不了了之的结局。2015 年 6 月，在尝试失败四年之后，欧盟委员会再次就统一欧盟范围内的公司税税率提出建议，希望以此打击部分成员国通过与亚马逊、星巴克以及苹果这样的跨国企业达成低税率安排的方式获得不公平好处的做法，以便解决资本向避税港国家（例如爱尔兰和卢森堡等）流失的问题。

为此，欧盟将针对在欧盟境内营业的企业，提出单一的计算应税公司利润的规定，所有公司必须符合统一的欧盟税收责任计算规则，针对在欧盟的所有经营行为设置单一的税收返还，而不是遵守各个成员国不同的规定。

法德两国很快就开始启动关于税率的讨论，并起草了相关计划书。然而此次，英国再次站在了法德的对立面，其长期以来不支持统一税制的立场并未改变。如，法德两国认为此项改革可以在现行欧盟条约框架下进行，且两国不希望欧盟成员国继续保持独立税权，因为他们主张欧盟应当建立更紧密的政治、经济和财政联盟。但在英国看来，设置统一税率的做法是对主权的侵犯，并且欧元区缺少一个对税制和国际借贷有更宏观把控的共同政府，而这也正是英国需要重新确立与欧盟关系新原则的原因之一。法德的这一计划和卡梅伦脱欧动议背道而驰，进一步打击了英国留在欧盟的信心。

■ 欧盟倡导统一税收信息公开政策

2015 年 3 月 18 日，欧盟委员会提交“统一税收信息公开政策”的提案，旨在提高欧盟成员国的税收透明度，制裁为跨国公司提供避税的欧盟成员国。（1）卢森堡避税丑闻使政府公信力受损。卢森堡避税丑闻揭露了多年来卢森堡政府是如何为企业提供避税保护，成为企业避税天堂的。欧盟委员会提交的文件显示，跨国公司税收的流失意味着，主要的税收压力要由普通员工来承担，而且小型企业压力更大。欧盟委员会承认，卢森堡避税丑闻使政府公信力受损。（2）税制复杂不透明为企业提供了避税保护。一些成员国税收制度复杂且不透明，给在其税法体系内的企业提供了避税保护。过去几年，荷兰和爱尔兰的税收体系同样也受到了欧盟委员会的关注。目前，欧盟委员会也正在对这些国家进行调查，因为他们同亚马逊、星巴克以及谷歌等企业私下签订了税收协议。（3）此项提议只是基本的解决方案，后续将推出更具强制力的提案。考虑到一些跨国公司的律师可能会钻法律的空子，欧盟委员会计划于 6 月出台进一步的改革政策，包括欧盟成员国内部统一税基、对各国进行强制约束等。计划 2016 年底出台新的具有强制性的规定。（4）欧盟委员会希望此举能够提高欧盟成员国的税收透明度。包括爱尔兰和卢森堡在内的许多欧盟国家将被迫公开其对跨国企业的税收政策。但是，欧洲债务和发展网络中心表示，改革可能会让税务中心得到更多的信息，但是依然不能改变现状。税务管理仍不透明，公众很难对政府的税务管理以及企业的缴税情况进行监督。公众也不信任欧盟委员会的改革提议，要求公布税收信息。

■ 欧盟公布了“全球不合作避税地区名单”

2015 年 6 月 17 日，欧盟委员会公布了一份“全球不合作避税地区名单”，引发避税地的不满。（1）榜上有名的列支敦士登、根西岛、百慕大和毛里求斯等国家和地区表达了强烈不满。因为这些国家和地区已承诺在 2017 年至 2018 年遵守税收数据自动交换规则，并且他们的努力也得到了 G20 国家和欧盟的肯定。（2）名单上没有任何欧洲避税国家或地区。比如，卢森堡承诺将交换税务信息作为打击逃税的主要手段，但目前实施结果却不被 OECD 认可。（3）国际经济组织的非积极评论。欧盟委员会公布的这份名单只是为了表达其打击逃避税的强烈意图，而采取了不恰当的方式。OECD 税收政策和管理部主任帕斯卡尔·圣－阿曼斯（Pascal Saint－

Amans）称，如果真有一个避税地黑名单，也需要建立在客观的标准上，这也正是下一届 G20 峰会需要讨论的话题。

■ 欧盟再度推迟实施金融交易税

金融交易税虽然早在 2012 年 10 月便已获得 11 个欧元区国家支持，并一度获欧盟委员会的正式通过，但其生效日期却被一再延迟。“2016 年 1 月 1 日开征”也成为泡影。欧盟成员国内部对金融交易税的相关细节存在分歧，即便是在已经加入金融交易税征收合作的 11 个欧盟成员国内部，对如何实施金融交易税也存在诸多分歧。这些分歧阻碍欧盟金融交易税的实施，而且很有可能导致这个税的彻底流产。

■ 欧盟制裁中国制造

2015 年 8 月 6 日，欧盟认定中国太阳能玻璃企业以远超底线的价格在欧洲市场倾销产品，对中国的光伏玻璃产品开征临时反倾销税，实施期限 6 个月，反倾销税率为 17.1% 至 38.4%。2015 年 8 月 14 日，欧盟又提高了对中国光伏玻璃的反倾销税，从此前的最高 38.4% 上调至最高达 75.4%，上调了近一倍。说明国际税收协调任重道远。

■ TPP 合作掩盖竞争

2015 年 10 月 5 日，泛太平洋战略经济伙伴关系协定（Trans - Pacific Partnership Agreement，简称 TPP）取得实质性突破，这是美国推动打造的跨太平洋全球最大自由贸易区。美国、日本、澳大利亚、文莱、加拿大、智利、马来西亚、墨西哥、新西兰、秘鲁、新加坡和越南 12 个国家就 TPP 达成一致，计划将于 2016 年正式签署。12 个参与国加起来所占全球经济的比重达到了 40%。谈判涉及 12 个国家和地区涵盖全球 40% 的经济产出，将对近 18000 种类别的商品降低或减免关税。

TPP 也被称作“经济北约”，是目前重要的国际多边经济谈判组织，前身是跨太平洋战略经济伙伴关系协定（Trans - Pacific Strategic Economic Partnership Agreement，P4）。是由亚太经济合作组织成员国中的新西兰、新加坡、智利和文莱四国发起，从 2002 年开始酝酿的一组多边关系的自由贸易协定，原名亚太自由贸易区，旨在促进亚太地区的贸易自由化。协定由两大类内容构成：一是知识产权保护规则等 12 个谈判参与国一起决定的领域；二是如某类商品进口关税减免等双边磋商领域。它从传统、单

一、狭义的贸易协定拓展成为现代、广义、综合的贸易协定。除了经济元素以外，TPP 包含了许多非经济元素。TPP 成员不仅要受到贸易机制的制约，而且还要受到法律法规、社会团体、生态环境、商业模式和公众评判等制约。

根据协议，TPP 有六大突出特点：一是要求全面市场准入，即消除或削减涉及所有商品和服务贸易以及投资的关税和非关税壁垒；二是促进区域生产和供应链网络的发展；三是解决数字经济、国有企业等新的贸易挑战；四是促进中小企业发展和帮助成员国加强贸易能力建设，实现贸易的包容性；五是作为区域经济一体化平台，吸纳亚太地区其他经济体加入。六是美国围堵中国在经济上的实际体现。TPP 谈判标志规模占全球四成的巨大经济圈将应运而生，可能会对全球贸易规则产生重要影响。

■ 东盟将逐步实现零关税

2015 年 11 月 22 日中国与东南亚国家联盟 10 个成员国在马来西亚吉隆坡签署协议，升级双方自由贸易协定。

中国—东盟自贸区的建立加快了双方贸易和投资自由化进程。2010 年 1 月 1 日，中国和东盟 6 个老成员国文莱、菲律宾、印度尼西亚、马来西亚、泰国、新加坡之间，超过 90% 的产品将实行零关税。中国对东盟平均关税将从 9.8% 降到 0.1%，东盟 6 个老成员国对中国的平均关税将从 12.8% 降至 0.6%。双方自由贸易协定升级后，东盟 4 个新成员越南、老挝、柬埔寨、缅甸也实现了 90% 以上的零关税。东盟将逐步实现零关税，抱团取暖，共谋发展。

3.2.4 以协定为依托的税收协调

国际税收协定历来肩负国际税收协调的重任，肩负协调国与国之间双边税收关系的使命。2015 年又有 15 个国家之间的双边税收协定诞生或修订。

2015 年 1 月 5 日，加拿大和韩国新的双边税收协定生效。

2015 年 3 月 2 日，意大利和瑞士修订双边税收协定。

2015 年 3 月 3 日，老挝和越南签署了新的双边自由贸易协定。

2015 年 3 月 31 日，爱尔兰和赞比亚重新签署了双边税收协定，2015 年 12 月 23 日生效，2016 年 1 月 1 日起执行。

2015 年 4 月 16 日，爱尔兰和巴基斯坦重新签署了双边税收协定。

2015 年 4 月，荷兰与马拉维签署新的双边税收协定。

2015 年 6 月 17 日，南非与毛里求斯签署新的双边税收协定。

2015 年 6 月 26 日，加拿大与新西兰新的双边税收协定生效。

2015 年 7 月 8 日，新西兰与萨摩亚签署双边税收协定。

2015 年 7 月 10 日，瑞士与列支敦士登签署新的双边税收协定。

2015 年 9 月 4 日，瑞士与挪威签署了新的双边税收协定。

2015 年 11 月 16 日，德国和澳大利亚签署新的双边税收协定。

2015 年 11 月 19 日，土耳其和新加坡签署双边自由贸易协定。

2015 年 12 月 11 日，日本和印度修订双边税收协定，增加税收情报交换内容。

2015 年 12 月 20 日，菲律宾和德国修订了双边税收协定。

至此，3000 多个国与国之间的双边国际税收协定形成巨大的网络，覆盖全世界，协调绝大部分经贸税收关系，发挥难以估量的巨大作用。

3.2.5 中国参与的税收协调

发展中的中国是一个负责任的大国，伴随着中国经济取得的巨大发展，中国税收大步跨入国际社会，在国际税收领域发挥越来越重要的作用。

■ 中国税收有力担当

BEPS 的总原则“利润应在经济活动发生地和价值创造地征税”为 G20 所接受，标志着中国参与国际税收规则制定取得里程碑式成果。这个原则是在我国强力主导下确定的。原则的确定，意味着我国作为重要的价值创造地和利润来源地，税收权益保障有了充分的法理依据。中国还代表发展中国家发声，在 BEPS 项目中积极提出建议，有近千条建议被采纳，应该说掌握了一定的规则制定权和国际税收话语权。

同时，中国作为负责任的大国，充分担当，主动帮助别的发展中国家和低收入国家提高税收征管能力，通过立法咨询、技术援助等方式，实施双、多边合作项目 12 个，为 18 个非洲和拉美国家的 82 名税务官员举办了两期“税收征管与纳税服务”研修班，有力推动了中国与拉非国家之间的合作。

2015 年，中国还深化了与荷兰、蒙古、埃塞俄比亚以及金砖国家的税务合作。

■ **中国相关的税收方面协定**

中国政府提出“走出去”和“引进来”深化国际经济合作，努力推动“一带一路”建设。税收服务国民经济发展和“一带一路”建设，2015 年对外签订 6 个涉税协定，其中包括“一带一路”沿线国家 4 个，占 2/3。

2015 年 1 月 1 日，中国与厄瓜多尔的双边税收协定开始执行。

2015 年 4 月，中国与越南签署了《中越北部湾海上油气勘探开采税务合作协议》，成功解决了中越两国勘探开采海上油气资源税收管辖权的划分问题。

2015 年 5 月，中国与俄罗斯签署了中俄税收协定协议书，实现了中国金融机构对俄贷款利息零税率。

2015 年 5 月 25 日，中国与智利签署了中智税收协定，结束了 11 年的谈判。

2015 年 6 月 17 日，中国和澳大利亚两国的代表分别代表两国政府正式签署《中华人民共和国政府和澳大利亚政府自由贸易协定》（中澳自贸协定）。

2015 年 10 月，中国与罗马尼亚签署了税收协定。

2015 年 12 月 1 日，中国与津巴布韦签署了中津税收协定。

3.3 国际税收合作

3.3.1 动态概述

2015 年，国际税收合作围绕“加强全球合作、打击国际逃避税”主题，在相互协商、情报交换和征管互助等方面取得重大成就，具有广泛、突破、透明等显著特点。

■ **国际税收合作获得国际上广泛认同和大力支持**

在经济合作与发展组织（OECD）二十国集团（G20）推动下，税基侵蚀和利润转移（BEPS）行动计划成果报告正式出台，并得到国际组织和国家的广泛认同和支持。如：金砖国家领导人在第七次会晤上重申通过相关国际论坛就 G20 和 OECD BEPES 行动计划以及税收情报自动交换继续开展合作，从政治层面宣誓参与国际税收规则及其标准体系的制定。国际货币基金组织表示要深化国际税收合作，巩固现有税收合作成果，确保BEPS行动计划得到有效实施。中国、英国、法国、西班牙、印度等国家就落实BEPS行动计划发布了分国信息（CBC）披露规定。第11届联合国税收事项国际合作专家委员会召开第11届会议，就技术服务费的税务处理、税收协定的谈判政策、税务部门之间的信息交换以及税务部门的能力建设活动等重要问题进行了讨论。世界海关组织发布《海关估价与转让定价指南》，新的指南指出，海关和税务机关应当协同合作，交换转让定价方面的信息与知识。WCO迎来与OECD加强合作新局面。

■ 国际税收合作更加务实、具有突破性

世界贸易组织（WTO）框架下的《信息技术协定》（ITA）扩围谈判达成一致并签署协议，将取消201项资讯科技产品的进口关税。这是全球IT产品史上最大规模的减税协议，具有里程碑意义。欧盟增值税新政策采取消费地征税原则，适用于所有向欧盟境内提供服务的电子商务公司。无论电子商务公司是否在欧盟成员国成立，必须向消费者所在国按该国税率缴纳增值税。上述规定的出台将阻止数字产品提供商，例如亚马逊、苹果和谷歌等跨国公司，通过“借道”低增值税国家进行避税。英国对跨国公司开征转移利润税：如果跨国公司被依法认定存在将在英国从事经济活动产生的利润转移至国外的，应对其人为转移的利润征收转移利润税。这是BEPS行动计划实施以来最大规模的单边反避税行动，引起跨国公司和社会的广泛关注。韩国计划从2016年起征收谷歌税，这一税种将仿照英国的利润转移税，将于明年实施。美国颁布一项新税收规则以限制美国企业通过搬迁至海外来逃避税收，该规则限制了美国企业将海外业务转移至新的外国母公司的能力。

■ 国际税收合作推动税收征管更加透明

欧盟于6月公布了一项行动方案：在欧洲范围内从事经营活动的企业不能再出于避税考虑将利润转移至其他国家，须在利润产生国纳税。欧委会还根据成员国数据首次公布了一份不愿在税务方面与欧盟合作的国家名单。欧委会表示，将逐步对避税天堂施加压力并提高透明度，希望在欧洲创造公平的纳税环境。欧盟已经和瑞士签订税务信息自动交换协议，这意味着瑞士银行业的“保密传统”面临终结，欧洲许多其他“避税天堂”

也面临挑战，欧洲向更公平的税务体系又迈进了一步。香港顺应全球税务发展，香港重申反避税承诺。根据最近外资银行开立离岸账户的报告，香港政府与监管部门将继续严厉执行反洗钱与反避税行动。香港拟定税收交换信息法案，提高税收透明度和打击税基侵蚀与利润转移，确保税收制度能够跟上国际趋势。瑞士分别与澳大利亚、意大利签署税务信息自动交换协议，利用税务信息自动交换协议提高税收透明度。

3.3.2　全球性的税收合作

■ 二十国集团（G20）安塔利亚会议发表公报就国际税收治理达成共识

11 月 15～16 日，G20 第十次领导人峰会在土耳其安塔利亚举行，会议正式批准经济合作与发展组织（OECD）/G20 提交的应对税基侵蚀和利润转移（BEPS）行动计划所有 15 项（数字经济、混合错配、受控外国公司规则、利息扣除、有害税收实践、税收协定滥用、常设机构、无形资产、风险和资本以及其他高风险交易、数据统计分析、强制披露原则、转让定价同期资料、争端解决、多边工具）成果报告，并发表联合公报。公报指出，批准实施该报告，是为在全球范围内实现公平、现代化的国际税收体系。公报认为，广泛、持续地落实行动计划是确保 BEPS 项目取得成效的关键，特别是在跨境税收裁定的情报交换方面。因此，公报强调，强烈敦促按时落实 BEPS 项目，并鼓励包括发展中国家在内的所有国家和辖区参与。为在全球监测 BEPS 项目的落实情况，公报提出 OECD 在 2016 年初前建立一套包容性框架，该框架将在平等参与的基础上纳入感兴趣并致力于实施 BEPS 项目的非 G20 国家和辖区，包括发展中经济体。公报呼吁 IMF、OECD、联合国和世界银行集团为感兴趣的发展中经济体提供适当的技术援助，帮助其应对国内资源动员方面的挑战，也包括 BEPS 方面的挑战。公报重申此前承诺，将于 2017 年或 2018 年底同各成员国和其他国家就税收情报开展应要求交换和自动交换，并邀请其他辖区共同参与。BEPS 行动计划成果报告的颁布，标志着近百年来最大规模的一次国际税收规则重塑取得重大进步：国际税收将遵从全球统一的法理，国际税收规则体系将更趋公平，国际税收从竞争走向合作；同时将产生三个层次的规则协调：对各国国内税收立法的建议，修订所得税领域的国际规则，形成多边法律工具，进行多边税收协调。上述三个层次均主要涉及国际交易的所得税政策协调，与资本、技术和人员等生产要素的跨境配置直接相关。BEPS 计划成果报告带来的实体规则的变化以及跨境信息交换迎来的程序和信息支撑，将带来经济全球化时代国际税收管理的革命性变化。

■ 金砖国家（BRICS）领导人第七次会晤发表《乌法宣言》，重申将参与制定国际税收标准

金砖国家领导人第七次会晤于2015年7月8日至9日在俄罗斯乌法举行，本次会晤的主题为“金砖国家伙伴关系——全球发展的强有力因素”，并重申通过相关国际论坛就二十国集团（G20）和经合组织税基侵蚀和利润转移行动计划以及税收情报自动交换问题继续开展合作，共同帮助发展中国家增强税收征管能力。金砖国家将分享税收方面的知识和最佳实践。金砖国家领导人从政治层面宣誓参与国际税收规则及其标准体系的制定，将使在世界政治与经济中具有重大影响力的5个发展中国家和转型经济国家团结一致，携手参与国际税收改革，从而确保在政治层面、技术层面和改革成果方面平衡发展中国家和发达国家的利益诉求，实现G20国际税改的公平性。

2015年11月19—20日，第三次金砖国家税务局长会议在俄罗斯莫斯科举行，就落实G20领导人峰会和金砖国家领导人峰会税收成果达成共识。会议围绕税基侵蚀和利润转移、金融账户涉税信息自动交换标准以及帮助发展中国家提高税收征管能力等G20领导人峰会和金砖国家领导人峰会共同关注的税收议题进行讨论并达成共识。中国国家税务总局局长王军就深化金砖国家税收合作提出三点建议：一是坚定合作信心，凝聚共识，携手前行，让金砖国家税收合作迸发出更强大的生命力；二是推进务实合作，加强在税收政策和征管方面的定期交流，为跨国企业营造公平、良好的税收环境；三是促进互利共赢，联手加强与发展中国家之间的合作，加大对发展中国家税务部门的技术支持，帮助其提高税收征管能力，实现共同发展。王军强调，金砖国家要通过应对BEPS项目，加大在转让定价、自动情报交换等领域的合作，对跨国避税、企业灰色利润零容忍，共同打击一些跨国公司或高收入个人利用各国税制差异和税收信息不对称，向避税港和避税地转移利润或者隐匿收入以逃避纳税义务的行为，维护各国税收权益和世界税收秩序。会上，金砖五国税务局长共同签署会议公报，重申了加强金砖国家税收合作，落实G20领导人峰会和金砖国家领导人峰会税收成果的意愿。公报明确金砖国家税务部门之间就BEPS项目的后续执行情况进行交流，推进金融账户涉税信息自动交换标准的实施准备工作，共同向发展中国家提供技术援助，帮助发展中国家提高税收征管能力。金砖国家税务局长还应定期向金砖国家领导人峰会报告税收工作成果，在更高层次上发挥金砖国家税收合作的影响力。

■ 经济合作与发展组织（OECD）发布税基侵蚀与利润转移（BEPS）行动计划成果报告

2015 年 10 月 5 日 OECD 发布 13 份报告，涵盖 15 项 BEPS 行动计划，同时发布了一份 BEPS 解释性声明，介绍全面方案的概述以及全球实施的目标与步骤。G20 领导人于 2015 年 11 月 15～16 日在土耳其安塔利亚举行的峰会期间对该报告给予最终批准。BEPS 一揽子措施共包括 15 项行动计划，主要包含三个方面的内容：国际税收规则的一致性、强调经济实质以及提高税收透明度和确定性。而第 1 项和第 15 项行动计划设置在框架之外：第 1 项行动计划的目的在于应对数字经济对于现有征税原则的挑战，第 15 项行动计划的目的在于开发多边协议使得各国能利用该协议来修订现有的双边税收协定以实施达成共识的 BEPS 相关改革措施。该项目由 34 个经济合作与发展组织（OECD）成员国、10 个非 OECD 的 G20 成员国和 17 个其他发展中国家共计 61 个国家共同参与。BEPS 行动计划提出了两个重要的问题：这些行动将会在何时被实施，以及哪些国家将会实施。解释性声明中的以下表述就此阐明了各国间所达成的不同程度的共识："所有的经合组织和二十国集团成员均承诺将在防止税收协定滥用、国别报告、打击有害的税务实践以及改善纠纷解决机制等领域，一致执行 BEPS 行动计划。现有的标准已进行了更新且将会被执行，但是应该注意到并非所有 BEPS 的参与国都赞同上述税收协定和转让定价的基本标准。在其他领域，例如针对混合错配安排相关的建议以及利息扣除的最佳实践方面，各国已就一般税收政策方向达成共识。在上述领域，随着时间的推移，各国有望通过实施已商定的共同方法，逐渐缩小各国间的差异，从而进一步考虑这些措施是否应该成为未来这些领域的最低标准。基于最佳实践的指南还将为打算在强制性信息披露或受控外国企业的立法方面采取积极行动的国家提供支持。各国同意接受目标性监控，特别是对最低标准的执行情况所进行的监控。此外，预计经合组织和二十国集团成员国以外的其他国家也将加入此行列，以保护其自身税基和公平的竞争环境。"

欧盟或将在其 28 个成员国范围内施行 BEPS 行动。2015 年 6 月，欧盟委员会发表了关于欧盟公平和高效的企业税收制度的交流意见，其目的是阐明如何在欧盟范围内实施 BEPS 措施。财政部长理事会可以选择在整个欧盟范围内采纳 BEPS 措施。

报告还明确了 2016—2017 年的进一步工作安排：制定关于打击不合理间接转让资产的政策，尤其针对发展中国家；制定针对评估高风险或重点行业的 BEPS 风险的工具包；制定支持发展中国家有效进行转让定价文件记录的工具包；制定增强税收协定谈判能力的工具包；制定关于帮助各国寻求解决跨国企业分支机构间付款的税基侵蚀问题实施规则的工具包，尤其是针对支付利息、特许权使用费、管理和服务费等问题；制定关于解决通过供应链重组实现人为利润转移安排的工具包。

■ OECD 加强国际社会对海外逃税的打击

在 OECD 强力推动下，2015 年 6 月 4 日，澳大利亚、加拿大、智利、哥斯达黎加、印度、印度尼西亚和新西兰 7 个新国家加入多边协定，根据 OECD/G20 的标准自动交换信息。

■ 联合国召开第 11 届国际税制改革会议

10 月 23 日，第 11 届联合国税收事项国际合作专家委员会在瑞士日内瓦闭幕。会议期间，委员会成员就一些重要问题进行讨论，包括技术服务费的税务处理、税收协定的谈判政策、税务部门之间的信息交换以及税务部门的能力建设活动。委员会在技术服务费税务处理中采用了新的章节，将列入联合国《关于发达国家与发展中国家间避免双重课税的协定范本》（以下简称《协定范本》）下一次的更新中。另外，还推出了一个新的关于发达国家与发展中国家进行双边税收协定谈判的实用手册。委员会还决定设立两个新的附属委员会：特许权委员会，负责对《协定范本》第 12 条及其注释进行更新，特别是工业、商业、科学设备以及软件相关支出的税务处理；相互协商程序委员会，旨在避免和解决纠纷，主要负责课题研究、提供指导以及对《协定范本》中的相关问题进行更新。信息交换委员会提交了一份行为准则草案，旨在通过提高税收透明度加强信息交换，为联合打击国际逃税行为的国家提供指导。

■ 国际货币基金组织（IMF）支持 BEPS 行动计划

2015 年 10 月 8 日，G20 财长和央行行长在国际货币基金组织和世界银行秘鲁利马年会期间举行了工作晚餐会，主要讨论了当前全球经济形势、国际税收合作、金融监管改革、气候资金等议题。会议认为要深化国际税收合作，巩固现有税收合作成果，确保 BEPS 行动计划得到有效实施，提高发展中国家参与国际税收合作能力建设，并重申了 OECD 在 2016 年初推出兼容性监测框架的必要性。

2015 年 10 月 5—9 日，IMF 在非洲南部地区技术援助中心召开研讨会，召集非洲南部地区高级官员对征税大户税收管理系统进行设计、实施和监督。来自安哥拉、博茨瓦纳、科摩罗、莱索托、马达加斯加、毛里求斯、莫桑比克、纳米比亚、塞舌尔、斯威士兰、赞比亚和津巴布韦的官员参加了会议。会议上，IMF 提出通过更加公平的税收制度减少或消除逃税和避税，将可持续发展目标和调动国内资源联系起来。IMF 强调了该地区税收监管的改进需求，包括复杂的收入和财产税。会议就解决税收监管的薄弱环节达成一致，应当在调查复杂的国际交易、实时报告机制以及提高税收监管技术方面给予税务稽查人员相应支持。同时，与会各国制定出针对自己国家的相关税收改革措施。

■ 世界贸易组织（WTO）框架下的《信息技术协定》（ITA）扩围谈判达成一致并签署协议

WTO 于 2015 年 7 月 24 日在日内瓦宣布，就扩大 ITA 产品范围扩围谈判达成初步协议，形成一份含 201 项扩围产品的清单。该协议在 1996 年《信息技术协定》产品范围的基础上新增 201 项产品，包括信息通讯技术产品、半导体及其生产设备、视听产品、医疗设备及仪器仪表等反映当代最高科技水平的产品。2015 年 12 月 16 日，WTO 在肯尼亚内罗毕宣布，就扩大 ITA 产品范围扩围谈判达成全面协议，并发表《关于扩大信息技术产品贸易的部长声明》。2015 年 12 月 23 日，WTO53 个成员国签署协议，将取消 201 项资讯科技产品的进口关税。这是全球 IT 产品史上最大规模的减税协议，具有里程碑意义。协议所涉 201 项信息技术产品的年贸易额占全球贸易量的 7%，签署协定的成员国 IT 产品出口额占全球的 99%。降税扩围将极大地促进全球贸易和信息产业的发展，还将创造更多就业，促进全球 GDP 增长。

■ 世界海关组织（WCO）发布《海关估价与转让定价指南》

WCO 于 6 月发布《海关估价与转让定价指南》。新《指南》探讨了海关当局使用转让定价信息审查关联交易的联系与可能性，其中一项关键信息指出，海关和税务机关应当协同合作，交换转让定价方面的信息与知识。同时，鼓励企业在编制相关资料时考虑海关当局的需求，如对转让定价的研究和预约定价协议的应用。《指南》的发布旨在明确跨国集团内部国际交易。海关的目的在于确定进口货物的交易价格不受买卖双方关系的影响，而应该基于 WTO 估价协定中的海关估价方法。税务部门则确保交易从利得税的角度符合公平交易原则。一般情况下，这一方法的使用是基于 OECD 转让定价指南。

■ **国际民间社会团体组织（C20）对国际税制改革提出建议**

C20 向 G20 提交了关于国际税法的建议清单，其中特别强调了关于对 OECD 的 BEPS 项目的观点。在 2015 年 9 月 15 日发布的公报中，C20 呼吁 G20 领导人把 BEPS 行动计划的结果当作更长期和更具包容性的改革进程的一个开始，使所有国家都能够从中受益，并确保跨国企业能够在发生经济活动的地方进行纳税。C20 呼吁 G20 财长允许跨国企业向其所有发生应税行为的国家的税务机关直接提交分国信息报告。C20 还敦促 G20 收集和发布，通过其金融系统开户的账户持有人的年度统计数据。同时，C20 建议 G20 采用一项高级别承诺宣言，用以终结有害的税收处理以及确保税收透明度，尤其是税收优惠和税收裁定方面；建议尽快与发展中国家签订有利于发展的税收协定，以及制定反对滥用税收协定的规定。

3.3.3 欧盟区域的税收合作

■ **欧盟增值税新规采取消费地征税原则**

欧盟增值税新规于 2015 年 1 月 1 日起生效，适用于所有向欧盟境内提供服务的电子商务公司。无论电子商务公司是否在欧盟成员国成立，必须向消费者所在国按该国税率缴纳增值税。欧委会称，实行这一规定后，增值税收入将归入消费者所在地而非商品所在地。上述规定的出台将阻止数字产品提供商，例如亚马逊、苹果和谷歌等跨国公司，通过“借道”低增值税国家进行避税，将有利于在欧盟内部实现公平的税收权益分配。

■ **欧盟与瑞士达成税务信息交换协议**

欧盟于 2015 年 5 月 27 日表示，已经和瑞士签订税务信息自动交换协议，2018 年双方将首次交换税务数据。根据协议，2018 年起瑞士将需要把该国银行业中欧盟成员国居民和企业的账户信息提供给欧盟；同样，28 个欧盟成员国也需要将瑞士居民和企业在欧盟成员国的银行账户数据提供给瑞士。交换的税务信息包括账户持有人的姓名、地址、纳税号码、出生日期和账户余额等，信息将每年进行交换。这意味着瑞士银行业的“保密传统”面临终结，欧洲许多其他“避税天堂”也面临挑战。欧盟表示，与瑞士达成的税务信息自动交换协议是对避税者的又一个重大打击，欧洲向更公平的税务体系又迈进了一步。12 月 14 日瑞士联邦议会批准从 2018 年开始实施银行税务信息自动交换。届时，凡在瑞士拥有银行账户的人员，其相关信息都将列入自动交换信息系统。同时，瑞士议会批准 OECD 制定的自动信息交换新标准以及税收征管互助公约。

■ 欧盟着力提高透明度加大打击避税力度

欧盟于 6 月 17 日在布鲁塞尔公布了一项行动方案，旨在杜绝跨国企业在欧洲大规模逃税的做法。方案规定，在欧洲范围内从事经营活动的企业不能再出于避税考虑将利润转移至其他国家，须在利润产生国纳税。欧委会还根据成员国数据首次公布了一份不愿在税务方面与欧盟合作的国家名单，包括欧洲的安道尔、摩纳哥、列支敦士登和根西岛以及世界各地的避税天堂，如巴哈马、开曼群岛等。此外，中国香港也在名单之内。欧委会表示，将逐步对避税天堂施加压力并提高透明度，希望在欧洲创造公平的纳税环境。另外，欧盟正在考虑统一各成员国企业所得税最低税率。欧盟将与成员国探讨改革企业税收体制，最低征税标准是议题之一。德国、法国针对卢森堡等小国靠低税收吸引亚马逊等跨国企业落户的问题，要求避免欧盟内部的不正当税收竞争，引入企业所得税最低征税税率。

欧盟 2015 年 12 月 8 日召开了欧盟经济和财政事务理事会（ECOFIN），作为打击跨国集团避税行为的部分行动，会上讨论了欧盟对 BEPS 法案的执行方案。理事会的讨论结果是，将欧盟指令作为执行 OECD 建议的首选方式，同时也强调了可以适当建立“软法律”，就是以非法律形式制定一系列反避税措施。

2016 年 1 月 28 日，欧盟委员会发布打击企业避税行为的一揽子方案，方案包括四项建议。第一，欧盟建议推出反避税指令，包括两项具有法律约束力的反滥用措施。该措施要求所有成员国采用以应对常见形式的激进税务策划。第二，修订行政合作指令，加强成员国之间关于跨国企业的税收情报交换。第三，建议成员国防止滥用税收协定。第四，改进欧盟与第三方国家就税收良好治理事项建立的方式。

■ **欧盟采取结构性方法调查跨国公司的避税**

欧盟竞争委员会采取结构性方法对跨国公司之间的避税安排开展调查。2014 年 11 月以来，以让·克洛德·容克为首的欧盟委员会要求所有 28 个成员国与跨国公司之间的税收安排必须更加透明，并于 2015 年进一步加强监管，防止跨国公司和一些小国家为获得局部税收利益而牺牲其他国家政府税收收入。欧盟竞争委员会的发言人瓦斯他格说，打击逃税和避税是重中之重。欧盟竞争委员会正在采取结构性方法对跨国公司之间的税收安排开展调查，以证明跨国公司选择性缴税确实破坏了税收公平竞争。

3.3.4 亚太地区的税收合作

■ **泛太平洋战略经济伙伴关系协定（TPP）谈判达成协议**

2015 年 10 月 5 日，TPP12 个谈判国在亚特兰大会议上达成基本协议，同意进行自由贸易，并在投资及知识产权等广泛领域统一规范，将对近 18000 种类别的商品降低或减免关税。谈判涉及美国、日本、澳大利亚、文莱和加拿大等 12 个国家和地区，涵盖全球 40% 的经济产出，降低了成员国间商品与服务的关税及其他门槛，制定了新的经贸规则。TPP 谈判，强化了北美与亚洲经济之间的联系，标志规模占全球四成的巨大经济圈将应运而生，对全球贸易规则产生深远影响。

3.3.5 其他区域的税收合作

■ **西方七国集团（G7）强调合作，积极打击国际逃避税**

5 月 27 日至 29 日，G7 财长和央行行长齐聚德国东部城市德累斯顿，重点探讨如何重振世界经济，与会各方就世界经济增长、国际税收合作、加强金融监管等问题交换意见，并就亚投行和人民币纳入国际货币基金组织特别提款权货币篮子问题协调立场。会议讨论了进一步打击跨国企业偷逃税问题。与会者一致认为，各国除进行相关信息交换之外，针对跨国企业偷逃税应成立跨国检查团队，并建立调查机制，以加强有效的税务管理。

■ **海湾阿拉伯国家合作委员（海合会 GCC）同意推动引入增值税**

GCC 称已采纳了一份增值税协议草案。该草案将提交各成员国根据各自法规予以备书，并在提交海合会秘书处等备存后生效。协议内容包括海合会各成员国应根据协议达成原则制订本国的增值税法。海合会并未给出时间表，也未明确可能的税率。考虑到海合会国家间人员流动较多，海合会认为增值税应在所有成员国同时引入，以避免出现未完税货物的走私。

3.3.6 中国的税收合作

■ 中国加大国际反避税力度，积极落实 BEPS 行动计划

中国国家税务总局颁布一系列打击跨国逃避税法规。2 月 1 日，《一般反避税管理办法（试行）》（国家税务总局令第 32 号）正式实施，这表明中国与二十国集团一起加大力度打击国际逃税行为，成为我国落实 BEPS 成果的第一项行动。《国家税务总局关于非居民企业间接转让财产企业所得税若干问题的公告》（国家税务总局公告 2015 年第 7 号），从制度上解决了境外投资者间接转让我国财产、规避我国税收的问题。《国家税务总局关于企业向境外关联方支付费用有关企业所得税问题的公告》（国家税务总局公告 2015 年第 16 号），首次在立法层面提出支付关联劳务费用的受益性原则，以及支付有关无形资产的关联特许权使用费时，应当考虑关联各方对无形资产的贡献程度和各自应享有的经济利益，是中国对发展中国家防止税基侵蚀和利润转移、维护税基安全所作出的制度贡献与规则引领。《特别纳税调整实施办法》征求意见稿，深入贯彻了 G20 国际税改指导思想，全面借鉴国际最新理念与方法，与我国国际经济合作与反避税实践相结合，有望成为一部方法先进、技术领先、符合实际的反避税法规。

开发国际税收管理信息技术平台。按照金税三期工程和税收现代化建设总体布局，税务总局结合国际税收管理实际需要，开发了“国际税收管理信息技术平台”，将国际税收分析、跨区域协作和管理统一纳入规范化管理，通过数据整合、加工，实现非居民税收管理、对外投资税收服务与管理、情报交换、反避税、税收协定查询、跨区域合作等的信息化。此外，税务总局还建立了跨国公司利润水平监控系统，实现了分国别、分行业、分地区、分年度监控跨国公司利润水平，并建成了多边税务数据服务平台，为实施《金融账户涉税信息自动交换标准》打下基础。

《多边税收征管互助公约》生效。7 月，全国人大常委会审议批准《多边税收征管互助公约》生效。同时，我国税务部门努力推动金融账户涉税信息自动交换，税务总局正抓紧协调有关部门积极推动实施工作，并在新修订的《税收征管法》（草案）中明确了金融机构报送涉税信息义务等规定，为兑现承诺做好各有关准备工作。

■ 中国积极参与国际税收合作，不断提升国际舞台话语权

国家税务总局深化了与荷兰、蒙古、埃塞俄比亚以及金砖国家的税务合作，利用税收协定项下的双边磋商机制，开通国际税务纠纷受理专门通道，与有关国家开展双边磋商 190 多例，为跨国企业消除国际重复征税 200 多亿元，为跨境纳税人挽回税收损失。

4 月，在中国、越南两党总书记北京会晤期间，国家税务总局王军局长代表我国政府签署《中越北部湾海上油气勘探开采税务合作协议》，成功解决中越两国勘探开采海上油气资源税收管辖权的划分问题。

5 月，在习近平总书记访问俄罗斯期间，国家税务总局王军局长代表我国政府签署了中俄税收协定议定书，实现了我国金融机构对俄贷款利息零税率，极大地促进了中国对俄投资和“一带一路”战略在重点国家的实施，显著提高了我国商业银行在俄竞争力。在李克强总理访问智利期间，国家税务总局王军局长代表我国政府签署了中智税收协定，结束了历经 11 年的谈判，吸纳了 BEPS 最新成果，为我国对智利投资创造了良好的税收法律环境。

8 月底，大陆与台湾地区的税收协议历经 6 年谈判，最终达成一致，并由海协会与海基会正式签署，7 月 1 日至 3 日，应经济合作与发展组织（OECD）的邀请，国家税务总局副局长丘小雄赴法国巴黎参加国际税收对话（ITD）第六次全球大会，并在会上作了“税收与环境”的主题发言。丘小雄在发言中介绍了税收在有效引导和推动绿色发展方面的重要作用。中国税务部门通过实行鼓励节约资源、保护环境、限制污染的税收政策，构建中国“绿色税收体系”，取得显著成效。两岸税收合作法律框架得以正式建立，极大促进了两岸直接投资。

10 月，中国与罗马尼亚税收协定达成一致并作为重大外交成果对外宣布。中罗协定对所有间接投资所得规定了 3% 的低税率，大大降低了中罗两国投资者的税收负担，将大力促进中罗经济合作，并为修订中国与其他中东欧国家间的税收协定奠定良好基础，改善“一带一路”战略在中东欧国家的税收环境。

12 月，在习近平总书记访问津巴布韦期间，国家税务总局王军局长代表我国签署了中津税收协定，大大降低了我国对津投资税收负担，有力促进了我国对津投资。

■ 中国利用税收杠杆，积极推进“一带一路”

国家税务总局出台《关于落实“一带一路”发展战略要求 做好税收服务与管理工作的通知》（税总发〔2015〕60号），围绕税收协定、纳税服务等方面，落实十项具体措施，助推国家对外开放战略。

■ 中国香港配合“一带一路”修订税务条例

中国香港2016年将为“一带一路”修订相关税务条例，吸引国内外企业在香港设立财资中心以及自保公司，便于企业管理环球业务。对于吸引海内外企业在香港设立财资中心，香港政府此前已有相关的税务优惠计划，包括在计算企业利得税时扣免财资中心的利息支出，以及宽减财资业务利得税的一半等。但这一业务在亚太区竞争激烈，希望香港在“一带一路”推动下为保持金融中心优势，能有更多的优惠措施。

3.4 国际税收会议

国际税收会议为各国各地区之间加强国际税收协作搭建了平台，为参与方提供了互相分享和交流税收管理经验的机会，既是促进国际税收领域的合作，也是主办方国际影响力的展现。随着国际税收新体系改革步伐的迈进，国际税收组织的影响和作用日益强大，国际间的协调合作日益紧密，国际税收会议对各国的税收政策和征管实践的引领和约束作用也越来越明显。本节重点介绍2015年度召开的主要国际税收会议。

3.4.1 动态概述

回顾2015年的国际税收会议，进一步深度参与国际税收合作的趋势在全球蔓延，国际税收与交流方面也取得了丰硕成果。

■ OECD发布BEPS项目成果标志着国际税收体系变革的开始

经济合作与发展组织（OECD）在整合2014年9月发布的BEPS项目首批7项产出成果的基础上，于2015年10月5日发布了税基侵蚀和利润转移（BEPS）项目全部15项产出成果。15项行动计划成果的完成，为国际税收领域通过多边合作应对共同挑战提供了良好范例。这些成果和一揽子措施的出台，标志着百年来国际税收体系的第一次根本性变革取得了重大成功。

■ 加强全球范围合作并提高发展中国家的参与度

世界主要经济体在共同政治意愿推动下，通过密集的多边谈判与协调，在转让定价、防止协定滥用、弥合国内法漏洞、应对数字经济挑战等一系列基本税收规则和管理制度方面达成了重要共识，积极参与国际税收规则的重构，多边税收合作的开展；与此同时，加强与发展中国家的战略性对话，共同向发展中国家提供技术援助，帮助发展中国家提高税收征管能力，并使之平等地参与国际税收相关工作中。

■ 中国在国际税收工作中依然发挥着重要作用

中国在2015年积极参与国际税收工作，并在多个国际税收会议中发表讲话，分享中国的税收管理工作经验，推动国际税改进程。另外，中国将承办税收征管论坛（FTA）大会第10届大会。第10届FTA大会于2016年召开，将是在二十国集团（G20）税改基本完成的背景下召开的第一次重要会议。同时，中国作为下届G20的主席国，将在杭州举办2016年G20领导人峰会。在重要的时间节点承办重要的国际会议，充分反映出中国在国际上的话语权以及对国际税收领域的影响力。

3.4.2 全球性国际税收会议

全球性国际税收会议一般是由世界性国际组织召开的、面向全球各国、具有全球性影响的税收主题会议。会议讨论的主题一般也是世界各国税务当局面临的共同问题。

■ 联合国税收国际合作专家委员会

（1）转让定价次委会第三次工作会议

转让定价次委会作为联合国国际税务合作专家委员会其中最大的一个次委会，由包括各国税务官员、商业界代表、学术界代表和税务中介代表的25名成员组成，主要负责《联合国发展中国家转让定价操作手册》（简称《转让定价手册》）的编写和更新工作。

继2014年在罗马和纽约成功举行了会议后，联合国转让定价次委会工作会议2015年第三次工作会议于4月在美国纽约的联合国总部举行。

会议分出不同的几个次委会小组。由各个起草小组领导，次委会对

《转让定价手册》中章节拟新增的内容和将需要更新和编写的章节进行讨论。全体会议上对《转让定价手册》中的集团内劳务章节进行了为期两天的集中讨论。会议也探讨成本分摊协议、无形资产和业务重组等问题。

《转让定价手册》在经过不断的更新和完善，内部服务章节、新的无形资产章节、业务重组的分章、新的成本分析安排分章已经分发给次委会成员，并会参与到下个次委会会议的讨论。

（2）联合国国际税务合作专家委员会

联合国国际税务合作专家委员会第十一次会议于2015年10月在日内瓦举行。24个委员会成员和169个观察员参与了此次会议。此次会议主要讨论与国际税务合作有关的实质性问题，内容包括《联合国发展中国家转让定价手册》、提议的情报交换行动守则、税基侵蚀和利润转移、《发展中国家与发达国家的双向税收协商手册》、采掘工业的税收与能力建设、解决争端、能力建设等热门税务话题。

委员会先后讨论了各专家新修订的《联合国发展中国家转让定价手册》、《联合国合作打击国际逃税避税行为守则》《联合国保护发展中国家税基手册》《发展中国家与发达国家的双向税收协商手册》等文件，对各专家的工作成果给予了高度肯定，通过了委员会第十一届会议的报告。会后，各专家将根据会议讨论的建议继续修订上述文件，并且将在下一次专家委员会上呈报最新的工作成果。此外，委员会还表示在制定和实施联合国国际税务合作能力发展方案方面将继续推进，2016年将开始在几个试点国家就若干议题开展工作。

■ G20财税方面会议

（1）G20财长和央行行长会议

G20由七国集团财长会议于1999年倡议成立，由阿根廷、澳大利亚、巴西、加拿大、中国、法国、德国、印度、印度尼西亚、意大利、日本、韩国、墨西哥、俄罗斯、沙特阿拉伯、南非、土耳其、英国、美国以及欧盟等20方组成。2015年首次G20财长和央行行长会议于2月9日至10日在土耳其伊斯坦布尔举行。2015年9月4日至5日，G20财长和央行行长会议在土耳其首都安卡拉举行。

本次会议主要讨论了当前全球经济形势、增长框架、投资和基础设施、国际金融架构、金融部门改革以及国际税收合作等议题，并发表了联合公报。公报声明了多项内容，重申了在国际税收合作方面将建立一个全球性的公平且现代化的国际税收体系，加强与发展中国家的对话，营造对各国可持续发展有利的全球经济环境。会议期待于 2015 年 10 月完成关于 BEPS 的全部 15 项行动计划并提交 G20 的安塔利亚峰会。

财政部部长楼继伟和中国人民银行行长周小川率中国代表团出席了会议。他们分别介绍了近期中国金融市场情况和经济状况，指出在人口红利消失、资本回报率下降的背景下，中国政府将坚定不移地推动结构性改革，不断提高全要素生产率，以改革红利对冲人口红利的消失，使经济增长保持在 7% 左右。

（2）G20 国际税收研讨会

G20 国际税收研讨会是为了配合 G20 国际税收改革议题而提供的一个交流平台，并于 2014 年在东京成功举办首次会议。本次研讨会于 2015 年 5 月 6 日至 8 日在土耳其伊斯坦布尔举办，来自不同国家政府部门、国际组织、科研部门、跨国公司和中介机构的 300 多名代表参会。

此次研讨会从数字经济、经济学角度以及国际共识等方面对 BEPS 计划进行了深入探讨。同时，与发展中国家有关的税务事项及问题、这些国家如何从国际税收项目中受益，以及自动信息交换等也作为重点议题在此次研讨会中讨论交流。三天的研讨会具体议程包括：①BEPS 对数字经济的影响；②税收对经济稳定的影响；③调整税法与全球价值链一致；④经济学家对 BEPS 的观点；⑤各国如何实现对 BEPS 达成共识的方案；⑥自动交换资料协议；⑦发展中国家对自动交换资料协议的看法。

根据本次会议讨论内容，OECD 将在 2015 年 11 月于土耳其举办的 G20 领导人峰会上发布 BEPS 终版报告，会议同时强调各国如何执行报告的具体内容将更为重要。OECD 已经针对一些事项准备了实行方针。虽然 OECD 和 G20 致力于对 BEPS 达成共识，但不代表可以用一个笼统的办法去实行每项政策。就此，需要国家、政府、社会及企业之间相互协调、加强合作，继续有效探讨 BEPS 计划如何在各国之间实施。

应 OECD 邀请，国家税务总局总经济师范坚参加了此次研讨会，并发表了题为“促进合作，实现共赢”的主旨演讲。范坚在演讲中介绍了我国在数字经济、转让定价、利息扣除和混合错配、税收分析、自动情报交换、帮助发展中国家和低收入国家提高税收征管能力等方面的立场和工作情况。范坚表示，中国将继续支持和深度参与国际税收改革，与其他国家一道，加强税制协调，强化国际合作，提高打击国际逃避税能力，共同促进建立公平、良好的国际税收秩序。

（3）2015年国际货币基金组织和世界银行秋季年会

2015年国际货币基金组织（IMF）和世界银行（WBG）联合年会于10月9日至11日在秘鲁首都利马举行，这是时隔近50年后该年会再次在拉美举行。该会议是在世界舆论高度关注全球经济走势，尤其是中国经济走势的背景下召开的。IMF和WBG每年两次召开全体会议，包括春季会议和秋季年会。

年会汇集央行、财政和发展部长、私营部门高管、民间团体、媒体和学术界讨论全球关注的议题，包括世界经济前景、全球金融稳定、消除贫困、就业与增长、经济发展、援助有效性和气候变化等。IMF总裁表示目前经济形势的不确定性是挑战，也是机遇，而新兴市场在全球经济发展中起着非常重要的推动作用。同时呼吁各国进行政策升级，以弹性应对全球经济变化。

下一次IMF和WBG联合年会将会于2016年10月7日至9日在美国首都华盛顿举行。

年会期间，G20财长和央行行长举行了工作晚餐会。财政部部长楼继伟和中国人民银行副行长易纲率中国政府代表团出席了会议。作为下届G20主席国的中方介绍了2016年G20财金渠道议题的初步考虑。会议期间，楼继伟还出席了土耳其与OECD联合举办的G20/OECD关于BEPS行动计划的新闻发布会。易纲出席了联合国环境规划署《全球绿色金融报告》发布会。

（4）G20第十次领导人峰会

G20每年举行一到两次峰会，会议通过一系列重要决定，为应对金融危机、促进世界经济复苏、推动国际金融货币体系改革发挥了重要作用。G20迄今已举行10次峰会，第十次峰会于2015年11月15日至16日在土耳其安塔利亚举行。

此次会议发布的公报就国际税收治理达成共识：①加强全球税收治理是抵御国际经济风险的重要举措；②国际税收合作遵循公平原则；③正式批准《税基侵蚀和利润转移报告》；④后BEPS议程将于2016年启动；⑤世界将在2017年或2018年9月迎来税收透明时代。由公报可以看出，国际税收体系是全球治理体制的重要组成部分，将和其他领域的国际治理规则共同形成世界性的治理体系，并由此影响中国参与国际经济合作。

为了在全球范围内实现公平现代化的国际税收体系，广泛持续落实BEPS项目是关键。就此，G20公告呼吁OECD和其他国际组织建立一套包容性框架，将感兴趣并致力于实施 BEPS 项目的非 G20 国家和辖区，包括发展中经济体，纳入其中。公告重申将于 2017 年或 2018 年底同各成员国和其他国家就税收情报开展应要求交换和自动交换。

国家主席习近平出席并发表题为《创新增长路径　共享发展成果》的重要讲话，强调 G20 要加强宏观经济政策沟通和协调，推动改革创新，构建开放型世界经济，落实 2030 年可持续发展议程。习近平在讲话中指出，G20 的任务是促进世界经济增长。G20 既要治标以求眼下稳增长，又要治本以谋长远添动力；既要落实好以往成果，又要凝聚新的共识；既要采取国内措施、做好自己的事，又要精诚合作、共同应对挑战。

（5）第三次金砖国家税务局长会议

金砖国家由全球经济发展较快的五个国家组成，分别为俄罗斯、中国、巴西、印度和南非。11 月 19 日至 20 日，第三次金砖国家税务局长会议在俄罗斯莫斯科举行。这是在 11 月 15 日至 16 日土耳其安塔利亚 G20 领导人峰会就加强全球税收治理抵御国际经济风险达成共识及金砖国家领导人非正式会晤后召开的一次重要税收会议。

会议围绕 BEPS、金融账户涉税信息自动交换标准以及帮助发展中国家提高税收征管能力等 G20 领导人峰会和金砖国家领导人峰会共同关注的税收议题进行讨论并达成共识。

会上，金砖国家税务局长共同签署会议公报，重申了加强金砖国家税收合作，落实 G20 领导人峰会和金砖国家领导人峰会税收成果的意愿。公报明确金砖国家税务部门之间就 BEPS 项目的后续执行情况进行交流，推进金融账户涉税信息自动交换标准的实施准备工作，共同向发展中国家提供技术援助，帮助发展中国家提高税收征管能力。金砖国家税务局长还应定期向金砖国家领导人峰会报告税收工作成果，在更高层次上发挥金砖国家税收合作的影响力。

中国国家税务总局局长王军出席了此次会议并在会上阐述了中方对会议议题的立场，并就深化金砖国家税收合作提出了建议。王军强调，近年来召开的 G20 峰会，都将打击跨国避税作为重要议题，全球新一轮反避税浪潮正在兴起。王军建议，明年 5 月份在中国召开 FTA 大会期间设立高官会议论坛，研究确立金砖国家税务合作的工作方案和措施，报明年下半年在印度召开的金砖国家税务局长会议批准，从更大范围更宽领域深化互利合作。王军的建议得到与会国家代表的一致认可。

■ OECD 税收会议

（1）OECD 税收论坛

- OECD 第三届增值税全球论坛

OECD 增值税全球论坛首次会议于 2012 年 11 月在巴黎举行，旨在于建立国际上普遍认可的 OECD 国际增值税指引（“国际增值税指引”，部分国家称为“货劳税”）。2015 年 11 月 5 日至 6 日，该论坛第三次会议在法国巴黎举办，共有来自 104 个不同国家及国际组织代表参会。

本次会议着眼于对全球性增值税挑战寻求解决方案，重点讨论了国际增值税指引作为国际标准，在国际跨境贸易中避免双重征税及双重不征税的进展情况。会议两天的具体议程包括：①全球增值税政策趋势和发展总览；②一系列增值税政策问题及其挑战；③国际增值税指引：最新情况介绍；④B2C 跨境服务及无形资产交易纳税地点的确定；⑤签署国际增值税指引及展望；⑥进口低值商品的增值税征缴；⑦国际增值税指引在争议解决以及税基侵蚀、避税方面的应用举例；⑧增值税税率改变对经济的影响。

本次会议中，国际增值税指引被进一步扩充和推广，包括：OECD 财政事务委员会于 2015 年 7 月 7 日批准了国际增值税指引；更多的非 OECD 和非 G20 成员国通过多种形式参与到该项工作中；2015 年 10 月 1 日，OECD 委员会审批并通过了在 BEPS 协议中针对跨境服务以及无形资产交易征收增值税适用国际增值税指引的决议，并于 2015 年 10 月 8 日呈递至 G20 财长们；审议通过国际增值税指引作为处理跨境服务及无形资产交易增值税之标准。会议计划在 2016 年建立一个收录有国际增值税指引的 OECD 建议书，并向其他非 OECD 成员国开放，同时敦促 OECD 推出一揽子执行建议，以便于更为高效、一致地推广国际增值税指引；此外，会议还希望建立一个更具囊括性的机制使所有感兴趣的国家，特别是发展中国家，平等地参与国际增值税指引相关工作中。

应 OECD 邀请，我国代表财政部税政司流转税处谭崇钧处长参加了此次论坛，并发表关于中国增值税政策发展及所面临挑战的演讲。谭崇钧在演讲中介绍了我国自 1979 年以来增值税政策法规的发展，提出我国增值税取代营业税的原因和必要性，同时对我国近年来的增值税改革产生的影响及所面临的挑战进行了分享；此外还提到未来中国将继续支持和深化增值税改革，包括简化税率、扩大出口商品和服务适用增值税零税率的项目、留抵进项税退还、修改税收优惠以及推动增值税立法。

• 第四届税收与犯罪 OECD 论坛

税收与犯罪 OECD 论坛自 2011 年首届会议在挪威奥斯陆举办开始，致力于改善各国政府机构之间的合作和信息共享，促进信息透明度及更为有效的情报收集和分析，以遏制犯罪行为，没收违法所得。本届税收与犯罪 OECD 论坛为第四届会议，于 2015 年 9 月 16 日至 17 日在荷兰首都阿姆斯特丹举行，来自不同国家政府部门、国际组织的 200 多名高级决策者和专家出席了论坛。

为期两天的论坛讨论了多项议题，具体包括：①税收犯罪与灰色地带；②税务相关科技；③遏制恐怖组织资金；④税收犯罪和其他金融犯罪利用的潜在支付平台；⑤利用大数据打击税收犯罪和其他金融犯罪；⑥金融专家在有组织的犯罪中扮演的角色；⑦信息时代下的新型避税方式；⑧税务人员在揭露国际足联腐败丑闻中的重要作用；⑨增强发展中国家追踪违法犯罪资金的手段；⑩增进税务部门与反洗钱部门的合作。

总体来说，论坛重点关注各国执法机构在税收与犯罪领域面临的挑战和机会，以及使用科技的情况。出席论坛的包括税务和海关部门、反腐败反洗钱部门、警察和执法机关、检察官、政府发展机构和国际组织等，共同表示分担打击一切形式金融犯罪的责任。闭幕当天，论坛声明了 OECD 各国对促进税务部门与反洗钱部门合作的认可，表示将持续支持各国际机构间的合作。同时，各国重申了将协助发展中国家打击各类金融犯罪行为。

此外，各国将继续探索如何使用科技手段解决税收问题以及未来如何在新环境下监测分析避税和其他金融犯罪行为，这些研究成果将会在下一届论坛中发布。

（2）OECD 工作小组会议

• 关于 BEPS 的区域网络会议

继 2014 年 11 月在 BEPS 项目下发布“深化发展中国家参与的战略”后，OECD 在不同地区举行了关于 BEPS 的区域网络会议。

1）OECD 在亚洲、拉丁美洲、亚欧大陆分别举行关于 BEPS 的区域网络会议

OECD 分别于 2015 年 2 月 12 日至 13 日、26 日至 27 日和 3 月 4 日至 5 日在韩国首尔（亚洲）、秘鲁利马（拉丁美洲）和土耳其安卡拉（亚欧大陆）召开了 BEPS 区域网络会议。其中，安卡拉会议更是亚欧大陆第一次

举行此类会议。

上述会议聚集了来自于多个司法管辖区和国际组织的高级税务官员，同时也有部分企业和民间代表参加了会议并对以下三点内容进行了讨论：①各自区域内经济体面临的主要 BEPS 问题，具体回顾了 2014 年 BEPS 的成果并关注了 2015 年度与区域特别相关的 BEPS 问题及 BEPS 的实施工具和策略；②共同经济体如何有效提供对 BEPS 项目和其他相关工作的看法；③经济共同体如何确保实施工具能有效帮助解决 BEPS 问题。

参会各方均认同 BEPS 已然成为上述各区域内的主要政治热点之一，所有参与方都将支持 OECD/G20 的新战略，提高发展中国家在 BEPS 行动计划中的参与度，从多渠道多方面加强在 BEPS 项目和相关工作方面的合作。

在上述会议中，下一步均将计划通过：①3 月举行的转让定价全球论坛和税务发展行动小组会议和②财政事务委员会（“CFA”）来讨论如何将此次会议的观点转换成实际可行的技术程序；并于同年 10 月份再次举行的区域会议（详见下文“3）OECD 在东欧和中亚举行第二次关于 BEPS 的区域网络会议”）中继续深化讨论 BEPS 行动的成果、实施工具的开发和应对 BEPS 问题的进展。

2）发展中国家参与应对 BEPS 的全球会议

2015 年 3 月 16 日至 18 日，超过 90 个司法管辖权的税务代表齐聚巴黎，参与会议讨论在 OECD 巴黎会议中心分别举行的转让定价全球论坛和税务发展行动小组会议。这两次会议是建立在之前与发展中国家进行的战略对话会及 CFA 针对 BEPS 的各区域网络会议的基础上召开的。

在转让定价的全球论坛上，代表们讨论了修改转让定价指南第一章和转让定价同期资料指南可能在实操中造成的影响以及利息抵扣规则的讨论稿，并重点指出规则与其他 BEPS 行动的相互影响。

紧连着转让定价全球论坛之后，税务发展行动小组会议重点关注了发展中国家对实施 BEPS 计划的看法，并欢迎各发展中国家在 BEPS 的操作和决策方面提出建设性意见。会议参与方也针对 2015 年推行的两项工具（税务优惠政策及转让定价可比性数据）和转让定价能力辅助对受益国的影响进行了讨论，受益国分享的各自经验显示了实际的辅助已带来成效。通过本次会议，与会代表们一致认为各国税务组织需要在实行 BEPS 的方案上协助能力建设辅助及开发实施 BEPS 计划的工具。税务发展行动小组会议呼吁各国家的税务组织继续提供实质的建议，支持落实 BEPS 的计划及提供能力建设辅助所需的技术资源。

3）OECD 在东欧和中亚举行第二次关于 BEPS 的区域网络会议

2015 年 10 月 21 日至 23 日在第比利斯举行了由格鲁吉亚的财政部和与 OECD 合作的税务局以及欧洲税收管理组织（IOTA）共同筹办的东欧和中亚第二次关于 BEPS 的区域网络会议。除了 OECD 和 IOTA 的官员外，这次会议有 15 国的代表参加，也包括了乐施会（Oxfam）、BEPS 监督组织、工商咨询委员会（BIAC）及本区域的商业组织。

这次会议是在 2015 年初一系列关于 BEPS 区域网络会议的基础上举行的，特别针对 OECD 在 2015 年 3 月 5 日至 6 日在安卡拉举行的第一次亚欧大陆关于 BEPS 的区域网络会议的成果进行进一步讨论。与会代表分别提供了有关 BEPS 交付的意见。与此同时，会议也探讨了如何制定一个概括性的框架，让有兴趣的国家在同等的平台上参与实行及监督 BEPS 项目所采取的一系列措施。

4）OECD 在印度尼西亚举办关于 BEPS 在亚太区域的技术咨询会议

继 2015 年 2 月 12 日至 13 日于韩国首尔举行有关于 BEPS 的区域会议，11 月 11—12 日，印度尼西亚的财政部和税收局总司连同 OECD 韩国政策中心（税收项目）在印度尼西亚的日惹举行了首次亚太技术会议。这次会议聚集了亚太区域 75 位来自 17 个经济体的参与者，也包括了伊斯兰国家税务机关协会（ATAIC）、印度尼西亚澳大利亚经济治理伙伴（AIPEG）、日本国际协力机构（JICA）、OECD 韩国政策中心和亚洲税收管理与研究组织（SGATAR）。

会议主要是交换税收政策经验和管理经验，讨论 BEPS 项目的实施成果、BEPS 实施过程中各国所面临的挑战，以及探索区域中的各国如何在平等的基础上参与项目各阶段的实施，持续发展以及监测。以下是这次会议讨论的课题：①BEPS 的最后交付及其行动；②开发实际的工具以便实行针对性及可行性的方案来应付 BEPS 的课题；③BEPS 在施行过程中所遇到的挑战及机会，包括了：所需的跟进工作、如何制定一个概括性的框架，让有兴趣的国家在同等的平台上参与及如何持续的保持区域互相的联系。

与会各方认为完成 BEPS 行动计划将是未来的一大挑战，分享信息和平衡需求对应对 BEPS、促进跨国交易有着重要作用，并特别关注了 BEPS 交付成果中第 4、7、8－10、13 项活动的输出和在数字经济下的相关工作；制定多种高效的税收优惠政策将有助于发展国际间良好合作关系和经济发展；开发转让定价可比性工具不仅对低收入国家有用，对大部分国家都将有所帮助。此次会议制定了以下计划：（1）成果将会在2016年1月份向CFA报告并将融入概括性的框架中于2016年初向G20财长汇报；（2）为了能更好地集中资源来推动所提及的工作流程及解决方案，会议会将有关工具流程的问卷发给与会者以便收集大家的意见；（3）在2016年举行一项区域网络会议。

5）OECD在哥斯达黎加举行BEPS拉丁美洲和加勒比海区域网络会议

由哥斯达黎加财政部连同OECD、美洲税收管理中心（CIAT）和美洲开发银行（IADB）于2015年11月17日至18日在哥斯达黎加的圣荷西举办了BEPS拉丁美洲和加勒比海区域（LAC区域）网络会议及政府研讨会。为了了解LAC各国对实行BEPS成果的具体需求的，这次会议聚集了LAC区域16国的49位代表、不同的民间代表和工商业界，收集他们对2015年10月发布的BEPS计划及开发实际的工具的意见和反馈。

本次会议也是建立在2015年2月26日至27日于秘鲁利马举行有关于BEPS的区域会议之上，作为发展中国家参与BEPS计划的战略工作的一部分。会议主要讨论以下5个课题：①展示BEPS的终版报告及其15个行动计划，尤其讨论了被LAC区域定为较为重要的课题；②在实行BEPS时所遇到的挑战和机会，包括了所需的跟进工作、如何制定一个概括性的框架及让有兴趣的国家在同等的平台上参与；③各国如何确保所开发的工具能帮助他们有效的落实应对BEPS的方案，并且会有另外的会议讨论税收激励、缺乏转让定价可比性数据、转让定价同期资料和间接转让资产；④能力建设措施如何让LAC区域各国受惠；⑤各国分享实行BEPS改革的经验，尤其是关于转让定价、转让定价同期资料和税收优惠的事项。

会议参与者已表达了他们对区域网络会议的兴趣，并且将在2016年召开新的会议。OECD秘书处承诺持续与LAC区域各国之间进行对话，尤其是疏导各国之间通过分享个案研究及针对工具上所采纳的最佳的做法进行交流。为了提高政治层对BEPS的认识及促进应对BEPS知识和方案的宣传，会议参与者也表达了强烈参与制定一个概括性的框架指向。

• BEPS的实施和超越：发达国家和发展中国家共聚OECD解决国际税收体系改革问题

来自100多个国家的税务机关的官员、财政部、发展机构以及区域和国际组织、企业和社会团体一起参加了由OECD主办的一系列会议。与会各方共同讨论税收在国家建设和国内资源动员中的作用以及在加强跨境合作和解决国际税收挑战中的作用，并共同寻求解决途径。

①OECD 税务发展行动小组会议

这次会议于 2015 年 11 月 2 日和 3 日在巴黎展开。此次会议回顾了 2015 年的税收发展，包括了关于联合国可持续发展目标、发展融资会议、阿迪斯税务倡议和 OECD/G20 的 BEPS 项目。会议提到了有关低收入国如何有效地运用税务优惠投资方案报告的完成。超过 200 位从政府、国际及区域的组织、社会和商业人士参与了这次会议，并且了解行动小组如何帮助发展中国家有效及公平地提高收入以支持可持续发展的目标。

研讨会探索了在通过日益增强的责任制来建设一个高效的国家时税收在其中所扮演的角色。除此之外，研讨会还提供了具体国家的例子，探讨了发展中国家建立社会财政网的实操问题以及在提供公众服务时如何达到纳税人的期望。

此次会议也正式发布了纳税人培养工作手册（Source Book on Taxpayer Education）。工作手册特别讨论了个别国家的政府如何与未来的纳税人进行交流，依据个人的权益与责任来促进总体的遵从文化，在遵从文化下，公民把缴税视为与政府促进关系的重要步骤。

②经济合作咨询小组

这次会议于 2015 年 11 月 3 日召开。15 个 OECD 经济合作体和三个区域税务组织参与了这次会议。会议讨论了国际税务关系计划所遇到的机会、挑战及未来走向。另外非洲税务管理论坛（ATAF）与 OECD 签署了一份达三年的备忘录，延长之间在税务合作的关系。备忘录认可了这项合作所带来的成就，以及其让非洲在国际税务辩论会上占有一席之地所扮演的角色。作为对这项合作的实际认可，OECD 将从 2016 年 1 月起调派一名技术专才协助 ATAF，为期两年。

③CREDAF 工作小组会议

法语区税务管理中心 CREDAF（Centre de Rencontres et d'études des Dirigeants des Administrations Fiscales）于 1982 年由亚非 31 个法语国家设立。本次会议是 CREDAF 工作小组举行的关于 BEPS 项目的第二次会议，于 2015 年 11 月 2 日在巴黎举行。25 位来自 11 个法语区、国际财政文献局（IBFD）、CREDAF 和 OECD 的代表参与了此次会议。

会议主要讨论了转让定价文件，间接转让资产，税收激励和转让定价的可比性等问题。CREDAF 发表了工作组成员所著的有关于 BEPS 项目第 4、7、10 和 13 项行动计划的技术笔记。工作组将会加强与 OECD 的合作以实行 CREDAF 成员国所支持的 BEPS 工作流程。OECD 负责 BEPS 及发展中国家的协调员表示将向法语区及非洲各国收取过往的经验，以建立符合他们需求的 BEPS 方案。CREDAF 与 OECD 下一次合作将是 2016 年 2 月。届时会议将在塞内加尔举行，讨论的课题包括了转让定价及信息交换。届时也会举行法语区的 BEPS 区域网络会议。

④税收协定全球论坛

第 20 届税收协定全球论坛于 2015 年 11 月 3 日至 4 日在法国巴黎召开，该论坛作为 11 月 5 日至 6 日随后举行的发展多边工具专项小组成立大会的开场部分，有来自 102 个国家、地区以及国际组织的 260 多名高级税务官员出席。

该论坛主要围绕 OECD/G20 BEPS 项目中与税收协定有关的成果展开讨论。在 BEPS 项目行动计划中提及的一些税收协定相关措施，为滥用税收协定和人为避免构成常设机构所引起的 BEPS 问题提供了解决方案，参会者对于此类有助于税务机关有效解决双重不征税问题的措施表示欢迎；代表们认为应防止双重征税，并且需要提高法律的确定性；此外，还对有效解决争端机制前提下的 BEPS 最低标准开展了讨论。

本次论坛强调了 BEPS 问题应通过一个全球层面的方案予以解决，而针对 BEPS 问题进行及时和持续的合作是极其重要的。

⑤首届 BEPS 多边条约创立会议

首届 BEPS 多边条约创立会议在 2015 年 11 月 5 日至 6 日召开。发起此会议的特别组织有 94 名会员。由 OECD、G20 成员国、发展中国家和非 OECD/非 G20 经济体组成，并且在同一个平台上参与会议的工作。超过 100 个国家、非司法管辖区及国际组织一起讨论将现存的 BEPS 税收双边条约体系纳入到多边条约的发展。这次会议制定了多边条约的工作，也探讨了主要的实质性问题，例如多边条约与现实双边条约网络的关系。特别组织也设立了个别小组以发展关于强制性约束的相互协商程序。

（3）OECD 全球关系项目

- 第六届国际税收对话全球会议

国际税收对话（ITD）由欧洲委员会（EC）、IADB、IMF、OECD、WBG 以及 CIAT 联合发起，旨在鼓励和促成各国税务官员、区域性税收组织、国际组织及其他相关方之间的对话及合作，第一届 ITD 大会于 2005 年 3 月在意大利罗马举行。本届国际税收对话全球会议于 2015 年 7 月 1 日至 3 日在法国巴黎举办，来自 90 多个国家的 300 名高级税务和环境政策制定者、税务官员和税务专家们参与了会议。

本届会议集中讨论税收对环境问题的影响。各国的代表们围绕这个主题进行了为期三天的会议，主要议题包括环境税收政策的目的、环境税收政策与城市发展、环境税收政策改革与发展等。各国代表们普遍认为税收政策可能是减少污染和温室气体排放的最有效的方法之一。尽管施行环境税收政策会影响国家竞争力和国家利权益，但是，环境税收政策可以帮助各国实现自身的环境目标，并且会更加促进经济增长和就业，从而最大限度地降低环境税收带来的不利影响。本届会议的共识有望纳入即将于2015 年 11 月 30 日至 12 月 11 日召开的第 21 届联合国气候变化大会的会议成果中。

应经济合作与发展组织（OECD）的邀请，国家税务总局副局长丘小雄赴法国巴黎参加此次大会，并在会上作了“税收与环境”的主题发言。丘小雄在发言中介绍了税收在有效引导和推动绿色发展方面的重要作用以及中国税务部门通过实行环境税收政策取得的显著成效。他还表示，中国将继续深化生态文明体制改革，完善环境税收制度，实现资源、环境、经济的协调与可持续发展。

■ 税收透明度与情报交换全球论坛

OECD 税收透明度和情报交换全球论坛成立于 21 世纪初，旨在解决部分税收信息不透明地区的税收合规性问题。该论坛第八次会议于 2015 年 10 月 29 日至 30 日在巴巴多斯布里奇顿举办，来自 88 个国家和地区以及 11 个国际性组织和地区性团体的 250 多位代表参会。

本次会议将国际税收合作提升到新的高度，主要讨论的内容包括对自动情报交换项目（AEOI）进展和实施层面存在的问题进行讨论；对应答信息交换项目（EOIR）所涉及的同行审阅以及相关国家和地区的评级情况进行讨论；针对部分国家和地区提供技术支持的安排；同时也包括对全球论坛已开展工作的评估以及预算情况介绍。

本次会议就税收透明相关议题进行了广泛讨论，主要的成果包括：重申于 2017 年至 2018 年首次实施 AEOI 的决议；对若干论坛成员国所进行的信息交换过程中，对其各自法律框架或实务操作所做的改变进行辨识；讨论认为全球论坛目前已经成为税收透明及情报交换领域的主要合作体；会议同意于 2016 年下半年启动第二轮对信息交换标准的同行审阅；促使发展中国家在国际税收透明的最新进展中获利。

根据本次会议讨论，全球论坛将会在2016年开始对EOIR进行审阅。同时，对于2017—2018年之间开展第一轮AEOI项目的国家和地区，全球论坛将加强审阅AEOI标准的实施情况；进一步的技术协助也将逐步开展；此外，全球论坛还将于2016年10月至11月间举办第九次会议。

■ 国际财政协会

（1）国际财政协会第69届年会

国际财政协会（IFA）成立于1938年，总部位于荷兰，是国际间研究财政问题的著名民间团体，主要致力于从财政学角度研究和推动国际比较法的发展，着重于国际比较财政法以及税收对金融和经济的影响。国际财政协会第69届年会于2015年8月30日至9月4日在瑞士巴塞尔召开，参加年会的包括政府机构的财税官员、OECD等国际组织代表、跨国企业经理人、知名出版社代表以及知名律师、会计师事务所代表等。

本年年会依照惯例包含两项主要议题会议以及其他专题会议。主要议题会议包括研发活动的税收优惠政策以及纳税义务人基本权利保护这两个方面，而专题会议的讨论内容包括专利保护、外派人员税务问题、跨境服务提供涉及增值税问题、信息交换程序中纳税义务人保护、企业跨境并购、国家辅助审阅以控制激进的税收筹划措施、BEPS行动计划进展、全球化家庭税务议题、参与免税规则的效益、国际税收的最新发展、税务诉讼程序中纳税义务人保护、税收协定适用时效等。

经讨论，针对研发活动的税收优惠政策，会议认为研发活动奖励政策不应局限于课税方面，应确保税收优惠措施能够有效刺激研发活动；提供的奖励政策应当秉持中立性和比例性原则；税收协定的无差别待遇条款对于奖励政策影响有限；欧盟法律支持单一市场的研发活动，但国家之间的协调和BEPS的挑战仍然存在。针对纳税义务人基本权益的保护，会议认为在全球化的大背景下，国际税收发展需要全球化解决方案，而OECD极力推动的BEPS计划与提升税收透明化赋予了各国税务机关就跨境活动有更大的权力，但仍需要在全球合作的框架下，兼顾纳税义务人权力的保护，且该等保护措施要侧重于事前补救，而非事后损害的补偿。

（2）国际财政协会第九届亚非研讨会

近年来，毛里求斯作为临近非洲大陆的印度洋岛国，充分发挥其区位优势，为国际投资者投资非洲提供投资、金融、税收及法律服务，日益成为受世界各国重视的离岸投资服务中心之一，国际财政协会毛里求斯分会每年举办的国际税法研讨会也正日益成为汇集亚非国际税法研究专业人士的重要论坛。2015 年 5 月 7 日至 8 日由国际财政协会毛里求斯分会举办的主题为“国际税收与投资非洲税务挑战的近期发展”的第九届亚非研讨会在毛里求斯举行，来自亚洲、非洲、欧洲及大洋洲的国际税法学者以及实务界的专家参加此次盛会。

本届会议上，专家们共同讨论当前国际税法发展的新趋势以及投资非洲国家面临的挑战与机遇。

厦门大学国际税法与比较税制研究中心朱炎生教授应邀作为研讨会特约报告人出席了此次会议，作题为“在数字经济背景下基于网络服务的国际税收”的专题报告，并发表了题为“从过去到未来：国际税收的范例转换”的评论意见。

■ 全球环境税年会（“GCET”）

全球环境税年会（Global Conference on Environmental Taxation，GCET）是为环境税的宗旨原则和实践经验提供交流的全球领先的论坛。为期 4 天（9 月 23 日至 26 日）的第 16 届 GCET 在澳大利亚悉尼落下帷幕。本次会议邀请了在环境税和可持续发展方面感兴趣的学者、政府官员、国际组织和非政府机构共同参与。

第 16 届年会以“绿色财政改革：保护我们的自然资源以实现可持续发展的未来”为主题，提前征集了与大会主题相关的论文摘要，并在大会上交流论文内容和相关研究。GCET 会议的目的不是在宣传基础上推进特定的环境议程，而是旨在促进知识，理解与沟通。

3.4.3 区域性国际税收会议

区域性国际税收会议以地理边界为参考，一般以大洲为界，主要指由各个地区性组织召开、面向特定地区的税收会议。

■ 美洲税收管理组织（CIAT）

美洲税收管理组织是目前国际上最具规模及官方色彩的税务组织，该组织每年分别于上、下半年举办年会及技术会议，提供会员国及国际间交换经验与意见的机会。CIAT 第 49 届年会由秘鲁财政部与 CIAT 共同主办，于 2015 年 5 月 4 日至 7 日在秘鲁首都利马市举行。

本届年会主题为“以风险管理为工具提高纳税遵从度”，会上就“税收遵从管理的战略规划”“税收遵从管理的工具”“税收遵从管理的创新”及“税务风险管理在税收筹划中的作用”等4个子议题进行研讨。

本次会议透过各国经验分享及交换意见互相学习税收遵从的风险管理。各国分享的报告显示，在资源有限的情况下，为争取以最少成本达到最高效益，各国均致力于税收风险管理，且根据国家经济发展、社会环境变迁、商业形态及交易模式改变等修正税务风险管理策略，以达到遏止逃漏税的目的，提高纳税人的税收遵从度。会议通过决议提出CIAT成员国税务当局应就以下问题采取行动：分享合规管理的战略规划；提高合规性的方案；采用恰当的风险管理工具；研究合规风险管理的创新技术。

中国国家税务总局总审计师顾炬在此次会议发表了“以风险管理作为改善税收遵从度的工具”的讲话，分享了中国税收风险管理的模式、特点和方法。

■ 欧洲税收管理组织（IOTA）

欧洲税收管理组织第19届年会，于2015年7月2日至3日由荷兰税务机关和海关总署（NTCA）在鹿特丹市举行。超过250位来自43个成员国和各国际组织的代表参加了本次会议。此外，NTCA还邀请了来自欧盟的高级官员，IMF、OECD、CIAT、金融卓越中心和某些非成员国的代表也出席本次会议。

本次大会以“税务合规的自助服务”为专业主题，并紧扣此次主题举行了“24小时孵化挑战”的创意比赛。24小时内共有16个税务合规自助服务的创意得以展示，最后由塞族共和国税收管理组织代表以及来自奥地利，爱尔兰和荷兰的专家们拔得头筹。除了专业主题有所收获，大会还通过了2014年活动和财务报告、IOTA章程的修订以及2016年的工作计划和预算。大会同时宣布了罗马尼亚将举办下一届年会。

为期2天的议程圆满落幕，与会各方为了促进税务管理组织工作，将继续探索实现税务合规自助服务的创新方法。

■ 亚洲税收管理与研究组织（SGATAR）

SGATAR成立于1971年，是亚太地区唯一的官方税务组织。11月24日至26日，第45届SGATAR年会在新加坡召开。出席本次大会的有作为SGATAR成员的16个国家和地区的142名代表，来自法国、斐济、马尔代夫、瓦努阿图等4个国家以及来自联合国亚洲及太平洋经济社会委员会、OECD、WBG、亚洲开发银行、荷兰国际文献局、亚洲—大洋洲税务师协会等6个国际组织的代表作为观察员也参加了会议。

本届年会包括团长论坛、工作组会议。团长论坛重点研讨SGATAR改革相关问题，各代表团团长就进一步整合SGATAR培训资源，将工作级别会议、联合培训和培训机构负责人会议重组成统一的“SGATAR培训项目”事宜进行了讨论。工作组会议中，主要讨论内容包括：提升中小企业纳税合规性；构建高效的纳税服务体系；国别报告的应用等。年会审议并通过了SGATAR常设特别工作组提交的改革建议，包括正式确立SGATAR使命和战略目标、完善SGATAR组织治理操作框架、将SGATAR培训项目整合至统一平台、探索建立SGATAR内部沟通协调的操作指南以及继续建设维护SGATAR网站等。

本届年会宣布了新加坡当选2016年SGATAR主席国，新西兰将举办第46届SGATAR年会。作为第二年工作的一部分，SGATAR小组将执行本次会议通过的2016年工作计划，以达到加强能力建设、促进成员国SGATAR会员合作沟通的目的。

国家税务总局总会计师孙瑞标率中国税务代表团参加了本次年会。孙瑞标总会计师在发言时表示，SGATAR目前正在进行的培训项目重组有利于更好地整合现有培训资源，提高培训针对性和质效，满足SGATAR成员的培训需求。中国支持SGATAR的这一改革措施，并将积极参与培训项目重组进程，借助OECD—中国国家税务总局多边税务中心的资源为SGATAR培训项目提供支持。工作组会议就提升中小企业税收遵从度、有效提升税务机关纳税服务质量和国别报告的实施运用等3个专题进行了深入研讨。

■ 专讯：第10届税收征管论坛（FTA）大会在北京召开

2015年5月13日，为期3天的第10届税收征管论坛（FTA）大会在北京落下帷幕。这是税基侵蚀与利润转移（BEPS）行动计划转入实施阶段后首次召开的税收征管论坛大会，由OECD主办、中国国家税务总局承办。作为2016年9月二十国集团（G20）杭州峰会的重要配套活动，大会聚焦国际社会共同关注的税收议题进行了深入讨论，并发表了公报。

附录1

2015 年度世界税收十件大事及点评

1. 金砖国家领导人会议发表《乌法宣言》重申将参与制定国际税收标准

2015 年 7 月 9 日，金砖国家第七次领导人会议发表《乌法宣言》，重申通过相关国际论坛就二十国集团（G20）和经合组织税基侵蚀和利润转移行动计划以及税收情报自动交换问题继续开展合作，共同帮助发展中国家增强税收征管能力。金砖国家将分享税收方面的知识和最佳实践。

11 月 19 日至 20 日，第三次金砖国家税务局长会议就落实 G20 领导人峰会和金砖国家领导人峰会税收成果达成共识。中国国家税务总局局长王军在此次会议上提出“对跨国公司灰色利润和避税零容忍”的倡议及深化金砖国家税收合作的建议，得到与会代表的一致认可和积极响应。

【点评】该事件具有重要意义。金砖国家领导人从政治层面宣布参与国际税收规则及其标准体系的制定，将使在世界政治与经济中具有重大影响力的 5 个发展中国家和发达国家及转型经济国家团结一致，携手参与国际税收改革，从而确保在政治层面、技术层面和改革成果方面平衡发展中国家和发达国家的利益诉求，实现 G20 国际税改的公平性。

2. G20 峰会批准应对税基侵蚀和利润转移行动计划成果

2015 年 11 月 18 日 G20 领导人峰会正式批准应对税基侵蚀和利润转移行动计划所有 15 项成果报告，标志着近百年来最大规模的一次国际税收规则重塑取得重大进步。

【点评】这件事情有以下重大意义：第一，国际税收将遵从全球统一的法理，即利润在经济活动发生地和价值创造地征税。第二，国际税收规则体系将更趋公平。税收与经济实质相匹配的总原则奠定了国际税收规则体系实现公平的基石。第三，国际税收从竞争走向合作。投资国和投资对象国在G20倡导的国际合作旗帜下携手应对全球化挑战，遏制利润向低税地转移，为国际经济合作重建健康的税收分配方案。第四，G20领导人的背书标志着重塑国际税收治理体系的努力及其成果得到国际政治层面的高度认可，国际税收治理成为防范和抵御国际经济风险的重要举措。第五，后税基侵蚀和利润转移行动计划议程于2016年启动，包括建立包容性合作框架以监督和评估计划成果报告的执行，帮助发展中国家增强国际税收治理能力，完成计划未尽事宜，以及启动多边税收工具的谈判。第六，世界有望在2020年以前基本形成新的国际税收体系。计划成果报告带来的实体规则的变化以及跨境信息交换迎来的程序和信息支撑，将带来经济全球化时代国际税收管理的革命性变化。

3. 中国发布反避税新规

2015年3月，中国国家税务总局在总结归纳前期成果，并借鉴税基侵蚀和利润转移行动计划成果的基础上，发布了《关于企业向境外关联方支付费用有关企业所得税问题的公告》（国家税务总局公告2015年第16号，以下简称《公告》）。《公告》首次在立法层面提出支付关联劳务费用的受益性原则，以及支付有关无形资产的关联特许权使用费时，应当考虑关联各方对无形资产的贡献程度和各自应享有的经济利益，为税务机关开展向境外关联方支付费用的反避税调查提供了法律依据。截至2015年底，税务机关向境外关联方支付费用专项调查已立案139件，结案80件，补税金额达30多亿元。

【点评】《公告》是中国继规范一般反避税管理和非居民企业间接转让财产所得税管理之后，推出的又一项落实税基侵蚀和利润转移行动计划成果以及打击跨国逃避税的重大举措。同时是中国对发展中国家防止税基侵蚀和利润转移、维护税基安全所作出的制度贡献与规则引领。《公告》在重申独立交易原则的基础上，对企业集团内部费用支付创造性地提出了一些应对方法，例如受益性原则、经济实质原则和价值创造原则，这与税基侵蚀和利润转移行动计划法理一脉相承。此外，《公告》提出的六大测试方法也是对国际税收规则的重要技术贡献，包括受益方测试、需求方测试、重复性测试、价值创造测试、补偿性测试和真实性测试。

4. 欧盟增值税新规采用消费地征税原则

欧盟增值税新规于2015年1月1日起生效，适用于所有向欧盟境内提供服务的电子商务公司。无论电子商务公司是否在欧盟成员国成立，必须向消费者所在国按该国税率缴纳增值税。欧委会称，实行这一规定后，增值税收入将归入消费者所在地而非商品所在地，预计2015年可在欧盟内增收增值税30亿欧元。

【点评】此前，欧盟规定按照服务提供商所在国的增值税率计征增值税，使互联网零售企业得以选择税率较低的欧盟国家设立地区总部。新规对类似亚马逊之类的电商有巨大影响，也意味着消费者在网上购物时费用可能提高。上述规定的出台将阻止数字产品提供商，例如亚马逊、苹果和谷歌等跨国公司，通过“借道”低增值税国家进行避税，将有利于在欧盟内部实现公平的税收权益分配。

5. WTO 就 201 项信息技术产品达成重大降关税协议

2015年12月23日WTO组织53个成员国签署协议，将取消201项资讯科技产品的进口关税，这是19年来首次达成的重大降低关税协议。协议中涵盖产品占全球贸易比重达10%。该协议将取消总值1.3万亿美元贸易的关税，预料将对全球经济带来1900亿美元的提振效果。该协议将成为WTO有着18年历史的信息技术产品协议的最新版本。

【点评】这是全球IT产品史上最大规模的减税协议，具有里程碑意义。协议所涉201项信息技术产品的年贸易额占全球贸易量的7%，签署协定的成员国IT产品出口额占全球的99%。降税扩围将极大地促进全球贸易和信息产业的发展，还将创造更多就业，促进全球GDP增长。中国的手机、计算机、通信设备和软件等行业也将受益。

6. 瑞士联邦议会批准实施银行税务信息自动交换

2015年12月14日瑞士联邦议会批准从2018年开始实施银行税务信息自动交换。届时，凡在瑞士拥有银行账户的人员，其相关信息都将列入自动交换信息系统。同时，瑞士议会批准经合组织制定的自动信息交换新标准以及税收征管互助公约。

【点评】历史将记住这一天。凭借1934年制定的西方第一部《银行保密法》以及中立国的特殊地位，瑞士银行曾经是“世界保险柜”，也是最为著名的吸金库，也曾为国际金融稳定发挥了重要作用，为瑞士的金融领袖地位奠定了牢固的法律基础。但是，经济全球化带来的国际税收征管合作促使大国之间合纵连横，使得瑞士不得不废除其银行保密法，其他避税港，如开曼群岛、特克斯和凯科斯群岛，以及加勒比海其他英属领土等，都分别宣布对外分享银行账户信息，一个税收透明的时代初见曙光，银行保密时代走向末路。

7. 世界海关组织（WCO）发布《海关估价与转让定价指南》

2015年6月世界海关组织发布《海关估价与转让定价指南》，试图从税务部门转让定价的角度为海关估价提供一些积极性的参考，并积极鼓励税务机关和海关之间的相互合作。WCO迎来与OECD加强合作的新局面。

【点评】海关估价与转让定价的关系早已引起跨国企业和国际社会关注，《指南》第一次权威性地建议海关在审查关联交易时考虑为税务目的而准备的转让定价同期资料，同时考虑转让定价调整对于海关估价的影响。该《指南》对于人们了解问题、寻求解决方法有重要参考价值，同时给关税的计算提供更多参考，企业的负担也会因为海关与税务间的合作而减轻，因此会进一步带来贸易便利化。

8. 泛太平洋战略经济伙伴关系协定（TPP）谈判达成协议

2015年10月5日，TPP12个谈判国在亚特兰大会议上达成基本协议，同意进行自由贸易，并在投资及知识产权等广泛领域统一规范，将对近18000种类别的商品降低或减免关税。谈判涉及美国、日本、澳大利亚、文莱和加拿大等12个国家和地区，涵盖全球40%的经济产出，降低了成员国间商品与服务的关税及其他门槛，制定了新的经贸规则。TPP谈判标志规模占全球四成的巨大经济圈将应运而生，可能会对全球贸易规则产生深远影响。

【点评】这件事最重要的意义在于强化了北美与亚洲经济之间的联系。TPP除经济意义之外，还具有地缘政治意义。对美国而言，贸易壁垒的减少将有助于刺激其潜在的经济增长，与此同时，更为激烈的国际竞争可能对本土就业形成冲击。对日本来说，农产品关税的显著下调将施压于本国农业部门。对发展中国家来说，加入TPP将有助于改善出口以及引进外资。长期来看，对于其他未被纳入TPP的亚洲发展中国家，各国在争夺出口市场份额及吸引海外直接投资时竞争力将受到影响。更为重要的是，TPP 是目前世界上水平最高的自贸协定，其在环保、知识产权保护和人权保护等方面都有很高的标准，虽然各项高标准会限制各国政策的灵活性，但将本国制度构架更新至国际最高标准将有益于各发展中国家的长期发展。

9. 英国开征转移利润税

英国于 2015 年 4 月 1 日开征转移利润税。根据英国《2015 财政法》规定，如果跨国公司被依法认定存在将在英国从事经济活动产生的利润转移至国外的，应对其人为转移的利润征收转移利润税，税率为 25%。该税率高于 20% 的公司所得税税率。该税被认为是英国当局针对谷歌等世界知名跨国公司通过转移利润的方式避税的单边应对措施，引起跨国公司和社会的广泛关注，媒体俗称其为“谷歌税”。

【点评】这是税基侵蚀和利润转移行动计划实施以来最大规模的单边反避税行动，引起国际社会的震动。一是因为英国明确表示转移利润税不属于税收协定覆盖范畴，没有谈判余地；二是英国在 OECD 所组织实施的税基侵蚀和利润转移行动计划进程之外采取独自行动，不仅加大了国际合作的复杂性，而且或将开创一个令人担忧的先例，因为单边行动可能带来税源争夺，进而伤及国际商业环境，而澳大利亚随后的效仿验证了人们的担心，跨国企业和税基侵蚀和利润转移行动计划参与国均表示遗憾。

10. 爱尔兰修改税收政策不再为跨国公司提供庇护

爱尔兰政府宣布从 2015 年 1 月 1 日起，被称作“双重爱尔兰”的条款将不再对新公司开放，而现有享受该条款的公司也将于 2020 年前被逐步取消这一权力。这意味着包括苹果、谷歌和微软等科技巨头在内的众多跨国公司税负将大幅度提高。

【点评】爱尔兰迫于欧盟压力以及国际社会的声讨，不得不放弃所谓的“双爱尔兰”税收优惠制度，从而为建立公平的国际税收秩序减少了阻力。

附录2

签署《多边税收征管互助公约》的情况表

各大洲	税收管辖区	原版公约			议定书（P）/公约修订版（AC）		
		签署时间（开放于1988年1月25日）	交存批准文书时间	生效时间	签署时间（开放于2010年5月27日）	交存批准文书时间	生效时间
欧洲（51）	德国	17 – 04 – 2008	28 – 08 – 2015	01 – 12 – 2015	03 – 11 – 2011（P）	28 – 08 – 2015	01 – 12 – 2015
	比利时	07 – 02 – 1992	01 – 08 – 2000	01 – 12 – 2000	04 – 04 – 2011（P）	08 – 12 – 2014	01 – 04 – 2015
	立陶宛	07 – 03 – 2013	04 – 02 – 2014	01 – 06 – 2014	07 – 03 – 2013（P）	04 – 02 – 2014	01 – 06 – 2014
	卢森堡	29 – 05 – 2013	11 – 07 – 2014	01 – 11 – 2014	29 – 05 – 2013（P）	11 – 07 – 2014	01 – 11 – 2014
	罗马尼亚	15 – 10 – 2012	11 – 07 – 2014	01 – 11 – 2014	15 – 10 – 2012（P）	11 – 07 – 2014	01 – 11 – 2014
	葡萄牙				27 – 05 – 2010（P）	17 – 11 – 2014	01 – 03 – 2015

续表

各大洲	税收管辖区	原版公约			议定书（P）/公约修订版（AC）		
		签署时间（开放于1988年1月25日）	交存批准文书时间	生效时间	签署时间（开放于2010年5月27日）	交存批准文书时间	生效时间
欧洲（51）	匈牙利	12－11－2013	07－11－2014	01－03－2015	12－11－2013（P）	07－11－2014	01－03－2015
	塞浦路斯	10－07－2014	19－12－2014	01－04－2015	10－07－2014（P）	19－12－2014	01－04－2015
	荷兰	25－09－1990	15－10－1996	01－02－1997	27－05－2010（P）	29－05－2013	01－09－2013
	乌克兰	20－12－2004	26－03－2009	01－07－2009	27－05－2010（P）	22－05－2013	01－09－2013
	希腊	21－02－2012	29－05－2013	01－09－2013	21－02－2012（P）	29－05－2013	01－09－2013
	西班牙	12－11－2009	10－08－2010	01－12－2010	11－03－2011（P）	28－09－2012	01－01－2013
	意大利	31－01－2006	31－01－2006	01－05－2006	27－05－2010（P）	17－01－2012	01－05－2012
	波兰	19－03－1996	25－06－1997	01－10－1997	09－07－2010（P）	22－06－2011	01－10－2011
	丹麦	16－07－1992	16－07－1992	01－04－1995	27－05－2010（P）	28－01－2011	01－06－2011
	法国	17－09－2003	25－05－2005	01－09－2005	27－05－2010（P）	13－12－2011	01－04－2012
	冰岛	22－07－1996	22－07－1996	01－11－1996	27－05－2010（P）	28－10－2011	01－02－2012
	摩尔多瓦	27－01－2011	24－11－2011	01－03－2012	27－01－2011（P）	24－11－2011	01－03－2012
	挪威	05－05－1989	13－06－1989	01－04－1995	27－05－2010（P）	18－02－2011	01－06－2011
	瑞典	20－04－1989	04－07－1990	01－04－1995	27－05－2010（P）	27－05－2011	01－09－2011
	斯洛文尼亚	27－05－2010	31－01－2011	01－05－2011	27－05－2010（P）	31－01－2011	01－06－2011
	英国	24－05－2007	24－01－2008	01－05－2008	27－05－2010（P）	30－06－2011	01－10－2011
	芬兰	11－12－1989	15－12－1994	01－04－1995	27－05－2010（P）	21－12－2010	01－06－2011

续表

各大洲	税收管辖区	原版公约			议定书（P）/公约修订版（AC）		
		签署时间（开放于1988年1月25日）	交存批准文书时间	生效时间	签署时间（开放于2010年5月27日）	交存批准文书时间	生效时间
欧洲（51）	保加利亚				26－10－2015（P）		
	俄罗斯				03－11－2011（AC）	04－03－2015	01－07－2015
	圣马力诺				21－11－2013（AC）	28－08－2015	01－12－2015
	爱沙尼亚				29－05－2013（AC）	08－07－2014	01－11－2014
	奥地利				29－05－2013（AC）	28－08－2014	01－12－2014
	克罗地亚				11－10－2013（AC）	28－02－2014	01－06－2014
	拉脱维亚				29－05－2013（AC）	15－07－2014	01－11－2014
	阿尔巴尼亚				01－03－2013（AC）	08－08－2013	01－12－2013
	爱尔兰				30－06－2011（AC）	29－05－2013	01－09－2013
	马耳他				26－10－2012（AC）	29－05－2013	01－09－2013
	斯洛伐克				29－05－2013（AC）	21－11－2013	01－03－2014
	摩纳哥				13－10－2014（AC）		
	安道尔				05－11－2013（AC）		
	列支敦士登				21－11－2013（AC）		
	瑞士				15－10－2013（AC）		
	荷属阿鲁巴岛			01－02－1997			01－09－2013
	荷属库拉索岛			10－10－2010			01－09－2013

续表

各大洲	税收管辖区	原版公约			议定书（P）/公约修订版（AC）		
		签署时间（开放于1988年1月25日）	交存批准文书时间	生效时间	签署时间（开放于2010年5月27日）	交存批准文书时间	生效时间
欧洲（51）	荷属圣马丁			10－10－2010			01－09－2013
	直布罗陀						01－03－2014
	英属安圭拉岛						01－03－2014
	英属百慕大群岛						01－03－2014
	英属维京群岛						01－03－2014
	英属开曼群岛						01－01－2014
	英属根西岛						01－08－2014
	英属曼岛						01－03－2014
	英属泽西岛						01－06－2014
	英属蒙特塞拉特岛						01－10－2013
	英属科克斯和凯科斯群岛						01－12－2013
亚洲（13）	日本	03－11－2011	28－06－2013	01－10－2013	03－11－2011（P）	28－06－2013	01－10－2013
	韩国	27－05－2010	26－03－2012	01－07－2012	27－05－2010（P）	26－03－2012	01－07－2012
	格鲁吉亚	12－10－2010	28－02－2011	01－06－2011	03－11－2010（P）	28－02－2011	01－06－2011
	阿塞拜疆	26－03－2003	03－06－2004	01－10－2004	23－05－2014（P）	29－05－2015	01－09－2015
	哈萨克斯坦				23－12－2013（AC）	08－04－2015	01－08－2015

续表

各大洲	税收管辖区	原版公约			议定书（P）/公约修订版（AC）		
		签署时间（开放于1988年1月25日）	交存批准文书时间	生效时间	签署时间（开放于2010年5月27日）	交存批准文书时间	生效时间
亚洲（13）	沙特阿拉伯				29-05-2013（AC）	17-12-2015	
	印度尼西亚				03-11-2011（AC）	21-01-2015	01-05-2015
	中国				27-08-2013（AC）	16-10-2015	
	印度				26-01-2012（AC）	21-02-2012	01-06-2012
	以色列				24-11-2015（AC）		
	菲律宾				26-09-2014（AC）		
	新加坡				29-05-2013（AC）		
	土耳其				03-11-2011（AC）		
美洲（13）	加拿大	28-04-2004			03-11-2011（P）	21-11-2013	01-03-2014
	墨西哥	27-05-2010	23-05-2012	01-09-2012	27-05-2010（P）	23-05-2012	01-09-2012
	美国	28-06-1989	13-02-1991	01-04-1995	27-05-2010（P）		01-06-2011
	格陵兰			01-04-1995			
	巴西				03-11-2011（AC）		
	智利				24-10-2013（AC）		
	哥伦比亚				23-05-2012（AC）	19-03-2014	01-07-2014
	伯利兹城				29-05-2013（AC）	29-05-2013	01-09-2013
	哥斯达黎加				01-03-2012（AC）	05-04-2013	01-08-2013

续表

各大洲	税收管辖区	原版公约			议定书（P）/公约修订版（AC）		
		签署时间（开放于1988年1月25日）	交存批准文书时间	生效时间	签署时间（开放于2010年5月27日）	交存批准文书时间	生效时间
美洲（13）	阿根廷				03-11-2011（AC）	13-09-2012	01-01-2013
	巴巴多斯				28-10-2015（AC）		
	萨尔瓦多				01-06-2015（AC）		
	危地马拉				05-12-2012（AC）		
非洲（10）	喀麦隆				25-06-2014（AC）	30-06-2015	01-10-2015
	毛里求斯				23-06-2015（AC）	31-08-2015	01-12-2015
	尼日利亚				29-05-2013（AC）	29-05-2015	01-09-2015
	塞舌尔				24-02-2015（AC）	25-06-2015	01-10-2015
	加纳				10-07-2012（AC）	29-05-2013	01-09-2013
	南非				03-11-2011（AC）	21-11-2013	01-03-2014
	突尼斯				16-07-2012（AC）	31-10-2013	01-02-2014
	乌干达				04-11-2015（AC）		
	加蓬				03-07-2014（AC）		
	摩洛哥				21-05-2013（AC）		
大洋洲（3）	新西兰				26-10-2012（AC）	21-11-2013	01-03-2014
	澳大利亚				03-11-2011（AC）	30-08-2012	01-12-2012
	纽埃岛				27-11-2015（AC）		

资料来源：http：//www.oecd.org/tax/exchange-of-tax-information/Status_of_convention.pdf.

附录3

签署 MCAA 的基本情况表

各大洲	签署 MCAA 的税收管辖区	计划首次交换情报时间
欧洲（55）	爱尔兰	2017 年 9 月
	爱沙尼亚	2017 年 9 月
	保加利亚	2017 年 9 月
	波兰	2017 年 9 月
	比利时	2017 年 9 月
	丹麦	2017 年 9 月
	德国	2017 年 9 月
	法国	2017 年 9 月
	芬兰	2017 年 9 月
	荷兰	2017 年 9 月
	冰岛	2017 年 9 月
	捷克	2017 年 9 月
	克罗地亚	2017 年 9 月
	拉脱维亚	2017 年 9 月
	列支敦士登	2017 年 9 月
	立陶宛	2017 年 9 月
	卢森堡	2017 年 9 月
	罗马尼亚	2017 年 9 月
	马耳他	2017 年 9 月
	挪威	2017 年 9 月

续表

各大洲	签署 MCAA 的税收管辖区	计划首次交换情报时间
欧洲（55）	葡萄牙	2017 年 9 月
	瑞典	2017 年 9 月
	圣马力诺	2017 年 9 月
	斯洛伐克	2017 年 9 月
	斯洛文尼亚	2017 年 9 月
	西班牙	2017 年 9 月
	希腊	2017 年 9 月
	匈牙利	2017 年 9 月
	意大利	2017 年 9 月
	英国	2017 年 9 月
	法罗群岛	2017 年 9 月
	直布罗陀	2017 年 9 月
	英属安圭拉岛	2017 年 9 月
	英属百慕大群岛	2017 年 9 月
	英属维京群岛	2017 年 9 月
	英属开曼群岛	2017 年 9 月
	英属科克斯和凯科斯群岛	2017 年 9 月
	英属根西岛	2017 年 9 月
	英属曼岛	2017 年 9 月
	英属泽西岛	2017 年 9 月
	英属蒙特塞拉特岛	2017 年 9 月
	荷属库拉索岛	2017 年 9 月
	阿尔巴尼亚	2018 年 9 月
	安道尔	2018 年 9 月
	奥地利	2018 年 9 月
	俄罗斯	2018 年 9 月
	摩纳哥	2018 年 9 月
	瑞士	2018 年 9 月
	英属格林纳达	2018 年 9 月
	英属圣基茨和尼维斯	2018 年 9 月
	英属圣卢西亚岛	2018 年 9 月
	英属圣文森特和格林纳丁斯	2018 年 9 月
	英属萨摩亚	2018 年 9 月
	荷属阿鲁巴岛	2018 年 9 月
	荷属圣马丁	2018 年 9 月

续表

各大洲	签署 MCAA 的税收管辖区	计划首次交换情报时间
亚洲（9）	韩国	2017 年 9 月
	印度	2017 年 9 月
	塞浦路斯	2017 年 9 月
	中国	2018 年 9 月
	以色列	2018 年 9 月
	科威特	2018 年 9 月
	马来西亚	2018 年 9 月
	日本	2018 年 9 月
	印度尼西亚	2018 年 9 月
美洲（10）	阿根廷	2017 年 9 月
	巴巴多斯	2017 年 9 月
	哥伦比亚	2017 年 9 月
	墨西哥	2017 年 9 月
	格陵兰	2017 年 9 月
	安提瓜和巴布达	2018 年 9 月
	伯利兹城	2018 年 9 月
	智利	2018 年 9 月
	加拿大	2018 年 9 月
	哥斯达黎加	2018 年 9 月
非洲（4）	南非	2017 年 9 月
	塞舌尔	2017 年 9 月
	加纳	2018 年 9 月
	毛里求斯	2018 年 9 月
大洋洲（6）	纽埃岛	2017 年 9 月
	澳大利亚	2018 年 9 月
	新西兰	2018 年 9 月
	库克群岛	2018 年 9 月
	马绍尔群岛	2018 年 9 月
	瑙鲁岛	2018 年 9 月

资料来源：http：//www. oecd. org/tax/exchange-of-tax-information/MCAA – Signatories. pdf.

附录4

签署（谈签）FATCA执行协议的税收管辖区表

按洲排序	税收管辖区	谈签状态	税收管辖区谈签的政府间框架协议（IGA）及相关协议/安排/修正	协议链接	税收管辖区被视为IGA已经签署的生效日期
欧洲（58）	白俄罗斯	生效（7-29-2015）	范本1		6-30-2014
	保加利亚	生效（6-30-2015）	范本1		6-30-2014
	波兰	生效（7-1-2015）	范本1	相互谅解	6-30-2014
	丹麦	生效（9-30-2015）	范本1		6-30-2014
	梵蒂冈	生效（6-10-2015）	范本1		11-30-2014
	芬兰	生效（2-20-2015）	范本1	相互谅解	6-30-2014
	荷兰	生效（4-9-2015）	范本1	相互谅解	6-30-2014
	冰岛	生效（9-22-2015）	范本1	相互谅解	11-30-2014
	科索沃	生效（11-4-2015）	范本1		6-30-2014
	列支敦士登	生效（1-22-2015）	范本1	相互谅解	6-30-2014
	卢森堡	生效（7-29-2015）	范本1 有关协议1	相互谅解	6-30-2014
	罗马尼亚	生效（11-3-2015）	范本1		6-30-2014
	瑞典	生效（3-1-2015）	范本1	相互谅解	6-30-2014
	塞浦路斯	生效（9-21-2015）	范本1	相互谅解	6-30-2014
	斯洛伐克	生效（11-9-2015）	范本1	相互谅解	6-30-2014
	意大利	生效（8-17-2015）	范本1		6-30-2014
	爱沙尼亚	生效（7-9-2014）	范本1		6-30-2014

续表

按洲排序	税收管辖区	谈签状态	税收管辖区谈签的政府间框架协议（IGA）及相关协议/安排/修正	协议链接	税收管辖区被视为IGA已经签署的生效日期
欧洲（58）	爱尔兰	生效（4－2－2014）	范本1		6－30－2014
	奥地利	生效（12－9－2014）	范本1	相互谅解	6－30－2014
	法国	生效（10－14－2014）	范本1	相互谅解	6－30－2014
	捷克	生效（12－18－2014）	范本1	相互谅解	6－30－2014
	拉脱维亚	生效（12－15－2014）	范本1	相互谅解	6－30－2014
	立陶宛	生效（10－7－2014）	范本1		6－30－2014
	马耳他	生效（6－26－2014）	范本1		6－30－2014
	挪威	生效（1－27－2014）	范本1	相互谅解	6－30－2014
	瑞士	生效（6－2－2014）	范本2	相互谅解1	6－30－2014
			有关协议1	相互谅解2	
			修订1		
			有关协议2		
			修订2		
	斯洛文尼亚	生效（7－1－2014）	范本1		6－30－2014
	匈牙利	生效（7－16－2014）	范本1	相互谅解	6－30－2014
	英国	生效（8－11－2014）	范本1		6－30－2014
			有关协议		
	德国	生效（12－11－2013）	范本1	相互谅解	6－30－2014
	西班牙	生效（12－9－2013）	范本1		6－30－2014
	比利时	签署	范本1	相互谅解	6－30－2014
			有关协议		
	克罗地亚	签署	范本1		6－30－2014
			有关协议		
	摩尔多瓦	签署	范本2		6－30－2014
	葡萄牙	签署	范本1		6－30－2014
	圣马力诺	签署	范本2	相互谅解	6－30－2014
	土耳其	签署	范本1	相互谅解	6－30－2014
	黑山	实质一致	范本1		6－30－2014
	塞尔维亚	实质一致	范本1		6－30－2014
	希腊	实质一致	范本1		11－30－2014

续表

按洲排序	税收管辖区	谈签状态	税收管辖区谈签的政府间框架协议（IGA）及相关协议/安排/修正	协议链接	税收管辖区被视为IGA已经签署的生效日期
欧洲（58）	乌克兰	实质一致	范本1		6－30－2014
	英属曼岛	生效（8－26－2015）	范本1		6－30－2014
	英属巴哈马群岛	生效（9－17－2015）	范本1		6－30－2014
			有关协议		
	英属维京群岛	生效（7－13－2015）	范本1		6－30－2014
	英属根西岛	生效（8－26－2015）	范本1		6－30－2014
	英属泽西岛	生效（10－28－2015）	范本1		6－30－2014
	直布罗陀	生效（9－17－2015）	范本1		6－30－2014
	英属百慕大群岛	生效（8－19－2014）	范本2	相互谅解	6－30－2014
	英属开曼群岛	生效（7－1－2014）	范本1		6－30－2014
	荷属库拉索岛	签署	范本1		6－30－2014
			有关协议		
	英属科克斯和凯科斯群岛	签署	范本1		6－30－2014
	英属蒙特色拉特岛	签署	范本1		11－30－2014
	英属圣基茨和尼维斯	签署	范本1		6－30－2014
	英属圣卢西亚岛	签署	范本1		6－30－2014
	英属圣文森特和格林纳丁斯	签署	范本1		6－30－2014
	英属多米尼克	实质一致	范本1		6－30－2014
	英属格林纳达	实质一致	范本1		6－30－2014
	英属安圭拉岛	实质一致	范本1		6－30－2014
亚洲（27）	阿塞拜疆	生效（11－5－2015）	范本1		6－30－2014
	卡塔尔	生效（6－23－2015）	范本1	相互谅解	6－30－2014
	新加坡	生效（3－28－2015）	范本1		6－30－2014
	印度	生效（8－31－2015）	范本1	相互谅解	6－30－2014
	日本	生效（6－11－2013）	范本2		6－30－2014
			有关协议		
	阿拉伯联合酋长国	签署	范本1	相互谅解	6－30－2014

续表

按洲排序	税收管辖区	谈签状态	税收管辖区谈签的政府间框架协议（IGA）及相关协议/安排/修正	协议链接	税收管辖区被视为IGA已经签署的生效日期
亚洲(27)	菲律宾	签署	范本1		11-30-2014
	格鲁吉亚	签署	范本1		6-30-2014
	韩国	签署	范本1	相互谅解	6-30-2014
	柬埔寨	签署	范本1		11-30-2014
	科威特	签署	范本1		6-30-2014
	泰国	签署	范本1		6-30-2014
	乌兹别克斯坦	签署	范本1		6-30-2014
	以色列	签署	范本1 有关协议	相互谅解	6-30-2014
	越南	签署	范本1	相互谅解	7-7-2016
	中国香港	签署	范本2	相互谅解	6-30-2014
	巴林岛	实质一致	范本1		6-30-2014
	哈萨克斯坦	实质一致	范本1		11-30-2014
	马来西亚	实质一致	范本1		6-30-2014
	沙特阿拉伯	实质一致	范本1		6-30-2014
	土库曼斯坦	实质一致	范本1		6-30-2014
	亚美尼亚	实质一致	范本2		6-30-2014
	伊拉克	实质一致	范本2		6-30-2014
	印度尼西亚	实质一致	范本1		6-30-2014
	中国	实质一致	范本1		6-30-2014
	中国澳门	实质一致	范本2		11-30-2014
	中国台湾	实质一致	范本2		6-30-2014
美洲(19)	巴巴多斯	生效（9-25-2015）	范本1 修订		6-30-2014
	巴西	生效（6-26-2015）	Model1		6-30-2014
	哥伦比亚	生效（8-27-2015）	范本1	相互谅解	6-30-2014
	洪都拉斯	生效（2-19-2015）	范本1		6-30-2014
	牙买加	生效（9-24-2015）	范本1		6-30-2014
	加拿大	生效（6-27-2014）	范本1		6-30-2014
	墨西哥	生效（4-10-2014）	范本1		6-30-2014

续表

按洲排序	税收管辖区	谈签状态	税收管辖区谈签的政府间框架协议（IGA）及相关协议/安排/修正	协议链接	税收管辖区被视为IGA已经签署的生效日期
美洲（19）	巴拿马	签署	范本1		6-30-2014
	哥斯达黎加	签署	范本1		6-30-2014
	智利	签署	范本2	相互谅解	6-30-2014
	安提瓜和巴布达	实质一致	范本1		6-30-2014
	巴拉圭	实质一致	范本2		6-30-2014
	多米尼加	实质一致	范本1		6-30-2014
	海地	实质一致	范本1		6-30-2014
	圭亚那	实质一致	范本1		6-30-2014
	秘鲁	实质一致	范本1		6-30-2014
	尼加拉瓜	实质一致	范本2		6-30-2014
	特立尼达和多巴哥	实质一致	范本1		11-30-2014
	格陵兰	实质一致	范本1		6-30-2014
非洲（7）	毛里求斯	生效（8-29-2014）	范本1		6-30-2014
	南非	生效（10-28-2014）	范本1	相互谅解	6-30-2014
	阿尔及利亚	签署	范本1		6-30-2014
	安哥拉	签署	范本1		11-30-2014
	佛得角	实质一致	范本1		6-30-2014
	塞舌尔	实质一致	范本1		6-30-2014
	突尼斯	实质一致	范本1		11-30-2014
大洋洲	澳大利亚	生效（6-30-2014）	范本1	相互谅解	6-30-2014
	新西兰	生效（7-3-2014）	范本1	相互谅解	6-30-2014
合计		113个			

资料来源：U. S. Department of the Treasury，Resource Center，https：//www. treasury. gov/resource-center/tax-policy/treaties/pages/FATCA. aspx.

附录5

二十国集团领导人安塔利亚峰会公报

前　言

1. 我们，二十国集团领导人，于2015年11月15日至16日在安塔利亚举行会议，决定采取共同行动，以实现包容和稳健增长，增加人民福祉。我们决心坚定，致力于创造更多、更高质量就业，促进全球强劲、可持续和平衡增长。我们认识到，要推进包容性增长和增强信心，需要运用所有政策工具并同关键利益攸关方紧密互动。

2. 为了实现目标，今年我们围绕3个支柱制定了全面议程，即坚定落实我们已有承诺、促进投资增强增长动力、提高我们行动的包容性以确保共享增长红利。作为落实这一议程的一部分，我们还加强同低收入发展中国家的对话。

加强经济复苏和提升潜力

3. 尽管一些主要经济体增长前景趋好，但当前全球经济增长仍不均衡，持续低于预期。国际金融市场依然存在诸多风险和不确定性，地缘政治方面的挑战日益成为全球关注的问题。此外，全球需求不足和结构性问题持续影响实际和潜在增长。

4. 我们将继续以合作的方式实施稳健的宏观经济政策，以实现强劲、可持续、平衡增长。我们的货币政策当局将根据其授权，继续确保价格稳定，支持经济活动。我们重申将根据近期经济形势灵活地实施财政政策，以支持经济增长并创造就业，同时将政府债务占GDP比重维持在可持续水平。我们将考虑预算收支结构，以支持生产率、包容性和经济增长。我们将继续致力于促进全球再平衡。我们将谨慎调整各项政策行动并保持清晰沟通，特别是在主要货币政策和其他政策决定等方面，以减少不确定性，使负面溢出效应最小化，并提高透明度。我们还将确保建立强有力的全球金融安全网。在大规模资本流动波动引发风险的背景下，我们将通过合适的框架促进金融稳定，包括确保全球金融安全网充分发挥作用，同时享受金融全球化带来的好处。我们重申此前的汇率承诺，并将抵制任何形式的保护主义。

5. 我们仍然致力于实现富有雄心的目标，即我们去年在布里斯班峰会上宣布的，到2018年使G20整体GDP额外增长2%。我们的首要任务是及时、有效地实施增长战略，包括采取措施支持需求和结构性改革，提升实际和潜在增长，创造就业，增强包容性，减少不平等。去年以来，我们在兑现承诺方面已取得重大进展，在布里斯班所作的承诺已兑现近一半。国际货币基金组织（IMF）、经济合组织（OECD）和世界银行的分析显示，我们目前落实的政策措施已完成我们集体增长的三分之一以上。然而我们也承认，实现目标还需进一步努力。我们将更加努力，迅速采取行动，加快落实承诺。下一步，我们将继续通过今年制定的强有力框架，密切监测各项承诺的落实情况。同时，我们还将继续审议并调整增长战略，尤其是结构性改革议程，以确保增长战略与不断变化的经济形势、结构性挑战和政策重点相适应，并符合我们共同的增长目标。安塔利亚行动计划包括调整后的增长战略以及主要承诺的落实计划，体现了我们战胜全球经济挑战的决心。

6. 我们承诺确保包容性增长，创造就业并使全社会共享增长红利。很多国家不平等加剧将给社会和谐和公民福祉带来风险，也会产生负面经济影响，阻碍我们实现促增长的目标。全面和平衡的经济、金融、劳动、教育和社会政策有助于减少不平等。我们核准《劳动和就业部长会宣言》，承诺落实首要任务，按照《G20关于劳动收入占比和解决不平等的优先政策》，促进劳动市场更加包容。我们要求财政部长、劳工和就业部长评估增长战略和就业计划，强化我们应对不平等的行动，支持包容性增长。认识到社会对话对实现上述目标至关重要，我们欢迎工商峰会和劳工峰会发表关于就业、增长和体面就业的联合声明。

7. 失业、非充分就业和非正规就业是造成很多国家不平等的重要来源，将削弱经济未来增长前景。我们将按照《G20高质量就业促进框架》的思路重点推动更多、更高质量就业，并通过《G20技能战略》提高技能培训，加大技能投入。我们坚定支持年轻人更好融入劳动力市场，包括鼓励创业。基于我们之前的承诺并考虑各国情况，我们同意到2025年实现将G20各成员中最有可能被劳动力市场永久抛弃的年轻人比例降低15%的目标。我们请经合组织和国际劳工组织协助监测该目标的实施进展。我们将继续监督落实就业计划、缩小男女劳动参与率差别、创造更安全和健康的工作环境，并融入可持续全球供应链。

8. 我们将应对好国际劳动力流动和人口老龄化等因素给劳动力市场带来的机遇和挑战。国内劳动力流动是一些G20成员就业市场的重要问题。我们认识到并将继续探索发掘蓬勃发展的“银发经济”的潜力。我们要求劳动和就业部长在2016年向我们进一步汇报有关问题进展。

9. 为有力促进投资，特别是增加私人部门的参与，我们制定了富有雄心的国别投资战略，通过具体政策改善投资生态，促进高效率、高质量的基础设施投资，包括公共部门投资，并为中小企业（SMEs）提供支持，促进知识共享。经合组织（OECD）的分析报告表明，这些战略将会使G20投资总额占GDP的比例到2018年前提高1个百分点。

10. 为改善投资的准备工作、优先排序和执行程序，我们提出了公共和社会资本合作（PPP）模式指南和良好实践。我们还研究了其他的替代性融资结构，包括基于资产的融资模式和简单透明的证券化，以更好地为中小企业和基础设施投资提供便利的中介渠道。下一步，我们要求部长们继续改善投资生态，促进长期融资，加强机构投资者参与，支持替代性资本市场工具和基于资产的融资模式的发展，并鼓励多边开发银行（MDBs）动员自身资源，优化资产负债表，吸引私人部门资金。我们正努力开发工具包，为各国基础设施项目的准备工作、优先排序和融资提供更多方法和途径。我们期待全球基础设施投资中心（GIH）在这方面作出重要贡献。为确保建立强有力的公司治理框架以支持私人投资，我们核准了《G20/OECD公司治理原则》。我们特别关注促进中小企业长期融资，我们欢迎《中小企业融资联合行动计划》、《G20/OECD中小企业融资高级别原则》等指导原则，同时欢迎建立私人部门主导的全球中小企业论坛。该论坛将作为一个全球性实体，促进中小企业为经济增长和就业作出贡献。

11. 全球贸易和投资依然是经济增长和发展的重要引擎，有助于创造就业、增进福利、促进包容性增长。我们注意到全球贸易增速依然低于危机前水平。这是周期性和结构性双重因素所致。为此，我们再次郑重承诺通过包括调整后的增长战略等措施，加强协调，推动贸易和投资。包容的全球价值链是世界贸易的重要驱动力。我们支持所有发展水平国家的各种规模企业，尤其是中小企业，参与并充分利用全球价值链，同时鼓励发展中国家更深参与并创造更多价值。我们进一步重申不采取新的贸易保护主义措施的承诺，并将保持谨慎，监督落实进展。为此，我们要求世贸组织、经合组织和联合国贸发会议继续报告贸易和投资限制措施。我们要求贸易部长定期举行会议，并同意建立支持性工作组。

12. 世贸组织是多边贸易体系基石，应继续在促进经济增长和发展方面发挥核心作用。我们继续承诺坚持一个强有力和高效的多边贸易体制，重申共同努力完善其运行的决心。我们致力于共同推动内罗毕贸易部长会议取得成功，在多哈发展回合等问题上取得一系列平衡成果，并为后内罗毕工作提供明确指导。我们还将加倍努力，落实包括农业、发展、公共粮食储备以及《贸易便利化协定》批准与实施等在内的巴厘一揽子协议全部内容。我们将继续努力，确保双边、区域和诸边贸易协定相互补充、透明、包容，与以世贸组织规则为基础的多边贸易体制保持一致，并为强化这一体制作出贡献。我们强调贸易在全球发展事业中的重要作用，将继续支持在需要能力建设援助的发展中国家中实施“促贸援助”等机制。

增强抗风险能力

13. 强化金融机构的抗风险能力，增强金融体系的稳定性对保持经济增长与发展至关重要。为加强全球金融体系的抗风险能力，我们已进一步完成金融改革议程的核心要素。特别是作为解决“大而不能倒”问题的关键一步，我们已最终确定全球系统重要性银行总损失吸收能力（TLAC）的共同国际标准。同时，我们就针对全球系统重要性保险公司的更高损失吸收能力要求的第一版达成一致意见。

14. 为了建立更加强大和抗风险能力更强的金融体系，仍有许多关键工作要做。特别是，我们期待继续就中央对手方抗风险能力、恢复计划和可处置性等领域开展相关工作。我们要求金融稳定理事会（FSB）在我们下次会议时报告相关进展。我们将继续监测改革进展，并在必要情况下应对金融体系内以及银行部门以外的新出现的风险和脆弱性。我们将根据其带来的系统性风险，以合理的方式进一步加强对影子银行的监督和监管，确保基于市场的融资具备抗风险能力。在适当评估并解决往来银行业服务萎缩问题上，我们期待更多进展。我们将加快工作，在落实场外衍生品（OTC）改革方面取得更多进展，包括鼓励各辖区在符合圣彼得堡峰会宣言共识的情况下互相认可对方监管。下一步，我们将努力按照各方同意的时间表，全面、持续地实施全球金融监管框架，同时将继续监测各辖区的实施进展。我们将继续监测各项行动和决策的效果，以确保全球监管框架的强有力，并与可持续增长融资相适应。我们欢迎FSB发布的关于改革及其实施效果的第一个年度报告。我们将继续就保持全球金融监管框架的强有力进行审议，就改革的落实进展、效果及与我们总体目标的一致性进行监测和评估，包括解决未预料到的实质性影响，特别是对新兴市场和发展中国家的影响。

15. 为在全球范围内实现公平、现代化的国际税收体系，我们核准《G20/OECD税基侵蚀和利润转移（BEPS）项目行动计划》中的一系列措施。广泛、持续地落实行动计划是确保BEPS项目取得成效的关键，特别是在跨境税收裁定的情报交换方面。因此，我们强烈敦促按时落实BEPS项目，并鼓励包括发展中国家在内的所有国家和辖区参与。为在全球监测BEPS项目的落实情况，我们呼吁OECD在2016年初前建立一套包容性框架，该框架将在平等参与的基础上纳入感兴趣并致力于实施BEPS项目的非G20国家和辖区，包括发展中经济体。我们欢迎IMF、OECD、联合国和世界银行集团为感兴趣的发展中经济体提供适当的技术援助，帮助其应对国内资源动员方面的挑战，也包括BEPS方面的挑战。我们认识到，感兴趣的非G20发展中国家实施BEPS行动计划的时机可能与其他国家不同，期待OECD和其他国际组织能够确保该框架适当考虑发展中国家的情况。我们在加强税收体系透明度方面不断取得进展，我们重申此前承诺，将于2017年或2018年底同各成员国和其他国家就税收情报开展应要求交换和自动交换。我们邀请其他辖区共同参与。我们支持提高发展中经济体在国际税收议程中的参与度。

16. 为支持增长和抗风险议程，我们将继续有效落实《2015—2016年G20反腐败行动计划》，促进国际社会形成对腐败问题的零容忍环境。我们核准《G20私营部门廉洁透明高级别原则》，帮助企业遵守道德和反腐败全球标准。确保公共部门的廉洁和透明至关重要。为此，我们核准《G20反腐败公开数据原则》和《G20推动公共采购廉洁原则》，欢迎正在开展的资产披露框架有关工作。我们将视需并依据国内法律体系，进一步加强在民事和行政程序上的国际合作，以此作为有效打击贿赂、支持腐败资产返还、拒绝为腐败官员及造成官员腐败的人提供避罪港的重要工具。我们欢迎发布《受益人所有权透明度落实计划》，并将为此继续努力。

17. 我们对2010年IMF份额和治理改革共识始终未能落实深感失望。2010年改革方案仍是我们关于IMF的最优先工作。我们敦促美国尽快批准改革方案。考虑到2010年改革方案目标，我们要求IMF完成过渡方案，尽快并尽可能地使份额分配达到第14次份额检查所确定的水平。包括新的份额计算公式在内的第15次份额检查应以第14次份额检查为基础。我们重申维护一个强有力、以份额为基础、资源充足的IMF的承诺。我们重申对所有国际金融机构领导人和高级领导层均应经由公开、透明、择优的程序任命的共识，并重申国际金融机构加强职员多样性的重要性。我们重申，特别提款权（SDR）货币篮子的构成应继续反映各国货币在全球贸易和金融系统中的作用，并期待完成对SDR估值方法的审议工作。

18. 我们欢迎在国际主权债券合同中加强集体行动条款和同权条款落实方面取得的进展。这将有利于提高主权债务重组的有序性和可预期性。我们要求IMF在征询其他相关方意见的基础上，继续促进上述条款的运用，并进一步探索采用市场化方式加快将上述条款加入到现有存量的未偿清国际主权债券中。我们期待即将开展的IMF和世界银行低收入国家债务可持续性框架审议。我们对以改善可持续融资实践为目标的现有倡议表示认可，这一目标在《亚的斯亚贝巴行动议程》也得到强调。我们也注意到巴黎论坛倡议。该倡议有利于加强主权债务国和债权国对话，进一步提高包容性。

支持可持续性

19. 2015年是可持续发展的关键之年，我们将继续致力于为实现包容和可持续发展作出贡献，包括在低收入国家和发展中国家。2030年可持续发展议程，包括可持续发展目标和《亚的斯亚贝巴行动议程》，为国际发展工作设定了一个转型、普遍、富有雄心的框架。我们积极承诺落实其各项成果，确保我们消除贫困的努力不使任何人被落下，为全人类创造一个包容、可持续的未来。我们核准《G20和低收入发展中国家框架》，以加强我们在发展领域的对话和参与。我们将在2016年制定行动计划，使我们的工作与2030年可持续发展议程更好衔接。

20. 我们今年的工作对可持续发展重点领域给予支持，例如能源可及性、粮食安全和营养、人力资源开发、高质量基础设施、普惠金融和国内资源动员。我们核准《G20 粮食安全和可持续粮食系统行动计划》，强调将致力于提高全球粮食安全和营养，确保我们生产、消费和销售粮食的方式在经济、社会、环境等各方面的可持续性。我们仍将重视推动农业和粮食系统的负责任投资，提高市场透明度，增加收入和高质量就业，培育可持续的生产率增长。我们将会对小农、家庭农户、农村妇女和青年给予特别关注。今年我们也承诺降低全球粮食损失和浪费。我们欢迎米兰世博会以“给养地球，为生命加油”为主题。我们也欢迎 G20 农业部长作出决定，成立一个新平台，以推动 G20 和其他国家更好测算并减少粮食损失和浪费。

21. 私营部门在发展和消除贫困方面有很强作用。通过《G20 包容性商业倡议》，我们强调所有相关方需要共同采取行动，帮助低收入人民和团体有更多机会作为购买者、供应者和消费者参与市场。我们今年制定的《G20 国别侨汇计划》包含了降低全球平均侨汇成本至 5% 的具体行动，并同可持续发展目标和亚的斯亚贝巴行动议程相一致。我们正通过开放支付、储蓄、信贷和其他金融服务渠道的方式推动普惠金融。我们欢迎普惠金融全球伙伴关系在普惠金融领域持续开展的工作。

22. 我们高度关注《G20 能源合作原则》，欢迎首届能源部长会召开。认识到超过 11 亿人电力缺乏及 29 亿人靠传统生物热源烹饪，我们支持《G20 能源可及性行动计划：能源可及性自愿合作》。该计划第一阶段将重点提高问题最为严重的撒哈拉以南非洲电力可及性，旨在加强 G20 协调并建立可逐步适用于其他区域的长期自愿合作框架。在第一阶段，我们将在考虑各国需求和情况的基础上，同非洲国家和有关区域、国际组织在各方面开展合作，包括政策和监管环境、技术研发和应用、投资和融资、能力建设、区域一体化和合作等。

23. 我们认识到在能源领域采取行动，包括提高能效、增加清洁能源技术投入以及支持相关研发活动，对应对气候变化及其影响具有重要作用。我们核准《G20 可再生能源开发自愿选择工具箱》。我们重视今年各参与国在推动能效合作方面所取得的进展，同意在自愿的基础上进一步支持今年各工作渠道的成果，包括汽车（尤其是重型载重卡车）能效及排放表现、联网设备、建筑、工业流程、发电和能效融资等领域所取得的成果。我们将继续发展包括天然气市场在内的透明、竞争和运转良好的能源市场。我们强调能源来源多样性和持续投资增强能源安全的重要性。我们重申致力于中期内逐步规范和取消低效的、鼓励浪费的化石燃料补贴，同时兼顾贫困者的需要。我们将努力推进有关进程力度，落实上述承诺。我们要求能源部长们在 2016 年再次报告能源合作进展，以及继续落实 G20 能源合作原则的情况。

24. 气候变化是我们当代面临的最严峻的挑战之一。我们认识到 2015 年是采取有效、强有力和集体行动应对气候变化及其影响的关键之年。我们重申《利马气候行动倡议》关于控制气温升幅低于2 摄氏度的目标。我们确认，决心通过一项在《联合国气候变化框架公约》下具有法律效力并适用于各方的议定书、法律文件或达成一致的成果。我们的行动是为了支持增长和可持续发展。我们强调，巴黎协议应当公平、均衡、富有雄心、可持续和有活力。我们强调致力于在巴黎达成富有雄心的协议，反映共同但有区别和各自能力原则，同时考虑各国不同国情。我们重申《联合国气候变化框架公约》是气候变化谈判的主要国际政府间机制。我们欢迎包括所有 G20 成员在内的超过 160 个国家向《联合国气候变化框架公约》提交国家自主贡献，并鼓励其他国家在巴黎大会前提交。我们已准备好落实国家自主贡献。我们指示谈判代表在未来数日里建设性和灵活性地参与讨论有关关键问题，包括减缓、适应、资金、技术研发和转让以及透明度等，以便在我们到达巴黎时能有一个解决方案。我们承诺共同努力推动《联合国气候变化框架公约》缔约方第二十一次会议取得成功。

25. 当前难民危机的规模引起全球对其在人道主义、政治、社会和经济等方面影响的关注。需要采取协调和全面措施应对这一危机及其长期效应。我们将继续努力，对世界各地史无前例数量的难民和国内流离失所人员提供保护和支持，寻求长期解决方案。我们呼吁所有国家都为应对上述危机做出贡献，共担责任，包括采取难民安置及其他形式的人道主义收容、援助等方式，帮助难民获得服务、教育和生活机会。我们强调需要解决这一流离失所的根源。在这方面，我们强调政治解决冲突、增进发展合作的重要性。我们认识到保障难民和国内流离失所者安全和帮助其按照个人意志返回家园的重要性。我们将同其他国家一道，加强管理移民和难民流的长期准备和能力。我们邀请各国，根据自身能力，加大对相关国际组织的支持，强化其帮助受影响国家应对危机的能力。我们鼓励私人部门和个人参与应对难民危机的国际行动。

26. 我们生活的互联网经济时代给全球增长同时带来机遇和挑战。我们认识到信息通信技术及其使用对安全的威胁，这种威胁削弱我们通过互联网促进世界经济增长和发展的能力。我们致力于消除数字鸿沟。如同在其他环境中，在信息通信技术环境，国家负有特殊责任，促进安全、稳定，密切同其他国家的经济联系。为支持实现上述目标，我们强调任何国家不应当为获取公司或商业部门竞争优势，而采取或支持窃取信息通信技术知识产权，包括贸易秘密和其他商业机密。所有支持安全使用信息通信技术的国家都应尊重和保护自由原则，使其免受非法和任意干涉隐私所扰，包括在数字通信的情况下。我们同样注意到联合国在制定相关规则方面的关键作用并欢迎2015年联合国信息安全问题政府专家组达成的报告，确认国际法，特别是联合国宪章，适用于国家行为和信息通信技术运用，并承诺所有国家应当遵守进一步确认自愿和非约束性的在使用信息通信技术方面的负责任国家行为准则，并同A/C. 1/70/L. 45号决议相一致。我们将致力于维护环境，确保所有参与者均能享受安全使用信息通信技术的益处。

结　论

27. 我们将继续坚定地通过集体行动提高各国经济的实际和潜在增长率，促进就业，增强抗风险能力，促进发展，加强政策包容性。我们对土耳其担任G20主席国并成功举办安塔利亚峰会表示感谢。我们期待着在中国担任主席国期间，于2016年9月在杭州再会。我们也期待在德国举行2017年峰会。

附录6

第十届税收征管论坛大会公报（中文版）

我们，来自世界的44位税务局长相聚北京，参加第十届经济合作与发展组织（OECD）税收征管论坛（FTA）大会。150余名与会代表中，既有税务局长和高级税务官员，还有企业界和国际组织代表。大家共聚一堂，商议如何推动税收征管事业的发展。我们感谢本次大会承办方中华人民共和国国家税务总局，他们的精心组织和热情接待保证了大会的顺利召开和圆满结束。

本次大会的召开，适逢中国担任G20峰会轮值主席国，税收合作与透明度建设成为今年G20峰会重要议题，各方对此期待更多进展。目前，各国正在积极推动落实G20领导人通过的税基侵蚀和利润转移（BEPS）15项行动计划成果。与此同时，已有101个税收管辖区加入OECD自动信息交换统一报告标准，推动全球共同提高税收透明度。作为税务局长，我们将继续合作，共同打击国际逃避税。为提高合作效益，我们将借助国际联合信息分享与协作特别工作组（JITSIC）开展工作。我们致力于通过税收促进经济增长、改善投资环境、增进民众福祉。

今年的大会，我们重点讨论了彼此相互关联的三个主题，具体如下：

- 实施G20/OECD国际税收改革成果，敦促各成员税务局长协调一致采取行动；
- 建设现代化税务部门，使技术进步紧跟时代步伐，有效应对数字化经济带来的机遇和挑战；
- 加强能力建设，帮助所有国家、特别是发展中国家提高征管水平，使其更加合理配置资源，从国际税收改革中受益。

落实 G20/OECD 国际税改成果

我们认为，税务部门对于推动落实 BEPS 成果举足轻重，在实施 G20/OECD 有关成果、促进国际税收制度公平透明，以及通过包括提高税收透明度和信息共享在内的有效合作打击离岸逃税等方面发挥着关键作用。我们对以色列和俄罗斯签署《金融账户涉税信息自动交换多边主管当局间协议》表示欢迎，至此，共有 82 个辖区签署了该协议。我们讨论并通过了一系列行动计划，包括实施以统一报告标准（CRS）为内容的自动情报交换（AEOI）行动计划以应对 BEPS 问题。我们期待建立实施 BEPS 成果的包容性框架，并将在该框架内对实施工作进行监督和审议。我们将于今年 6 月在日本京都召开第一次 BEPS 包容性框架会议。

我们确定接受和使用国别报告（CbC）和自动信息交换（AEOI）数据的行动计划，并将继续开发工具以保证对 CbC 和 CRS 数据的有效利用。按照都柏林大会的承诺，我们设计并一致通过了统一传输系统（CTS）。该系统是第一个安全连接全球税务部门的双边信息交换系统，标志着我们合作实现 CRS、CbC 及其他信息交换的跨越式进步。其核心是数据安全，每次传输都将依托先进的行业加密标准进行。在实现 CTS 的整个过程中，无论是发达国家还是新兴经济体国家的税务部门，都投入了资金和专业技能，这不仅是为了我们自身的利益，也是为了所有国家、特别是发展中国家的利益。我们期待税收透明度和信息交换全球论坛深入参与该系统，其 130 多名成员将构成最大的用户群。我们期待该系统于 2017 年 9 月如期投入运行并完成首次 CRS 信息交换。

我们重申加强 JITSIC 职能的承诺并将其更名为“国际联合信息分享与协作联合工作组”（Joint International Taskforce on Shared Intelligence and Collaboration）。JITSIC 是税务官员通过协作行动应对全球税收遵从风险的组织，它既是打击国际避税和离岸逃税的重要工具，也为税务部门开展跨境税收遵从和执法行动提供灵活的工作机制。其基于现有法律工具在信息分享与协作方面能力的增强，有利于提高全球税务部门运行的效率。

大会举行了第二次《国别报告多边主管当局间协议》（CbC MCAA）的签字仪式，中国、加拿大、冰岛、印度和以色列签署了协议，至此该协议的签约辖区达到 39 个。CbC MCAA 的签署将进一步提升跨国公司（MNEs）信息透明度，推动 BEPS 第 13 项行动计划所制定的国别报告标准得以统一、快速实施，以便税务机关更加全面了解跨国集团的经营架构，并确保信息的保密性与恰当使用。

我们欢迎税收征管论坛（FTA）相互协商程序（MAP）论坛在推动制定稳健的同行审议程序方面取得的重大进展，以确保与税收协定相关的争议得到及时、有效和高效解决。我们的目标是在2016年如期开始同行审议程序。

我们通过了《合作式税收遵从：构建更加有效的税收控制系统》报告。该报告概述了税收控制系统作为税收风险管理项目核心部分的重要性。

我们感谢就BEPS问题与我们进行对话的企业。当前，税务部门致力于为纳税人和其自身提供更多、更早确定性，我们相信企业可以在这一领域做出更多的贡献。

建设现代化税务部门

正当中国作为会议承办方通过深化税制改革和税收征管体制改革推动经济持续平稳发展取得重大进展时，大会重点讨论了税务部门现代化建设问题。技术进步为税务部门提升纳税服务水平和税收遵从度提供了大量空间。我们通过了三个报告，描绘了税务部门如何向提供电子纳税服务转型、如何与税收服务提供者合作以提高中小企业遵从度，以及如何利用高级分析技术和大数据更好地识别风险、管理资源以及明确干预目标等。上述报告已成为税务部门现代化建设的重要里程碑，将使我们的工作方式与日益发展的数字经济相融合。

我们欢迎OECD、美洲税收管理组织（CIAT）、欧洲税收管理组织（IOTA）和国际货币基金组织（IMF）共同采集税收征管比较数据的做法。这已成为加强国际合作、降低成本、提高效率的里程碑，超过150个国家和地区的税收征管比较数据最终将被汇集成册。通过这个新的平台，我们发布了2016年国际税收征管调查问卷，用于出版FTA《税收征管系列》丛书，该丛书将提供56个发达国家和新兴经济体（包括所有OECD，欧盟和G20成员）的税收征管可比信息和相关分析。

能力建设

科学的税收体系和高效的税收管理对一国合理配置资源及可持续发展至关重要，是能力建设的核心目标。为响应G20领导人及联合国2030年可持续发展议程的号召，履行FTA成员在帮助发展中国家提高税收征管能力方面的重要职责，大会探讨了旨在避免工作重叠、提高能力建设效率和效果的方法，以及加强与其他国际组织协调合作的途径。FTA 通过了四条主要建议，用于指导组织和实施未来税收征管能力建设援助项目，包括：

- 建立统一的税收征管能力建设框架；
- 采用“政府总动员”的方式开展国内能力建设；
- 参与开发“知识共享平台”，用于全球税务部门之间广泛及时共享知识和专业技能；以及
- 建立彼此互通的能力建设合作网络。

FTA 的税收能力建设项目反映了发达和新兴经济体税务部门对能力建设这一重大挑战的意见和看法，该项目的实施恰逢 G20 呼吁 IMF、OECD、联合国和世界银行为有效开展技术援助项目建言献策。我们的共同努力将推动建立合理、公平、透明的国际税收秩序，促进全球经济的稳定、可持续和包容性发展。

展望未来，FTA 将继续支持包括有效实施 BEPS 和 CRS 在内的上述三个领域的工作。此外，我们还计划开展一系列特别项目以改善纳税服务及促进国内税收遵从。

附件：参会税务部门及国际组织名单

税务部门：

澳大利亚
奥地利
比利时
巴西
柬埔寨
加拿大
智利
哥斯达黎加
丹麦
芬兰
法国
格鲁吉亚
德国
中国香港
立陶宛
卢森堡
马来西亚
墨西哥
荷兰
新西兰
挪威
巴基斯坦
中国
葡萄牙
哈萨克斯坦
俄罗斯
新加坡
斯洛伐克

匈牙利
印度
印度尼西亚
爱尔兰
以色列
意大利
日本
韩国
南非
西班牙
瑞典
瑞士
坦桑尼亚
土耳其
英国
美国

国际组织：

美洲税收管理组织
欧盟委员会
国际货币基金组织
欧洲税收管理组织
世界海关组织

附录7

第十五次中日韩财长和央行行长会议联合声明

2015 年 10 月 10 日

我们中国、日本、韩国三国财长和央行行长在秘鲁利马举行了第十五次中日韩三国财长和央行行长会。会议由日本副首相兼财务大臣麻生太郎主持，就近期全球经济形势和区域财金合作议题交换了意见。

我们讨论了当前宏观经济形势，三国经济增长前景及近期金融市场动荡对经济的影响。我们认识到，全球经济增长低于预期，威胁区域金融稳定的挑战不断增强。为此，我们将根据需要密切监测经济金融形势发展，评估溢出效应影响，妥善解决当前出现的风险，并努力使相关政策措施谨慎微调，清晰传递，以凝聚信心，维护金融稳定。中日韩三国将在这些方面继续加强沟通。我们承诺继续实施及时有效的经济政策，推动各自国内和本地区经济增速重回正轨。我们将继续强化结构改革，以实现经济长期强劲、平衡和可持续增长。

我们讨论了进一步推进 10 +3 财金合作的发展方向，承诺通过强化区域财金合作维护经济增长信心和地区金融稳定。我们将与本地区成员经济体一道，加快清迈倡议多边化和平时期准备，进一步提升其有效性。我们欢迎 10 +3 宏观经济研究办公室在不久的将来升级为国际组织，承诺强化其能力建设，提升其在促进区域经济监测、政策对话和技术援助中的作用。我们期待着亚洲债券市场倡议取得更多务实成果。

我们感谢韩国和马来西亚作为 2015 年 10 +3 财金合作联合主席所做的工作，并支持中国和老挝作为 10 +3 财金合作联合主席共同主持 2016

年在德国法兰克福召开的第 19 届东盟与中日韩财长和央行行长会议。

我们同意进一步强化在二十国集团方面的合作，支持二十国集团作为国际经济合作的优先平台。我们将共同努力实现安塔利亚二十国集团峰会成功。我们期待并将积极支持中国 2016 年成功举办二十国集团峰会。

我们相信中日韩三国财长和央行行长会议将会继续作为三国政策对话与合作的有效平台，并确认 2016 年 5 月在德国法兰克福召开下次会议。

附录8

中国签署的税收条约

中国签订的多边税收条约

名称 Designation	签署日期 Signed on	生效日期 Effective from	执行日期 Applicable since
多边税收征管互助公约	2013. 8. 27	2016. 02. 01	2017. 01. 01

中国签订的避免双重征税协定一览表

序号 Serial No.	国家或地区 Jurisdiction	签署日期 Signed on	生效日期 Effective from	执行日期 Applicable since
1	日本 JAPAN	1983. 9. 6	1984. 6. 26	1985. 1. 1
2	美国 U. S. A.	1984. 4. 30	1986. 11. 21	1987. 1. 1
3	法国 FRANCE	1984. 5. 30	1985. 2. 21	1986. 1. 1
	法国 FRANCE	2013. 11. 26	2014. 12. 28	2015. 1. 1
4	英国 U. K.	1984. 7. 26	1984. 12. 23	1985. 1. 1
	英国 U. K.	2011. 6. 27	2013. 12. 13	中（china）：2014. 1. 1 英（UK）：所得税和财产收益税（Income Tax and Capital Gains Tax）：2014. 4. 6； 公司税（Corporation Tax）：2014. 4. 1

续表

序号 Serial No.	国家或地区 Jurisdiction	签署日期 Signed on	生效日期 Effective from	执行日期 Applicable since
5	比利时 BELGIUM	1985. 4. 18	1987. 9. 11	1988. 1. 1
	比利时 BELGIUM	2009. 10. 7	2013. 12. 29	2014. 1. 1
6	①德国 GERMANY	1985. 6. 10	1986. 5. 14	1985. 1. 1/7. 1
	德国 GERMANY	2014. 3. 28	2016. 4. 6	2017. 1. 1
7	马来西亚 MALAYSIA	1985. 11. 23	1986. 9. 14	1987. 1. 1
8	挪威 NORWAY	1986. 2. 25	1986. 12. 21	1987. 1. 1
9	丹麦 DENMARK	1986. 3. 26	1986. 10. 22	1987. 1. 1
	丹麦 DENMARK	2012. 6. 16	2012. 12. 27	2013. 1. 1
10	新加坡 SINGAPORE	1986. 4. 18	1986. 12. 11	1987. 1. 1
	新加坡 SINGAPORE	2007. 7. 11	2007. 9. 18	2008. 1. 1
11	加拿大 CANADA	1986. 5. 12	1986. 12. 29	1987. 1. 1
12	芬兰 FINLAND	1986. 5. 12	1987. 12. 18	1988. 1. 1
	芬兰 FINLAND	2010. 5. 25	2010. 11. 25	2011. 1. 1
13	瑞典 SWEDEN	1986. 5. 16	1987. 1. 3	1987. 1. 1
14	新西兰 NEW ZEALAND	1986. 9. 16	1986. 12. 17	1987. 1. 1
15	泰国 THAILAND	1986. 10. 27	1986. 12. 29	1987. 1. 1
16	意大利 ITALY	1986. 10. 31	1989. 11. 14	1990. 1. 1
17	荷兰 THE NETHERLANDS	1987. 5. 13	1988. 3. 5	1989. 1. 1
	荷兰 THE NETHERLANDS	2013. 5. 31	2014. 8. 31	2015. 1. 1
18	②捷克斯洛伐克（适用于斯洛伐克）CZECHOSLOVAKIA	1987. 6. 11	1987. 12. 23	1988. 1. 1
19	波兰 POLAND	1988. 6. 7	1989. 1. 7	1990. 1. 1
20	澳大利亚 AUSTRALIA	1988. 11. 17	1990. 12. 28	1991. 1. 1
21	③南斯拉夫（适用于波斯尼亚和黑塞哥维那）YUGOSLAVIA (BOSNIA AND HERZEGOVINA)	1988. 12. 2	1989. 12. 16	1990. 1. 1

续表

序号 Serial No.	国家或地区 Jurisdiction	签署日期 Signed on	生效日期 Effective from	执行日期 Applicable since
22	保加利亚 BULGARIA	1989. 11. 6	1990. 5. 25	1991. 1. 1
23	巴基斯坦 PAKISTAN	1989. 11. 15	1989. 12. 27	1989. 1. 1/7. 1
24	科威特 KUWAIT	1989. 12. 25	1990. 7. 20	1989. 1. 1
25	瑞士 SWITZERLAND	1990. 7. 6	1991. 9. 27	1990. 1. 1
	瑞士 SWITZERLAND	2013. 9. 25	2014. 11. 15	2015. 1. 1
26	塞浦路斯 CYPRUS	1990. 10. 25	1991. 10. 5	1992. 1. 1
27	西班牙 SPAIN	1990. 11. 22	1992. 5. 20	1993. 1. 1
28	罗马尼亚 ROMANIA	1991. 1. 16	1992. 3. 5	1993. 1. 1
	罗马尼亚 ROMANIA	2016. 7. 4		
29	奥地利 AUSTRIA	1991. 4. 10	1992. 11. 1	1993. 1. 1
30	巴西 BRAZIL	1991. 8. 5	1993. 1. 6	1994. 1. 1
31	蒙古 MONGOLIA	1991. 8. 26	1992. 6. 23	1993. 1. 1
32	匈牙利 HUNGARY	1992. 6. 17	1994. 12. 31	1995. 1. 1
33	马耳他 MALTA	1993. 2. 2	1994. 3. 20	1995. 1. 1
	马耳他 MALTA	2010. 10. 18	2011. 8. 25	2012. 1. 1
34	阿联酋 UNITED ARAB EMIRATES	1993. 7. 1	1994. 7. 14	1995. 1. 1
35	卢森堡 LUXEMBOURG	1994. 3. 12	1995. 7. 28	1996. 1. 1
36	韩国 KOREA	1994. 3. 28	1994. 9. 27	1995. 1. 1
37	俄罗斯 RUSSIA	1994. 5. 27	1997. 4. 10	1998. 1. 1
	俄罗斯 RUSSIA	2014. 10. 13	2016. 4. 9	2017. 1. 1
38	巴新 PAPUA NEW GUINEA	1994. 7. 14	1995. 8. 16	1996. 1. 1
39	印度 INDIA	1994. 7. 18	1994. 11. 19	1995. 1. 1
40	毛里求斯 MAURITIUS	1994. 8. 1	1995. 5. 4	1996. 1. 1
41	克罗地亚 CROATIA	1995. 1. 9	2001. 5. 18	2002. 1. 1
42	白俄罗斯 BELARUS	1995. 1. 17	1996. 10. 3	1997. 1. 1
43	斯洛文尼亚 SLOVENIA	1995. 2. 13	1995. 12. 27	1996. 1. 1
44	以色列 ISRAEL	1995. 4. 8	1995. 12. 22	1996. 1. 1
45	越南 VIET NAM	1995. 5. 17	1996. 10. 18	1997. 1. 1
46	土耳其 TURKEY	1995. 5. 23	1997. 1. 20	1998. 1. 1

续表

序号 Serial No.	国家或地区 Jurisdiction	签署日期 Signed on	生效日期 Effective from	执行日期 Applicable since
47	乌克兰 UKRAINE	1995. 12. 4	1996. 10. 18	中（China）：1997. 1. 1 乌（Ukraine）：股利特个人（Dividend，Interest，Royalties and Individual Income Tax）：1996. 12. 17； 企业所得税（corporate IncomeTax）：1997. 1. 1
48	亚美尼亚 ARMENIA	1996. 5. 5	1996. 11. 28	1997. 1. 1
49	牙买加 JAMAICA	1996. 6. 3	1997. 3. 15	1998. 1. 1
50	冰岛 ICELAND	1996. 6. 3	1997. 2. 5	1998. 1. 1
51	立陶宛 LITHUANIA	1996. 6. 3	1996. 10. 18	1997. 1. 1
52	拉脱维亚 LATVIA	1996. 6. 7	1997. 1. 27	1998. 1. 1
53	乌兹别克斯坦 UZBEKISTAN	1996. 7. 3	1996. 7. 3	1997. 1. 1
54	孟加拉国 BANGLADESH	1996. 9. 12	1997. 4. 10	中（China）98. 1. 1 孟（Bangladesh）98. 7. 1
55	④南斯拉夫联盟（适用于塞尔维亚和黑山）YUGOSLAVIA（SERBIA AND MONTENEGRO）	1997. 3. 21	1998. 1. 1	1998. 1. 1
56	苏丹 SUDAN	1997. 5. 30	1999. 2. 9	2000. 1. 1
57	马其顿 MACEDONIA	1997. 6. 9	1997. 11. 29	1998. 1. 1
58	埃及 EGYPT	1997. 8. 13	1999. 3. 24	2000. 1. 1
59	葡萄牙 PORTUGAL	1998. 4. 21	2000. 6. 7	2001. 1. 1
60	爱沙尼亚 ESTONIA	1998. 5. 12	1999. 1. 8	2000. 1. 1
61	老挝 LAOS	1999. 1. 25	1999. 6. 22	2000. 1. 1
62	塞舌尔 SEYCHELLES	1999. 8. 26	1999. 12. 17	2000. 1. 1
63	菲律宾 THE PHILIPPINES	1999. 11. 18	2001. 3. 23	2002. 1. 1
64	爱尔兰 IRELAND	2000. 4. 19	2000. 12. 29	中（China）2001. 1. 1 爱（Ireland）2001. 4. 6
65	南非 SOUTH AFRICA	2000. 4. 25	2001. 1. 7	2002. 1. 1
66	巴巴多斯 BARBADOS	2000. 5. 15	2000. 10. 27	2001. 1. 1
67	摩尔多瓦 MOLDOVA	2000. 6. 7	2001. 5. 26	2002. 1. 1

续表

序号 Serial No.	国家或地区 Jurisdiction	签署日期 Signed on	生效日期 Effective from	执行日期 Applicable since
68	卡塔尔国 KATAR	2001. 4. 2	2008. 10. 21	2009. 1. 1
69	古巴 CUBA	2001. 4. 13	2003. 10. 17	2004. 1. 1
70	委内瑞拉 VENEZUELA	2001. 4. 17	2004. 12. 23	2005. 1. 1
71	尼泊尔 NEPAL	2001. 5. 14	2010. 12. 31	2011. 1. 1
72	哈萨克斯坦 KAZAKHSTAN	2001. 9. 12	2003. 7. 27	2004. 1. 1
73	印度尼西亚 INDONESIA	2001. 11. 7	2003. 8. 25	2004. 1. 1
74	阿曼 OMAN	2002. 3. 25	2002. 7. 20	2003. 1. 1
75	尼日利亚 NIGERIA	2002. 4. 15	2009. 3. 21	2010. 1. 1
76	突尼斯 TUNIS	2002. 4. 16	2003. 9. 23	2004. 1. 1
77	伊朗 IRAN	2002. 4. 20	2003. 8. 14	2004. 1. 1
78	巴林 BAHRAIN	2002. 5. 16	2002. 8. 8	2003. 1. 1
79	希腊 GREECE	2002. 6. 3	2005. 11. 1	2006. 1. 1
80	吉尔吉斯 KYRGYZSTAN	2002. 6. 24	2003. 3. 29	2004. 1. 1
81	摩洛哥 MOROCCO	2002. 8. 27	2006. 8. 16	2007. 1. 1
82	斯里兰卡 SRILANKA	2003. 8. 11	2005. 5. 22	2006. 1. 1
83	特立尼达和多巴哥 TRINIDAD AND TOBAGO	2003. 9. 18	2005. 5. 22	针对不同所得项目分别于 2005. 6. 1 和 2006. 1. 1 起执行
84	阿尔巴尼亚 ALBANIA	2004. 9. 13	2005. 7. 28	2006. 1. 1
85	文莱 BRUNEI	2004. 9. 21	2006. 12. 29	2007. 1. 1
86	阿塞拜疆 AZERBAIJAN	2005. 3. 17	2005. 8. 17	2006. 1. 1
87	格鲁吉亚 GEORGIA	2005. 6. 22	2005. 11. 10	2006. 1. 1
88	墨西哥 MEXICO	2005. 9. 12	2006. 3. 1	2007. 1. 1
89	沙特阿拉伯 SAUDI ARABIA	2006. 1. 23	2006. 9. 1	2007. 1. 1
90	阿尔及利亚 ALGERIA	2006. 11. 6	2007. 7. 27	2008. 1. 1

续表

序号 Serial No.	国家或地区 Jurisdiction	签署日期 Signed on	生效日期 Effective from	执行日期 Applicable since
91	塔吉克斯坦 TAJIKISTAN	2008. 8. 27	2009. 3. 28	2010. 1. 1
92	埃塞俄比亚 ETHIOPIA	2009. 5. 14	2012. 12. 25	2013. 1. 1
93	土库曼斯坦 TURKMENISTAN	2009. 12. 13	2010. 5. 30	2011. 1. 1
94	捷克 CZECH	2009. 8. 28	2011. 5. 4	2012. 1. 1
95	赞比亚 ZAMBIA	2010. 7. 26	2011. 6. 30	2012. 1. 1
96	叙利亚 SYRIA	2010. 10. 31	2011. 9. 1	2012. 1. 1
97	乌干达 UGANDA	2012. 1. 11	（尚未生效）	
98	博茨瓦纳 BOTSWANA	2012. 4. 11	（尚未生效）	
99	厄瓜多尔 ECUADOR	2013. 1. 21	2014. 3. 6	2015. 1. 1
100	智利 CHILE	2015. 5. 25	（尚未生效）	
101	津巴布韦 ZIMBABWE	2015. 12. 1	（尚未生效）	

内地与港澳签订的避免双重征税安排一览表

序号 Serial No.	地区 Region	签署日期 Signed on	生效日期 Effective from	执行日期 Applicable since
1	香港特别行政区 HKSAR	2006. 8. 21	2006. 12. 8	内地（Mainland）：2007. 1. 1 香港（HKSAR）：2007. 4. 1
2	澳门特别行政区 MCSAR	2003. 12. 27	2003. 12. 30	2004. 1. 1

大陆与台湾签订的避免双重征税协议

序号 Serial No.	地区 Region	签署日期 Signed on	生效日期 Effective from	执行日期 Applicable since
1	台湾 Taiwan	2015. 8. 25	（尚未生效）	

注：

（1）截至2015年12月，我国已对外正式签署101个避免双重征税协定，其中97个协定已生效，和香港、澳门两个特别行政区签署了税收安排，与台湾签署了税收协议。

（2）①中国政府于1985年6月10日、1987年6月8日先后与德意志联邦共和国、德意志民主共和国政府签订避免对所得和财产双重征税协定、避免对所得双重征税和防止偷漏税协定。1990年10月3日，德意志联邦共和国与德意志民主共和国统一为德意志联邦共和国，中国政府1985年6月10日与德意志联邦共和国政府签订的避免对所得和财产双重征税协定继续适用于中国和统一以后的德意志联邦共和国。

②中国政府于1987年6月11日与捷克斯洛伐克社会主义共和国政府签订避免对所得双重征税和防止偷漏税协定。1990年，捷克斯洛伐克社会主义共和国先后改国名为捷克斯洛伐克联邦共和国、捷克和斯洛伐克联邦共和国，上述协定继续适用。1993年1月1日，捷克和斯洛伐克联邦共和国分解为捷克共和国和斯洛伐克共和国，上述协定继续适用于中国和上述两国。2009年8月28日，中国政府与捷克共和国政府签订避免对所得双重征税和防止偷漏税协定，该协定适用于捷克共和国。

③中国政府于1988年12月2日与南斯拉夫社会主义联邦共和国议会联邦执行委员会（南斯拉夫政府）签订避免对所得和财产双重征税协定，后来南斯拉夫解体，据外交部告，该协定由解体后的各国继承，后来中国政府陆续与解体后的各国政府签订避免对所得和财产双重征税协定，仅有波斯尼亚和黑塞哥维那政府未单独签订，上述协定继续适用于中国和波斯尼亚和黑塞哥维那。

④中国政府于1997年3月21日与南斯拉夫联盟共和国联盟政府（南斯拉夫联盟政府）签订避免对所得和财产双重征税协定。2003年2月4日，南斯拉夫联盟共和国改国名为塞尔维亚和黑山共和国，上述协定继续适用。2006年6月3日，塞尔维亚和黑山共和国分解为塞尔维亚共和国和黑山共和国，上述协定继续适用于中国和上述两国。

中国签署的税收情报交换协定一览表

序号 Serial No.	国家或地区 Jurisdiction	签署日期 Signed on	生效日期 Effective from	执行日期 Applicable since
1	巴哈马 Bahamas	2009 - 12 - 01	2010 - 08 - 28	2011 - 01 - 01
2	英属维尔京 the British Virgin Islands	2009 - 12 - 07	2010 - 12 - 30	2011 - 01 - 01
3	马恩岛 the Isle of Man	2010 - 10 - 26	2011 - 08 - 14	2012 - 01 - 01
4	根西 Guernsey	2010 - 10 - 27	2011 - 08 - 17	2012 - 01 - 01
5	泽西 Jersey	2010 - 10 - 29	2011 - 11 - 10	2012 - 01 - 01
6	百慕大 Bermuda	2010 - 12 - 02	2011 - 12 - 31	2012 - 01 - 01
7	阿根廷 Argentina	2010 - 12 - 13	2011 - 09 - 16	2012 - 01 - 01
8	开曼 Cayman	2011 - 09 - 26	2012 - 11 - 15	2013 - 01 - 01
9	圣马力诺 San Marino	2012 - 07 - 09	2013 - 04 - 30	2014 - 01 - 01
10	列支敦士登 Liechtenstein	2014 - 01 - 27	2014 - 08 - 02	2015 - 01 - 01

国际运输收入税收处理情况一览表（空运）

项目	国家（或地区）	依据
1. 互征企业所得税	税款不超过总收入的1.5%：菲律宾	避免双重征税协定（或安排）
2. 互免企业所得税	除项目1所列国家外其他所有与我有税收协定的国家（地区）	避免双重征税协定（或安排）
	津巴布韦、土库曼斯坦、叙利亚、秘鲁、马达加斯加、黎巴嫩、阿富汗、扎伊尔、文莱	航空协定税收条款
3. 互免个人所得税	津巴布韦、越南、蒙古、老挝、科威特、孟加拉国、阿曼、文莱、乌克兰、哈萨克斯坦、马尔代夫、乌兹别克斯坦、土库曼斯坦、前苏联、黎巴嫩、吉尔吉斯、白俄罗斯	航空协定税收条款
	韩国	税收协定议定书
	法国、英国、巴林	双边专项国际运输互免税协议
4. 互免间接税	日本、丹麦、新加坡、阿联酋、韩国、印度、毛里求斯、斯洛文尼亚、以色列、乌克兰、牙买加、马来西亚（2000年议定书）、中国香港、中国澳门	避免双重征税协定（或安排）
	津巴布韦、越南、乌兹别克斯坦、美国、乌克兰、土库曼斯坦、叙利亚、罗马尼亚、秘鲁、阿曼、新西兰、马达加斯加、黎巴嫩、吉尔吉斯、科威特、哈萨克斯坦、以色列、加拿大、文莱、比利时、白俄罗斯	航空协定税收条款
	美国、法国、泰国、土耳其、卢森堡、荷兰、芬兰、新加坡、斯里兰卡、巴林、波兰	互免国际运输收入税收协议或换函

国际运输收入税收处理情况一览表（海运）

项目	国家（或地区）	依据
1. 互征企业所得税	减半征收：泰国、马来西亚、孟加拉、印尼、斯里兰卡	避免双重征税协定（或安排）
	税款不超过总收入的1.5%：菲律宾	
2. 互免企业所得税	除项目1所列国家外其他所有与我有税收协定（或安排）的国家（或地区）	避免双重征税协定（或安排）
	智利、朝鲜、黎巴嫩	海运协定税收条款
	阿根廷	互免国际运输收入税收协议或换函

续表

项目	国家（或地区）	依据
3. 互免个人所得税	前南斯拉夫、克罗地亚、希腊、黎巴嫩	海运协定税收条款
	韩国	税收协定议定书
4. 互免间接税	日本、丹麦、新加坡（第8条及议定书）、阿联酋、韩国（第8条及议定书）、印度（第8条及议定书）、毛里求斯、斯洛文尼亚、以色列、乌克兰、牙买加、马来西亚（2000年议定书）、中国香港	避免双重征税协定（或安排）
	日本、比利时、德国、挪威、丹麦、芬兰、瑞典、荷兰、保加利亚、巴基斯坦、塞浦路斯、罗马尼亚、巴西、马耳他、克罗地亚、越南、乌克兰、希腊、古巴、格鲁吉亚、阿尔及利亚、智利、朝鲜、意大利、加拿大	海运协定税收条款
	美国、前南斯拉夫（互免海运收入税收协定）、俄罗斯（海运合作协定）、老挝（河运协定）、波兰、斯里兰卡、阿根廷、智利、意大利	互免国际运输收入税收协议或换函

附录9

227 个国家和地区公司所得税和增值税税率表（2015/2016 年度）

国家和地区	中央/联邦公司所得税税率			地方所得税税率	增值税税率
	普通所得税	附加税	其他所得税		
①	②	③	④	⑤	⑥
阿富汗	20%				营业税：2%，5%，10%①
阿尔巴尼亚*	15%②	无	无	无	20%③
阿尔及利亚*	工业 19%，建筑 23%，商业26%④	分支机构利润税：15%	AMT：定额	无	17%，7%⑤
美属萨摩亚	15%，25%，34%，44%四级累进				无
安道尔	10%				4.5%，1%，9.5%⑥

① 阿富汗政府近年一直致力于要开征增值税，但尚未确定何时能开征。

② 2014 年税率从 10% 提高到 15%。

③ 2014 年 4 月，10% 低税率被取消，原适用的医疗服务改为免税。

④ 根据 2015 年财政法，2015 年税率由 19%、25% 统一为 23%，但随后的 2015 年财政补充法修改为：工业仍为 19%，建筑、公共工程等为 23%，商业和其他服务为 26%。

⑤ 另按营业额的2% 征营业税。2015 年财政补充法：不同行业税率从 2% 改为 1% ~3% 不等。

⑥ 2013 年开征增值税，代替原产品税和服务税。

续表

国家和地区	中央/联邦公司所得税税率			地方所得税税率	增值税税率
	普通所得税	附加税	其他所得税		
①	②	③	④	⑤	⑥
安哥拉	30%①			无	消费税：10%，2%，5%，20%，30%②
安圭拉岛	无				无
安提瓜和巴布达	25%				V－销售税：15%，12.5%
亚速尔群岛	16.8%				18%，9%，4%③
阿根廷	35%	无	AMT：资产的1%	地方毛收入税：1%～6%	21%，27%，10.5%
亚美尼亚*	20%④			无	20%
阿鲁巴	**28%**⑤				周转税：1.5%⑥
澳大利亚*	30%⑦			无	GST：10%⑧
奥地利*	25%		AMT：定额	无	20%，10%⑨
阿塞拜疆*	20%⑩				18%
巴哈马	无				**7.5%**⑪
巴林*	无（石油：46%）				无⑫

① 2015年税率从35%降至30%。农、林、牧业公司适用15%低税率。

② 2015年9月12日，某些原适用30%税率的项目提高至65%或80%。

③ 2014年从16%提高至18%。

④ 投资基金按净资产的0.01%计征。

⑤ 2016年税率从28%降至25%。

⑥ 又称营业税。还需要近营业额的2%另征“健康税”，税款专用于医疗基金。

⑦ 2015年7月起年营业额不超过200万澳元小企业适用28.5%的优惠税率。

⑧ 2017年7月将对销售给澳居民数字产品的境外供应商征收GST。

⑨ 在扬霍尔茨和米特尔贝格地区，标准税率为19%，低税率相同，为10%。

⑩ 小企业可实行简易税税制，即一般按毛收入的2%（首都巴库市为4%）征税，代替公司所得税、财产税和增值税。

⑪ 原对旅馆业按10%税率征旅馆税。2015年新开征增值税同时取消旅馆税。

⑫ 汽油和旅馆征销售税，税率分别为12%和5%；海合会（GCC）成员国（阿联酋、阿曼、巴林、卡塔尔、科威特和沙特阿拉伯6国）计划2018年统一开征增值税，税率拟为5%。

续表

国家和地区	中央/联邦公司所得税税率			地方所得税税率	增值税税率
	普通所得税	附加税	其他所得税		
①	②	③	④	⑤	⑥
孟加拉国*	一般为35%①	无	AMT：（0.3%）	无	15%，6%等②
巴巴多斯*	25%③				17.5%，7.5%④
白俄罗斯*⑤	18%⑥	无	无	无	**20%**，10%⑦
比利时*	33%⑧	危机税：②的3%		无	21%，12%，6%
伯利兹	25%		AMT：（0.75%～25%）		V－销售税：12.5%
贝宁	工业：25%；其他：30%⑨		AMT：（0.75%）		18%
百慕大	无				无⑩
不丹	30%	无	无	无	销售税：0%～20%⑪

① 金融机构为40%或42.5%。2014年7月，非上市公司税率从37.5%降至35%，AMT税率从0.5%降至0.3%；2015年7月上市公司税率从27.5%降至25%。

② 某些服务业有2.25%、6%、7.5%、9%等多档低税率，2016年7月低税率作了较大调整，有4%、5.5%、10%等；对奢侈品和“不合社会需要”的商品另按10%～500%的税率征收附加税。小规模企业不征增值税，改按营业额征周转税，税率3%。

③ 小公司、制造业公司、不动产出租所得，税率为15%。

④ 2013年10月住宿和旅游服务适用税率从8.75%和17.5%统一降至7.5%。

⑤ 小微企业简按毛收入的5%或3%征税，代替公司所得税、增值税等。

⑥ 2012年税率从24%降至18%；股票利得等非经营所得适用税率从12%降至9%。银行、保险公司税率为25%。

⑦ 2016年4月，电信报务适用税率从20%提高至25%。

⑧ 年应税所得低于322500欧元的，适用24.25%、31%、34.5%三级超额累进税率。2014年起因亏损结转等因素而无需缴纳公司所得税的大企业，需要按规定税基的5%（加上附征的3%危机税为5.15%）缴纳“公平税”。

⑨ 2015年3月小微企业实行简易税制，即按营业额定额累进计征，代替所得税、经营特许费和工资税等。

⑩ 根据2016/2017年度预算，计划从2017年4月起征收5%的“一般服务税”（GST）。

⑪ 烟酒适用50%～100%高税率。2014年7月起机动车按排气量高低适用45%～100%税率征收销售税，进口的同时征收关税和绿色税，合计税负100%～180%。

续表

国家和地区	中央/联邦公司所得税税率			地方所得税税率	增值税税率
	普通所得税	附加税	其他所得税		
①	②	③	④	⑤	⑥
BES群岛①	无②		收益税：5%	无	支出税：8%，6%，7%，25%③
玻利维亚	25%		AMT：（3%）	无	13%（价内税）
波黑	10%	无	无	无	17%
博茨瓦纳*	22%		无	无	12%
巴西*	15%	10%	社会税：9%	无	联邦：10%~15%④ 15%
英属维尔京群岛	无	无	无	无	无
文莱*	18.5%⑤	无	无	无	无
保加利亚*	10%	无	无	无	20%，9%
布基纳法索	27.5%		AMT：（0.5%）		18%

① 2010年10月10日荷属安的列斯解体，库拉索岛和圣马丁岛分别成为荷兰王国的自治国，各自拥有独立的内部自治权；博奈尔岛（Bonaire）、圣俄斯塔休斯岛（St. Eustatius）和萨巴岛（Saba）三个荷属安的列斯岛屿直接并入荷兰本土，成为荷兰加勒比区，简称BES群岛，类似荷兰本土的县市级，居民将享有与荷兰公民相同的各种权利（包括立法与选举权），但税制与荷兰本土不同。

② BES群岛上的企业，原则上视同荷兰居民企业适用荷兰公司所得税；但与岛内紧密相关的企业可以申请成为BES群岛的居民企业，不征（荷兰）公司所得税，而只对其分配利润征收5%的“收益税”（Yield tax）。

③ 表中为博奈尔岛适用税率，其中：货物包括进口货物为8%，服务6%，保险7%，另有一档25%高税率适于小汽车；圣俄斯塔休斯岛和萨巴岛则相应为6%，4%，5%，另有18%、22%和30%三档高税率。

④ 联邦征工业产品税（IPI），无标准税率，税率在0~365%之间，一般为10%~15%；州征商品流通、运输和通信服务税（ICMS），与IPI都属增值税性质，税率各州不等。此外，市政府征服务税，不同服务不同地区税率不同，一般为2%~5%。

⑤ 2015征收年度税率从20%降至18.5%。小企业按正常税率的25%或50%征税。

续表

国家和地区	中央/联邦公司所得税税率			地方所得税税率	增值税税率
	普通所得税	附加税	其他所得税		
①	②	③	④	⑤	⑥
布隆迪	30%①		AMT：（1%）		18%，10%②
柬埔寨	20%		AMT：（1%）		10%
喀麦隆	**30%**③	②的10%	AMT：（2.2%）		17.5%④
加拿大*	15%			2.5%～16%	GST：5%⑤
佛得角	25%	无	无	消防附加税⑥	**15.5%**⑦
开曼群岛	无				无
根西岛	0%⑧				无
泽西岛	0%⑨				GST：5%
中非	30%⑩		AMT：（1.85%）		19%
乍得	**35%**⑪		AMT：（1.5%）	无	18%

① 2013年公司所得税税率从35%降至30%。

② 2013年8月新增一档10%低税率，适用于食品进口、农产品和家禽。

③ 2015年所得税税率从35%降至30%；AMT税率从1%提高至2%（加附加税合计2.2%）。

④ 另按税额的10%附征地方税，合计税负为19.25%。

⑤ 多数省另征销售税，税率不一，在5%～10%之间（8%居多）。

⑥ 在圣维森特岛和圣地牙哥岛，按公司所得税的2%附征。

⑦ 2013年取消6%低税率（原适用于旅馆业），改按标准税率征税；2015年标准税率，除水、电不变以外，临时从15%提高至15.5%，2016年恢复至15%。

⑧ 多数公司税率为0%；部分特殊行业如金融业适用10%税率，不动产等适用20%税率。

⑨ 多数公司税率为0%；部分特殊行业如金融业适用10%税率，公用事业公司等为20%。

⑩ 年营业额低于3000西非法郎的公司根据上一年度的毛收入按12%税率征收单一综合税。

⑪ 2015年公司所得税税率从40%降至35%，年应税所得不超过2万西非法郎的部分免税。

续表

国家和地区	中央/联邦公司所得税税率			地方所得税税率	增值税税率
	普通所得税	附加税	其他所得税		
①	②	③	④	⑤	⑥
智利*	**22.5%**①	35%②	无	无	19%
中国	25③	无	无	无	17%，13%，11%，6%④
哥伦比亚	25%⑤	5%⑥	CREE：9%	市工商税：0.2%～1.0%	16%，5%⑦
科摩罗	35%		AMT：(1%)		10%，25%，3%等
刚果（金）	35%⑧		AMT：(1%)⑨	无	16%
刚果（布）	30%⑩		AMT：(1%)		18%，5%⑪
库克群岛	20%	无	无	无	15%⑫
哥斯达黎加	30%⑬				13%，10%，5%

① 2014年税率从20%提高至21%，2015年提高至22.5%，2016、2017年分别提高至24%、25%。小企业可以选择按毛收入的0.25%简易计税。

② 对非居民投资者分配利润征收预提附加税，公司所得税可以抵免，故实际税负为35%。

③ 小微企业：税率为20%；2015.10—2017年底，年应税所得不超过30万元的，减半征税。

④ 小规模纳税人按销售额的3%简易征税；对多数劳务原征收营业税，税率为3%、5%或20%。2012年开始逐步开展“营改增”试点，新增11%和6%两档税率，2016年5月全面改征增值税。

⑤ 税基为应税所得或净权益的3%中的较大者。2013年公司所得税税率从33%降为25%，同时征收9%特别所得税（CREE），税基与公司所得有差异。

⑥ 2015—2018年期间，对CREE税基超8亿比索（约30万美元）的部分征收CREE临时附加税，各年税率分别为5%、6%、8%和9%。

⑦ 2013年由增值型消费税改征增值税，税率由16%、35%、10%等多档简化为16%，5%。

⑧ 2013年税率从40%降为35%；小企业按营业额简易征税，税率为1%或2%。

⑨ 2014年最低替代税税率从0.1%提高至1%。

⑩ 居民公司税率2014年从33%降至30%；非居民公司税率为35%。

⑪ 另按VAT税额附征5%附加税，综合税负为18.9%，但附加税不能抵扣。

⑫ 2014年4月增值税税率从12.5%提高至15%。

⑬ 小公司适用10%、20%两档低税率。小公司的标准每年调整。

续表

国家和地区	中央/联邦公司所得税税率			地方所得税税率	增值税税率
	普通所得税	附加税	其他所得税		
①	②	③	④	⑤	⑥
科特迪瓦	25%①		AMT：（0.5%）	无	18%，9%
克罗地亚*	20%	无	无	无	25%，13%，5%②
古巴*	35%③		AMT：（1%～9%）		销售税：2.5%～25%
库拉索	**25%**④	无	无	无	周转税：6%，7%，9%
塞浦路斯*	12.5%⑤	国防税：（3%）		**无**	19%，9%，5%⑥
捷克*	19%	无	无	无	21%，15，**10%**⑦
朝鲜	25%⑧	无	无	无	交易税：1%等⑨
丹麦*	**23.5%**⑩	无	无	无	25%
吉布提	25%⑪		AMT：（1%）		**10%**⑫

① 2014年电信、IT企业税率提高至30%。

② 2013年新增一档5%低税率；2014年10%税率提高至13%。

③ 外资合资企业税率为30%，根据2014年外国投资资法，降至15%。

④ 2015年从27.5%降至25%，2016年再降至22%。

⑤ 2013年从10%提高至12.5%。资本利得税率为20%。

⑥ 2014年1月13日18%、8%两档税率分别提高至19%、9%。

⑦ 2013年20%、14%税率提高至21%、15%；2015年新增一档10%税率，适用于药、书等。

⑧ 只对外国投资公司（FIC）和外国公司征收。外国公司和境外朝鲜人投资的FIC税率为20%。

⑨ FIC提供货物征收交易税，税率一般在1%～15%之间，对国家控制产品和奢侈品，税率可以高达16%～50%；FIC提供劳务征收营业税，税率在2%～10%之间。

⑩ 2014年从25%降至24.5%，2015年降至23.5%，2016年将降至22%。

⑪ 所得低于1000吉布提法朗的免税。非居民企业，税率为10%。

⑫ 2015年增值税税率从7%提高至10%。

续表

国家和地区	中央/联邦公司所得税税率			地方所得税税率	增值税税率
	普通所得税	附加税	其他所得税		
①	②	③	④	⑤	⑥
多米尼克	**30%**①	无	无	无	15%，10%
多米尼加共和国	***27%***②		AMT：净财产的1%	无	18%，**13%**③
东帝汶	10%	无	无	无	销售税：2.5%；服务税：5%
厄瓜多尔*	22%④	无	无	**无**	***12%***⑤
埃及*	**22.5%**⑥			**无**	V－销售税：**10%**，**5%～30%**⑦
萨尔瓦多	30%⑧	利润分配预提税：5%⑨	AMT：净资产的1%⑩	**市税：不等**	13%
赤道几内亚	35%⑪		AMT：（3%）	**无**	15%，6%
厄立特里亚	30%			市税：4%	销售税：3%～12%

① 2015年从30%降至28%，2016年将降至25%。

② 2014年税率从29%降至28%，2015年降至27%。

③ 2013年标准税率从16%提高到18%；2012年11月9日起原免税的咖啡、糖和食用油改按13%征税，2016年提高至16%。

④ 2013年税率从23%降至22%。对未向税务机构披露股权结构的公司，或者主要控股（50%以上）股东为避税港居民的公司，2015年起适用25%的税率。

⑤ 为应对自然灾害筹集资金，2016年6月起1年内临时将增值税税率从12%提高至14%。

⑥ 2015年税率由25%降至22.5%，原对应税所得超过100万埃镑的部分加征5%（即合计税负30%）的规定取消；中央银行、苏伊士运河和石油管理局税率为40%；石油公司税率为40.55%。

⑦ 2016年9月7日增值税法公布并于次日生效，代替原销售税法。增值税标准税率为13%，2017/2018年度将提高至14%；另设一档5%低税率。

⑧ 年应税所得不超过15万美元的公司税率为25%。

⑨ 2012年起对从居民公司分配的利润征收，属于最终税。

⑩ 2015年4月17日最高法院裁定AMT违宪停征。

⑪ 应税所得不超过1000非共体法郎的部分免征所得税。

续表

国家和地区	中央/联邦公司所得税税率			地方所得税税率	增值税税率
	普通所得税	附加税	其他所得税		
①	②	③	④	⑤	⑥
爱沙尼亚*	**20%**①	无	无	无	20%，9%②
埃塞俄比亚*	30%③				15%④
福克兰群岛	26%⑤				无
法罗群岛	18%				25%
斐济	20%⑥				**15%**⑦
芬兰*	20%⑧			无	24%，14%，10%⑨
法国*	33.33%⑩	社会税：②的3.3%；临时附加税：②的10.7%	股息分配：3%⑪	地方经营税：≤3%	20%，10%，5.5%，2.1%⑫
法属圭亚那	（同法国）	（同法国）			无

① 在利润分配时征收，未分配利润不征税。公司所得税税率2015年降至20%。

② 2017年旅馆住宿服务计划将适用税率从9%提高至14%。

③ 不动产转让利得税率为15%；矿产、石油和农业适用特别税制。

④ 不符合增值税注册条件的小公司，按营业额征周转税，税率为货物2%，劳务10%；所有进口的货物按到岸价格+关税+增值税适用10%税率征收附加税。

⑤ 应税所得不超过100万镑的部分，税率为21%。

⑥ 资本利得按10%税率征税；上市公司：10%；总部在斐济的公司税率为17%。

⑦ 2016年增值税税率从15%降至9%。

⑧ 2014年税率从24.5%降至20%。

⑨ 2013年税率从23%、13%、9%分别提高至24%、14%、10%。

⑩ 小企业年所得不超过38120欧元部分税率为15%。2012—2015年对大公司新征临时附加税，税率5%，2014年提高至10.7%，并延长到2016年底。法国2017年预算计划将公司所得税税率从现行的33.33%逐步降至28%。

⑪ 原定额征收的AMT，2014年取消。

⑫ 2014年19.6%、7%税率提高至20%、10%。

续表

国家和地区	中央/联邦公司所得税税率			地方所得税税率	增值税税率
	普通所得税	附加税	其他所得税		
①	②	③	④	⑤	⑥
法属波利尼西亚	25%～35%①	大公司：附加税：7%～15%；临时附加：7%	AMT：(0.5%)		16%，13%，5%
加蓬	30%②		AMT：(1%)	无	18%，10%，5%
冈比亚	**31%**③		AMT：(1.5%)④		15%⑤
格鲁吉亚*	15%	无	无	无	18%
德国*	15%	团结税：②的5.5%		市经营税：14%⑥	19%，7%
加纳	25%⑦	**财政稳定税：**5%		无	**15%，5%**⑧
直布罗陀	10%	无	无	无	无
希腊*	**29%**⑨			无	**23%**，13%，**6%**⑩

① 税率根据成本利润率计算的系数确定。

② 2013年税率从35%降至30%，旅游公司和知识产权控股公司税率从35%降至25%；矿产公司仍为35%。

③ 2013年税率从32%降至30%；2014年从30%提高至31%；2016年预算又降至30%。营业额低于50万达拉西的按营业额的3%简易征税。

④ 财务报表须经审计，未经审计的，按营业额或毛收入的2.5%征收。

⑤ 2013年1月1日开征增值税代替销售税，增值税税率为15%。

⑥ 税率各地不等，一般在12%～20%之间，平均税率约为14%。

⑦ 矿产企业：35%；旅馆：22%；出口企业：8%。财政稳定税原征至2014年，现已延期至2017年。

⑧ 2014年标准税率从12.5%提高至15%；2015年4月15日新增5%一档低税率，适用于不动产。小企业按3%征收率征税，进项不能扣除。提供货物和劳务另征2.5%的国民健康保险税。

⑨ 税率2013年从20%提高至26%，2015年提高至29%。

⑩ 2015年7月16日6.5%低税率降至6%。在多德卡尼斯、基克拉泽斯和东爱琴海岛，税率为16%、9%和5%（2015年7月16日降至4%）。2016年6月1日，标准税率从23%提高至24%，三岛税率由16%提高至17%。

续表

国家和地区	中央/联邦公司所得税税率			地方所得税税率	增值税税率
	普通所得税	附加税	其他所得税		
①	②	③	④	⑤	⑥
格陵兰	30%	②的6%		无	无
格林纳达	30%①				15%，10%
法属瓜地洛普和马提尼克岛	（同法国）	（同法国）			8.5%，2.1%等
关岛	35%（同美国）	5%			毛收入税：4%
危地马拉	**25%**②		AMT：（1%）	**无**	12%
几内亚	35%		AMT：（3%）		**18%**③
几内亚比绍	25%	7%	AMT：（1%）④		V－销售税：**17%，10%，20%**⑤
圭亚那	30%⑥	无	AMT：（2%）	无	16%
海地	30%				V－周转税：10%
洪都拉斯	25%	团结税：**5%**⑦	AMT：（1.5%）⑧	市经营许可税	V－销售税：15%，18%⑨
中国香港*	16.5%⑩			无	无

① 年应税所得不超过3万元的部分免税，超过3万至6万的部分，税率为15%。

② 税率2014年从31%降至28%，2015年再降至25%。可以选择按毛收入简易计征，税率为6%，2014年改为5%、7%两档累进。小企业按毛收入的5%简易征税代替增值税和所得税。

③ 2016年1月19日，增值税税率从18%提高至20%。

④ 2015年新设最低替代税（AMT），为年营业额的1%。

⑤ 2015年销售税税率从15%提高至17%；并新增10%、20%两档税率。

⑥ 商业公司税率为40%，电话公司45%。小企业按营业额的2%简易征税。

⑦ 2013年税率从6%降至5%；2016年改按年收入的1.5%计征。

⑧ 2014年设立最低替代税（AMT）。

⑨ 2014年标准税率从12%提高至15%。

⑩ 实际减征75%。

续表

国家和地区	中央/联邦公司所得税税率			地方所得税税率	增值税税率
	普通所得税	附加税	其他所得税		
①	②	③	④	⑤	⑥
匈牙利*①	19%②	革新税：0.3%		地方经营税：2%	27%，18%，5%
冰岛*	20%				**24%，11%**③
印度*	30%	附加税：②的5%或10%④；教育税：3%	股息分配税：15% AMT：18.5%	无	**12.5%，4%，1%**⑤
印度尼西亚*	25%			无	10%⑥
伊朗*	25%⑦	无	无	无	6%，12%，20%⑧
伊拉克	15%			无	**销售税：** **10%，15%，20%**⑨
爱尔兰*	经营所得：12.5% 非经营所得：25%		**资本利得：33%**	无	23%，13.5%，9%，**5.2%**，4.8%⑩

① 符合条件的有限责任公司、合伙公司、合营公司等可以按营业额的37%征收“简易企业税”以代替所得税、公司汽车税和增值税。

② 年应税所得（积极所得）不超过5亿福林的部分适用10%优惠税率。

③ 2015年25.5%、7%两档增值税税率分别改为24%、11%。

④ 2016/2017征收年度，附加税税率根据营业规模的不同分别提高至7%或12%。

⑤ 现行增值税只对各邦内的货物交易征收，各邦标准税率一般在12.5%~15%之间，其他税率有1%、4%、10%或20%等。邦间的货物交易由中央委托邦征收2%或10%的中央销售税，服务由中央征收12%的服务税。印度中央政府推动GST改革提交的第122次宪法修正案2016年9月8日已经总统签署生效，计划于2017年4月开征GST，代替现行主要流转税，税率尚未确定。

⑥ 增值税法授权政府在5%~15%幅度内调整增值税适用税率，但1984年增值税法生效以来一直未作调整。

⑦ 上市公司，税率为22.5%。

⑧ 2015年3月21日标准税率从5.3%提高至6%。烟草、汽油适用12%、20%高税率。同时另征3%（2015年3月20日以前为2.7%）增值税性质的税收（烟和汽油分别适用3%和5%或10%）。故标准税率合计从8%提高至9%。

⑨ 烟、酒税率为300%。

⑩ 2013年原适用于农民的5.2%税率降为4.8%，2014年又提高至5%，2015年再提高至5.2%，2017年预算计划2017年提高至5.4%。

续表

国家和地区	中央/联邦公司所得税税率			地方所得税税率	增值税税率
	普通所得税	附加税	其他所得税		
①	②	③	④	⑤	⑥
曼岛	0%，10%，**20%**①	无	无	无	20%，5%（**同英国**）
以色列*	**26.5%**②			无	**17%**③
意大利*	**27.5%**④			（3.9%）⑤	22%，10%，4%⑥
牙买加*	25%⑦	5%⑧		无	16.5%，10%，25%等⑨
日本*	**25.5%**⑩			住民税；企业税⑪	V－消费税：**8%**⑫

① 普通公司适用0%税率，对金融等按10%税率征税；2015年4月6日起不动产按20%征税。

② 2014年从25%提高至26.5%，2016年恢复至25%。

③ 2013年6月2日从17%提高至18%，2015年10月恢复至17%。

④ 2017年将从27.5%降至24%。

⑤ 实际税率可以由地方政府在规定幅度（0.9176%）内调整，该税不能在公司所得税前扣除。

⑥ 2013年7月标准税率从21%提高至22%。如果财政形势不能达到预期目标，标准税率2016年将从22%提高至24%，2017年提高至25%，2018年提高至25.5%；10%税率2016年将提高至12%，2017年提高至13%。实际上，2016年增值税率未作调整，但仍保留2017、2018年度上调增值税税率的政策选择。

⑦ 2013年4月税率从33.33%降至25%。2016/2017年度预算计划从2016年7月起对年应税所得超过600万牙买加元的部分，公司所得税税率从25%提高至30%。

⑧ 2013年4月对年毛收入超过5亿元的大企业征收。

⑨ 称“一般消费税”，属增值税性质。商品进口另征5%附加税，合计税率21.5%。

⑩ 实缴股本不超过1亿日元的中小企业，应税所得不超过800万日元的部分适用15%优惠税率。2015年4月普通税率从25.5%降至23.9%，2016年4月降至23.4%，2018年4月将降至23.2%。

⑪ 住民税：道政府，公司税的3.2%～4.2%（2017年4月将降至1%～2%）；市政府，公司税的9.7%～12.1%（2017年4月将降至6%～8.4%）。企业税：大企业标准税率2015年4月起为1.6%、2.3%、3.1%（中小企业为3.1%、4.6%、6.0%）三级累进；2016年4月以后调整为0.3%、0.5%、0.7%（中小企业为1.9%、2.7%、3.6%）。此外还按公司税附征地方公司税，税率为4.4%，2017年4月随着住民税的下调其税率将提高至10.3%。

⑫ 2014年4月税率从5%提高至8%（中央6.3%，地方1.5%）；原计划2017年4月再提高至10%（中央7.8%，地方2.2%），并增加一档8%低税率，但根据2017年税改计划将延期至2019年10月上调。

续表

国家和地区	中央/联邦公司所得税税率			地方所得税税率	增值税税率
	普通所得税	附加税	其他所得税		
①	②	③	④	⑤	⑥
约旦	**工业：14%；其他：20%**①			无	V－销售税：16%，24%，**8%**，4%②
哈萨克斯坦*	20%			无	12%
肯尼亚	30%		AMT：（3%）	无	16%
基里巴斯	35%③	无	无	无	12.5%④
韩国*	22%⑤	留存收益特别税：10%⑥	AMT：（10%～17%）⑦	居民税：定额；地方所得税：②的10%	10%
科索沃	10%	无	无	无	**18%，8%**⑧
科威特*	15%	上市公司：2.5%	扎卡特税：1%		**无**⑨
吉尔吉斯斯坦*	10%	无	无	无	12%⑩

① 电信、金融中介、保险等税率为24%，银行为30%。

② 2015年10月19日新增8%低税率，适用于服装、鞋、手表、首饰、化妆品、玩具等。

③ 20%、30%、35%三档累进。

④ 2014年4月开征增值税。

⑤ 应税所得不超过2亿韩元的部分，税率为10%；超过2亿但不超过200亿的部分，2012年税率由22%降至20%；超过200亿的部分，税率仍为22%。

⑥ 2015年对大公司征收，税基为规定所得减除工资支出、股息分配和新投资支出。

⑦ 税基为未扣除减免项目前的应税所得。中小公司税率为7%。

⑧ 2015年9月增值税标准税率从16%提高至18%，新增一档8%的低税率。

⑨ GCC成员国之一，将于2018年开征增值税。

⑩ 另征1%～5%销售税，税基为不含增值税、销售税的价格。

续表

国家和地区	中央/联邦公司所得税税率			地方所得税税率	增值税税率
	普通所得税	附加税	其他所得税		
①	②	③	④	⑤	⑥
老挝*	24%①		AMT：（1%）②		10%③
拉脱维亚*④	15%	无	无	无	21%，12%
黎巴嫩	15%	无	无	无	10%
莱索托	25%⑤	无		无	14%⑥，5%
利比里亚	25%⑦			市税：100 $/年	销售税：7%，10%
利比亚	20%		圣战税：4%		无
列支敦士登	12.5%		**AMT：定额**	无	8%，3.8%，2.5%
立陶宛*	15%⑧	无	无	无	21%，9%，5%
卢森堡*	21%	②的7%⑨		一般6.75%⑩	**17%，14%，8%，** 3%⑪

① 2013年税率从28%降为24%；烟草公司另征2%，用于控烟基金。独资企业和自由职业者按5%～24%五级累进征税。

② 国内加工企业税率为0.25%；经过资质审计的企业免征。

③ 年营业额不超过4亿基普者改征营业税，税率为10%。

④ 年营业额不超过10万欧元、股东为个人的小微企业，按营业额的9%征收小微企业税，以代替公司所得税、为雇员缴纳的社会保障税和经营风险税。2015年9%税率改为：年营业额不超过7000欧元的，9%，超过7000欧元至10万欧元的，11%；2016年、2017年11%税率分别提高至13%、15%。

⑤ 制造业税率为10%。

⑥ 原有一档15%税率适用于烟酒。2015/2016年度改按标准税率征收，同时另征4%烟酒附加税。

⑦ 年营业额不超过300万元的小企业，可以选择按营业额的4%缴纳周转税代替公司所得税。

⑧ 小公司适用5%低税率。

⑨ 称失业基金附加税；2013年附加税税率从5%提高至7%。

⑩ 称市经营税，按规定所得乘3%税率乘相应系数计征，系数各地不一，约在200%～350%之间。

⑪ 2015年15%、12%、6%三档税率分别提高至17%、14%、8%。

续表

国家和地区	中央/联邦公司所得税税率			地方所得税税率	增值税税率
	普通所得税	附加税	其他所得税		
①	②	③	④	⑤	⑥
中国澳门*	12%①	印花税：②的5%			无②
马其顿*	10%③	无	无	无	18%，5%
马达加斯加	20%④		AMT：(0.5%)	无	20%
马德拉岛	21%⑤	7%			22%，12%，5%
马拉维	30%⑥			无	16.5%
马来西亚*	24%⑦			无	**GST：6%**⑧
马尔代夫	15%⑨				GST：6%，12%⑩
马里⑪	30%		AMT：(1%)		18%，5%

① 年应税所得不超过60万澳元的部分，免税；超过60万澳元的部分，税率为12%。

② 工商业经营者按年定额征收营业税，进口烟、酒、汽车、汽油等征收消费税。

③ 只对分配利润征税；分配给居民公司的利润免税。小公司适用特别规定。

④ 自由贸易区内的出口企业按规定年限免税后适用10%税率。2015年，政府采购合同按合同金额的8%征税代替所得税和增值税。

⑤ 公司所得税税率变化同葡萄牙大陆本土，即2014年从25%降至23%，2015年再降至21%。

⑥ 养老基金投资，税率为15%；寿险公司税率为21%，2016年6月提高至30%；优先发展行业，税率为15%或者免税10年按正常征税。

⑦ 小公司年应税所得不超过50万林吉特的部分税率为19%。2016征收年度（即2015年所得年度）税率从20%、25%降至19%、24%。在2017年预算中提出，计划在2017年和2018年，根据企业应税所得比上一年的增长幅度，将公司所得税税率降低1～4个百分点（降至23%～20%）；中小企业应税所得的前50万林吉特适用税率从19%降至18%。

⑧ 2015年4月开征增值税型GST代替销售税和服务税，税率为6%。

⑨ 2010年底立法新开征经营利润税，对年应税所得不超过50万拉菲亚的部分免征。

⑩ 旅游服务2013年从6%提高至8%，2014年11月再提高至12%。

⑪ 2015年起对年营业额少于5000万西非法郎的小企业，按营业额的3%征收综合税，代替所得税和其他税收（包括增值税）。

续表

国家和地区	中央/联邦公司所得税税率			地方所得税税率	增值税税率
	普通所得税	附加税	其他所得税		
①	②	③	④	⑤	⑥
马耳他*	35%	无		无	18%，7%，5%①
马绍尔群岛	毛收入税：（3%）				地方销售税：2%～4%
毛里塔尼亚	25%		AMT：（2.5%）		16%，18%②
毛里求斯*	15%	无	**AMT：7.5%**③	无	15%
墨西哥*	30%④	无		无	16%⑤
密克罗尼西亚	21%	无	毛收入税：（3%）⑥	无	地方销售税：1%～25%或定额
摩尔多瓦*	12%⑦	无	无	无	20%，8%
摩纳哥	33.33%	无	无	无	20%，10%，5.5%，2.1%（同法国）
蒙古*	25%⑧	无	无	无	10%⑨
黑山*	9%	无	无	无	19%，7%⑩
蒙特塞拉特	30%				无（旅馆税：7%）

① 2015年开始对数字和有声图书按5%税率征税。
② 2015年标准税率从14%提高至16%。
③ 2015年7月取消AMT。
④ 公司所得税税率原2014年从30%降至29%、2015年再降至28%的减税计划已被取消。
⑤ 2014年取消11%档低税率，全部按16%标准税率征收。
⑥ 已缴纳公司所得税的免缴毛收入税。
⑦ 2008年取消公司所得税，2012年重新开征；小企业可选按营业额的3%简易征收。
⑧ 年应税所得不超过30亿图格里克的部分，税率为10%。
⑨ 2016年实施新的增值税法，但税率未变。
⑩ 2013年7月标准税率从17%提高至19%。

续表

国家和地区	中央/联邦公司所得税税率			地方所得税税率	增值税税率
	普通所得税	附加税	其他所得税		
①	②	③	④	⑤	⑥
摩洛哥*	30%①		AMT：(0.5%)②	无	20%，14%，10%，7%
莫桑比克	32%	无	无	市经营税：不等	17%
缅甸	25%	无		无	商务税：**3%～15%**③
纳米比亚	**33%**④	无	无	无	15%
瑙鲁	无	无	无	无	无
尼泊尔*	25%⑤	无	无	无	13%
荷兰*	25%⑥	无	无	无	21%，6%
新喀利多尼亚	30%⑦	社会附加税：5%～15%⑧		无	服务税：5%
新西兰*	28%	无	无	无	GST：15%⑨

① 年营业额不超过30万迪拉姆的小企业税率为10%。2016年改为按10%、20%、30%、31%四档累进税率，租赁公司和信贷机构税率为37%。

② 2016年开始允许AMT超过公司所得税的部分往后结转冲抵公司所得税，期限为3年。

③ 烟酒等特定项目的税率5%～120%不等。2016年4月实施新的商务税法，税率0～8%，常用税率为5%；烟酒待原征高税的特定项目另开征“特别货物税”，税率5%～120%不等。

④ 2013年税率从34%降至33%，2014、2015年都提出计划降至32%，但尚未获通过。

⑤ 金融机构和烟、酒类企业，税率为30%；路桥建筑、公交、出口等，税率为20%。

⑥ 年应税所得不超过20万欧元的部分适用20%税率。2016年9月20日提交议会的2017年税改计划中，拟将适用20%优惠税率的所得标准由20万欧元提高至2018年的25万欧元，2020年和2021年再提高至30万和35万欧元。

⑦ 只对境内所得征税；采矿和冶金公司税率为35%；小公司年应税所得不超过500万太平洋法郎的部分适用15%低税率。

⑧ 对利润超过2亿太平洋法郎的部分累进征收。

⑨ 2016年10月起，对境外企业向境内居民提供服务12个月营业额达到6万新元的，需要注册并缴纳GST。

续表

国家和地区	中央/联邦公司所得税税率			地方所得税税率	增值税税率
	普通所得税	附加税	其他所得税		
①	②	③	④	⑤	⑥
尼加拉瓜	30%①	无	AMT：（1%）	无	15%，7%②
尼日尔	30%		AMT：（1%）		19%，5%
尼日利亚*	30%	教育税：2%	AMT：（0.5%）；信息技术税：1%		5%
纽埃岛	30%	无	无	无	V－消费税：12.5%
北马里亚纳群岛	35%③		毛收入税：（1.5%～5%）		一般消费税：1%～10%④
挪威*	27%⑤			无	25%，15%，**8%**⑥
阿曼*	12%⑦			市税：2%～10%	无⑧
巴基斯坦*	**33%**⑨		AMT：（1%）	农业所得税：5%～15%	V－销售税：17%，18.5%，21%，25%等⑩

① 年毛收入低于1200万科多巴的小公司适用10%～30%五级超额累进税率。

② 另征收1%的市销售和服务税。

③ 公司所得税比照美国征收，但公司所得税额超过“毛收入税”的，可根据超额幅度的不同，实施90%、70%、50%三档比例退税。

④ 对一些特殊货物适用高税率，如烟，60%；化妆品，17.25%。

⑤ 2014年公司所得税税率从28%降至27%；2016年再降至25%。2017年预算拟2017年降至24%，2018年降至23%。

⑥ 2016年增值税原8%低税率提高至10%。

⑦ 不超过3万里亚尔的部分免税。2015年底提出计划将税率提高至15%，并已得到国家委员会支持，但尚未最终生效。

⑧ 作为GCC成员国之一，计划于2018年开征增值税。

⑨ 小公司适用20%低税率；银行税率为35%。2013年7月一般税率从35%降至34%，2014年7月降至33%，2016年降至32%，2017、2018年将降至31%和30%。

⑩ 2013年6月13日标准税率从16%提高至17%；其他税率、税目变化比较频繁。

续表

国家和地区	中央/联邦公司所得税税率			地方所得税税率	增值税税率
	普通所得税	附加税	其他所得税		
①	②	③	④	⑤	⑥
帕劳	无	无	无	无	毛收入税：4%
巴勒斯坦	20%[①]	无	无	无	16%[②]
巴拿马	25%		未分配利润补偿税：10%		7%；烟：15%，酒：10%
巴布亚新几内亚*	居民公司：30%；非居民公司：48%				GST：10%
巴拉圭	10%	无	分配利润：5%	无	10%，5%
秘鲁	***28%***[③]		股息分配：4.1%	无	**16%**[④]
菲律宾*	30%	分支机构利润汇出税：15%	AMT：（2%）；留存收益税：10%	地方经营税：（≤3%）	12%[⑤]
波兰*	19%[⑥]	无	无	无	23%，8%，5%
葡萄牙*	***21%***[⑦]	7%[⑧]		市附加税：≤1.5%	23%，13%，6%

---

① 年所得不超过12.5万新谢克尔部分税率为15%。

② 2012年9月税率从14.5%提至15.5%，10月降至15%；2013年6月又提至16%。

③ 2015年公司所得税税率从30%降至28%；2017年将降至27%，2019年再降至26%。

④ 另征2%附加税（市开发税），合计税负为18%。2017年预算计划从18%降至17%。

⑤ 小规模纳税人按3%税率简易征税。

⑥ 2017年起对年营业额不超过120万欧元的小企业和新成立创业适用15%优惠税率。

⑦ 2014年公司所得税税率从25%降至23%，2015年进一步降至21%。2014年对年所得不超过15000欧元的小企业适用17%的税率。

⑧ 2014年起应税所得不超过150万欧元的部分，附加税税率为3%；超过150万至750万欧元的部分，税率为5%；超过750万欧元的部分，税率为7%。

续表

国家和地区	中央/联邦公司所得税税率			地方所得税税率	增值税税率
	普通所得税	附加税	其他所得税		
①	②	③	④	⑤	⑥
波多黎各	20%	5% ~19%累进①	AMT：30%②	市许可税：（≤0.5%）	**销售和使用税：*11.5%，4%*③**
卡塔尔*	10%	无	无	无	无④
罗马尼亚*	16%⑤	无	AMT：定额	无	**24%**⑥，9%，5%
俄罗斯*⑦	2%	无	无	≤18%⑧	18%，10%
卢旺达	30%	无	无	无	18%
圣基茨和尼维斯	33%⑨	无	无	无	17%，10%
圣卢西亚	33.33%⑩		无		15%，10%⑪
圣马丁	30%	②的15%			周转税：5%
圣文森特和格林纳丁斯	32.5%				15%，10%

---

① 附加税就超过规定限额部分的应税所得累进征收。2013年规定限额从75万美元降至2.5万美元，税率由5%、10%两档改为5% ~19%五档累进。

② 原为20%，2013年改为下列中的较高者：规定所得的30% +新开征的按0.2% ~0.85%累进的国家毛收入税；规定支出的20%。

③ 其中，中央政府征10.5%，地方政府征1%。2015年7月，销售和使用税（SUT）税率从7%提高至11.5%。*2016年10月对B2B服务和职业服务由免税改按4%征税。原计划于2016年4月（后推迟至6月）改征增值税的计划6月2日被参议院否决。*

④ 作为GCC成员国之一，计划于2018年开征增值税。

⑤ 小公司按毛收入的3%简易计征；2016年开始按照职员的多少征收率改为1% ~3%。

⑥ 2016年标准税率从24%降至20%，2017年将再降至19%。

⑦ 中小企业可以选择按毛收入的6%或净所得的15%缴纳单一税，以代替所得税、增值税、统一社会税和不动产税。2016年开始政府部门可以适当下调单一税税率。

⑧ 地方政府有权下调一定幅度的税率，最低可以降至13.5%。

⑨ 2013年税率从35%降至33%。

⑩ 小企业实行15%、20%、25%、30%、33.33%五档累进税率。

⑪ 2012年9月1日开征增值税代替原消费税。2014年4月8%低税率提高至10%。

续表

国家和地区	中央/联邦公司所得税税率			地方所得税税率	增值税税率
	普通所得税	附加税	其他所得税		
①	②	③	④	⑤	⑥
萨摩亚	27%	无	无	无	15%
圣马力诺	17%		2014～2017：特别所得税：定额		进口税：17%；服务税：3%
圣多美和普林西比	25%	无	无	无	**消费税：0%～149%**①
沙特阿拉伯*	20%②			无	**无**③
塞内加尔	30%④		AMT：（0.5%）		18%，10%⑤
塞尔维亚*	15%⑥	无	无	无	20%，10%⑦
塞舌尔*	30%⑧	无	社会责任税：（0.5%）⑨	无	15%⑩
塞拉利昂	30%		最低所得：（15%）		GST：15%
新加坡*	17%⑪			无	GST：7%

① 服务税率5%。2015年9月2日政府宣布成立委员会研究引进增值税，计划2017年开征。

② 只对外国投资者征；国内企业和个人按2.5%的税率缴纳“扎卡特”（Zakat）税。

③ 作为GCC成员国之一，计划于2018年开征增值税。

④ 2013征收年度税率从25%提高至30%。

⑤ 金融服务按17%税率征收特别税，代替增值税。

⑥ 2013年税率从10%提高至15%。

⑦ 2014年8%低税率提高至10%。

⑧ 公司年所得不超过100万卢比的部分税率为25%。2013年普通税率从33%降至30%；小公司可以选择适用15%税率或者按营业额的1.5%简易征税。

⑨ 2014年年营业额达到100万卢比的企业按营业额的0.5%新开征“公司社会责任税”。

⑩ 2013年实施增值税法，代替原GST，税率由15%、10%统一为15%。

⑪ 年应税所得不超过1万新元的部分减征75%；超过1万至2.9万新元的部分减半征收。2015、2016年所有企业可以获得已纳税款的50%的退税，但最多不超过2万新加坡元。

续表

国家和地区	中央/联邦公司所得税税率			地方所得税税率	增值税税率
	普通所得税	附加税	其他所得税		
①	②	③	④	⑤	⑥
斯洛伐克*	22%①	无	AMT：定额②	无	20%，10%
斯洛文尼亚*	**17%**③	无	无	无	22%，9.5%④
所罗门群岛	居民公司：30%；非居民公司：35%		AMT：（5%）	无	销售税：10%，15%
南非*	28%⑤		股息预提税：15%	无	14%
南苏丹	**25%**⑥				销售税：5%
西班牙*	**28%**⑦	无	无	地方经营税⑧	21%，10%，4%
斯里兰卡*	28%⑨		股息分配税：15%	无	**11%**⑩
苏丹*	10%～35%⑪	**社会发展税：5%**	**扎卡特税：2.5%**		17%，30%

① 2013年税率从19%提高至23%；2014年又降至22%。

② 2014年对亏损企业征收480～2280欧元不等的最低税。

③ 2013年税率从18%降至17%；2017年将提高至19%。

④ 2013年7月税率从20%、8.5%提高至22%、9.5%。

⑤ 年营业额不超过200万兰特的小公司，实行7%、21%、28%三档累进税率。符合条件的小微企业可以选择按营业额的1%～3%简易征税代替所得税和增值税。

⑥ 小企业税率为10%；中企业为20%；大企业为25%。

⑦ 小公司有一档25%的优惠税率。2015年普通税率从30%降至28%，2016年降至25%。

⑧ 各地对年营业额超过100万欧元的公司征收，税率不一，但不超过平均推定利润的15%。

⑨ 应税所得不超过500万卢比的部分适用12%低税率。

⑩ 2015年税率从12%降至11%。

⑪ 工业公司，税率为10%；商业，服务，不动产，银行保险等行业的公司，税率为15%；烟草公司，税率为30%；油气开采公司，税率为35%。对免税公司另征3%的社会发展税。

续表

国家和地区	中央/联邦公司所得税税率			地方所得税税率	增值税税率
	普通所得税	附加税	其他所得税		
①	②	③	④	⑤	⑥
苏里南	36%				10%，8%，25%①
斯威士兰	27.5%②	无	无	无	14%
瑞典*	22%③	无	无	无	25%，12%，6%
瑞士*	8.5%④	无	无	各州不一⑤	**8%**，3.8%，**2.5%**⑥
叙利亚*	10%～28%五级超额累进			市附加税：②的4%～10%	消费税：1.5%～40%
中国台湾	17%	留存收益税：10%	AMT：12%		5%⑦
塔吉克斯坦*	**14%**⑧		AMT：（1%）	无	**18%**⑨
坦桑尼亚	30%		AMT：（0.3%）	无	18%⑩
泰国*	20%⑪			无	7%⑫

① 货物销售适用10%税率，服务提供适用8%税率。对某些奢侈品按25%或50%的高税率征税。

② 2013年7月税率从30%降至27.5%。

③ 2013年税率从26.3%降至22%。

④ 由于所得税额本身可以在税前扣除，因此有效税率约为7.83%。

⑤ 与中央税合计税负约为11.5%～24.2%。

⑥ 8%、2.5%税率计划于2018年降至7.6%、2.4%。

⑦ 对不征收增值税的项目如从事服务等，征收营业税，税率0.1%～25%不等。

⑧ 2015年生产企业税率从15%降至14%，运输、通讯、银行及其他服务业，税率从25%降至24%；2017年将进一步分别降至13%、23%。

⑨ 2016年增加一档5%低税率适用于粮食生产、公共餐饮企业和批发、零售企业。

⑩ 地方政府另按营业额征市服务税，税率各地不一，一般为0.3%。

⑪ 2012年税率从30%降至23%，2013年再降至20%。中小企业年所得不超过30万泰铢的部分免税，超过30万的部分，税率为10%。

⑫ 增值税法定税率为10%，但1999年4月暂时减按7%征收并被不断延期，现已延期至2016年9月底。

续表

国家和地区	中央/联邦公司所得税税率			地方所得税税率	增值税税率
	普通所得税	附加税	其他所得税		
①	②	③	④	⑤	⑥
多哥	29%		AMT：（1%）		18%
汤加	25%	无	无	无	V－消费税：15%
特立尼达和多巴哥*	25%	绿色基金税：**（0.1%）**①	AMT：**（0.3%）**		**15%**②
突尼斯*	25%③		AMT：（0.2%）	地方工商税：②的25%④	18%，12%，6%⑤
土耳其*	20%	无	无	无	18%，8%，1%⑥
土库曼斯坦*	8%⑦			公共事业税：1%	15%
特克斯和凯科斯群岛	无	无	无	无	**无**⑧
乌干达*	30%	无	无	无	18%
乌克兰*	18%⑨	无	无	无	20%，7⑩

① 2016年：绿色基金税率从0.1%提高至0.3%；具有AMT性质的“企业税”税率从0.3%提高至0.6%。

② 2016年2月增值税税率从15%降至12.5%。

③ 2014年税率从30%降至25%。

④ 或者按毛收入（含增值税）的0.2%或0.1%计征。

⑤ 另按毛收入（不含增值税）的1%征地方产品税。原2016年财政法草案调整增值税税率的计划未获通过。

⑥ 2016年化肥和饲料适用的增值税税率由标准税率（18%）改为低税率（1%）；2016年9月8日~2017年3月31日期间住房销售适用税率从18%降至8%。

⑦ 外国企业分支机构、100%控股的国有企业，税率为20%。2015年7月起国有控股超过50%的就适用20%税率。

⑧ 近年来政府一直致力于增值税型的GST改革；对旅馆、通信服务，按12%税率征税。

⑨ 税率2014年从19%降至18%。

⑩ 2014年5月新增一档7%的低税率。

续表

国家和地区	中央/联邦公司所得税税率			地方所得税税率	增值税税率
	普通所得税	附加税	其他所得税		
①	②	③	④	⑤	⑥
阿拉伯联合酋长国*	无			多数酋长国对油气公司等征收①	**无**②
英国*	**20%**③	无	无	无	20%，5%
美国*	35%④		AMT：20%；留存收益税：15%	州、市所得税：0%～12%不等	州和地方销售税：0%～12%
乌拉圭	25%	无	无	无	22%；10%
美属维尔京群岛	35%（同美国）	②的10%	AMT：20%		毛收入税：5%
乌兹别克斯坦*	**7.5%**⑤			基础设施开发税：≤8%	20%
瓦努阿图	无				12.5%⑥
委内瑞拉*	15%，22%，34%三级累进⑦	无		市许可税：（0.25%～17%）	12%，8%⑧

① 理论上对所有公司，但实际只对国外石油公司和银行分支机构征税，税率10%～55%不等。

② 作为GCC成员国之一，计划于2018年开征增值税。

③ 税率2012年度（4月1日开始）从26%降至24%，2013、2014、2015年度分别降至23%、21%、20%。应税利润低于30万英镑的小公司，适用20%低税率。公司所得税税率2017年4月将降至19%，2020年进一步降至17%。

④ 实际按应税所得分15%、25%、34%、39%、34%、35%、38%、35%八级税率超额累进或累退征收，但实际最高税负为35%。目前美国两党候选总统都提出大幅度减税，包括降低公司所得税，具体减税方案有待观察。

⑤ 2014年税率从9%降至8%，2015年再降至7.5%。小微企业按营业收入的6%简易征收综合税，代替所得税、增值税、地方税等；2016年简易税率从6%降至5%。

⑥ 免征增值税或适用零税率的项目，应按5%税率征收周转税；对未达到增值税注册标准的商业出租，应按12.5%的税率征收租赁税。

⑦ 2016年起金融企业适用税率为40%。

⑧ 某些奢侈品加征10%，2014年12月提高至15%，合计税负达到27%。

续表

国家和地区	中央/联邦公司所得税税率			地方所得税税率	增值税税率
	普通所得税	附加税	其他所得税		
①	②	③	④	⑤	⑥
越南*	**22%**①			无	10%，5%
瓦利斯和富图纳群岛	无				无
也门	20%				5%，2%，3%，10%②
赞比亚*	35%③				16%
津巴布韦	25%	艾滋病附加税：②的3%		无	15%

①2014 年税率从 25% 降至 22%，2016 年降至 20%。

②武器弹药、香烟和雪茄税率为 90%；阿拉伯茶税率为 20%。

③2012 年小企业改按营业额的 3% 征周转税。

说明：

1. 本表中税率有效期截至 2015 年底。其中，*斜体数字*表示 2015 年的税率变化，**黑体数字**表示该税率在 2016 年以后已被调整或者有被调整的计划，调整内容在注释中反映。蓝色文字是本年度新增加或修改的内容。

2. 表中增值税栏：（1）不含零税率；（2）第一档税率为标准税率。

3. “V－”指“VAT 型”即增值税型，就是虽然称其他税名，但性质属于增值税；“GST”指增值税型“货物劳务税”；“AMT”指“最低替代税”，带下画线的（AMT）指实际另有税名，但属于 AMT 性质。

4. 表中类似“②的 3%”、“（3%）”的表述，其中的“②”指表第二列“公司所得税”，即以公司所得税额为税基；“（3%）”指以毛收入（营业额）为税基；在②－⑤栏中，未指明税基的税率，其税基原则上为应税所得。

5. 按毛收入（营业额）计征的税种，名称很多，如毛收入税、营业税、周转税等等，在性质上，是对流转额征税，按理属于流转税性质，是货物劳务税的一种，但有的作为所得税的替代税种（简易计征），因此具有所得税性质。对这类税收的分类，不同国家、不同资料来源都存在差异。本表原则上将其归入货物劳务税，但另征有货物劳务税类的税种却没有普通公司所得税的国家和地区，其开征的毛收入税归入所得税。

6. 生效日期：1 月 1 日生效的，仅标记年份；其他月份的 1 日生效的，标记年和月；其他日期生效的标明具体的年、月、日。表中空格表示相关资料中未见有此项内容。

7. 带＊号的国家和地区，是已与中国签订或者适用与中国签订的双边税收协定或安排的国家和地区。

8. 本资料按国家和地区的英文字母排序。

9. 在以前年度基础上，本年度税率表更新的主要参考资料包括：

（1）国际财政文献局各国税制及动态信息资料；

（2）普华永道会计师事务所编的《世界税制概览》更新资料及有关税收动态信息；

（3）安永、德勤、毕马威等会计师事务所编的和其他一些会计中介机构网站的有关公司所得税、增值税资料以及2015/2016年度相关信息；

（4）中国国际税收研究会编的《世界税收信息》2015/2016年各期；

（5）各国政府或财税部门相关网站和有关世界税收信息网站；

（6）中国驻外大使馆经济商务参赞处网站；

（7）《中国税务报》国际版等相关媒体报道信息等。

附录10

外文缩略语

A

ACTC	额外子女税收抵免
AEOI	自动交换金融账户资料
AIPEG	印度尼西亚澳大利亚经济治理伙伴
APA	预约定价安排
ATAF	非洲税务管理论坛
ATAIC	伊斯兰国家税务机关协会
AUSTRAC	澳大利亚交易和分析中心

B

B2B	企业对企业电子商务模式
B2C	企业对客户电子商务模式
BEPS	解决税基侵蚀与利润转移
BIAC	工商咨询委员会

C

C20	国际民间社会团体组织
CA	认证授权机构
CAA	主管当局协议
CBC	分国信息
CbCR	国别报告
CCCTB	共同统一公司税税基
CEO	首席执行官

CEPA	经贸关系安排
CFC	受控外国公司
CGIA	意大利小企业协会
CIAT	税务管理美洲中心
CREDAF	法语区税务管理中心
CRS	共同汇报标准

D

DTC	直接税代码

E

EC	欧洲委员会
ECAP	外部遵从保证程序
ECFA	大陆与台湾的海峡两岸经济合作框架协议
ECOFIN	欧盟经济和财政事务理事会
EFTA	欧洲自由贸易联盟
EGMS	消费税货物管理系统
EOIR	对应答信息交换项目
e-tax	电子税收

F

FATCA	美国海外金融账户税收合规法案
FBCI	国外基地公司所得
FCA	英国议会财政部特别委员会
FDI	外国直接投资
FED	联邦消费税
FEIE	海外收入豁免
FFIs	外国金融机构
FPHCI	国外私人控股公司所得
FSB	金融稳定理事会
FSMA	比利时金融服务市场监管局
FTA	税收征管论坛
FTA	自由贸易协议

G

G20	20 国集团
G7	7 国集团
GAAR	一般反避税规则
GCC	海湾阿拉伯国家合作委员（海合会）
GCET	全球环境税年会
GDP	国内生产总值
GPRS	通用分组无线业务
GPS	全球卫星定位
GST	货物劳务税

H

HKMA	香港金融管理局

I

IADB	美洲开发银行
IBFD	国际财政文献局
IDS	企业所得税国际交易计划
IE	新加坡国际企业发展局
IFA	国际财政协会
IMF	国际货币基金组织
INVITs	基础设施信托投资基金
IOTA	欧洲税收管理组织
IPUs	国际税收实践手册
IRB	马来西亚国内收入局
IRBM	马来西亚国家税务局
IRS	美国国税局
ITA	所得税法
ITA	信息技术协定
ITC	信息通讯技术
ITD	国际税收对话

J

JICA	日本国际协力机构

JITSIC	国际联合信息分享与协作特别工作组

K

KPMG	毕马威公司
KRA	肯尼亚税务局

L

LAC	拉丁美洲和加勒比海

M

MAP	相互协商程序
MCAA	全球金融账户涉税信息自动交换多边主管当局间协议
MDTD	监控故意纳税不遵从者项目
MNEs	跨国公司

N

NBB	比利时中央银行
NTCA	荷兰税务机关和海关总署

O

OECD	经济合作与发展组织
OTC	场外衍生品
OTE	反中小企业和个人海外逃税
Oxfam	乐施会

P

PAN	永久使用账户
PAYE	增值税和所得税
PCT	比雷埃夫斯集装箱码头有限公司
PE	常设机构
PET	聚对苯二甲酸乙二酯
PRICAFS	财政部的私人名单
PSA	地下自然资源使用产品分享协议

R

REITs	房地产信托投资基金

S

SAEFAITM	全球金融账户信息自动交换标准
SARS	南非国家税务局
SDR	特别提款权
SEP	税收检查提议
SEZAD	杜古姆经济特区
SGATAR	亚洲税收管理与研究组织
SMEs	中小企业
STO	捷克国家税务局大型纳税人管理机构

T

TARC	税收管理改革委员会
TLAC	银行总损失吸收能力
TP	一般转让定价
TPP	泛太平洋战略经济伙伴关系协定

U

UNCTAD	联合国贸易和发展会议
USP	美国母公司

V

VOC	挥发性有机物

W

WBG	世界银行
WCO	世界海关组织
WTO	世界贸易组织

参 考 文 献

[1] http：//www. ibfd. org/Tax News Service.
[2] http：//www. cchonline. ca/Global Daily Tax News.
[3] http：//www. chinatax. gov. cn.
[4] http：//www. mosf. go. kr.
[5] http：//www. ctax. org. cn.
[6] http：//www. deloitte. com.
[7] http：//www. pwc. com.
[8] http：//www. ec. com.
[9] http：//www. gov. uk.
[10] http：//www. oecd. org.